UTB

Eine Arbeitsgemeinschaft der Verlage

Birkhäuser Verlag Basel und Stuttgart
Wilhelm Fink Verlag München
Gustav Fischer Verlag Stuttgart
Francke Verlag München
Paul Haupt Verlag Bern und Stuttgart
Dr. Alfred Hüthig Verlag Heidelberg
Leske Verlag + Budrich GmbH Opladen
J. C. B. Mohr (Paul Siebeck) Tübingen
C. F. Müller Juristischer Verlag – R. v. Decker's Verlag Heidelberg
Quelle & Meyer Heidelberg
Ernst Reinhardt Verlag München und Basel
K. G. Saur München · New York · London · Paris
F. K. Schattauer Verlag Stuttgart · New York
Ferdinand Schöningh Verlag Paderborn
Dr. Dietrich Steinkopff Verlag Darmstadt
Eugen Ulmer Verlag Stuttgart
Vandenhoeck & Ruprecht in Göttingen und Zürich

Heinrich F. Plett

Textwissenschaft und Textanalyse

Semiotik, Linguistik, Rhetorik

2., verbesserte Auflage

Quelle & Meyer Heidelberg

Dr. Heinrich F. Plett, o. Professor für Anglistik
an der Universität Essen

CIP-Kurztitelaufnahme der Deutschen Bibliothek

Plett, Heinrich F.:
Textwissenschaft und Textanalyse : Semiotik, Linguistik,
Rhetorik / Heinrich F. Plett. –
2., verb. Aufl. – Heidelberg : Quelle und Meyer, 1979.
  (Uni-Taschenbücher ; 328)
  ISBN 3-494-02030-2

2. Auflage 1979

Satz und Druck: Druckhaus Darmstadt GmbH
Einbandgestaltung: Alfred Krugmann, Stuttgart
Gebunden bei der Großbuchbinderei Sigloch, Stuttgart

Vorwort zur zweiten Auflage

In diesem Buch wird ein texttheoretisches Konzept vorgestellt, das sich als allgemein, strukturell und instrumental versteht. Es ist allgemein in dem Sinne, daß es Erkenntnisse formuliert, die nicht bloß für den Einzelfall gelten, sondern Regelcharakter besitzen. Es ist strukturell, insofern es ein systematisch gegliedertes Ganzes bildet, in dem jede Teileinheit einen wissenschaftstheoretisch festen Stellenwert besitzt. Und schließlich ist es instrumental in der Hinsicht, daß es Kategorien und Verfahren verfügbar macht, die als Instrumente der Texterschließung ihre Tauglichkeit unter Beweis stellen. Unter diesem dreifachen Aspekt erscheint die Textwissenschaft als eine kritisch-rationale Disziplin, die von demjenigen, der sie praktiziert, ständig Rechenschaft über die konzeptuellen Grundlagen seiner Tätigkeit verlangt.

Das hier entworfene texttheoretische Konzept enthält, wie der Untertitel des Buches bekanntgibt, drei Komponenten, die eine durchaus unterschiedliche Rolle spielen: die Semiotik, die Linguistik und die Rhetorik. Um Mißverständnisse auszuschalten, scheint es angebracht, über ihre Funktion einige Bemerkungen vorzutragen:

1. Der *Semiotik* kommt die Aufgabe zu, die texttheoretischen Rahmenbedingungen zu formulieren. Diese bestehenden im wesentlichen darin, daß der Text als eine dreifache Relationseinheit begriffen wird: als Relation zwischen Zeichen und Zeichen (Syntaktik), zwischen Zeichen und Zeichenbenutzer (Pragmatik) und zwischen Zeichen und Bezugsrealität (Semantik). Sobald die sprachliche Besonderheit des Textzeichens ins Blickfeld rückt, wird die semiotische Diskussionsebene wegen ihres hohen Allgemeinheitsgrades verlassen und macht einer sprachspezifischeren Betrachtungsweise Platz.

2. Die *Linguistik* erscheint nur als *eine* von mehreren Möglichkeiten, den durch die Semiotik abgesteckten Rahmen auszufüllen bzw. zu konkretisieren. Weitere »Methoden« sind erforderlich, um der Komplexität des Zeichens »Text« gerecht zu werden. Der textlinguistische Ansatz erhält demzufolge den Status eines exemplarischen Modellfalls. Er beansprucht nicht, andere Ansätze zu ersetzen oder gar überflüssig zu machen.

3. Die *Rhetorik* wird hier als eine verkürzte repräsentiert, und zwar eingeschränkt auf den Bereich der Figuren (*elocutio* – Stil) – innerhalb dieses wiederum auf die (zeichen-)syntaktischen Figuren. Ihre Funktion geht darin auf, auf der Basis des (text-)linguistischen Ansatzes die Möglichkeiten von sprachlicher Ästhetizität (Literarität) abzubilden. Diese Äußerung bedarf allerdings einer zweifachen Modifizierung. Einmal gilt es zu beachten, daß sich das Literarische nicht im Sprachästhetischen erschöpft, sondern auch andere Formen und Konstitutionsweisen annimmt. Zum anderen ist zu berücksichtigen, daß nicht jedes Vorkommen einer rhetorischen Figur schon einen ästhetischen Wert signalisiert. Vielmehr wird dieser erst in einem konkreten ästhetischen Kommunikationskontext ermittelt. Zwischen Theorie und Praxis, Kompetenz und Performanz ist also durchaus zu unterscheiden.

Solcherlei Abgrenzungen führen zu einer abschließenden Klarstellung. Das hiermit vorgelegte Konzept ist eine Theorie, die den Anspruch der Allgemeinheit, Strukturiertheit (Systematik) und Instrumentalität (Operationalisierbarkeit) erhebt. Als Theorie verfährt sie notwendigerweise abstraktiv, ahistorisch und »a-pragmatisch«. Sie sieht ab vom einzelnen hermeneutischen Akt der Texterschließung und seinen komplexen sozialen, psychologischen, geschichtlichen ... Bedingungsfaktoren. Derlei kann nur im Einzelfall der jeweiligen Textanalyse (wie auch die Interpretationen dieses Buches zeigen) ermittelt werden. Dieser Tatbestand enthebt den Wissenschaftler aber nicht der Verpflichtung, ein systematisches Beschreibungsinstrumentarium zu entwickeln, das die Erschließung der Texte von der (bloßen) Intuitivität des Erkennens und der (Hilflosigkeits-)Metaphorik des Beschreibens befreit. Teil dieses texttheoretischen Instrumentariums ist auch die Pragmatik, sofern sie generalisierbar und systematisierbar, d. h. in ein theoretisches Konzept überführbar ist. Das Defizit mancher, besonders literaturwissenschaftlicher pragmatischer Ansätze besteht darin, daß sie den dritten der hier zu nennenden Gesichtspunkte, die Instrumentalität, außer acht lassen. Daher nimmt es nicht wunder, daß sie auf der einen Seite mit sehr abstrakten, z. T. verschwommenen Überlegungen aufwarten, auf der anderen Seite aber sogleich zu Textinterpretationen übergehen. Ein Instrumentarium, eine Methodologie der Texterschließung fehlt. Hingegen ist eine Textwissenschaft, die eine praxisferne Theorie aufstellt bzw. eine theorieferne Praxis betreibt, nach den folgenden Darlegungen undenkbar.

Seit der Erstveröffentlichung dieses Buches sind keine nennenswerten Arbeiten erschienen, die zu einer Abänderung des Inhalts dieser Ausführungen verpflichteten. Die vorliegende Neuauflage beschränkt sich daher hauptsächlich auf die Berichtigung von Druckversehen und auf die Verbesserung von graphischen Darstellungen.

Essen, im Januar 1979   H. F. P.

Inhaltsverzeichnis

II. Von der Textwissenschaft zur Literaturwissenschaft

Einleitung

Wenn es richtig ist, daß terminologische Innovationen einen Wandel des Denkens anzeigen oder doch wenigstens anzeigen sollten, dann bedarf der im Titel dieser Arbeit enthaltene Ausdruck »Textwissenschaft« einiger Erläuterungen. Solche können hier nicht ohne Berücksichtigung des historischen Kontextes gemacht werden. Denn wie ein Blick auf die Diskussionen und Veröffentlichungen der vergangenen Jahre zeigt, hat dieser Terminus seit seinem ersten Erscheinen (ca. 1969/70) in kurzer Zeit eine derartige Popularität erlangt, daß sich heute nur wenige Wissenschaftler seiner Suggestivkraft zu entziehen scheinen. In dem gleichen Zeitraum und schon vorher ist aber auch eine ständige Zunahme des Ausdrucks »Text« im wissenschaftlichen Sprachgebrauch festzustellen. Wie dieser in ein konkurrierendes Verhältnis zu dem Begriff »Literatur« eintritt, so die »Textwissenschaft« in eine Rivalität mit der »Literaturwissenschaft«. Das machen nicht zuletzt zwei jüngst erschienene Einführungen in die »Literaturwissenschaft« deutlich, die trotz dieses Titels überwiegend von »Text« reden (Breuer *et al.* 1973, Arnold/Sinemus [Hg.] 1973). Der zweite Band, der in seinen Kapitelüberschriften häufig mit »Text« gebildete Komposita führt (z. B. *Textbeschreibung, Textkritik, Textgestaltung, Textart, Textanalyse*), enthält sogar einen programmatischen Artikel »Literaturwissenschaft und Textwissenschaft« (Arnold/Sinemus [Hg.] 1973: 15–23).

Die Gründe, die zur Postulierung einer »Textwissenschaft« geführt haben, liegen in der – durchaus fruchtbaren – Krise, in der sich die Literaturwissenschaft seit längerem befindet. Über diese ist bislang so viel geschrieben worden, daß sich hier eine Wiederholung bekannter Tatsachen erübrigt (cf. u. a. Schwencke [Hg.] 1970, Kolbe [Hg.] 1969, 1973). Wichtig für die kategoriale Einrichtung einer »Textwissenschaft« wurden vor allem zwei Disziplinen, die Linguistik und die Sozialwissenschaften. Beide stießen aus unterschiedlichen Voraussetzungen zu einer wissenschaftlichen Konzeption von »Text« und »Textwissenschaft« vor. In der Linguistik stellt sich die Entwicklung so dar, daß sie um die Mitte der sechziger Jahre ein Stadium erreichte, wo die systematische Erfassung satzübergreifender (transphrastischer) Phänomene notwendig wurde. Die neue linguistische Größenordnung erhielt den Namen »Text« (Hartmann 1964), die neue linguistische »Teildisziplin« den Namen »Textlinguistik« (Hartmann 1968) – ein Terminus, dem bald die Prägungen »Textwissenschaft« (Brinker/Schmidt in: Schwencke [Hg.] 1970: 76–79, Schmidt, S. J. 1971) und »Texttheorie« (van Dijk 1970, Schmidt, S. J. 1973) folgten. Die letzteren Bezeichnungen sind

11

symptomatisch für den wachsenden Anspruch der Linguistik, für das Gebiet des Textes allein zuständig zu sein. Dieser Anspruch, den die neuerliche Entwicklung der Linguistik zu einer kommunikationsorientierten Wissenschaft (Pragmalinguistik) noch begünstigt hat, wurde bereits 1958 von R. Jakobson (1968: 350) in dem berühmt gewordenen »Closing Statement« *Linguistics and Poetics* zu einer Tagung in Indiana University erhoben. Als wesentlichstes Argument dafür diente damals wie heute die Tatsache, daß der Gegenstand von Linguistik und Literaturwissenschaft identisch ist: nämlich die Sprache. Anders lautet das sozialwissenschaftliche Plaidoyer für eine »Textwissenschaft«. Geleitet von einem emanzipatorischen Erkenntnisinteresse, setzt sich diese Disziplin für eine wissenschaftliche Beschäftigung mit aller faktisch rezipierten Literatur, also auch der Trivialliteratur und den sog. Zweck- und Gebrauchsformen (Sengle 1969, Belke 1973 u. a. m.), ein und gelangt folglich zu einer Erweiterung des traditionellen Literaturbegriffs. Literarische Interpretation verwandelt sich in »Textanalyse« (Bürger 1973), Literaturwissenschaft in »Textwissenschaft« (Kerkhoff 1973).

Ziehen wir das Fazit aus diesem kurzen Überblick, so konstatieren wir: Einig sind sich Linguistik und Sozialwissenschaft in dem Punkt, daß bezüglich des Objektbereichs die Textwissenschaft die größere Extension besitzt als die Literaturwissenschaft. Divergierend sind beide Disziplinen darin, nach welchen Prinzipien der auf diese Weise erweiterte Gegenstand erschlossen werden soll. Geht es dem sozialwissenschaftlichen Ansatz primär darum, das wechselseitige Bedingungsverhältnis zwischen Text und Gesellschaft zu erschließen, so beschäftigt sich eine objektorientierte Linguistik hauptsächlich mit der Frage, welche invarianten Zeichenstrukturen den Texten zugrundeliegen. Beide Disziplinen sind allerdings in der Methodenfrage einander nähergekommen, seitdem die Linguistik von dem (strukturalistisch oder generativ-transformationell bedingten) Konzept der Textimmanenz zugunsten einer sozio-kommunikativen Orientierung abzurücken begonnen hat (cf. die Arbeiten der Gruppe *TEL QUEL* [Kristeva, Houdebine etc.] 1971 und von Wunderlich 1970, 1971).

In der folgenden Abhandlung wird eine Textwissenschaft mit zwei Teilkomponenten vorgestellt, einer nicht-ästhetischen (»textuellen«) und einer ästhetischen (»literarischen«). Ihre Explikation erfolgt in drei Schritten:

1. in der Sichtung traditioneller Literaturkonzepte im Hinblick auf ihre leitenden Konstitutionsprinzipien,
2. in einer dreifachen semiotischen Dimensionierung von »Textualität« auf der Grundlage des textlinguistischen Ansatzes und

3. in einer systematischen Erschließung rhetorisch-stilistischer Sprachtechniken als Bestandteile eines ästhetischen Textmodells.

Der Gang der Untersuchung verläuft also von der Literaturwissenschaft zur Textwissenschaft (Teil I) und wiederum von der Textwissenschaft zur Literaturwissenschaft (Teil II). Die Textwissenschaft ist umfassender als die Literaturwissenschaft. Ihren theoretischen Rahmen formuliert die Semiotik, nicht aber eine einzelne (linguistische, sozialwissenschaftliche) Methode. Innerhalb dieses Rahmens sind allerdings verschiedene methodologische Varianten möglich. Wir greifen die (text-)linguistische heraus und versuchen mit ihrer Hilfe, relevante systemgebundene Aspekte einer Wissenschaft für ästhetische und nichtästhetische Texte zu eruieren. Indem wir semiotische Rahmenkategorien auf Texte anwenden, verfahren wir kongruent mit einer in Frankreich, Amerika und Deutschland eingeschlagenen Richtung (cf. etwa Kristeva 1971, Kinneavy 1971, Bense 1962, Wienold 1972). Indem wir uns der linguistischen Methode bedienen, nehmen wir eine aktuelle theoretische Diskussion auf, deren Wert allerdings daran gemessen wird, inwieweit sie kategoriale Gesichtspunkte für mögliche Textanalysen bietet.

Mit dieser programmatischen Feststellung wird die zweite Titelkomponente dieser Darstellung unmittelbar angesprochen: »Textanalyse«. Sie ist deshalb notwendig, weil die Vergangenheit bisher immer wieder gelehrt hat, daß die (Text-)Linguisten in der Regel (möglichst selbstkonstruierte) Reihungen von zwei (oder nur wenigen) Sätzen, nicht aber eigentlich »Texte« analysiert haben. Dabei ist die Lage im Bereich der nicht-ästhetischen Texte noch günstiger zu beurteilen als im Bereich der ästhetischen Texte. Dort ist man – bei aller Engagiertheit in theoretische Grundsatzdiskussionen – nur wenig zur Systematisierung von Kategorien, geschweige denn zu ihrer folgerichtigen Anwendung auf Texte vorgedrungen. Nun gehört aber zum »Studium der Textwissenschaft« (cf. Plett 1971) sowohl die Kenntnis der Theorie als auch die mit ihrer Hilfe vollzogene Beschreibung von Texten. Textanalyse dient nicht nur der Veranschaulichung der Texttheorie, sondern bildet auch deren empirische Verifikationsbasis. Nicht zuletzt macht diese praktische Tätigkeit auf Phänomene aufmerksam, die bislang noch nicht in den Umkreis theoretischer Reflexionen getreten sind. In diesem Sinne verstehen sich die nachfolgenden Ausführungen als eine Brücke zwischen theoretischer und angewandter Wissenschaft.

I. Von der Literaturwissenschaft zur Textwissenschaft

0. »Literatur« und »Text«

»Literatur« und »Text« sind dem Verständnis des Sprachbenutzers verschiedene Gegenstände. Literatur ist immer auch Text, nicht aber umgekehrt: so soll eine vorläufige Definition lauten. Der faktische Tatbestand gibt dieser Begriffstrennung recht. Niemand würde nämlich bestreiten, daß ein Drama, eine Kurzgeschichte, ein lyrisches Gedicht »Literatur« ist. Die gleiche Behauptung gilt aber wohl kaum von einer Gebrauchsanweisung, den Rundfunknachrichten, der Tonbandaufzeichnung eines Gesprächs zweier Männer auf der Straße oder einem wissenschaftlichen Referat. Zweifel würden schließlich auftreten, sollte eine Entscheidung darüber gefällt werden, ob der Essay, die Biographie, ein Geschichtswerk oder ein Sinnspruch zur Kategorie »Literatur« gehört. In allen diesen Fällen läßt sich jedoch ohne Schwierigkeit von Texten sprechen: so etwa vom »Text« des Dramas, der Gebrauchsanweisung oder der Biographie. Das bedeutet: Der Textbegriff ist umfassender (extensiver) als der Literaturbegriff. Ist hingegen von »Literatur« die Rede, dann geschieht es meist in einem restringierten (intensiven), um nicht zu sagen: elitären Sinne. Woran liegt das?

Einen wesentlichen Erklärungsgrund für die exponierte Stellung des Literaturbegriffs bietet die Geschichte seiner Entwicklung. Diese stellt neben einer Vielzahl von historisch begrenzten Bedeutungen (cf. Escarpit 1973) vor allem zwei heraus, die heute noch gültig sind:

1. Literatur = alles Geschriebene, Gedruckte und irgendwie Veröffentlichte, »Schrifttum« (Schadewaldt 1973) – eine Bedeutung, die in Wortfügungen wie *Primärliteratur, Sekundärliteratur, Fachliteratur, Opernliteratur, Klavierliteratur* und *Kosmetikliteratur* erscheint;

2. Literatur = »schöne Literatur«, worunter Texte mit einem Anspruch auf ästhetische Werthaftigkeit zu verstehen sind.

Von diesen beiden Bedeutungen hat vor allem die letztere die Sonderstellung der Literatur begründet. Schuld daran ist nach H. Rüdiger »die quasireligiöse Verehrung des Kunstwerkes und des Künstlers«, die seit dem 18. Jahrhundert Literatur und Dichtung mit der Aura des Weihevollen und Esoterischen umgeben hat. Daß sich die Literaturwissenschaft (vor allem die germanistische) der Faszination derartiger Konnotationen nicht entziehen konnte, zeigen eindringlich die kritischen Beiträge eines von demselben Autor herausgegebenen Sammel-

bandes über das Thema *Literatur und Dichtung* (Rüdiger *[Hg.]* 1973),
wo mehr als einmal die Forderung erhoben wird, den traditionellen
Literaturbegriff zu erweitern. Von anderer Beschaffenheit ist im Gegensatz dazu der Begriff »Text«. Das liegt nicht zuletzt daran, daß er
weniger abhängig von den Validierungsprozeduren ist, denen sich die
Literatur ständig unterwerfen muß. Seine sprachliche Herkunft weist
ihn als »Gewebe« *(textus),* »Gefüge« oder — modern gesprochen —
»Struktur« von etwas aus. In diesem Sinne finden sich Definitionen,
die Text mit »der sprachlichen Form des Werkes« (Górski 1971: 340)
oder »a linear speech product« (Górny 1961: 26) identifizieren. Neuere
Arbeiten zeigen überdies, daß das Substrat der »Vertextung« nicht
unbedingt die Sprache sein muß. Außer gesprochenen und geschriebe-
nen Texten kann man etwa auch Morse- und Gestentexte unterscheiden (cf. Hartmann 1964, Wienold 1971, 1972). So verstanden, sind
Texte relationale Strukturgefüge von Zeichen verschiedener Art und
Herkunft.

Den weiteren Ausführungen dieses Buches liegt ein Textbegriff zugrunde, der auf das Medium Sprache eingeschränkt bleibt. Literatur
wird als eine ästhetische Teilmenge des allgemeinen Vorkommens von
Text interpretiert. Daraus folgt, daß die Literaturwissenschaft in einer
zu begründenden Textwissenschaft aufgehoben ist. Innerhalb derselben bildet sie dann die ästhetische Komponente ab. Auf dem Wege zu
einer solchen Neukonzeption verfahren wir nach einem methodischen
Zirkel, dessen Nützlichkeit sich erweisen muß. Wir befragen zunächst
die traditionelle Literaturwissenschaft daraufhin, nach welchen Kriterien und Perspektiven sie ihren Objektbereich aufgliedert. Die auf
diese Weise gewonnenen Ansätze einer möglichen Systematik – sie ist
semiotischer Art – sollen dann in einem weiteren generalisierenden
Schritt dazu benutzt werden, den Objektbereich Text und seine Wissenschaft zu konstituieren. Von dorther erfolgt wiederum eine Rück-
wendung zur Literaturwissenschaft, deren ästhetischer Charakter nach
den im textwissenschaftlichen Teil gewonnenen Erkenntnissen neu fundiert wird. Die Darstellung dieser umfangreichen und komplexen Problematik, die naturgemäß nicht annähernd vollständig sein kann, vollzieht sich in einer Mischung von Theorie, Kritik und Analyse. Wir
beginnen mit einem kritischen Teil: der kriteriologischen Bestimmung
des Objektbereichs »Literatur«, wie sie von der Tradition vorgenommen wurde.

1. Der Objektbereich »Literatur«

Eine neuere Arbeit zur literaturwissenschaftlichen Methodenlehre (Pollmann 1971: I 27 f.) unterscheidet zwei fundamentale Anwendungsmöglichkeiten des Begriffes »Literatur«, eine selbständige und eine unselbständige. Als »unselbständig« gilt solche Literatur, die eine »bewußtseinstranszendente Sachdienlichkeit besitzt«: die Sach- und Fachliteratur. Sie informiert über Gegenstände, Personen und Vorgänge der lebensweltlichen Wirklichkeit. Demgegenüber tritt der Literaturbegriff »selbständig und eigentlich« dann in Erscheinung, wenn »in einem überlieferten Sprachwerk über die bloße Sachdienlichkeit hinaus die Sprache als Eigenwert ›spürbar‹ wird«. Die hier angesprochene Gegensätzlichkeit verdeutlicht der Autor auch durch Roland Barthes' Ausdrücke »message dénoté« und »message connoté«. Dabei signalisiert die Denotation die Objektbezogenheit der literarischen Mitteilung, während die Konnotation ihren Selbstverweisungscharakter beleuchtet. Als »konnotative Botschaft« gliedert sich Literatur in rhetorische Literatur, schöne Literatur (*belles lettres*, Belletristik) und Dichtung. Rhetorische Literatur ist gekennzeichnet durch »Selbstzuordnung der Sprache«, schöne Literatur darüber hinaus durch »neu aufbauende Zuordnung« und »eine Gegenständlichkeit und Aussagehaftigkeit eigener Art«, und schließlich Dichtung als Idealfall von Literatur durch eine Integration all dieser Momente, die »bis ins Gewebe des Textes hinein als Dichte spürbar sind« (Pollmann 1971: I 32). Folglich stellen die drei genannten Literaturbegriffe zugleich aszendierende Grade der Literarität dar. Rhetorische, schöne und dichterische Literatur werden vom Autor als eigentliche Objektfelder der Literaturwissenschaft anerkannt; ausgeschlossen bleibt die vierte Art von »Literatur«: die Sachliteratur.

Die hier vorgestellte Typologie und ihre Begründung dokumentieren die Schwierigkeit der gegenwärtigen Literaturwissenschaft, ihren Gegenstand hinreichend zu definieren. Diese Schwierigkeit zeigt sich zunächst in der terminologischen Unschärfe von Ausdrücken wie »eigentlich«, »selbständig«, »unselbständig«, »spürbar«, »neu aufbauende Zuordnung« und »Dichte« (eine Fehletymologie), die das Urteil über das Literarische eher der intuitiven Erfahrung als einer um allgemein verbindliche Maßstäbe bemühten kritischen Ratio anheimgibt. Ferner ist die Problematik literarischer Kriterien eher verschleiert als einsichtig gemacht. Es erhebt sich nämlich die Frage, wie die Bewußtseinstranszendenz der Sachliteratur, die Aussagehaftigkeit eigener Art der schönen Literatur und die Dichte der Dichtung intersubjektiv feststellbar seien. Ein dritter Problemkreis betrifft schließlich die Hierarchisierung literarischer Wertigkeiten und das Aufstellen eines Kanons von Literatursorten. Pollmanns System impliziert beides. Es enthält einmal eine funktional abgestufte Darstellung der Literatursprache, zum anderen – darauf aufbauend – eine Textpyramide, deren qualitativen Gipfel die Dichtung und deren Basis die Sachliteratur bildet. Sieht man einmal von der Schwierigkeit der Ermittlung literarischer Differenzqualitäten ab, so erscheint hier nicht zuletzt der Wertungsakt selbst bedenklich. Er hat nämlich eine unmittelbare Konsequenz: die vorschnelle Eliminierung der zweckorientierten Literatur aus dem wissenschaftswürdigen Bereich. Damit aber wird eine fundamentale Reflexion sowohl über den gemeinsamen Grund als auch über die ästhetische Differenz literarischer und nicht-literarischer Texte verhindert.

Das Moment des Werthaften, sei es positiv oder negativ, haftet allerdings dem Begriff »Literatur« seit jeher an. In der Regel ist die Wertqualität eine positive; sie kommt in zahlreichen restriktiven Definitionen von Literatur zum Ausdruck. Diejenige Pollmanns ist nur eine unter vielen. Eine andere Definition, die von Wolfgang Kayser (1959: 14) stammt, schreibt der Literatur eine »Gegenständlichkeit eigener Art« und den »Gefügecharakter der Sprache« zu. Wiederum eine andere bezeichnet sie als »an object of knowledge *sui generis* which has a special ontological status« (Wellek/Warren 1956: 144). Schließlich führt T. C. Pollock (1942) ein kategoriales System ein, das demjenigen von Barthes/Pollmann recht nahe kommt. Er unterscheidet nämlich außer der Alltagssprache mit der Funktion der bloßen »phatic communion« zwei spezifische Leistungsformen der Sprache: den *referential symbolism* der wissenschaftlichen Sprache und den *evocative symbolism* der Literatursprache. Wo die Evokation in Gestalt einer persönlichen Erfahrung fehlt, handelt es sich um bloße Pseudoliteratur.

Die Reihe der Abgrenzungen von Literatur und Nicht-Literatur ließe sich fortsetzen. Ähnlich verwirrend ist das Ergebnis einer Synopse von Differenzierungen innerhalb dieser beiden Bereiche. Als Beispiel für das eine sei F. W. Bateson (1972: 62) angeführt, der *non-literature* von *would-be literature* und *sub-literature* abhebt, wobei als distinktive Kriterien jeweils utilitaristische Zweckmäßigkeit, Unlesbarkeit und journalistische Unterhaltsamkeit gelten. Auf der anderen Seite mag die bereits ausführlich referierte Klassifikation Pollmanns als repräsentativ gelten: »Literatur« gliedert sich in rhetorische, schöne und dichterische Literatur. Pollmann ist nicht der einzige Autor, der die Dichtung an die oberste Stelle seiner Skala der Literarität setzt. Viele Titel literaturwissenschaftlicher Publikationen bekräftigen den Vorrang des Dichterischen bzw. Poetischen (u. a. Dilthey 1906, Müller 1939, ferner Allemann 1957 und Seidler 1959). Ausdrücklich formuliert wird er schon in der berühmten *Art Poétique* (verfaßt 1874) Paul Verlaines, die ein neues Ideal musikalisch-expressiver Poesie verkündet und dann – im Kontrast dazu – mit dem Vers schließt: »Et tout le reste est littérature.« Zum ästhetischen Prinzip erhebt diese Dichotomie Benedetto Croce in seiner Abhandlung *La Poesia* (1936, dt. 1970), indem er gegenüber dem erhabenen Status der Poesie die Literatur mit ihren Unterarten in den Bereich des Zivilisatorischen verweist. Alle diese Fälle zeigen eine Abwertung des Literaturbegriffes, die ihn beinahe mit »gemeiner Schriftstellerei« identifiziert. Wie ein solches Phänomen zu erklären ist: ob mit der gebundenen Form der Dichtung, ob mit dem Vorrang des Lyrischen oder ob mit einer idealisierenden Verklärung des Schöpferischen, Erlebnishaften, Zeitenthobenen, Genialischen in der Dichtung (cf. Hamburger 1973, Conrady 1973, Ross 1973) – das möge dahingestellt bleiben. Der Eindruck, welcher sich dem Betrachter bei der Sichtung aller angeführten Literaturdefinitionen einstellt, ist jedenfalls eine nicht geringe Verwirrung, und er fühlt sich geneigt, einer resignierenden Erklärung beizupflichten, die da lautet: »Literatur ist, was jeder einzelne dafür hält« (Hess 1972: 99).

Dieser Eindruck verstärkt sich bei einem Blick in einschlägige Literaturgeschichten. Hier müßte eigentlich eine Explizierung des Literaturbegriffs erfolgen, den die Verfasser jeweils ihrer historischen Darstellung zugrunde legen. Nichts dergleichen geschieht. Statt dessen trifft man ein buntes Gewirr besprochener Texte an, die einmal diesem, ein andermal jenem Begriff von Literatur gehorchen. Neben Werken der hohen »Dichtung« (Vergils *Aeneis*, Shakespeares *Hamlet*, Goethes *Faust*, Molières *L'avare*) stehen solche der bloßen »Literatur«, und zwar der trivialen (Robinsonaden), der historischen (Gibbons *Decline and Fall of the Roman Empire*), der rhetorischen (Bossuets Predigten), der sachbezogenen (Naturgeschichte des älteren Plinius) und der journalistischen Literatur (Addisons und Steeles *The Spectator*). Sicher ist ein nicht unwesentlicher Grund für die literaturgeschichtliche Würdigung von weniger qualifizierten Texten der, daß uns aus dem betreffenden Zeitraum (Antike, althochdeutsche und altenglische Periode) nur wenige Schriftdokumente erhalten sind und wir uns daher glücklich schätzen, die spärlich tradierte Poesie durch andere Textzeugnisse ergänzen zu können – mit der Konsequenz, daß eine solche Literaturgeschichte fast mit einer schriftorientierten Kulturgeschichte gleichzusetzen ist. Fließt dann später der literarische Überlieferungsstrom reichhaltiger, so erhält man ein breites Spektrum von Texten (nicht nur schriftlichen, sondern in neuerer Zeit auch mündlichen), die nach einem spezifischen selektiven Verfahren entweder in Literaturgeschichten aufgenommen oder aus ihnen verbannt werden. Gerade die Kriterien einer solchen Auslese sind aber weitgehend unreflektiert.

Das Beispiel der Literaturgeschichten erfüllte in dieser Darstellung den Zweck aufzuzeigen, wie sich mangelnde theoretische Einsicht in die Specifica der Literatur in konkreten Ungereimtheiten manifestiert. Um so dringlicher erscheint die Forderung, ein System methodischer Relevanzen aufzufinden, welches das Gewirr der vorhandenen Literaturdefinitionen aufschlüsseln hilft. Ein solches System würde nicht nur künftigen Literaturhistorikern die Leitfäden an die Hand geben können, sondern darüber hinaus auch die traditionellen Begriffe von literarischer Ästhetizität ins rechte Licht rücken.

1.1. Vier Perspektiven des Begriffes »Literatur«

Dem amerikanischen Literaturwissenschaftler M. H. Abrams gebührt das Verdienst, in seinem Buch *The Mirror and the Lamp* (1958: 3 ff.) die Unzahl von Aussagen über Literatur in einem System von vier Perspektiven zusammengefaßt zu haben, welches die Geschichte der Literaturkritik als ein dynamisches Gebilde stetiger Akzentverschiebungen erscheinen läßt. Als Ausgangspunkt dient ihm dabei ein Koordinatennetz, das alle relevanten Momente der Produktion von Kunst berücksichtigt. Es enthält sowohl das Kunstprodukt *(work)* als auch seine drei Bezugspunkte: Künstler *(artist)*, Publikum *(audience)* und Welt *(universe)*. Die graphische Veranschaulichung ihrer Relationen sieht folgendermaßen aus:

Entsprechend diesem Beziehungssystem, in das jedes Kunstwerk eintritt, unterscheidet der Autor zunächst drei literarische Theorien: die mimetische (Relation Werk – Welt), die expressive (Relation Werk – Künstler) und die pragmatische (Relation Werk – Publikum), wozu als vierte noch die ›objektive‹ Theorie (Autonomie des Kunstwerks) hinzutritt. Diese Theorien, so wird im Verlauf der weiteren Ausführungen deutlich, haben nach ihrer jeweiligen Dominanz im Laufe der Geschichte bestimmt, was als Literatur galt. So prävalierte im Zeitalter

19

des Klassizismus die mimetische Theorie, während etwa die Romantik in der Expressivität das Kriterium echter Literatur erblickte.

Die von Abrams erschlossenen vier Dimensionen der Literatur sollen die Grundlage für die folgende Erörterung bilden. Diese wird zu klären suchen, wie sich die »Literarität« der Literatur im einzelnen konstituieren kann. Aussagen verschiedenster Autoren (u. a. Poetologen, Kritiker, Literaturwissenschaftler) liefern dazu das Illustrationsmaterial. Die Darstellung erhebt nicht einmal annähernd einen Anspruch auf Vollständigkeit; vielmehr geht es darum, die fundamentalen Voraussetzungen unseres Literaturverständnisses zu erhellen. Zur Präzisierung des Sachverhaltes nehmen wir vorher an Abrams' Terminologie zwei Änderungen vor, indem wir den Ausdruck »pragmatisch« durch »rezeptiv« und den Ausdruck »objektiv« durch »rhetorisch« ersetzen. Im ersten Fall tragen wir auf diese Weise dem Publikumsaspekt des literarischen Werkes Rechnung, im zweiten Fall der besonderen Ausformung seines sprachlichen Mediums. Insgesamt stehen also folgende vier Fundierungskategorien von Literatur zur Diskussion: Mimesis, Expressivität, Rezeptivität und Rhetorik.

1.1.1. Der mimetische Literaturbegriff

Mimesis (*imitatio*, Nachahmung) heißt das älteste Kriterium für die Abgrenzung des Literarischen. Ausführlich behandelt wurde es zuerst von Platon, der es allerdings mit einem pejorativen Sinn versah, da jede Nachahmung gegenüber dem wahren Sein der Ideen einen Realitätsverlust erleidet, die der Künste gar einen zweifachen, da sie nicht unmittelbar Ideen, sondern nur deren Abbilder (die lebensweltliche Wirklichkeit) spiegeln. Aristoteles, Platons Schüler, war es erst, der die Nachahmung in ihre ästhetische Würde einsetzte, indem er zu Beginn seiner *Poetik* Epos, Tragödie, Komödie, dithyrambische Dichtung sowie Flöten- und Leiermusik als Arten der Nachahmung definierte (1447 a 2). Diese Grundlegung des Literarischen machte europäische Geschichte; und so konnte etwa im 16. Jahrhundert Sir Philip Sidney in der maßgeblichen Poetik des Elisabethanischen Zeitalters schreiben: »Poetry therefore is an art of imitation, for so Aristotle termeth it in his word *mimesis*, that is to say, a representing, counterfeiting, or figuring forth – to speak metaphorically, a speaking picture...« (1965: 101). Noch Gottsched statuiert in seinem *Versuch einer Critischen Dichtkunst* (1751: 99) kategorisch: »Der Dichter ganz allein, hat dieses zu einer Haupteigenschaft, daß er der Natur nachahmet, und sie in allen seinen Beschreibungen, Fabeln und Gedanken, sein einziges Muster seyn läßt.« Die Zahl der Autoren, die sich seit

20

Platon und Aristoteles (cf. dazu Daiches 1956: Chaps. I, II) dem Thema der literarischen Mimesis gewidmet haben, ist in der Tat Legion (Koller 1954, Boyd 1968).

Fast alle sind sich darüber einig, daß eine solche Nachahmung nicht bloße Kopie von Vorhandenem, sondern – nach einer Prägung Erich Auerbachs – »dargestellte Wirklichkeit« bedeutet. Diese Wirklichkeit repräsentiert nicht, was ist, sondern was sein kann. Literatur, so verstanden, zielt nicht auf das Reale, sondern das Mögliche ab. Eben dies macht den vorerwähnten »besonderen ontologischen Status« (Wellek/Warren) des Literarischen aus; eben dies ist auch die »Gegenständlichkeit eigener Art«, von der in den Definitionen Kaysers und Pollmanns die Rede war. Andere Termini sind: Fiktion, Illusion, schöner Schein (wobei »schön« den ästhetischen Aspekt dieser Art von Wirklichkeitsdarstellung bezeichnet). Sie machen deutlich, daß die Wahrheit der Dichter von anderer Art ist als die der verifizierbaren Welt des Faktischen. Nach Aristoteles ist sie »philosophischer«, d. h. sie besitzt einen höheren Grad von Allgemeingültigkeit. Ein mimetischer Literaturbegriff negiert daher Texte, die einen engen Sachbezug aufweisen: Nachrichten, Reisebeschreibung, wissenschaftliches Referat, Historie. Lange Zeit währte z. B. in der Kritik der Streit, ob Lucans Epos über den Bürgerkrieg Literatur oder versifizierte Chronik sei (Papajewski 1966). Aber auch heute fällt es manchmal noch schwer, eine klare Grenzlinie zwischen Fiktion und Wirklichkeit zu ziehen. Dies beweist nicht zuletzt die Fülle der Arbeiten zum historischen Roman.

Aristoteles unterscheidet drei Aspekte der Nachahmung: den Gegenstand, die Art und Weise und das Medium. Jeder dieser Aspekte involviert klassifikatorische Möglichkeiten, die zur Herausbildung bestimmter Wertigkeiten innerhalb des mimetischen Literaturbereichs führen. So kommt es hinsichtlich des *Gegenstandes* der Nachahmung besonders auf das Verständnis des ihm zugrundeliegenden Naturbegriffes an. Je nachdem die Auffassung von »Natur« idealistisch, realistisch oder pejorativ ist, erfolgt auch eine positive bzw. negative Einschätzung der betreffenden Literaturinhalte und -formen. Solange die sog. Ständepoetik gültig war, galt die Aristokratie allein der höchsten Literaturformen, des Epos und der Tragödie, würdig. Bürger und Bauern, denen man edle Handlungen nicht zutraute, wurden in die niederen Gattungen (Komödie, Satire, Roman) verbannt. Als dann seit der Romantik eine soziale Einebnung der literaturwürdigen Gegenstände einsetzte, geriet dieser idealistische Mimesis-Begriff in Mißkredit; an seine Stelle trat der Realismus, welcher eine naturwissenschaftlich exakte Beschreibung der Objektwelt forderte. Seitdem schließlich auch die pejorisierende Mimesis durch Rosenkranz' »Ästhetik des Häßlichen« sanktioniert wurde (cf. auch Jauss *[Hg.]* 1968), treten alle mimetischen Gegenstandskonzepte in einen ästhetischen Wettbewerb, der zuletzt noch im sog. »Zürcher Literaturstreit« aufs heftigste entflammt ist.

Unter die *Art* der Nachahmung ist bei Aristoteles die Problematik der Gattungen subsumiert. Wie schon angedeutet, besteht eine enge Verbindung zwischen Art und Gegenstand der Mimesis, so daß mit der »Höhe« der dargestellten Wirklichkeit das literarische Genus korreliert. Epos und Tragödie genossen lange den Ruf der hohen Gattungen, denen allein adlige Personen, erhabene Leidenschaften, edle Handlungen und hoher Stil *(genus grande)* angemessen sind. Daher konnten Kontroversen nicht ausbleiben, als der Bürger von der Tragödie (in Gestalt des bürgerlichen Trauerspiels) und dem Bereich des Epischen (in Gestalt des Romans) Besitz ergriff (cf. u. a. Szondi 1973, Watt 1963). Eine analoge Entwicklung bahnte sich seit der Romantik im lyrischen Bereich an. Wie Inhalt und Form kontrastieren können, verdeutlicht endlich die Parodie, die etwa in der Ausprägung des *mock-heroic epic* (Popes *The Rape of the Lock*) bekannt ist.

Das *Medium* der literarischen Nachahmung ist die Sprache, sei es in gesprochener oder geschriebener Form. Da es außer der literarischen (d. h. sprachlichen) noch eine visuelle (in Malerei und Plastik) und eine akustische (in der Musik) Nachahmung gibt, ist die Grundmöglichkeit zu einem Wettstreit zwischen den mimetischen Künsten angelegt. Dieser Vergleichskampf betrifft sowohl Darstellungskunst (besonders: Naturtreue) als auch Wirkung der Mimesis. Bekannt ist die Rivalität von Literatur und den bildenden Künsten, die vom 16. bis ins 18. Jahrhundert hinein gedauert hat (Hagstrum 1958). Eine Wiederbelebung hat sie in unserem Jahrhundert erfahren: in dem wechselseitigen Bemühen von Film, Funk und Gedrucktem um die Publikumsgunst. Comics und Bildwerbung suchen verbale und visuelle Zeichenformen zu integrieren; gemeinsam okkupieren sie den Bereich des Epischen und Dramatischen (Ehmer *[Hg.]* 1972). Steht hier jeweils die mimetische Kapazität des einzelnen Mediums zur Debatte, so betrifft eine ganz andere Frage die spezifisch literarische Qualität des sprachlichen Mediums. Wir nennen diese Qualität »rhetorisch« und behandeln sie an entsprechender Stelle (1.1.4).

Blicken wir nach diesen Ausführungen auf die üblichen literaturgeschichtlichen Darstellungen, so gewinnen wir den Eindruck, als sei ihr Inhalt primär dem mimetischen Literaturbegriff verpflichtet. Die »Sachliteratur« bleibt weitgehend ausgeklammert, wenn auch verschiedene Ausnahmen den Rahmen sprengen: das Geschichtswerk des Thukydides, die Naturgeschichte des älteren Plinius und Gibbons *Decline and Fall of the Roman Empire.* Ferner bilden solche Werke wie Augustins *Confessiones,* John Evelyns *Diary,* Bacons *Essays* und Schopenhauers *Aphorismen* Fremdkörper, die den mimetischen Grundcharakter einer Literaturgeschichte stören. Offenbar sind für ihre Einbeziehung andere Kriterien der Literarität gültig als die mimetischen der hier besprochenen Art. Auf der anderen Seite wird offensichtlich nicht alles Mimetische aufgeführt, sondern eine Selektion getroffen, die z. B. die trivialen Gegenständlichkeiten des Heimatromans nicht berücksichtigt. Außer dem Gegenstand unterliegen auch Form und Medium der Mimesis einer wertenden Auswahl, die in der Bevorzugung gewisser Gattungen und der schriftsprachlichen Literaturzeugnisse zutage tritt. Das Fazit aus den so gewonnenen Einsichten lautet: Der mimetische Literaturbegriff ist in zweifachem Sinne ›intensiv‹: 1. Er schließt nicht-mimetische Texte aus. 2. Er impliziert eine Skala mimetischer Validitäten, die zu einer zweiten (binnen-mimetischen) Textselektion führt. Beides signalisiert die spezifischen Restriktionen mimetischer Ästhetizität.

1.1.2. Der expressive Literaturbegriff

Literatur wird gemessen an ihrer Expressivität, d. h. nach der Art und Weise, in der sie Ausdruck ihres Verfassers ist – diese Ansicht setzte sich seit der Romantik durch. Ein beredtes Zeugnis dafür ist ein Satz, der sich in Wordsworths Vorwort zur zweiten Auflage der *Lyrical Ballads* findet: »Poetry is the spontaneous overflow of powerful feelings.« Ausdruckshaftigkeit bedeutet demnach dreierlei: Emotionalität, Spontaneität und – als Resultante von beidem – Originalität. Alle drei Begriffe aber wurzeln in der dichterischen Phantasie, die nicht die Außenwelt, sondern sich selbst zum absoluten Richtmaß nimmt. Literatur im expressiven Sinne ist Selbstentäußerung des dichterischen Ichs. Die Materialität des Textes hat daher lediglich mediale Funktion; sie weist auf ihren Urheber als das sie beseelende Prinzip zurück. Literarische Expressivität bedeutet folglich: Die Literatur besitzt Verweisungscharakter.

Dasjenige, worauf expressiv aufgefaßte Literatur eigentlich verweist, sind Emotionen. Wordsworth gebraucht den Ausdruck »powerful emotions« und zeigt damit an, daß die literarisch gestalteten Emotionen keine alltäglichen, sondern außergewöhnliche sein sollen. Diese besondere Gefühlslage sichert dem betreffenden Text eine exklusive Stellung, die ihn den umgangssprachlichen Äußerungen enthebt. Ein zweites emotionales Ingrediens, die Spontaneität, verleiht ihm den Charakter der Aufrichtigkeit (cf. Peyre 1963). Auf diese Weise deklariert man das Werk zu einer ungeschminkten Gefühlsaussprache des poetischen Subjekts. Nicht in einer veristischen Beziehung zwischen Realität und Text besteht dann die Wahrheit der Dichtung, sondern in der Wahrhaftigkeit der dichterischen Emotion. Unmittelbarkeit und Besonderheit des Gefühls machen die Individualität des Schriftstellers aus. Je individueller das Gefühl, desto individueller der Text. Der gleiche Satz gilt auch umgekehrt. Als Ideal des expressiven Literaturbegriffs erscheint ein Text, dessen Einmaligkeit alle anderen Texte in den Schatten stellt. Der Verfasser eines solchen Textes trägt seit dem 18. Jahrhundert den Ehrentitel »Genie«. Kennzeichen des literarischen Genies ist die Originalität.

Das Originalitätsdenken der Befürworter von expressiver Literarität impliziert Konsequenzen hinsichtlich der Einschätzung andersgearteter Texte. Die wichtigste Konsequenz besteht darin, daß man allen »unpersönlichen« Texten das Merkmal der Literarität abspricht. Demzufolge ist Nachahmung verpönt – sowohl die *imitatio naturae* als auch die Nachahmung modellhafter, »klassischer« Vorbilder *(imitatio auctorum)*. Alles Imitativ-Topische wird als falscher, heuchlerischer Schein entlarvt. An seiner Stelle dominiert die Ich-Aussage des Textverfassers. Daher ist dem Ideal der Expressivität nicht die Gattung des Epos oder des Dramas, sondern das lyrische Gedicht angemessen. Das lyrische Ausdrucksregister enthält nämlich alle Möglichkeiten, spontane, besondere und aufrichtige Gefühle eines individuellen Sprechers, des lyrischen Ichs, darzustellen. Auf diese Ausdruckshaftigkeit trifft im eigentlichen Sinn das Wort R. G. Collingwoods (1947: 111) zu: »Expression is an activity of which there can be no technique.« In der Tat kann Expressivität gleichzusetzen sein mit äußerster Natürlichkeit und Ungekünsteltheit, beachtet man das literarische Postulat der Aufrichtigkeit. Eben solche Aufrichtigkeit nehmen komplexere Persönlichkeiten aber auch für höchst artifizielle Ausdrucksformen in Anspruch, liegt es doch im Wesen des Expressivitätsprinzips, daß emotionale und gedankliche Differenziertheit mit technischer Idiosynkrasie (im Stoff-, Motiv-, Stilbereich) korrespondiert. Auf Grund derartiger Überlegungen wird es verständlich, daß ein literarisches Ideal, welches das Individuelle und Originelle zur Basis seiner Kunst erklärt, auf geradem Wege zum Kryptischen und Hermetischen führt. Hat man einmal die Ausdruckshaftigkeit zum Maß für sprachliche Ästhetizität erhoben, so ist es von romantischer »Volksdichtung« nicht mehr weit bis zur Abgeschlossenheit der modernen Poesie. Dann ist auch T. S. Eliots Wort in *The Three Voices of Poetry* wahr gesprochen, daß die erste Stimme des Dichters jene sei, die, ohne Publikum, nur zu sich selbst rede – eine Behauptung, die sich mit Benns Diktum vom »monologischen Zug« der modernen Lyrik deckt. Hier geht die expressivitätsspezifische Rezeptionshaltung der »Einfühlung« verloren und macht dem technischen Analysieren Platz. Das bedeutet: Der Begriff von literarischer Ästhetizität wandelt sich. Das Rhetorische verdrängt das Expressive.

Ein Blick auf heutige Literaturgeschichten lehrt sehr schnell, daß das expressive Literaturideal hier gut repräsentiert ist. Das nimmt nicht wunder, ist doch die Literaturgeschichtsschreibung wie alle Historiographie ein Kind jener Zeit, die diese Denkform geprägt hat, der Romantik. Allein jene Tatsache spricht dafür, daß trotz mancher gegenteiliger Bestrebungen Literaturgeschichten immer noch Geschichten der Dichter und nicht ausschließlich der Dichtungen sind. Daran ändert auch kaum etwas die Tatsache, daß inzwischen das Autobiographische zugunsten der Textanalyse abgebaut wurde. Die Literaturgeschichte bleibt weiterhin von den großen Persönlichkeiten beherrscht, nur daß jetzt an die Stelle ihrer Vita das Werk getreten ist: Der Text repräsentiert den Künstler. Folglich ist es kaum ein Zufall, daß in der Literaturgeschichte selten die nicht-expressive Massenliteratur vertreten ist: Publizistik, Werbung, Sachliteratur, Trivialliteratur. Andererseits sind Literatursorten zu verzeichnen, deren typisch expressiver Grundzug den Rahmen der sonst vorwiegend an der Mimesis orientierten Darstellungen sprengt: Autobiographie (z. B. B. Cellini, B. Franklin, Goethe), Tagebuch (z. B. S. Pepys, F. Hebbel, A. Gide), Rede (z. B. Cicero, Fichte, Churchill), Brief (Paulus, Goethe-Schiller, Byron), Memoiren (Marco Polo, Kardinal Retz, Casanova, Bismarck), subjektiver Essay (Montaigne, Eliot), philosophische Reflexionsliteratur (Nietzsche, Ortega y Gasset). Solche Genera dokumentieren in hervorragender Weise die Subjektivität des Verfassers, seine Einstellung zu Literatur, Religion, Philosophie, Gesellschaft und zu sich selbst. In einer rein »mimetischen Literaturgeschichte« fänden sie keinen Platz. Gleiches müßte analog, wenn auch nicht unumstritten (cf. die Diskussion bei Behrens 1940), für die höchste Erscheinungsform der »Ich-Literatur« gelten: die Lyrik.

1.1.3. Der rezeptive Literaturbegriff

Literatur unter dem Gesichtspunkt ihrer Rezeption betrachten heißt: ihre Wirkung auf den Hörer/Leser in Augenschein nehmen. Als Wirkursache gelten u. a. die mimetische, expressive und stilistische Gestalt des Textes, aber auch dessen effektvolle Darbietung (z. B. im Schauspiel). Die Möglichkeiten der Wirkung sind kaum weniger differenziert. Das liegt daran, daß es wirkungsbezogene Literaturkonzepte schon seit der Antike gibt. Schon seit den frühesten Zeiten mußte sich nämlich ein Autor die Frage vorlegen, auf welches Publikum er in welcher Weise einwirken wollte. Auf der anderen Seite hat das Phänomen der literarischen Rezeptivität nicht selten die Kritiker provoziert (cf. Fraser 1970). Das liegt in der Natur der Sache, wird doch hier Literatur als realitätsgestaltende und -verändernde Kraft begriffen. Im Mittelpunkt dieser Rezeptionsauffassung steht der Leser. Art und Intensität seines Affiziertseins von Texten bilden den Maßstab dafür, was als Literatur zu gelten hat. Anders formuliert heißt das: Unwirksame Texte sind unliterarisch, wirksame hingegen literarisch. Dieser Grundsatz soll anhand dreier Rezeptionsformen illustriert werden: der psychagogischen, der soziologischen und der innerliterarischen.

Die *psychagogische* Variante des Wirkungsbezugs ist die Begründerin der sog. Wirkungsästhetik, die bis ins 18. Jahrhundert hinein das poetologische Denken beeinflußt hat. Ihre Quellen bilden die Aristotelische Hedone- und Katharsislehre, Horaz' *prodesse* und *delectare* und die rhetorische Effekttrias des *docere, delectare* und *movere*. Diese Kategorien, welche die moralische, ästhetische und affektische Existenz des Menschen betreffen, sind im Laufe der Geschichte entweder einzeln oder zusammen absolut gesetzt worden. Die Folge davon war, daß die Kanonisierung von Texten durch wechselnde Wirkungskriterien bestimmt wurde. Ein strenger Moralismus, wie er z. T. in der Lehrdichtung prävaliert, schließt ästhetisierende und erst recht pathetische Tendenzen aus. Auf der anderen Seite lehnt ein extremer Ästhetizismus (›l'art pour l'art‹) scharf jegliche ethische Indoktrination ab. Das Pathos behauptet sich demgegenüber einerseits als eigenständige Effektkategorie, zum anderen geht es ein Bündnis mit der ethischen und (oder) ästhetischen Komponente ein (Stone 1967, Rotermund 1972). Eine letzte Möglichkeit ist schließlich die Synthese von Nutzen *(utile)* und Vergnügen *(dulce)*, die gleichsam das Epochensiegel des Klassizismus darstellt (Bray 1963). Je nach Dominanz bestimmter Wirkungskategorien bilden sich Inklusionen und Exklusionen literarischer Textfelder heraus, die jeweils diesen Kategorien gehorchen bzw. ihnen widerstreben. Entsprechend ändert sich der Begriff von literarischer Ästhetizität. Eine Geschichte der Literaturkritik unter rezeptionsästhetischem Blickwinkel könnte diese Grunderkenntnis sehr schnell belegen.

Neben dieser traditionsgeprägten Auffassung der literarischen Wirkung gibt es eine neuere, welche als *soziologisch* bezeichnet werden kann. Sie erlaubt eine qualitative und eine quantitative Auslegung. Erstere betrachtet Literatur, nach den Worten Edwin Greenlaws (1931: 174), »im Lichte ihres möglichen Beitrags zur Geschichte der

Kultur«. Unter diesem Aspekt verstehen sich die in der angelsächsischen Welt beliebten Listen der *Great Books* als Dokumentation von Ideen, die durch das Medium des Buchdrucks die Geschichte der menschlichen Kultur entscheidend geformt haben. Deutlich greifbar wird diese Einstellung etwa in einem Werk mit dem Titel *Printing and the Mind of Man* (Carter/Muir 1967). Hier sind insgesamt 424 kulturhistorisch relevante Werke beschrieben, darunter Wörterbücher, Atlanten, Maltraktate, Biographien, Geschichtswerke, Enzyklopädien, naturwissenschaftliche und philosophische Abhandlungen. Sie alle sind, wie die deutsche Übersetzung (1969) des Titels erklärt, »Bücher, die die Welt verändern« (besser: veränderten), das heißt, das Kriterium ihrer Auswahl ist die soziale Wirksamkeit der von ihnen verbreiteten (religiösen, wissenschaftlichen, fiktiven . . .) Inhalte. Spielt in diesem Fall das qualitative Moment eine Rolle, so handelt es sich bei den Bestseller-Listen ausschließlich um ein numerisches Richtmaß, die Angabe von Verkaufsziffern über die publizistische Verbreitung von Texten (Mott 1966, Lehmann-Haupt 1951). Sowohl das Wertkriterium der Verkaufsstatistik als auch der kulturhistorischen Bedeutsamkeit bewirkt einen Literaturkanon, der sich deutlich vom mimetischen (expressiven, rhetorischen) Textbereich abhebt – allein schon durch die Einbeziehung nicht-mimetischer (nicht-expressiver, nicht-rhetorischer) Zeugnisse. Gleichzeitig existieren z. T. kausale Verbindungslinien zur psychagogischen und innerliterarischen Rezeptivität.

Psychagogische und soziale Wirkungen von Texten sind ihrerseits dafür verantwortlich, daß eine dritte Art literarischer Wirkung entsteht: *die Wirkung von Texten auf Texte*. Es geht hier um das Problem der innerliterarischen Rezeption, das die Antike unter dem Namen *imitatio auctorum* faßte. Texte und die sie prägenden Inhalte, Charaktere und Strukturen haben ihr Nachleben, wie die Geschichte des Atridenmythos, der Robinsonaden, des Shakespeare-Sonetts und der Utopien lehrt. Auf diese Weise konstituiert sich eine »Weltliteratur«, die Zeiten und Räume, besonders auch die sprachlichen Grenzen überschreitet. Obgleich der Sache nach viel älter, wurde dieser Begriff doch erst von Goethe gebildet, der die »gegenwärtige, höchst bewegte Epoche« und die »durchaus erleichterte Kommunikation« für ihr Entstehen verantwortlich macht (in Strich 1957: 370). Identifizieren wir »Rezeptionsliteratur« mit »Weltliteratur«, so ist darunter die Gesamtheit aller überräumlich, -zeitlich und -sprachlich kommunizierten Texte zu verstehen, welche die Kontinuität der schriftstellerischen Tätigkeit innerhalb eines Kulturkreises (etwa des abendländischen) sichern. Literatur ist dann rezeptiv in dem Sinne, daß jedes Werk ein besonderes Glied in einer literarischen Dependenzkette bildet, die von der klassischen Antike bis auf den heutigen Tag reicht. Der Grad der Literarität des einzelnen Textes bemißt sich folglich nach seinem Stellenwert innerhalb dieser Dependenzkette. Das dazu angewandte methodische Verfahren ist der Textvergleich (Weisstein 1968, Rüdiger [Hg.] 1971, 1973a, Levin 1973). Ausgeklammert sind aus diesem Literaturbegriff alle Texte, die aufgrund ihrer irgendwie gearteten (sprachlichen, thematischen, formalen ...) Originalität keine Nachahmer auf den Plan gerufen haben, besonders die hochgradig expressive Literatur. Daher würden so bedeutende Einzelgänger wie Hölderlin, Rimbaud und Hopkins in einer literarischen Rezeptionsgeschichte nichts zu suchen haben. Außerdem wären noch manche manieristische, romantische und moderne Lyriker vom Ausschluß bedroht. Eine mindere Rezeptionsqualität könnte schließlich die sog. epigonale Literatur für sich verbuchen. Diese Skalierung innerliterarischer Rezeptionswerte läßt sich noch weiter verfeinern. Sie dokumentiert insgesamt das Vorhandensein eines Grundbegriffs von Literarität, der, wenn auch nicht unbeeinflußt, so doch verschieden von demjenigen der anderen Rezeptionsarten ist.

Gemeinsam ist allen Formen der Rezeption der Bezug auf den Aufnehmenden von Literatur. Je nach den Kriterien, die man an ihn anlegt, wandelt sich der Rezeptionsbegriff. So kann man etwa von psychologischer, soziologischer, philosophischer ... Rezeptivität reden. Eine Sonderform besteht darin, daß der Textempfänger gleichzeitig Textverfasser ist. Das ist der Fall bei der zuletzt behandelten Wirkungsart, der wir den Namen »innerliterarisch« gaben. Von allen hier vorgestellten Wirkungskonzepten darf man verallgemeinernd behaupten, daß sie kaum einen systematischen Eingang in die Literaturgeschichten gefunden haben. Was dort an Effektkategorien vertreten ist, geht in der Regel auf ein sporadisch-unreflektiertes Handeln zurück. Dieses zeigt sich beim psychagogischen Standpunkt schlimmstenfalls in einer impressionsitischen Kritik, die den persönlichen »Geschmack« des Schreibers als Ausgangspunkt wählt, bestenfalls aber in wirkungsbezogenen Gattungsdefinitionen (z. B. Lehrdichtung, Schauerroman). Daß auch der soziologische Wirkungsbegriff in unzureichender Weise repräsentiert ist, wird bei der literarhistorischen Erwähnung von nichtfiktionalen (philosophischen, sozialkritischen, historischen ...) Werken offenbar, die zur Zeit ihres Erscheinens eine weite Verbreitung genossen. Ihre Funktion geht häufig darin auf, als Zulieferanten von *background*-Information in die betreffende Literaturepoche »einzustimmen«; nur selten ist ihnen vergönnt, auf Grund eines gesellschaftsorientierten Literaturbegriffs ein eigenes Daseinsrecht beanspruchen zu dürfen. Ein uneinheitlich gelöstes Problem ist ferner die innerliterarische Rezeptivität, soweit sie überhaupt in der traditionellen Literatur-geschichte verzeichnet ist. In der Regel tritt sie hier nur in gelegentlichen Hinweisen auf Stoff-, Motiv- oder Formquellen bzw. -parallelen auf. Einzelne Rezeptionsstufen oder größere Rezeptionszusammenhänge werden nicht einsichtig gemacht. Die Konsequenz aus allen diesen Überlegungen kann nur die Forderung nach größerer Folgerichtigkeit sein. Grundvoraussetzung für ein solches Verfahren aber ist die Erkenntnis, daß Literatur, verstanden als Gegenstand der Rezeption, ein höchst komplexes Phänomen darstellt, dessen Aufschlüsselung die Forschung bisher nur zum Teil geleistet hat. Daher werden künftige Resultate im Bereich einer wirkungsbezogenen Literaturgeschichte den Stempel der Vorläufigkeit tragen.

1.1.4. Der rhetorische Literaturbegriff

Als »rhetorisch« wird hier wie bei Pollmann (1971: I 27 f.) diejenige Literatur verstanden, die sich durch eine besondere sprachliche Gestaltung auszeichnet. Eine solche wird etwa durch Abweichung von der alltagssprachlichen Norm markiert. Diese Abweichung konkretisiert sich wiederum in der »figürlichen Rede«; das lehrt etwa im 16. Jahrhundert die Poetik George Puttenhams (1589), wo es heißt:

Figurative speech is a novelty of language evidently (and yet not absurdly) estranged from the ordinary habit and manner of our daily talk and writing, and figure itself is a certain lively or good grace set upon words, speeches and sentences to some purpose and not in vain, giving them ornament or efficacy by many manner of alterations in shape, in sound and also in sense (Smith [ed.] 1959: II 165).

Die rhetorischen Figuren bilden also ein System von Änderungs- bzw. Abweichungskategorien, welches in differenzierter Weise unterschiedliche Abstufungen von sprachlicher Artifizialität und der durch sie evozierten ästhetischen und emotionalen Wirkungen beschreibt. Die Abweichung entsteht durch »Entfremdung« *(estranged)* von der alltagssprachlichen Norm. Sie ist nicht purer Selbstzweck, sondern funktional gebunden an eine dekorative oder affektische Wirkung. Als grundlegende Einheit der sprachlichen Abweichung gilt die rhetorische Figur. Ein Zeitgenosse Puttenhams, der englische Rhetoriker Henry Peacham, gibt ihren formalen Eigenschaften deutliche Konturen:

A figure is a fashion of words, oration, or sentence, made new by art, turning from the common manner and custom of writing or speaking (1577: B.i.r).

Demnach findet Abweichung stets auf dem Hintergrund einer alltagssprachlichen Grammatik statt, und zwar auf allen linguistischen Ebenen: der des Textes (z. B. einer Rede), des Satzes, des Wortes (Morphems) und – wie schon Puttenham durchblicken ließ – auch des Lautes (Phonems). Selbst die semantische und die schriftsprachliche (graphemische) Änderung sind berücksichtigt. Das Herbeiführen dieser und weiterer »Änderungen« fordert das Kunstvermögen des Textverfassers heraus. Sein Produkt ist – in der Terminologie W. Kaysers (1959) – das »sprachliche Kunstwerk«.

Der auf diese Weise begründete Literaturbegriff schließt alle nicht-rhetorisierten Texte aus; hingegen impliziert er z. B. auch unfiktionale Texte, sofern diese eine künstlich-künstlerische Sprachgestaltung aufweisen. Unter dem Gesichtspunkt, daß Literatur einen sprachlichen Artefakten meint, können etwa Vergils Lehrepos über den Landbau, Bacons Essays, Schopenhauers Aphorismen, Bossuets Predigten, Petrarcas Briefe und Carlyles Geschichtswerke in eine Literaturgeschichte einbezogen werden. Ja, selbst moderne Werbetexte dürften darin einen Platz beanspruchen (cf. Spitzer 1962: 248–277). Auf der anderen Seite werden solche Werke ausgeschlossen, deren sprachliche Meriten man gering einschätzt, etwa die Romane Courts-Mahlers oder amerikanische Comics. Innerhalb der rhetorischen Literatur pflegt man indes noch weitere Gruppierungen vorzunehmen, wie z. B. die Unterscheidung zwischen Vers und Prosa lehrt. Eine klare Grenzziehung fällt hier nicht immer leicht. Jedermann, der die geschichtliche Entwicklung des Verses kennt, wird mit Leichtigkeit einige seiner traditionellen Merkmale aufzählen können: Metrum, Rhythmus, Reim, Strophik, Bildlichkeit, doch stößt er auf Schwierigkeiten, wenn er den modernen *vers libre* von kunstvoller Prosa abheben soll. Ebenfalls bereitet es nicht geringe Mühe, gesicherte Kriterien für die Differenzierung von unrhetorischer Gebrauchsprosa und rhetorischer Kunstprosa (cf. Norden 1958) aufzustellen. Daher mutet eine Formulierung von W. Krauss: »Prosa ist Literatur nur, insofern Poesie an ihr teilhat.« (1969: 41) mehr als ein geistreicher Aphorismus denn eine wirkliche Orientierungshilfe an. Was *sub specie rhetorica* als Literatur gelten darf, geht aus ihr nicht hervor.

1.2. Literatur als »semiologisches Faktum«

Ein Überblick über die vierfache Explikation eines intensiven Literaturbegriffes lehrt, daß der jeweils angenommene Ausgangspunkt zugleich eine Wertnorm einschließt. Diese läßt sich auf die Formel bringen: Je mimetischer (expressiver, wirkungsmächtiger, rhetorischer) ein Text ist, desto eher erfüllt er die Voraussetzungen des Literarischen. Je nachdem welchen Standpunkt ich einnehme, scheint mir die geglückte Nachahmung, der originelle Ausdruck, der überwältigende Effekt oder die vollendete Sprachform das erstrebenswerte Ideal darzustellen. Ein mimetisches, expressives, rezeptives und rhetorisches Defizit erscheint dann als Defizit an Literarität. Auf diese Weise wird auf der Grundlage der jeweils gewählten Perspektive eine breite Skala literarischer Wertigkeiten sichtbar, die sich von einem (mimetischen...) Ideal bis hin zu einem negativen (mimetischen...) Gegenpol erstrecken. An dem einen Ende ist die volle Entfaltung von Literatur erreicht; die Antithese bildet die Nicht-Literatur.

Solche Überlegungen, wie wir sie hier angestellt haben, beruhen auf zwei Voraussetzungen. Die erste davon lautet, daß sich jeder der vier behandelten Literaturbegriffe auf je ein einziges Axiom gründet, das abwechselnd den Namen mimetisch, expressiv, rezeptiv oder rhetorisch trägt. Die zweite Voraussetzung ergibt sich aus der ersten. Sie besagt, daß die alleinige Gültigkeit eines einzigen Axioms der Literarität jeweils die Gültigkeit der anderen Axiome ausklammert. Als Folge davon werden jeweils gewisse Textbereiche literaturfähig, andere hingegen nicht – je nachdem welches Axiom zugrundegelegt wird. Wie die voraufgehenden Erörterungen zur Genüge verdeutlicht haben, zeigt sich die traditionelle Literaturgeschichte darin inkonsequent, daß sie unreflektiert die unterschiedlichen Literaturstandpunkte mischt: Mimetisches steht neben Rhetorischem, Rezeptives neben Expressivem.

Nun aber ist die hier vorgetragene Ansicht eine rigoristische. Sie befürwortet um der Sauberkeit der Argumentation willen die Einrichtung von idealtypischen Verhältnissen. Die Wirklichkeit sieht indes anders aus. Es bedarf keiner Frage festzustellen, daß ein mimetischer Text auch eine rhetorische Sprachgestalt und eine affektische Wirkung haben kann. Ferner schließt das Kriterium der Expressivität nicht dasjenige der Publikumswirksamkeit aus; sonst würde man keine ausdrucksvollen Werke lesen. Schließlich verzichtet kein rhetorisierter Text auf Ausdruck, Wirkung oder Wirklichkeit; andernfalls wäre er völlig unverständlich. Das bedeutet: Die vier Perspektiven von Literatur sind gewöhnlich nicht isoliert und absolut, sondern vermittelt. Deshalb weisen auch literaturtheoretische Arbeiten regelmäßig einen intensiven Literaturbegriff auf, der als synthetisch anzusprechen ist. Wenn etwa W. Kayser als Merkmale der Literatur »Gegenständlichkeit eigener Art« und »Gefügecharakter der Sprache« nennt, so verbindet er den mimetischen mit dem rhetorischen Standpunkt. Andererseits vereinigen sich Rezeptivität und Mimesis in Wellek/Warrens Aussage, Literatur sei ein Erkenntnisgegenstand eigener Art mit einem besonderen ontologischen Status. Ein differenzierteres Bild bietet Roman Ingardens (1965: 25 ff.) Konzeption, nach der das literarische Werk ein aus heterogenen Schichten aufgebautes, polyphones Gebilde ist, das die Schicht der Wortlaute, der Bedeutungseinheiten, der schematisierten Ansichten und der dargestellten Gegenständlichkeiten umfaßt. Hier treffen mindestens drei Perspektiven zusammen: die rhetorische, die expressive und die mimetische; auch die Rezeption spielt in den Darlegungen eine gewichtige Rolle. Demgegenüber fehlen auch nicht solche literaturtheoretischen Ansätze, die vorwiegend einen einzigen Aspekt in den Vordergrund stellen. So dominiert in der bereits mehrfach erwähnten Theorie Pollmanns das Rhetorische, und wenn Hess (1972: 99) sich auf die resignierende Formel zurückzieht: »Literatur ist, was jeder einzelne dafür hält«, so bezieht er eindeutig eine rezeptive Position.

Die Geschichte der Literaturkritik und Poetik bietet eine sehr ähnliche Sachlage. Auch in diesen Bereichen pflegen sich die literarischen Perspektiven ständig zu überlagern. Die Neoklassizisten betonen zwar den mimetischen Standpunkt, doch mögen sie nicht auf eine rhetorische Sprachgestaltung, erst recht nicht auf eine angemessene Wirkung verzichten (cf. France 1965). Auch der romantische Umschwung von der Mimesis zur Expressivität bedeutet noch lange nicht eine völlige Abkehr von Sprachkunst und deren Effekten (Dockhorn 1969). Andererseits sind Rhetorik und Wirkung stets eng miteinander verschwistert gewesen. Eine teilweise Wiederholung der vorhin besprochenen Definition Puttenhams (in Smith [ed.] 1959: II 165) macht dies augenscheinlich:

Figurative speech is a novelty of language..., and figure itself is a certain lively or good grace set upon words ... giving them ornament or efficacy by many manner of alterations in shape, in sound and also in sense.

In diesem Zitat beschreibt der Autor die rhetorische Figur einmal in ihrer ästhetischen Wirkung (good grace, ornament, efficacy), zum anderen kennzeichnet er sie durch die besondere Art ihrer Sprachform (alteration). Beide Momente sind unauflöslich verquickt in der Formulierung novelty of language – »sprachliche Innovation« –, die sowohl das Medium als auch die besondere Art seiner Rezeption meint.

Besonders schön kommt die Verbindung der Perspektiven in E. A. Poes Erörterung der Short Story (bei ihm tale genannt) zum Ausdruck:

A skilful artist has constructed a tale. If wise, he has not fashioned his thoughts to accommodate his incidents; but having conceived, with deliberate care, a certain unique or single effect to be wrought out, he then invents such incidents – he then combines such events as may best aid him in establishing this preconceived effect. If his very initial sentence tend not to the outbringing of this effect, then he has failed in his first step. In the whole composition there should be no word written, of which the tendency, direct or indirect, is not to the one pre-established design. And by such means, with such care and skill, a picture is at length painted which leaves in the mind of him who contemplates it with a kindred art, a sense of the fullest satisfaction (Bungert [*Hg.*] 1972: 4).

Auffällig sind in diesem Passus verschiedene Dinge:

1. Die dominierende Perspektive ist – durch den Autor hervorgehoben – die Wirkung *(effect)* der *tale* auf den Rezipienten. Diese bildet den Maßstab für das ästhetische Gelingen des Literaturwerks. Das angestrebte Effektziel konkretisiert sich in der Formel *a certain unique or single effect,* sein Geglücktsein in dem Erlebnis der *satisfaction.* Alles andere ist dieser Forderung untergeordnet, sowohl der Autor als auch das Medium der literarischen Mitteilung.
2. Die erste Subdominante, das sprachliche Medium, verlangt eine höchst artifizielle, also (in unserem Sinne) eine rhetorische Behandlung. Das Kunstmoment tritt dabei in solchen Ausdrücken wie *construct, deliberate care, care and skill* zutage. Sie zeigen den Textverfasser als Konstrukteur und Ingenieur. Seine Tätigkeit ist das Erfinden, das Kombinieren, das Komponieren, das Malen von eindrucksvollen Bildern.
3. Ist die Wirkung das Endziel der Short Story, der sprachliche Artefakt das Medium, so ist die dichterische Phantasie die Vorbedingung für das Zustandekommen beider. Sie ist es, die im Gedankenbild sowohl die Wirkung als auch die Sprachgestalt antizipiert. Das verraten Ausdrücke wie *having conceived … a certain … effect, preconceived effect* und *pre-established design.* Was immer wirken soll, muß zuerst in seinen Gestalt- und Wirkungsmöglichkeiten durch die Phantasie planvoll entworfen sein.

Eine Zusammenfassung der vorangehenden Überlegungen erbringt folgende Ergebnisse: In die Short Story-Theorie E. A. Poes sind drei literarische Perspektiven integriert, die rezeptive, die rhetorische und die expressive, wobei die rezeptive die Hegemonie innehat. Sprache und Ausdruck sind funktional im Hinblick auf die Wirkung betrachtet; diese setzt das ästhetische Richtmaß. Jene Kritiker sind folglich im Recht, die Poes Theorie der Geschichte der Effektästhetik zuordnen. Wie gezeigt, führt dieser Standpunkt nicht zum Ausschluß der anderen Komponenten; sie erhalten lediglich einen anderen Stellenwert. Vernachlässigt wird in dem vorgetragenen Ausschnitt aus Poes

Hawthorne-Rezension lediglich die mimetische Perspektive; dies erklärt sich aus der konstruktiven Rolle, die der Verfasser der Bildphantasie zuschreibt.

Die Frage erhebt sich, ob es nicht sinnlos ist, vier intensive Literaturbegriffe freizulegen, zumal sie gemeinhin als synthetisierte in Erscheinung treten. Dieser Einwand erhält noch weitere Nahrung durch die Überlegung, daß sich die dargelegten Positionen grundsätzlich an jedem Text aufzeigen lassen. Jeder Text hat nämlich ein irgendwie geartetes Verhältnis zur Wirklichkeit, ist selber dargestellte Wirklichkeit. Jeder Text ist zugleich aber auch Ausdruck eines Sprechers, eines individuellen oder überindividuellen. Jeder Text zeigt ferner eine Wirkung, mag sie auch noch so unscheinbar sein. Und schließlich kommt kein Text ohne das Medium Sprache aus, sei dieses auch kaum oder gar nicht rhetorisiert. Die intensiven Literaturbegriffe scheinen demnach in einen extensiven hinüberzugleiten, um schließlich in ihm aufzugehen. Woran liegt das?

Die aufgezeigten vier intensiven Literaturbegriffe sind eingebettet in ein Bezugsfeld von Grundbedingungen, die für jede Kommunikation von Zeichen gültig sind. Die allgemeine Wissenschaft von den Zeichen trägt den Namen Semiotik oder Semiologie. Sofern Literatur unter dem Aspekt ihrer Zeichenhaftigkeit betrachtet wird, kann man von ihr als einem »semiologischen Faktum« (Mukařovský 1970: 138) reden. Nun gehören aber zu jedem semiologischen Prozeß stets vier notwendige Bestandteile: ein Sender, der Zeichen aussendet; ein Empfänger, der Zeichen aufnimmt; ein Referent, auf den sich ein Zeichen bezieht; und schließlich ein Code, der das ganze Zeicheninventar enthält. Diese Schematik, die inzwischen (vor allem in der gegenwärtigen Linguistik) zu einem Gemeinplatz geworden ist, erlaubt auch folgende funktionale Repräsentation:

Sender   – Aussendung (Emission) von Zeichen,
Empfänger   – Aufnahme (Rezeption) von Zeichen,
Referent   – Wirklichkeit (Realität) von Zeichen,
Code   – Inventar (Repertoire) von Zeichen.

Durchmustern wir daraufhin die veranschlagten Literaturbegriffe, so erleben wir eine Überraschung. Es stellt sich nämlich heraus, daß die vierfache Perspektivierung des Objektbereiches Literatur mit den semiotischen Kategorien korreliert. Der expressive Literaturbegriff bezieht sich auf den Sender, der rezeptive auf den Empfänger, der mimetische auf den Referenten und der rhetorische auf den Code der literarischen Zeichen. Die festgestellten Entsprechungen können wir auch im sog. semiotischen Dreieck lokalisieren:

Referent ⇒ mimetisch

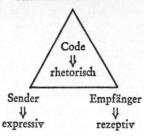

Code
⇓
rhetorisch

Sender   Empfänger
⇓   ⇓
expressiv   rezeptiv

Demzufolge gibt es sender-, empfänger-, referent- und codeorientierte Literarität. Senderorientierte Literarität heißt: Literatur wird im Hinblick auf seinen Verfasser (Sender) als ästhetisch angesehen. Analoges gilt für die übrigen Literaturbegriffe.

Mit der semiotischen Interpretation der vier literarischen Perspektiven ist die eingangs des Kapitels 1.1. besprochene Konzeption von Abrams in einen größeren Bezugsrahmen hineingestellt. Was leistet dieser Bezugsrahmen? Wir beantworten diese Frage zunächst, indem wir einen Autor zu Wort kommen lassen, der jüngst eine *Semiotik der Literatur* (1972) veröffentlicht hat. In diesem Buch problematisiert der Verfasser, Götz Wienold, das durch die neue Forschungsrichtung veränderte wissenschaftliche Sehen wie folgt:

Auf der einen Seite reizt die Unifizierung, die Semiotik anbieten könnte, auf der anderen Seite drängt die Möglichkeit, Semiotik für divergente Forschungsinteressen verfügbar zu machen, die Unifizierungsmöglichkeiten zumindest in den Hintergrund, vielleicht werden sie sogar blockiert (1972: 14).

Die erste Alternative erschließt dem Objekt »Literatur« die Möglichkeit, in ein universales Zeichensystem allgemeinster Art eingefügt zu werden. Eine derartige semiotische Ortung böte den Vorteil, daß der Blick auf das Ganze zeichenhafter Phänomene und Prozesse nicht verlorenginge, sondern stets dafür wachgehalten würde. Dies ist wohl unter der von Wienold angesprochenen Vereinheitlichung (Unifizierung) wissenschaftlicher Erkenntnisse zu verstehen. Von ihr wäre in erster Linie die Herauslösung der Literatur und ihrer Wissenschaft aus ihrem (jetzt noch) esoterischen Dasein zu erwarten. Das literarische Zeichen müßte sich dem Vergleich mit anderen Zeichen stellen und erhielte erst von dorther seinen ihm gebührenden Stellenwert zugesprochen. Indes kündigen sich, sieht man von dem Vorteil der Wiederbelebung des Sinnes für Totalität ab, auch die Gefahren eines solchen Vorgehens an. Sie tragen die Namen »globale Vereinfachung« und »flache Pauschalurteile«. Hauptangriffsziel ist die literarische

Spezifik. Diese droht unter dem Ansturm eines Systems, das überdies noch »keine eigentliche integrierte semiotische Theoriebildung« aufzuweisen hat (Wienold 1972: 14), verlustig zu gehen. Die Folge davon wäre ein Gewinn neuer Erkenntnisse auf Kosten solcher, die seit langem als gesichert gelten.

Die zweite von Wienold aufgezeigte Alternative begibt sich nicht in eine solche Gefahr. Sie stellt das unifizierende Forschungsinteresse hintan zugunsten einer konsequenten »Semiotisierung« des literarischen Objektfeldes. Verloren geht damit zwar der Blick für das Ganze; doch entschädigt dafür eine exakte Differenzierung innerhalb des zugrundegelegten Untersuchungsgegenstandes. Letztere betrifft sowohl hinzugewonnenes Neuland als auch bereits Vorhandenes. Dabei bleibt nicht aus, daß schon vorliegende Ergebnisse teils umstrukturiert, teils mit anderer terminologischer Etikettierung versehen werden. Die Gefahr, die hier droht, ist ein bloßer Nominalismus. Dieser kann in zweifacher Form auftreten: zum einen als gegenstandsferne terminologische Haarspalterei, zum anderen als Ersetzung alter Namen durch neue – ohne einen realen Erkenntniszuwachs.

Wie aus solcherart Überlegungen ersichtlich, bieten Wienolds semiotische Alternativen sowohl Vorteile als auch Gefahren. Die nachfolgenden Darlegungen wollen die ersteren nach Kräften nutzen, die anderen aber möglichst vermeiden. Das heißt konkret gesprochen: Semiotische und kommunikative Argumentationsschemata werden verwendet, aber nur soweit sie erfolgreich scheinen. Ferner wird die Totalität aller zeichenhaften Phänomene zwar im Auge behalten; die besondere Aufmerksamkeit gilt jedoch dem eigentlichen Untersuchungsgegenstand. Als dieser Gegenstand trat bisher die Literatur hervor. Nun sei aber daran erinnert, was wir schon zu Beginn dieses ganzen Kapitels feststellten und dann im Gang durch die Geschichte der Literaturkritik und Poetik mannigfach bestätigt fanden: Begriff und Gegenstand der Literatur besitzen einen exklusiven (intensiven) Charakter, der sie vom Begriff und Gegenstand »Text« abhebt. Wenn die semiotische Betrachtungsweise irgendeinen Sinn haben soll, dann diesen, daß es ihr gelingt, ein »textuelles« von einem »literarischen« Zeichen zu unterscheiden. Wir erinnern uns weiter an unsere früher geäußerte Frage, ob es nötig sei, vier intensive Literaturbegriffe zu differenzieren. Im Lichte der bisherigen semiotischen Erörterungen stellt sich die mehrfache Perspektivierung des Objektbereichs Literatur als wünschenswert, ja unumgänglich heraus, da sie die Grundelemente jeder Kommunikation von Zeichen berücksichtigt. Was in langer Tradition theoretischer und praktischer Tätigkeit dem literarischen Bereich zugewachsen ist, erweist sich also unversehens –

Zufall oder Nicht-Zufall in der Geistesgeschichte – als semiotisches Grundmuster. Es fragt sich dann, welche Erkenntnisse die Anwendung dieses Grundmusters auf den Gegenstand Text ermöglicht. Die Beantwortung dieser Frage bildet den ersten methodischen Handlungsschritt. Der zweite gilt der Literarität von Texten im Sinne einer Formulierung Beda Allemanns:

Der Gegenstand der Literaturwissenschaft ist (weder die Sprache noch die Gesamtheit der literarischen Texte, sondern) die Literarität von Texten (in Kolbe *[Hg.]* 1969: 149).

Nimmt man dieses Zitat beim Wort, so gilt mutatis mutandis: Gegenstand einer (zu begründenden) Textwissenschaft ist die Textualität von Texten.

2. Der Objektbereich »Text«

Eine kritische Durchmusterung älterer Arbeiten zur Literaturwissenschaft fördert als Ergebnis zutage, daß der Begriff »Text« zwar vielfach verwendet wird, aber durchaus unreflektiert und unsystematisch. Peter Schmidt, der in einem Artikel über *Textbegriff und Interpretation* zu diesem Schluß gelangt, fällt über neuere Arbeiten zu einer Textwissenschaft kein günstigeres Urteil, indem er feststellt:

Es wird deutlich, daß »Text« Gegenstand unserer Wissenschaft sein soll, wobei auffällt, daß zwar mit Begriffen wie Literarizität und Poetizität eifrig operiert wird, der Begriff »Text« dabei überhaupt nicht diskutiert wird. Die Diskussion könnte aber erst zeigen, ob der Gegenstand dieser Wissenschaft in der Tat ein neuer ist, oder ob sich nur die Terminologie geändert hat... (1971: 105).

Ähnlich skeptisch äußert sich Ewald Lang in einem jüngst erschienenen Beitrag:

Von einem Text-Begriff, der auch nur einige der zahlreichen, zweifellos signifikanten, intuitiven Urteile über das, was ein sprachliches Gebilde zum »Text« macht, theoretisch befriedigend rekonstruiert, sind wir, so glaube ich, noch weit entfernt (1973: 20).

Die erste Aussage stammt von einem Literaturwissenschaftler, die zweite von einem Linguisten. Beider Darstellungen sind nicht dazu angetan, für ein Unternehmen, das eine Abgrenzung des Phänomens Text vorsieht, optimistisch zu stimmen.

Angesichts der großen Anzahl von Textmöglichkeiten möchte man allerdings verzagen, wenn die Aufgabe gestellt ist, einen gemeinsamen Nenner für alle ausfindig zu machen. Gibt es doch nicht nur literarische (was immer das bedeuten mag), sondern auch juristische, theologische, medizinische, astrologische, wirtschaftliche, journalistische ... Texte. Es gibt gesprochene, gesungene, geschriebene, gedruckte, stenographierte, verfilmte Texte. Eine Grabinschrift kann genauso ein Text sein wie ein ärztliches Rezept, eine Zeitungsannonce, ein Funkspruch oder ein Roman von Thomas Mann. Offensichtlich unzusammenhängende, ja fragmentarische Spracheinheiten bilden unter bestimmten Bedingungen Texte, unter anderen hingegen nicht. Texte können ferner sehr lang, aber auch äußerst kurz sein; ja, es existieren sogar Texte, die – wie Becketts *Play* – niemals aufhören, weil sie durch ihre Rückkehr zum Ausgangspunkt nach steter Erneuerung verlangen. Alle diese Vielfalt, von der an dieser Stelle nur ein kleiner Bruchteil vermittelt werden konnte, verwirrt zunächst so sehr, daß man daran zu zweifeln beginnt, ob überhaupt eine Gegenstandsbestimmung des Textes denkbar sei.

Nun aber ist es gerade die Eigenschaft wissenschaftlicher Tätigkeit zu generalisieren, d. h. aus der Mannigfaltigkeit des Vereinzelten das Gemeinsame herauszuheben. Denn nur auf diesem Wege kann es zu Aussagen kommen, die eine allgemeingültige Verbindlichkeit beanspruchen dürfen. Als dasjenige, was allen Texten gemeinsam ist, setzen wir in unserem Fall die Sprache fest. Das klingt zwar trivial, ist aber nicht unbedingt selbstverständlich. Denn wie wir an früherer Stelle bereits anmerkten, wird der Begriff »Text« auch für Nichtsprachliches (Gesten, ...) verwandt (Koch 1971). Text ist Sprache – das besagt viel und doch wiederum wenig. Es besagt zum Beispiel, daß Texte etwas typisch Menschliches sind, in irgendeiner Weise der menschlichen Verständigung dienen und sich auf irgendwelche Gegenständlichkeiten beziehen. Nicht ausgesagt ist damit, ob jedes Vorkommen von Sprache schon Text ist oder ob nur bestimmte Spracheigenschaften diese Benennung rechtfertigen. Weiterhin ist unausgemacht, ob Texte eine eigene Wissenschaft beanspruchen dürfen – eine Textwissenschaft –, die von der Wissenschaft von der Sprache verschieden ist, oder ob sie Gegenstand einer neuen linguistischen Teildisziplin, der Textlinguistik, sind. Schließlich bleibt der spezifische Zeichencharakter des Textes unberücksichtigt und damit die Notwendigkeit, ihn sowohl von nicht-sprachlichen Zeichen als auch von anderen Sprachzeichen (z. B. Literatur) abzugrenzen. Dies ist ein Problemkatalog, der nur einige wenige der anstehenden Fragen registriert.

Wir greifen zunächst den Komplex der Zeichennatur des Textes heraus, weil er uns der Schlüssel für alle weiteren Probleme zu sein scheint. Seine Relevanz unterstreicht die bekanntgewordene Textdefinition Peter Hartmanns (1971: 10):

Der Text, verstanden als die grundsätzliche Möglichkeit des Vorkommens von Sprache in manifestierter Erscheinungsform, und folglich jeweils ein bestimmter Text als manifestierte Einzelerscheinung funktionsfähiger Sprache, bildet das originäre sprachliche Zeichen. Dabei kann die materiale Komponente von jedem sprachmöglichen Zeichenträgermaterial gebildet werden.

Mit dieser Begriffsbestimmung ist eine wichtige Entscheidung gefällt. Tritt nämlich der Text als das »originäre sprachliche Zeichen« auf, so sind alle anderen Vorkommensarten von Sprache auf ihn als ihre Bezugsgröße zu beziehen. Anders gesprochen: Der Text ist das Makro- oder Superzeichen; die übrigen Spracheinheiten (Phoneme, Morpheme, Syntagmen) stellen lediglich Teilzeichen dar. Wie gestaltet sich nun das Verhältnis der Sprachzeichen zueinander im Hinblick auf Ausdehnung, Begrenzung und Zusammenhang des Textes? Auskunft darüber soll uns eine semiotische Dimensionierung des Textzeichens geben.

Verstehen wir im Sinne von Umberto Eco Semiotik als eine Wissenschaft, die »alle kulturellen Vorgänge ... als Kommunikationsprozesse untersucht« (1972: 32), so ist der Gegenstand dieser Disziplin, das Zeichen, zugleich umfassend und dynamisch definiert. Das Sprachzeichen »Text« ist somit in soziale und kommunikative Bezüge eingebettet. Es besitzt sowohl Eigenschaften, die es mit allen anderen Zeichen teilt, als auch Merkmale, die seiner spezifischen Konstitutionsweise zukommen.

2.1.1. Grundelemente der Zeichenkommunikation

Jedes Zeichen besitzt einen allgemeinen Charakter, der durch seine kommunikative Verwendungsmöglichkeit bestimmt ist. Dieser allgemeine Charakter des Zeichens kann folgendermaßen umschrieben werden:
1) Ein Zeichen beruht auf sozialer Konvention. Folglich ist es nicht naturwüchsig, sondern arbiträr (willkürlich). D. h.: seine kommunikative Gültigkeit kann theoretisch jederzeit wieder aufgehoben werden (z. B. Änderung der Zeichen einer Verkehrsampel).
2) Ein Zeichen besteht aus Signal und Anweisung. Das Signal, auch Zeichenkörper oder Signifikant genannt, ist der materiale Aspekt des Zeichens (z. B. rotes Licht im Falle des Verkehrszeichens). Die Anweisung, auch Signifikat *(sense, meaning, designatum, connotation)* genannt, ist die Bedeutung, die mit einem Signal verbunden ist (z. B die Anweisung: »Halt!« mit dem Signal »rotes Licht« im Falle des Verkehrszeichens).
3) Ein Zeichen steht für etwas ein *(aliquid stat pro aliquo)*, das es ersetzt. Das Ersetzte nennen wir Referent, Gegenstand, Sachverhalt oder Denotat (z. B. im Fall des Verkehrszeichens: das Auto bleibt stehen).
4) Signal, Anweisung und Referent konstituieren das »semiotische Dreieck«. Es repräsentiert ein Signifikationsverhältnis mit drei Größen, die Ogden und Richards (1966: 11) als *symbol, thought or reference* und *referent* bezeichnen. Seine graphische Darstellung sieht folgendermaßen aus:

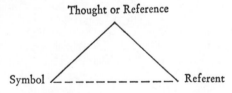

Thought or Reference

Symbol — Referent

Die gestrichelte Linie besagt: die Wahrheitsbeziehung zwischen Zeichenkörper und Realität ist nur vorgetäuscht; beide sind vielmehr durch die *reference* vermittelt. Diese Vermitteltheit macht die Arbitrarität des Zeichens aus.

5) Zeichen sind organisiert in Zeichenklassen. Es gibt Klassen von Verkehrs-, Morse-, Gesten- und auch von Sprachzeichen. Die Bedingung für die Konstitution von Zeichenklassen ist eine allen Zeichen gemeinsame Merkmalmenge, etwa im Falle der Sprachzeichen ihr digitaler bzw. symbolischer Charakter.

6) Die Totalität der einer Klasse zugerechneten Zeichen bildet den Code. Er enthält das ganze Potential der Signale und der ihnen zuschreibbaren Anweisungen. Darüber hinaus stellt er das Reservoir aller Möglichkeiten der Zeichenkombination dar. Dementsprechend verfährt ein Code selektiv bzw. restriktiv: bestimmte Zeichen und ihre Kombination nimmt er auf, andere hingegen schließt er aus. Nicht selten existieren zu einem Code noch mehrere Subcodes.

7) Stellt der Code die Potentialität des Zeichens *(langue)* dar, so die Nachricht *(message)* die Aktualität der Zeichenverwendung *(parole)*. Als Code-Realisat repräsentiert sie eine signifikante Auswahl von Zeichen aus einem oder mehreren Codes (z. B. verbal, visuell). Die Summe der Signifikate einer Nachricht konstituiert die Information. Jede Zeichen-Nachricht bedarf der Vermittlung durch einen oder mehrere Übertragungskanäle (z. B. akustisch, optisch). Störfaktoren (»Rauschen«) im Kanal können den Sinn der Nachricht und somit die Information gefährden.

8) Kommunikation von Zeichen findet zwischen einem Sender und einem Empfänger statt. Der Sender setzt Informationen in die Zeichen eines Code um (Enkodierung) und sendet diese aus (Emission). Der Empfänger nimmt diese Zeichen wahr (Perzeption) und entnimmt ihnen die Information (Dekodierung). Enkodierung heißt folglich nichts anderes als die Zuordnung bestimmter Anweisungen (Signifikate) zu bestimmten Signalen (Signifikanten), und Dekodierung ist andererseits die Entnahme von Anweisungen von den sie tragenden Signalen.

9) Menschliche Kommunikanten sind keine abstrakten Wesenheiten, sondern komplexe Erscheinungen, die durch psychologische, biologische und soziale Faktoren mannigfach determiniert sind. Sie agieren bzw. reagieren aufgrund von Zeicheninformationen. D. h.: Sprachzeichen lösen Handlungszeichen aus und umgekehrt.

Alle behandelten Aspekte semiotischer Kommunikation können auch in folgendes Schaubild übertragen werden:

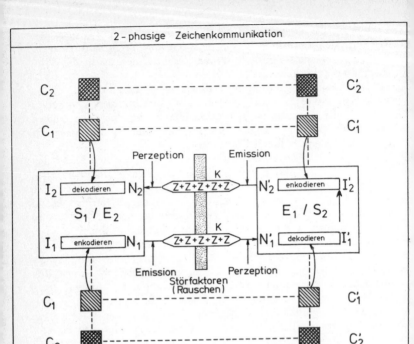

2 - phasige Zeichenkommunikation

C = Code,   E = Empfänger, I = Information, K = Kanal, N = Nachricht, S = Sender, Z = Zeichen

Übertragen auf das Sprachzeichen »Text« nehmen die genannten Grundelemente der Zeichenkommunikation folgende Realgestalt an:

1) »Text« ist ein Sprachzeichen, das auf sozialer Konvention beruht. Seine Arbitrarität zeigt sich etwa darin, daß ihm die Gesellschaft im Verlaufe der historischen Entwicklung wechselnde Signifikanten, Signifikate und Referenten unterstellt hat.

2) Der materiale Zeichenkörper des Textes ist die Sprache in ihrer besonderen medialen (akustischen, graphischen) Gegebenheit. Die Bedeutung (Signifikat) des Textes ist der Sinn, der mit dem sprachlichen Laut- bzw. Schriftsignal (Signifikant) verbunden wird. Ein Signifikant kann mehrere Signifikate besitzen (Polysemie) und umgekehrt (Synonymie).

3) Als Referent des Textzeichens kommen Sachverhalte mit ver-

schiedenem Realitätshabitus infrage: Objekte unmittelbarer sinnlicher Wahrnehmung (Haus, Verkehrszeichen), Abstracta (Liebe, Haß), ungegenwärtige zeitgenössische Handlungsverläufe (Autorennen von Le Mans), historische Ereignisse (Schlacht bei Actium) und Gegenständlichkeiten reiner Phantasievorstellung (Ufos, Landung von Marsmenschen). Die Art und Weise, wie die Beziehung zwischen Referent und Textzeichen interpretiert wird, bestimmt den Wahrheits- und Wirklichkeitsgehalt des Textes.

4) Text ist folglich als Zeichen konstituiert durch das semiotische Dreieck; d. h.: er besitzt einen Signifikanten: Laut oder Schrift; ein Signifikat: die an Laut oder Schrift geknüpfte Bedeutung; und einen Referenten: die Wirklichkeit, auf die das Zeichen verweist.

5) Das Sprachzeichen »Text« ist ein Superzeichen, das eine bestimmte Menge von Teilzeichen enthält. Je nach der Verteilung (Distribution) der Teilzeichen auf die einzelnen Textrealisate gibt es unterschiedliche Klassen von Texten oder Textsorten.

6) Texte beziehen sich auf ein sprachliches Zeicheninventar, das ihren Konstitutionsgrund bildet. Dieses Inventar (Code) ist gegliedert in verschiedene Subcodes. Setzen wir als Codenorm etwa »deutsche (englische) Alltagssprache« fest, so können als Subcodes etwa fachsprachliche, dialektale oder historische Sprachzeichen fungieren. Der Code enthält nicht nur das sprachliche Zeicheninventar, sondern auch die Verknüpfungsregeln, nach denen die Zeichen miteinander kombiniert werden, d. h. in concreto: gewisse Sprachvorkommen schließen im Text einander aus, andere hingegen lassen einander zu. Die gesamte Menge sprachlicher Kombinationsmöglichkeiten in einem Text findet ihren Niederschlag in einer Textgrammatik.

7) Während der Code die Möglichkeit von Text bedeutet, so die konkrete Nachricht seine Verwirklichung, das »Textrealisat« (Stroszeck, 1971). Es gibt demzufolge keinen Text »an sich«, sondern nur einen kommunikativ aktualisierten. Dazu bedarf es eines akustischen oder optischen Übertragungskanals, je nachdem die Sprachzeichen phonetisch oder graphisch realisiert werden. Störfaktoren im akustischen Kanal bilden etwa die Interferenz textfremder akustischer Erscheinungen (Musik, Geräusche) oder eine zu geringe bzw. übergroße Schwingungsfrequenz (Tonhöhe). Vergleichbares kann sich im optischen Kanal abspielen, wo Interferenz verschiedener Schriftzeichen auf einem Trägermedium (Papier, Baumrinde, Stein), eine schwache Lichtquelle oder historisch bedingte Zerstörungen der graphischen Zeichensubstanz zu einer Fragmentarisierung der Nachricht führen können. Der »mediale Ort« des Textrealisats ist im Fall der akustischen Übertragung Tonband, Schallplatte, Rundfunk

usw., im Falle der optischen Übertragung aber Manuskript, Buch, Gravur usw.

8) Sender ist der Textverfasser; seine Aufgabe ist die Enkodierung (Vertextung) einer Information in Sprachzeichen. Textempfänger ist der Hörer/Leser, der die gesendete Nachricht dekodiert (enttextet). Fehlt ein Empfänger der Nachricht, so handelt es sich um eine einsträngige (»monologische«) Textkommunikation. Ist der Sender nicht der Textverfasser, sondern ein personaler (z. B. Rezitator) oder medialer (z. B. Buch) Vermittler, so spricht man treffend von einem sekundären Sender und einem sekundären Akt der Enkodierung. (Der personale sekundäre Sender heißt bei P. Schmidt [1971] »Texthersteller«.) Auf der anderen Seite kann aber auch der Fall eintreten, daß der Textautor sein eigener Textrezipient (= primärer Empfänger) ist. Sowohl bezüglich des sekundären Senders als auch des primären Empfängers gilt die Feststellung, daß zwischen Primärenkodierung (bzw. -dekodierung) und Sekundärenkodierung (bzw. -dekodierung) eine »kommunikative Differenz« der Emission/Perzeption des Textzeichens besteht. Diese erklärt sich aus den unterschiedlichen biologischen, psychologischen und soziologischen Voraussetzungen, die jede Kommunikationssituation und die an ihr Beteiligten bestimmen. Zu diesen Prämissen zählt auch der Code, der nicht nur zwischen Autor und Rezipient entfernter Orte und Zeiten (z. B. Shakespeare und Leser des 20. Jahrhunderts) differiert, sondern auch solchen gleicher lokaler und zeitlicher Situierung. Gleichwohl müssen Sender-Code und Empfänger-Code so viel Gemeinsames aufweisen, daß Kommunikation möglich ist. Jede Textkommunikation ist also dadurch gekennzeichnet, daß Sender und Empfänger sowohl gemeinsame als auch verschiedene Voraussetzungen in den Kommunikationsakt einbringen.

9) Textkommunikation kann nicht als isoliertes Phänomen, sondern nur im Rahmen der gesamten menschlichen Handlungskommunikation betrachtet werden. Eine Textnachricht N1 kann das Übersenden einer gegenteiligen Textnachricht N2, aber auch eine reaktive Handlung nach sich ziehen. S. J. Schmidt, der auf diese Zusammenhänge mehrfach hingewiesen hat (1969, 1971, 1971a, 1972), fügt den Text in den Gesamtkontext eines »kommunikativen Handlungsspiels« ein – ein Ausdruck, den er dem Terminus »Sprachspiel« von Wittgenstein nachgeprägt hat. Damit ist das Sprachzeichen »Text« letztlich nur ein Teilzeichen eines umfassenden allgemeinen Systems von Handlungszeichen, die der menschlichen Verständigung dienen. Mit anderen Worten: »Text« geht auf in einer höheren Ordnung, der wir die Bezeichnung »anthropologisch« verleihen können.

Angewandt auf das Sprachzeichen »Text« nimmt das vorhin skizzierte zeichenkommunikative Schaubild folgende Gestalt an:

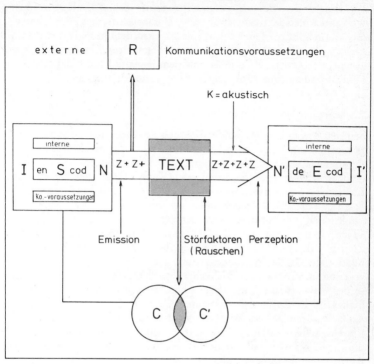

C = Code   N = Nachricht
E = Empfänger   R   Referenzobjekt
I = Information   S = Sender
K = Kanal   Z = Zeichen

Ähnliche Diagramme gibt es schon seit einiger Zeit: z. B. bei Jakobson (1968), Hymes (1968), Franz (1968), Bense (1969: 66 ff.), Kinneavy (1971), Stroszeck (1971: 99, 1973: 162), Eco (1972: 167), Hein (1972), Kallmeyer *et al.* (1972: I), Breuer (1972, 1973). Sie sind in wesentlichen Punkten untereinander und mit dem vorliegenden kongruent, obwohl einige sich auf »Text«, andere sich auf »Literatur« beziehen und die Terminologie verschiedentlich Differenzen aufweist. Alle diese Modelle bieten den Vorteil, die wesentlichen Punkte der textuellen (literarischen) Kommunikation anschaulich innerhalb eines universalen Rahmens zur Geltung zu bringen. Ihr Nachteil liegt in der übergroßen Simplifizierung komplexer Sachverhalte – der Preis, den jede anschauliche Darstellung zahlen muß. Darüber hinaus kann ein Diagramm wie das vorgestellte durch das Aufreißen zeichenrelevanter Perspektiven zwar eine Vorstrukturierung des Textzeichens ermöglichen, seine eigentliche Strukturdefinition leistet es hingegen nicht. Dies besorgt vielmehr ein besonderer Akt der Relevanznahme, der gewisse Relationen aus dem Potential des Möglichen heraushebt und zu einem kohärenten Analysemodell zusammenschließt.

2.1.2. Semiotische Strukturmodelle

Seit den Tagen Charles Sanders Peirces, des Begründers der modernen Semiotik, sind verschiedene Versuche der Zeichenstrukturierung unternommen worden. Ihre konkreten Manifestationen sind Zeichenmodelle, die je nach Selektion und Koordination der semiotischen Relationen unterschiedlich ausfallen. Der Vorteil solcher Modelle ist darin zu sehen, daß sie das Ganze der semiotischen Aspekte zentralen Funktionen unterordnen. Ihre Anwendung auf das Sprachzeichen »Text« bringt nicht nur die Erkenntnis, daß dieses sich unter dem Zugriff der gewählten semiotischen Perspektive wandelt, also eine relationale Größe ist, sondern auch die Einsicht, daß der Gesamtgegenstand »Text« oder vielmehr das Phänomen »Textualität« erst in der Gesamtschau eines semiotischen Strukturmodells sichtbar wird. Beides ist in den bisher existenten Text- und Literaturdefinitionen häufig zu wenig berücksichtigt worden, so daß oft ansatzbedingte Einseitigkeiten bestehen. Semiotische Strukturmodelle bieten also erst die Gewähr dafür, daß wir den Objektbereich »Text« in seiner vollen Ausdehnung durchmessen können.

Als semiotischen Ausgangspunkt wählen wir die Modelle von Karl Bühler und Charles W. Morris, wobei wir das letztere um Gesichtspunkte von Georg Klaus anreichern. Anschließend wollen wir ihre Relevanz für eine Wissenschaft vom Text behandeln.

2.1.2.1. Karl Bühlers Organonmodell (1934)

In seiner Sprachtheorie (1934) behandelt der Psychologe Bühler Sprache als ein Werkzeug (*organon*), das der Kommunikation von Personen über Sachen dient. Diesen instrumentellen Charakter des Sprachzeichens expliziert er in einer Trias von Zeichenfunktionen, die er Ausdruck (Symptom), Appell (Signal) und Darstellung (Symbol) nennt. Alle drei semiotischen Aspekte stellt er systematisch in einem Liniendiagramm dar und gibt dazu erläuternd folgende Beschreibung (1965: 28):

46

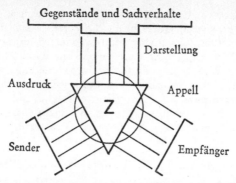

Gegenstände und Sachverhalte

Darstellung

Ausdruck

Z

Appell

Sender

Empfänger

Der Kreis in der Mitte symbolisiert das konkrete Schallphänomen. Drei variable Momente an ihm sind berufen, es dreimal verschieden zum Rang eines Zeichens zu erheben. Die Seiten des eingezeichneten Dreiecks symbolisieren diese drei Momente. Das Dreieck umschließt in einer Hinsicht weniger als der Kreis (Prinzip der abstraktiven Relevanz). In anderer Richtung wieder greift es über den Kreis hinaus, um anzudeuten, daß das sinnlich Gegebene stets eine apperzeptive Ergänzung erfährt. Die Linienscharen symbolisieren die semantischen Funktionen des (komplexen) Sprachzeichens. Es ist Symbol kraft seiner Zuordnung zu Gegenständen und Sachverhalten, Symptom (Anzeichen, Indicium) kraft seiner Abhängigkeit vom Sender, dessen Innerlichkeit es ausdrückt, und Signal kraft seines Appells an den Hörer, dessen äußeres oder inneres Verhalten es steuert wie andere Verkehrszeichen.

Wir haben es also mit einem Relationsmodell (Bühler) zu tun, das eine dreifache Leistung der Sprache abbildet. Das Sprachzeichen, repräsentiert durch das »mediale Produkt des Lautes« (bzw. Schriftzeichens), bleibt folglich nicht mit sich selbst identisch, sondern wandelt sich unter dem je gewählten Aspekt der »abstraktiven Relevanz«. Z ist daher keine strukturelle Idee im Sinne der *langue*, sondern existiert nur in Gestalt performativer Repräsentationen Z_1, Z_2, Z_3, wobei Z_1 = Ausdrucks-(Symptom-)Zeichen, Z_2 = Appell-(Signal-) Zeichen, Z_3 = Darstellungs-(Symbol-)Zeichen bedeutet.

Das Bühlersche Organonmodell, das sich übrigens in Bruno Snells (1952) Dreiheit von Wirkungs-, Ausdrucks-, Darstellungsfunktion der Sprache wiederfindet, ist für jede Text-Semiotik deshalb von Interesse, weil sein funktionales Zeichenverständnis jeder einsinnigen Texterklärung entgegenwirkt. Demzufolge existiert Text als Ausdruck, Appell oder Darstellung, je nachdem, welche Funktionsperspektive dominant gesetzt wird: die des Senders, die des Empfängers oder die der Gegenstände und Sachverhalte. Blicken wir zurück auf die in 1. eruierten Literaturbegriffe, so zeigen sich deutliche Paral-

47

lelen: Mimesis = Darstellung, Expressivität = Ausdruck, Rezeption = Appell. Bezeichnenderweise bleibt die Parallele zum rhetorischen Literaturbegriff aus. Das nimmt nicht wunder; denn das skizzierte Bühler-Modell verzichtet auf den semiotischen Aspekt der Zeichenkombinatorik. Eine zeichenimmanente Strukturierung, wie sie der von uns postulierte rhetorische Literaturbegriff vorsieht, tritt im Organon-Denken nicht auf. Ihm gelingt es folglich nicht, das Ganze der traditionellen Literaturbegriffe zu systematisieren. Die gleiche Feststellung gilt analog für die Ganzheit der textuellen Möglichkeiten.

2.1.2.2. Die Modelle von Ch. W. Morris (1938) und G. Klaus (1969)

In seinen *Foundations of the Theory of Signs* (1938/dt. 1972) analysiert Morris nicht primär das, was als Zeichen gelten kann, sondern den Prozeß, in dem etwas als Zeichen fungiert, die Semiose. In diesem Punkt ist er durchaus Bühler vergleichbar. Was ihn von diesem aber trennt, sind die Dimensionen, in die er die Semiose aufgliedert. Er unterscheidet davon drei:

die *Syntaktik,* welche die Relationen zwischen Zeichen und Zeichen untersucht;

die *Semantik,* welche die Relationen zwischen den Zeichen und den Gegenständen, auf die sie anwendbar sind, untersucht;

die *Pragmatik,* welche die Relationen zwischen Zeichen und ihren Interpreten untersucht.

Unter »Semantik« ist Bühlers Darstellungsfunktion, unter »Pragmatik« die Ausdrucks- und Appellfunktion subsumierbar. Neu hinzugekommen ist die dem Organonmodell fehlende zeichenimmanente Strukturrelation, die hier den Namen »Syntaktik« trägt. Ähnlich wie der Psychologe Bühler weist auch Morris nachdrücklich darauf hin, daß die drei erschlossenen Dimensionen lediglich Aspekte eines einheitlichen Prozesses seien. Ein Zeichen könne folglich weder innerhalb der Syntaktik noch der Semantik noch der Pragmatik allein definiert werden (1972: 26).

Wie dieses Beziehungsgeflecht aussieht, verdeutlicht er an anderer Stelle (1972: 94) durch nebenstehende Skizze:

Der Zeichenträger erfüllt in der Semiose die Rolle des Vermittlers, der Interpret die des Senders bzw. Empfängers; der Interpretant ist die mittelbare Notiznahme, die der Zeichenträger von etwas ermöglicht. Schwierigkeiten bereitet die Definition von »Designat« und »Denotat«, die beide in den semantischen Bereich fallen. Morris schreibt dazu: »Wenn das, worauf referiert wird, als das existiert, worauf referiert wird, ist das Referenzobjekt ein Denotat.« (1972:

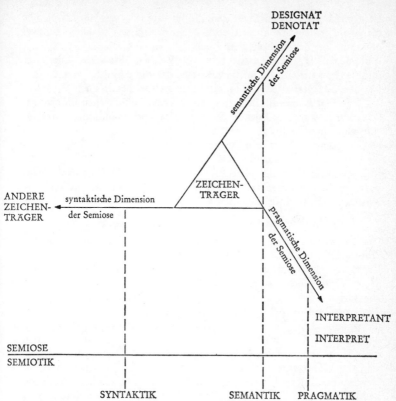

DESIGNAT
DENOTAT

semantische Dimension
der Semiose

ANDERE
ZEICHEN-
TRÄGER

syntaktische Dimension
der Semiose

ZEICHEN-
TRÄGER

pragmatische Dimension
der Semiose

INTERPRETANT

INTERPRET

SEMIOSE
SEMIOTIK

SYNTAKTIK   SEMANTIK   PRAGMATIK

22). Gemeint ist der Bereich der »Gegenstände und Sachverhalte« in Bühlers Modell. Ob Denotate sinnenfällige Objekte oder lediglich »kulturelle Einheiten« (Eco 1972: 74) repräsentieren, bleibe hier dahingestellt. Tatsache ist jedoch, daß nicht jeder Zeichenträger (z. B. Sprache) auf einen real existierenden Gegenstand verweist, aber dennoch etwas »meint«. Dieses »Gemeinte« (sonst auch als Zeicheninhalt, Sinn, Begriff usw. bekannt) nennt Morris Designat und versteht darunter »die Gegenstandsart, auf die das Zeichen anwendbar ist« (Morris 1972: 22). Jedes Zeichen hat folglich ein Designat, aber nicht unbedingt ein Denotat. Daß Morris beide im Bereich der semantischen Dimensionen lokalisiert, erklärt sich vielleicht aus seiner behaviouristischen Einstellung (vgl. Morris 1946).

Eine andere Position nimmt hier der Ostberliner Semiotiker Georg Klaus (1969) ein. Sein Modell behält die Morrissche Syntaktik und

Pragmatik im wesentlichen bei, führt aber – aus Gründen der materialistischen Erkenntnistheorie – für Designat und Denotat zwei getrennte Zeichenrelationen ein:

– die *Semantik,* die die Bedeutung von Zeichen untersucht (Diese hat ihren existentiellen Ort im Bewußtsein, das die Abbilder von Gegenständen, Sachverhalten und Handlungen aufspeichert.), und

– die *Sigmatik,* die die Bezeichnungsfunktion von Zeichen untersucht. (Bezeichnet werden Objekte, Sachverhalte und Handlungen der lebensweltlichen Realität.)

Damit schafft Klaus ein Viererparadigma, das den semiotischen Gegenstandsbereich sowohl nach objektivistischen (Syntaktik, Sigmatik) als auch nach mentalistischen (Semantik, z. T. Pragmatik) Gesichtspunkten zergliedert, während bei Morris – auf Kosten der Klarheit – eine strikte Trennung unterbleibt.

2.2. Möglichkeiten der Literatur- und Textsemiose: eine Synopsis

Die hier vorgeführten Gedanken sind keinesfalls ohne Bedeutung für »Literatur« und »Text«. Wir erinnern uns, daß der »rhetorische Literaturbegriff« im Bühlerschen Modell keine kategoriale Entsprechung fand. Diese ist nun bei Morris/Klaus in der syntaktischen Dimension vorhanden. Andererseits werden bei diesen Semiotikern Ausdruck und Appell nicht separat geführt, sondern müssen unter die pragmatische Dimension subsumiert werden: der expressive und der rezeptive Literaturbegriff sind von daher pragmatischer Natur. Schließlich korrespondiert Morris' semantischer Dimension der mimetische Literaturbegriff, genauer: der Fassung, die Klaus ihr gibt. Denn die Mimesis besitzt im Verständnis der kritischen Tradition wohl ein Designat, aber kein Denotat; sie hat keinen Referenten in der Objektwelt. Die hier aufgezeigten Verhältnisse erlauben auch folgende Schematisierung:

Literaturbegriff	Bühler	Morris	Klaus
expressiv	Ausdruck	Pragmatik	Pragmatik
rezeptiv	Appell		
mimetisch	Darstellung	Semantik	Sigmatik
			Semantik
rhetorisch	–	Syntaktik	Syntaktik

Festzuhalten ist als Ergebnis folgendes: Die semiotischen Modelle der behandelten Autoren ermöglichen, trotz aller Unterschiede im einzelnen, eine relativ einheitliche Dimensionierung des Gegenstandes »Literatur«. Das Festlegen der literarischen Dimensionen bedeutet aber noch nicht das Festlegen von Literarität. Diese soll ja eine besondere (ästhetische) Qualität an Texten sein. Also müssen wir hinter das Phänomen »literarische Texte« zurückgehen auf das, was allen Texten gemeinsam ist: das Texthafte; erst wenn wir wissen, worin dieses besteht, können wir in einem zweiten Schritt die Qualität des Literarischen beschreiben. Wir wählen für diese Absicht wegen seiner Fungibilität das Morrissche Modell aus und sprechen ab jetzt von Syntaktik, Semantik und Pragmatik des Textes. Auf der Basis dieser dreifachen Dimensionierung ergeben sich folgerichtig drei Textdefinitionen. Das heißt: Der Objektbereich »Text« wird jeweils durch die Perspektive seiner Betrachtung determiniert. Aus dieser Feststellung resultiert wiederum das Problem, wie eine Textwissenschaft aussehen muß, die diesem Faktum Rechnung trägt.

3. Textualität und Textwissenschaft

Als ein sprachliches Zeichen existiert der Text auf drei Bezugsebenen: der Relation Zeichen – Zeichen, Zeichen – Interpret und Zeichen – Objekt. Außer diesen drei Bezugsmöglichkeiten existieren keine weiteren, so daß Textsyntaktik (T_{syn}), Textpragmatik (T_{prag}) und Textsemantik (T_{sem}) die vollständige Textsemiose darstellen. Jede semiotische Dimension erschließt (konstituiert) einen anderen Gegenstand »Text«: T_{syn} konstituiert ihn als formal-strukturellen, T_{prag} als kommunikativen und T_{sem} als signifikativen Gegenstand. Infolgedessen erfüllt weder T_{syn} noch T_{prag} noch T_{sem} den vollen Tatbestand von Textualität, d. h. aller möglichen Eigenschaften, die für einen Text konstitutiv sind. Jede Dimensionierung des Textzeichens expliziert nur einen – allerdings relevanten – Aspekt davon. Gleichzeitig erweist sich eine totale Isolierung der einzelnen Textdimensionen als undurchführbar. Eine isolierte Syntaktik verzichtet auf Zeichenbenutzer und Zeichenrealität und folglich auf die kommunikative Signifikanz des Textes. Eine isolierte Pragmatik hingegen vernachlässigt die Kombinatorik der Textelemente und ihren denotativen Gehalt. Und schließlich ermangelt es einer isolierten Semantik an der zeichenstrukturellen Relation und ihrer kommunikativen Einbettung in konkrete Situationen der Textübermittlung. Folglich muß in einer Textanalyse die jeweils gewählte semiotische Dimension lediglich als herrschender Relevanzfaktor angesehen werden. Die übrigen Dimensionen sind stets als mehr oder weniger restringierte Subdominanten gegenwärtig; ganz ausschalten lassen sie sich nicht. J. L. Kinneavy (1971: 311–12) schlägt dazu eine *hierarchy of importance* vor, die er folgendermaßen erläutert:

If one uses e for encoder, s for signal, r for reality, and d for decoder, in any given system one of the components is capitalized and the others are distinctly lower case, and in an order which may vary: Serd, Sedr, Erds, Desr, Reds, etc.

Diese wichtige Beobachtung ändert jedoch grundsätzlich nichts an der Tatsache, »daß die drei Teildisziplinen nichtreduzierbare und gleichwertige Perspektiven darstellen, die den drei objektiven Dimensionen des Zeichenprozesses entsprechen« (Morris 1972: 81).

Textsyntaktik, Textpragmatik und Textsemantik sind Dimensionen einer Semiotik des Textes oder, wie man auch sagen kann, einer »integrativen Textwissenschaft«. Diese Textwissenschaft trägt das Attribut »integrativ« deshalb, weil sie alle Möglichkeiten der textuellen Dimensionierung ausschöpft. Ihr primärer Gegenstand ist die Textualität, d. h. die Bedingungsmöglichkeiten der Konstitution von

Text. Erst in zweiter Linie beschäftigt sie sich mit dem einzelnen Text und seiner Zugehörigkeit zu bestimmten Gruppierungen (Textklassen), da diese Erscheinungsformen aus dem Faktum der Textualität ableitbar sind. Diese Textwissenschaft ist gleichzeitig umfassend und allgemein; d. h. sie duldet keine andere Textwissenschaft neben sich, sondern ist absolut. Aus diesem Grunde ist es abwegig, einen Plural »Textwissenschaften« zu bilden, weil man etwa an solche textorientierten Wissenschaften wie Theologie oder Jurisprudenz denkt. Es zeigt sich, daß in diesen Fällen nur jeweils eine differierende Pragmatik und Semantik (möglicherweise auch Syntaktik) geübt wird, die dann zur Etablierung der verschiedenen Disziplinen geführt hat. Ähnlich verhält es sich mit anderen Wissenschaftszweigen, sofern sie einen Teil ihrer Forschungsaktivitäten der Auslegung von Texten widmen: Soziologie, Psychologie, Kunsttheorie u. a. m. Als eine besondere Form der Textwissenschaft soll schließlich die Linguistik (= Textlinguistik) gelten.

Verallgemeinern wir diese Ausführungen, so ergibt sich für die Architektonik der Textwissenschaft folgendes Stemma:

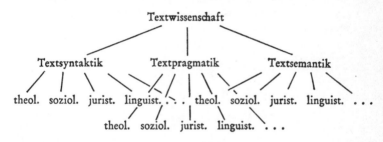

Dieses Schema bedarf noch der weiteren Erläuterung. Es enthält einmal die bereits bekannten semiotischen Dimensionen, zum anderen aber deren Untergliederung in (theologische ...) Methoden. Jede Methode ist auf Grund einer spezifischen Relevanznahme durch ein besonderes Regelcorpus ausgezeichnet. Diese spezifische Relevanznahme kann sich in jeder einzelnen Textdimension wiederholen, so daß sie jeweils dreifach dimensioniert erscheint. Wir erläutern diesen Sachverhalt anhand der soziologischen Relevanznahme: Sie untersucht als *textsyntaktische* Methode die internen Sozialstrukturen des Textes, als *textpragmatische* Methode die gesellschaftlichen Bedingungen der Textproduktion und -rezeption und als *textsemantische* Methode das Verhältnis des Textes zu einem soziologischen Wirklichkeitsmodell. Die textsyntaktische Soziologie wird von Leibfried

(1970: 172 ff.) auch »Textsoziologie«, die textpragmatische und textsemantische hingegen »Soziologie des Textes« genannt.

Hinter solchen Bezeichnungen verbirgt sich die bekannte Dichotomie vom *intrinsic* und *extrinsic approach* (Wellek/Warren 1956), die
auch in die Bezeichnungen *textinterne* und *textexterne Methoden*
übersetzbar ist. Nun liegt es zweifellos nahe, die textinternen Methoden in der Textsyntaktik, die textexternen Methoden hingegen in
der Textpragmatik und Textsemantik anzusiedeln. Insofern würden
etwa die sog. werkimmanente Interpretation und der New Criticism
vorwiegend als textsyntaktisch, die Psychologie des Lesers als textpragmatisch und die Soziologie der Wirklichkeitsspiegelung im historischen Roman als textsemantisch klassifiziert werden müssen. Es
gilt jedoch daran zu erinnern, daß bei einer Textsemiose nicht ohne
weiteres zwei Dimensionen zugunsten einer einzigen eliminiert werden können, sondern daß sie – im Sinne von Kinneavys *hierarchy of
importance* – dem Primat einer vorrangigen Dimension unterworfen
sind. Unter dieser Prämisse ist das oben aufgeführte Stemma eine
Abstraktion, die noch um weitere Dominanzrelationen bereichert werden muß. Angenommen, M1 sei eine Methode, beispielsweise die soziologische, so wären theoretisch etwa folgende Abhängigkeitsverhältnisse
denkbar:

a)	b)	c)	d)	e)	f)	g)	h)
$M1_{syn}$	$M1_{syn}$	$M1_{prag}$	$M1_{prag}$	$M1_{sem}$	$M1_{sem}$	$M1_{prag}$	.
↓	↓	↓	↓	↓	↓	↓	.
$M1_{prag}$	$M1_{sem}$	$M1_{syn}$	$M1_{sem}$	$M1_{syn}$	$M1_{prag}$	$M1_{sem}$	.
↓	↓	↓	↓	↓	↓		.
$M1_{sem}$	$M1_{prag}$	$M1_{sem}$	$M1_{syn}$	$M1_{prag}$	$M1_{syn}$	$\emptyset$	.

Das bedeutet etwa für die Möglichkeit d), daß die Textsemiose ausgeht von den gesellschaftlichen Produktions- und Rezeptionsbedin-
gungen von Texten ($M1_{prag}$), daraus rückschließt auf das dem Text
zugrundegelegte gesellschaftliche Wirklichkeitsmodell ($M1_{sem}$) und
daraus wiederum die besondere Zeichenstruktur des Textes ableitet
($M1_{syn}$). Wie Möglichkeit g) nahelegt, kann der letzte Schritt auch
unterbleiben. Auf diese Weise treten reduktionistische Textsemiosen
neben solche, die eine größere Komplexität anstreben. Eine möglichst
umfassende ist etwa die marxistische, die auf der Grundlage eines festen
Wirklichkeitsmodells die Zusammenhänge von Textstruktur und Textkommunikation ergründet [Möglichkeiten e) und f)]. Auf der anderen
Seite existiert z. B. eine linguistische Konzeption, die das Phänomen
des Textes fast ausschließlich unter zeichensyntaktischem Blickwinkel
anvisiert.

Allen genannten Methoden (und weiteren) ist es aufgegeben, im Rahmen der Textwissenschaft das zu ergründen, was Texte zu Texten macht, d. h. ihre Textualität. Keine ist gleichzeitig zum gegenwärtigen Zeitpunkt berufener, darüber Auskunft zu geben, als die Linguistik in der spezifischen Ausprägung der Textlinguistik. Dieser linguistischen »Teildisziplin« (Hartmann 1968) ist in hohem Maße daran gelegen, ihren Gegenstand auf Grund seiner besonderen Konstitutionsweise zu legitimieren. Zwei Gründe sind vor allem dafür verantwortlich. Der erste betrifft die Abgrenzung der Textlinguistik von solchen linguistischen Sektionen, welche die sprachliche Größe »Text« nicht in ihrer Systematik berücksichtigen (z. B. die Syntax). Der zweite Grund hingegen berührt das Abstandnehmen von einer Art der Textbetrachtung, die ihr Objekt als eine individuelle, einmalige Erscheinung voraussetzt. Auf der einen Seite weitet sich die Linguistik zu einer Linguistik »jenseits des Satzes« (cf. Hendricks 1967) aus: Das erfordert Begründungszusammenhänge, die über die geläufigen linguistischen Operationsweisen hinausreichen. Zum anderen verfährt die Textlinguistik nach den Maßstäben jeden modernen linguistischen Denkens, insofern es ihr »auf die allgemeinen Erscheinungen von Texten, auf die allgemeinen Gesetzmäßigkeiten bei der Verknüpfung von Sätzen zu einem Text« (Fries, U. 1971: 220) ankommt. Der systematische Ort solcher Erkenntnisse sind Téxtgrammatiken. Deren Aufgabe beschreibt van Dijk u. a. so.: ». . . a T-grammar formally enumerates all and only grammatical texts of language« (1972: 17). Demzufolge ist eine linguistische Bestimmung von Textualität identisch mit der Analyse von textueller Grammatikalität. Eine solche Analyse kann zum gegenwärtigen Zeitpunkt nicht annähernd erschöpfend gegeben werden. Die Ursache dafür liegt sowohl darin, daß noch keine vollständige Textgrammatik irgendeiner Sprache existiert, als auch darin, daß das kategoriale Inventar der textgrammatischen Theorie z. Z. für die Beschreibung aller nur denkbaren Textphänomene unzureichend ist.

Wenn daher im folgenden versucht werden soll, eine linguistische Textkonstitution vorzunehmen, so können nur' vorläufige und punktuelle Ergebnisse vorgelegt werden. Wichtiger als das Resultat ist indes das angewandte Verfahren, das semiotischen Leitlinien folgt. W. Dressler (1972) hat diese Möglichkeit erkannt, indem er zwischen Textsyntax, Textsemantik und Textpragmatik unterschied (cf. Kallmeyer et al. 1972: I 102 ff., 1974: I 67 ff.). Diese drei semiotischen Dimensionen wollen wir in den kommenden Erörterungen möglichst isoliert voneinander beibehalten, um auf diesem abstraktiven Wege zu demonstrieren, daß jede von ihnen einen anderen Textbegriff hervorbringt. Als heuristische Kriterien für die Möglichkeit textuellen Vorkommens sollen die Ausdehnung (Extension), die Begrenzung (Delimitation) und der Zusammenhang (Kohärenz) von Texten dienen. Obgleich sie in der textlinguistischen Diskussion eine nicht geringe Rolle spielen, so sind sie doch nie systematisch in die semiotischen Dimensionen hineingestellt worden, woraus sich z. T. die unreflektierte Einseitigkeit ihrer Behandlung erklärt. Illustrative Textbeispiele sollen die Problematik verdeutlichen.

3.1. Die syntaktische Textdimension

»Syntaktisch« im semiotischen Sinne heißt: Verknüpfung von Zeichen mit Zeichen. Diese Verknüpfung ist nicht willkürlich, sondern erfolgt nach bestimmten Regeln. Ein Text besteht, syntaktisch betrachtet, aus einer geregelten Folge sprachlicher Zeichen. Die textgrammatische Formulierung dieser kombinatorischen Regularitäten kann mit oder ohne Einschluß der pragmatischen oder der semantischen Dimension erfolgen. Ist beispielsweise die pragmatische Dimension einbezogen, so erscheint der Text als ein kommunikatives Objekt, das produktions- und rezeptionsbedingten raum-zeitlichen Veränderungen unterliegt. Eine Wissenschaft, die diesem Tatbestand Rechnung trüge, würde Ergebnisse vorweisen, die subjektabhängig, variabel und von begrenzter Allgemeinheit sind. Demgegenüber ist der modernen Linguistik eher an dem Gegenteil gelegen. Seit Ferdinand de Saussure ist sie bestrebt, ihre Operationen unabhängig von den Varianten des Kommunikationsakts (Sprecher, Empfänger, Raum, Zeit ...) durchzuführen. Dies bedeutet einmal eine pragmatische Reduktion des Sprachzeichens: Sprecher und Hörer werden als subjektive Faktoren aus dem wissenschaftlichen Analysevorgang eliminiert. An ihre Stelle tritt entweder – wie in der Transformationsgrammatik Chomskys (1969 [1965]: 15) – ein *ideal speaker – hearer,* also eine abstrakte Konstruktion, oder – wie im amerikanischen Strukturalismus – ein anonymer Gesetzgeber, der zwar die Bedingungen der Analyse festlegt, selbst aber nicht in ihr als eine kalkulierte Größe berücksichtigt wird. Zum anderen wird aber auch die semantische Seite des Sprachzeichens reduziert: Sein Realitäts- und Wahrheitsgehalt wird vernachlässigt. Die innerstrukturelle Semantik ist vorherrschend; Ansätze zu einer referentiellen Semantik sind erst im Entstehen begriffen.

Aus Überlegungen wie diesen entspringt eine Linguistik, die Sprache als ein »immanentes Relationssystem« (Helbig 1971: 41) betrachtet: in der Terminologie de Saussures als *langue,* in derjenigen Chomskys als Kompetenz. Sie ersetzt die diachrone (historische) durch die synchrone Perspektive. Sie ist möglichst subjekt- und referenzunabhängig. Und schließlich intendiert sie Ergebnisse, welche den Postulaten maximaler Invarianz, Allgemeinheit und Prädiktabilität genügen. Wenn diese linguistische Konzeption auf die Gegebenheit »Text« angewandt wird, so ergeben sich die gleichen Probleme, welche eine pragmatisch orientierte Kritik am strukturalistischen oder generativ-transformationellen Ansatz aufgedeckt hat. Sie betreffen u. a. die Statik des Textbegriffs, die Elimination des analysierenden Subjekts, die fehlende historische Dimension, den Verzicht auf »Intertextualität« und die beanspruchte Allgemeinheit der Texturteile (cf. u. a. Kristeva 1971, Lachmann 1973). Trotzdem sind bisher die meisten Versuche der Textlinguistik von einer abstraktiven Syntaktik ausgegangen. Wir folgen solchen Versuchen nicht ohne Vorbehalt, akzeptieren aber vorläufig diese Ausgangsbasis, um die Besonderheit dieser semiotischen Textualitätsnorm möglichst explizit darzustellen. Zur Lösung des Problems einer syntaktischen Textkonstitution trägt die Bestimmung von Extension, Delimitation und Kohärenz entscheidend bei.

3.1.1. Textsyntaktische Extension

Die Extensionsfrage läßt sich so formulieren: Wie verhält sich das Sprachzeichen »Text« zu anderen Sprachzeichen? Bekanntlich sind sprachliche Zeichen systematisiert als Phoneme (Laut-Zeichen), Morpheme (Wort-Zeichen) und Syntagmen (Satz-Zeichen). Sie stellen mit Ausnahme des Phonems strukturelle Einheiten dar, die jeweils aus der Kombination kleinerer Einheiten hervorgehen: das Morphem aus einer Kombination von Phonemen, das Syntagma aus einer Kombination von Morphemen. Phonem, Morphem und Syntagma sind daher auf verschiedenen linguistischen Ebenen lokalisierbar, deren eine jeweils auf der anderen aufbaut. Die aufgezeigten Strukturrelationen können anhand von Beispielen folgendermaßen verdeutlicht werden:

a) *phonologische Ebene:* z. B. im Englischen /t/, /r/, /g/, /i/, /ə/;
b) *morphologische Ebene:* z. B. im Englischen {triː} = {/t/ + /r/ + /iː/};
c) *syntaktische Ebene:* z. B. im Englischen ›The tree is green‹ = ›{ðə} + {triː} + {iz} + {griːn}‹.

Jede Kombinationsebene enthält folglich Spracheinheiten einer verschiedenen Größenordnung. Die kleinste strukturelle Spracheinheit ist demnach das Phonem, die größte der Satz. Was liegt näher, als den Text als eine besondere Form der Zeichenkombinatorik oberhalb der syntaktischen Ebene festzulegen. Unter Voraussetzung einer solchen Annahme gilt etwa

d) *textologische Ebene:* z. B. im Englischen: *The tree is green. It yields a lot of fruit.*

Als minimale Konstitutionsbedingung für die sprachliche Zeicheneinheit »Text« gilt unter dem Blickwinkel semiotischer Syntaktik die Kombination von zwei Sätzen. Jede Unterschreitung dieser Norm bedeutet einen defekten Text bzw. eine Spracheinheit, die als syntaktisch, morphologisch oder phonologisch zu bezeichnen ist. Eine Überschreitung dieser Norm ist hingegen in beliebigem Umfang möglich.

Nicht unwichtig für das textsyntaktische Analyseverfahren ist die Frage, in welchem Verhältnis das Sprachzeichen »Text« zu den übrigen Sprachzeichen steht. Entscheidend für die Strukturierung dieses Verhältnisses ist eine Aussage darüber, welches Sprachzeichen die linguistische Basisnorm bildet. Zwei Wege sind möglich: Entweder gilt das kleinste sprachliche Zeichen, das Phonem, als Richtgröße, oder das umfangreichste, der Text. Ist das Phonem das »originäre« Sprachzeichen, so gelangt man zum Text durch Kombination stets größerer Einheiten: Phoneme werden kombiniert zu Morphemen, Morpheme zu Sätzen, Sätze zum Text. Die Operationalisierung des Textbegriffs erfolgt dann auf dem Wege des Synthetisierens. Ist auf der anderen Seite der Text das »originäre« Sprachzeichen, so sind alle anderen Sprachzeichen an ihm als ihrer Bezugseinheit zu messen. Sie gelten als Teilzeichen des Makrozeichens »Text«. Die Teilzeichen wiederum sind verschieden abgestuft. Ist der Satz (z. B. *Der Baum ist grün.*) ein Teilzeichen ersten Grades, so das Morphem (z. B. {Baum}) ein solches des zweiten und das Phonem (z. B. /b/) ein solches des dritten Grades. Die Operationalisierung des Textbegriffs erfolgt dann auf dem Wege des Analysierens. Beide methodischen Richtungen sind folgendermaßen schematisierbar:

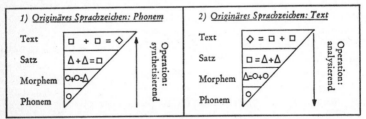

Jede Möglichkeit hat in der Textlinguistik Beachtung gefunden. Am stärksten verwirklicht wurde die zweite, die man auch kurz als »vom Satz zum Text« (Lang 1973: 21) verlaufend oder »transphrastisch« beschrieben hat. Den stärkeren theoretischen Rückhalt bietet hingegen die erste (cf. Hartmann 1968a). Wenn im folgenden stärker von der zweiten Möglichkeit Gebrauch gemacht wird, so geschieht dies hauptsächlich aus praktischen Gründen.

Definition: Jeder Text besitzt als syntaktischen Konstitutionsgrund eine Minimalextension von zwei miteinander korrelierten Sätzen;

hingegen ist eine Maximalextension nicht vorgeschrieben. Der Text ist ein Makrozeichen, auf das sich alle anderen Sprachzeichen als Teilzeichen (ersten, zweiten, dritten Grades) beziehen. Die Blickrichtung kann vom kleinsten Sprachzeichen zum Text oder umgekehrt verlaufen.

3.1.2. Textsyntaktische Delimitation

Das textologische Delimitationsproblem läßt sich in die Frage kleiden: Gibt es aus syntaktischer (d. h. zeichenkombinatorischer) Sicht Grenzsignale, die Textanfang bzw. Textende markieren? Die Antwort darauf lautet: Nein. Denn jeder Text kann potentiell durch Hinzufügung beliebig vieler Teilzeichen (z. B. Sätze) an Anfang und Ende ad infinitum verlängert werden. So kann man etwa den Zwei-Satz-Text

(1) Kein Mensch ist unfehlbar. Deshalb darf auch niemand einen anderen ungerechtfertigt tadeln.

zu folgender Größe expandieren:

(2) Morallehren pflegen einen tieferen Sinn zu haben. Jeder weiß z. B. um die folgende alte Lebensweisheit: Kein Mensch ist unfehlbar. Deshalb darf auch niemand einen anderen ungerechtfertigt tadeln. Sonst fällt eines Tages möglicherweise eben dieser Tadel auf ihn selbst zurück. Die Konsequenz daraus ist eine Aufforderung zur differenzierten Urteilsbildung über sich selbst und die anderen.,

was schematisch etwa so aussähe: $T_1 = S_3 + S_4 \Rightarrow T_2 = S_1 + S_2 + S_3 + S_4 + S_5 + S_6$ ($\Rightarrow$ ist zu lesen als »expandiere zu«). Kein Signal in Text (1) zeigt an, daß er notwendigerweise mit *Kein* beginnen und mit *tadeln* enden muß. M. a. W.: Aus textinterner Sicht gibt es keine positiven Signale für Textanfang bzw. -ende.

Delimitationsmerkmale sind vielmehr nur *ex negativo* zu ermitteln, wie die folgenden Beispiele lehren:

(3) * Morallehren pflegen einen tieferen Sinn zu haben. Jeder weiß z. B. um die folgende alte Lebensweisheit:

(4) * Sonst fällt eines Tages möglicherweise eben dieser Tadel auf ihn selbst zurück. Die Konsequenz daraus ist eine Aufforderung zur differenzierten Urteilsbildung über sich selbst und die anderen.

Obgleich (3) und (4) die minimalen textsyntaktischen Extensionsbedingungen erfüllen, sind beide als defekte (elliptische) Texte anzusehen. In (3) fehlt nämlich der Folge-Text, der durch nachverweisende Zeichen wie den Ausdruck *die folgende* und den Doppelpunkt gefordert ist. Und in (4) bleibt der Vorgänger-Text aus, den rückverweisende Zeichen wie das Adverb *sonst* und die Pronomina *dieser* und *ihn* voraussetzen. Jedesmal entsteht eine semanto-syntaktische

Lücke (Ellipse), die nicht durch andere sprachliche oder außersprachliche (situative) Zeichen gefüllt wird. Dies bedeutet einen textgrammatischen Regelverstoß, obwohl die Syntax der einzelnen Sätze in (3) und (4) völlig korrekt ist. Die textgrammatische Regel, die hier verletzt wird, lautet: Vor- bzw. rückverweisende Zeichen müssen kontextuell »gesättigt« werden (cf. Nickel 1968: 22–25). Wegen Nichtbefolgung dieser Regel sind (3) und (4) keine Texte. Im Gegensatz dazu kann beim Beispiel (1) von einem Text gesprochen werden, dies aber wiederum in anderer Weise als bei folgendem Beispiel:

(5) (Hans zeigt auf ein Bild der Londoner Nationalgalerie:) Dies ist Holbeins berühmtes Portrait »The Ambassadors« (Pause).

In (1) liegt nach Harweg (1968: 152 ff.; 1968a) ein »emischer«, in (5) ein »etischer« Text vor. Ein »emischer« Text ist ein solcher, der textimmanent durch das Fehlen rück- bzw. vorverweisender Zeichen an Anfang bzw. Ende bestimmt ist. Ein »etischer« Text liegt indes dann vor, wenn texttranszendente Delimitationsmerkmale – z. B. Überschriften und nachgestellte Signale (z. B. *Ende*) bei Schrifttexten, Pausen und deiktische Sprechsituationen bei mündlich geäußerten Texten – vorhanden sind. Die letztere (auf [5] zutreffende) Definition der Textbegrenzung überschreitet den Rahmen der textsyntaktischen Dimension. Ihre eigentliche Domäne ist die Pragmatik, bei deren Behandlung sie noch ausführlicher zur Sprache kommen soll.

Definition: Eine zeichenimmanente Textdelimitation ist nur *ex negativo* auszumachen, da jeder Text potentiell durch Zeichenaddition ins Unendliche vergrößert werden kann. Ein Text liegt dann nicht vor, wenn er zu Beginn rückverweisende oder am Ende vorverweisende Zeichen aufweist. Fehlen diese Zeichen, so redet man von einem »emischen« Text. Werden diese Zeichen texttranszendent »gesättigt«, so ist – aus pragmatischer Sicht – ein »etischer« Text gegeben.

3.1.3. Textsyntaktische Kohärenz

Der dritte und entscheidende Punkt einer syntaktischen Textualitätsdefinition betrifft den Zusammenhalt oder die Kohärenz der Textelemente. Ohne diese Kohärenz ist kein Text denkbar, aber auch nicht die anderen sprachlichen Struktureinheiten, die aus der Kombination niederer Struktureinheiten hervorgehen: das Morphem und der Satz. Was man im Bereich des Morphems und des Satzes schon längst erkannt hat, gilt analog auch für den Text: Die Kombination der Teilzeichen, aus denen er besteht, unterliegt nicht einem willkürlichen additiven Verfahren, sondern bestimmten Verknüpfungsregeln. Man vergleiche folgende beiden Beispiele:

(6) * Herrn Meyers Wagen befand sich seit langem in Reparatur. Dieses Kurssystem erfordert einen zentral ausgearbeiteten Terminplan für Klassenarbeiten. Und womit gedenkst du unseren Vetter zu unterhalten?

(7) Sokrates ist ein Mensch. Alle Menschen sind sterblich. Also ist Sokrates sterblich.

Sowohl in (6) als in (7) liegt eine Aneinanderfügung von syntaktisch korrekten Sätzen vor. Insgesamt sind es deren je drei, was bedeutet, daß die Minimalgröße für die Textkonstitution eingehalten ist. Außerdem sind beide Satzsequenzen im Hinblick auf ihre Delimitation emisch; d. h. sie entbehren der rück- bzw. vorverweisenden Zeichen am Anfang bzw. am Ende. Dennoch stellt nur das zweite Beispiel einen Text dar; das erste ist als Text unmöglich. Es bildet lediglich eine Addition von Sätzen ohne jegliche Verknüpfung. Diese ist im 2. Beispiel gewährleistet durch *Menschen* (2. Satz), *sterblich, Sokrates* und *also* (3. Satz) – Elemente, die sich jeweils auf vorangehende Elemente beziehen, sie wiederaufgreifen. Bezeichnen wir die wiederaufgreifenden Elemente mit S2, die wiederaufgegriffenen hingegen mit S1, so stellt sich die Analyse von (7) folgendermaßen dar:

(7') a) Sokrates $S1_c$ ist ein Mensch $S1_a$

b) Alle Menschen $S2_a$, sind sterblich $S1_b$

c) Also K ist Sokrates $S2_c$, sterblich $S2_b$,

Das heißt: Die gleichen Elemente werden jeweils aus dem Vordersatz in den Folgesatz hinübergetragen. Es kann dabei auch das Überspringen eines Satzes eintreten, wie das Beispiel *Sokrates* ($S1_c - S2_{c'}$) lehrt. Ferner ist durch die schlußfolgernde Konjunktion K direkt auf den Vortext Bezug genommen, der aus den zwei Prämissen eines mit Conclusio (c) endenden Syllogismus besteht. Demnach sind alle Teile der vorliegenden Satzsequenz durch morpho-semantische Wiederholungen – in b)–c) außerdem noch durch konjunktionale Konnexion – miteinander verbunden. Ein Gleiches ist in Beispiel (6) nicht vorhanden. Zwar scheinen zunächst auch dort konnektierende Elemente zu existieren, z. B. das Demonstrativum *dieses* (2. Satz) und das Personalpronomen *du* (3. Satz), doch signalisieren fehlende semantische Kongruenz möglicher Bezugsglieder und unmotivierter Tempuswechsel (1./2. Satz), daß dieser Satzreihung nicht der Status von Textualität zukommt. Folglich ist (7) ein Text, (6) hingegen nicht.

Die vorangegangenen Exemplifizierungen, so elementar sie zugegebenerweise waren, verlangen nach einer Klassifikation aller Elemente, die satzübergreifend die textuelle Kohärenz bewirken. Eine solche Klassifikation ist notwendigerweise unvollständig, solange noch keine

Textgrammatik aus zeichensyntaktischer Sicht vorhanden ist. Im Jahre 1968 stellte H. Isenberg eine vorläufige (heute schon wieder ergänzungsbedürftige) Liste auf, aus der einige Punkte aufgeführt seien:

1. Anaphorika
2. Artikelselektion
3. Reihenfolge der Satzglieder (Permutationen)
4. Pronominalisierung und Pro-Adverbiale
5. Lage der Satzakzente
6. Intonation
7. Emphase und Kontrast
8. Kausalbeziehungen zwischen konjunktionslos aneinander gereihten Sätzen
......
12. Tempusfolge
u. a.

Einige dieser textkonstitutiven Merkmale sollen nachfolgend besprochen werden. Für ihre Darstellung erweist sich das Faktum als erschwerend, daß oft das gleiche (bzw. ähnliche) Phänomen von Linguisten terminologisch verschieden benannt wird. So überlappen etwa die Begriffe *Anaphorikum* bzw. *Anaphora* (Halliday 1964: 304; Dressler 1972: 23 ff.), *Pro-Form* (Steinitz 1968), *Substituens* (Harweg 1968) und *Thema* (Daneš 1970) einander dergestalt, daß sie alle solche Textzeichen meinen, die sich auf Information im Vortext beziehen. Demgegenüber sind die Ausdrücke *Kataphora, Substituendum* und *Rhema* im Hinblick auf ihre Relationierung mit Spracheinheiten des Nachtextes geprägt. *Substituendum* und *Substituens, Thema* und *Rhema* bedingen sich gegenseitig. Die von ihnen und den übrigen Bezeichnungen beschriebenen textgrammatischen Erscheinungen sind die Garanten der Vertextung von Sätzen. Was nun folgen muß, ist eine differenzierte Explikation der terminologischen Nuancen.

Eine *Anaphora* hat rückverweisende Funktion; sie besitzt, zeichensyntaktisch gesehen, keine textuelle Autonomie, sondern ist von Zeichenelementen des Vortextes abhängig, die sie ersetzt. Zu den anaphorischen Textelementen gehören allgemein die *Pronomina*, z. B. das Personalpronomen *es* in

(8) Hans liest ein Buch. *Es* handelt von der Textlinguistik.

oder das Demonstrativpronomen *diese* in

(9) Zu Weihnachten erhielt Edith als Geschenk eine Reise nach Tunis. *Diese* hatte sie sich schon immer gewünscht.

Es kann aber auch der Fall eintreten, daß ein Pronomen eine *kataphorische* (vorverweisende) Funktion ausübt, z. B. das Demonstrativum *dies:*

(10) *Dies* hatte Herr Müller schon immer geahnt: Sein Angestellter war ein verkanntes Genie.,

wobei der Doppelpunkt die Aufgabe eines kataphorischen Zusatzzeichens übernimmt. In allen diesen Fällen wirkt das Pronomen als »Stellvertreter« (Kallmeyer *et al.* 1972: II 46 ff.).

R. Steinitz (1968, 1969) und H. Vater (1968) sehen die Pronomina nur als eine Sondergruppe der *Pro-Formen.* So unterscheidet Vater etwa Pro-NP (= Pro-Nominalphrasen; abgekürzt: Pro-Nomina), Pro-Adverbien, Pro-VP (= Pro-Verbalphrasen; abgekürzt: Pro-Verben), Pro-Adjektive und Pro-Sätze. Zu den Pro-Nomina zählt er etwa Personal-, Demonstrativ- und Relativpronomen. Als Pro-Adverbien nennt er *so* (modal), *da* und *dort* (lokal), *da* und *damals* (temporal) und *darum* (kausal), als Pro-Verben *tun* und *machen,* als Pro-Adjektive *solch* und *welch,* als Pro-Sätze u. a. *das, dies, daran* und *deshalb.* (Zu den letzteren zählen auch *sonst* in [2] und *also* in [7]; ein anderer Name für sie ist »Konnektoren« [cf. Dressler 1972: 69 f.]). Ein englisches Beispiel für ein Pro-Verb ist *do* in

(11) Do you like a television show? – Yes, I *do.*

Ein Beispiel für ein Pro-Adverb ist *there* in

(12) Bill emigrated to America. *There* he became a rich man.

R. Steinitz (1968) trifft außerdem für die Pronomina die Feststellung, daß sie in der Regel einen sehr kleinen semantischen Merkmalbestand aufweisen, ja sogar – mengentheoretisch betrachtet – die allgemeinste Obermenge der Nominalklasse bilden. Diese Inklusionsbeziehung gilt modifiziert auch für andere Pro-Fortführungen. Sie läßt sich z. B. anhand der Relation von Pro-Verb und Verb im Fall von (11) erläutern: Hier besitzt *do* die Merkmale (+*verb*), (+*active*), während im Vorgänger-Satz *like* u. a. die folgenden aufweist: (+*verb*), (+*active*), (+*evaluative*), (+*positive*), (+*emotional*), (+*fond*). Folglich ist in (11) *do* die syntakto-semantische Obermenge von *like.* Ein weiteres gilt es hinsichtlich dieses zweisätzigen Minimaltextes festzuhalten. Der zweite Satz stellt eine Reduktion des ersten dar: Nicht nur, daß das Verb *do* die Stellvertreterfunktion für *like* übernimmt; das direkte Objekt *a television show* ist sogar fortgelassen. Eine solche Erscheinung nennt R. Gunter (1963) *a contextual ellipsis* und A. V. Isačenko (1965) ähnlich eine »kontextbedingte Ellipse«. Das heißt: Dem Kontext fällt hier die Aufgabe zu, die Unterdeterminiertheit der anaphorischen Textteile aufzufüllen.

Als Anaphora bzw. Kataphora kann auch der *Artikel* dienen. Das hat zuletzt besonders Weinrich (1969, 1971) gezeigt. Er vergleicht besonders den bestimmten und den unbestimmten Artikel im Hinblick auf ihre textgrammatische Stellung und gelangt dabei zu dem Ergebnis, daß ersterer auf textuelle Vorinformation, letzterer hingegen auf Nachinformation verweist. Ein Textbeispiel mag dies belegen. In:

(13) Vor einigen Tagen wurde *ein* Flugzeug nach Libyen entführt. *Die* Maschine wurde in Tripolis zur Landung gezwungen.

führt der unbestimmte Artikel *ein* eine neue Information ein; er ist kataphorisch in dem Sinne, daß alle weiteren möglichen Bezugnahmen auf *Flugzeug* im Nachtext erwartet werden. Hingegen ist der bestimmte Artikel *die* im zweiten Satz rückverweisend (anaphorisch): er setzt eine im Vordertext erfolgte Bekanntschaft mit dem von ihm determinierten Gegenstand voraus. Zusammenfassend kann man auch sagen, daß dem unbestimmten Artikel das Merkmal *(–erwähnt)*, dem bestimmten hingegen das Merkmal *(+erwähnt)* zukommt. Kallmeyer (1972) hat im Anschluß an Weinrich diese Überlegungen auch auf eine erweiterte Artikelklasse (mit Possessiv-, Demonstrativ-, Frage- und Personal-Artikel) übertragen. Auf der anderen Seite sind Weinrichs Ausführungen nicht unwidersprochen geblieben (cf. Baumann 1970, Chatman *[ed.]* 1971: 234–240). Ein von ihm selbst bereits formulierter Einwand soll durch folgendes Textstück – den Anfang von O. Wildes *The Picture of Dorian Gray* – illustriert werden:

(14) The studio was filled with the rich odour of roses, and when the light summer wind stirred amidst the trees of the garden, there came through the open door the heavy scent of the lilac or the more delicate perfume of the pink-flowering thorn.

Der Textanfang enthält nur bestimmte Artikel. Diese sind jedoch nicht alle textgrammatisch relevant. In Ausdrücken wie *the rich odour of roses, the trees of the garden, the heavy scent of the lilac* und *the more delicate perfume of the pink-flowering thorn* besitzt der bestimmte Artikel lediglich eine syntaktische Funktion. Über den jeweiligen Satz hinaus verweisen hingegen die Ausdrücke *the studio, the light summer wind* und *the open door*. Im Gegensatz zu Beispiel (13) greifen diese Artikulate aber nicht vorangegangene Textelemente wieder auf. Der Leser sucht vergeblich einen Vortext, der ihm die Information über »das« Studio oder »die« offene Tür vermitteln könnte. Was bleibt ihm also übrig, als seine Aufmerksamkeit auf den nachfolgenden Inhalt des Buches zu spannen. Weinrich erklärt dieses Phänomen – zu Recht – als eine textgrammatische Abweichung, die in das Gebiet einer Textstilistik hineinreicht. Seine pragmatische Funktion ist die Erzeugung von Spannung. (In Werktiteln wie *Die Wahlverwandtschaften* und *The Ring and the Book* ist es daher besonders häufig.) Von anderer Art sind die – von Weinrich nicht behandelten – Unika wie *die Welt, die Erde, das All*, d. h. Gegenstände, die einmalig sind und auf Grund ihrer allgemeinen Bekanntheit den bestimmten Artikel mit sich führen. Auch hier ist indes die Rolle der Textpragmatik unverkennbar.

Harweg, der in die textlinguistische Diskussion die Termini *Substituendum* und *Substituens* einbringt (cf. u. a. 1968, 1968a, 1971), versucht als erster eine umfassende Klassifikation der Textkohärenz. Den Mittelpunkt dieser Klassifikation bildet die Substitution. Substitution ist nach Harweg (1968: 20) »die Ersetzung eines sprachlichen Ausdrucks durch einen bestimmten anderen sprachlichen Ausdruck«. Der zu ersetzende Ausdruck heißt Substituendum, der ihn ersetzende Substituens. Stehen Substituendum und Substituens an ein und derselben Textstelle füreinander ein, so existiert ein paradigmatisches Substitutionsverhältnis; tun sie das hingegen an zwei aufeinanderfolgenden Stellen des Textes, so heißt das Substitutionsverhältnis syntagmatisch. Harweg unterscheidet drei Typen von syntagmatischer Substitution:

a) *die eindimensional syntagmatische Substitution*
   d. h. eine solche Substitution, »deren Substituens außer dem Substituendum, welches ihm im aktuellen Text vorausgeht, kein anderes, d. h. kein bezeichnungsdifferentes Substituendum syntagmatisch substituieren kann« (1968: 26).
   Beispiele: Hans : Hans; der Mensch : der Mensch; alle Frauen : alle Frauen
b) *die zweidimensional syntagmatische Substitution*
   d. h. die »kombinierte Form syntagmatischer und durch sie vermittelter paradigmatischer Substitution« (1968: 25).
   Beispiele: eine Frau : sie, ein Knabe : er
c) *die kontaminiert syntagmatische Substitution*
   d. h. eine solche Substitution, in der ein eindimensional syntagmatisches Substituens durch ein zweidimensionales paradigmatisch ersetzt wird (cf. 1968: 27).
   Beispiele: Hans : er; der Mensch (generell) : er.

Diese drei Substitutionstypen werden durch drei Kategorien von Substitutionsausdrücken konstituiert, nämlich Substituenda, Substituentia und Substituenda-Substituentia (cf. 1971: 124–126). In a) werden je beide Glieder durch Substituenda-Substituentia manifestiert, in b) das erste Glied durch ein Substituendum und das zweite durch ein Substituens, in c) schließlich das erste Glied durch ein Substituendum-Substituens und das zweite durch ein Substituens. Den einzelnen Substitutionsausdrücken werden folgende Spracherscheinungen zugeordnet:

den *Substituenda* u. a. unbestimmte Ausdrücke vom Typ *(irgend) jemand* und
»die durch einen unbestimmten Artikel, Grundzahlwörter oder Ausdrücke wie *mehrere, manche, viele* usw. eingeleiteten Initialformen partikulär verwendeter Gattungsnamen« (z. B. *ein Mann, viele Menschen*);

den *Substituentia* u. a. anaphorisch verwendete Pronomina *(er/sie/es)* und
Adverbien *(da, damals)*, Konjunktionen *(deshalb, dafür)* und »die jeweiligen durch einen bestimmten Artikel oder Ausdrücke wie *dieser* oder
jener eingeleitete Subsequentialformen der partikulär verwendeten Gattungsnamen« (z. B. *der Mann, jene drei Kinder*);

den *Substituenda-Substituentia* u. a. Eigennamen *(Goethe)* sowie generell und
universell verwendete Gattungsnamen (z. B. *der Mensch [schlechthin],
keine Frau*).

Es zeigt sich, daß viele unserer vorangegangenen Überlegungen in
diesem Schema ihren Platz finden können.

Die eigentliche Leistung Harwegs beruht darauf, im Rahmen seiner Arbeit über das Pronomen den Versuch einer Substitutionsphäno-
menologie unternommen zu haben (1968: 178 ff.). Dazu legt er ein
System substitutionsrelevanter Kriterien vor, das auch auf jede andere
Wortart anwendbar ist. Er unterscheidet innerhalb der (A) zwei-
gliedrigen pronominalen Verkettung zwischen (I) lexikologischen, (II)
topologischen, (III) numerologischen und (IV) Pseudo-Typen und
fügt diesen noch (B) Typen vielgliedriger pronominaler Verkettung
hinzu. Entscheidend sind demnach für die Beurteilung der Textkohärenz Gesichtspunkte wie Semantik, Syntax (Position), Frequenz und
Distribution der substitutiven Elemente. Die genannten Grundtypen
unterteilt Harweg dann wiederum in Unterklassen, so etwa den lexikologischen Typus:

1. *Text-Identitäts-Substitutionen*
   a) System-Identitäts-Substitutionen
      (eine Frau : diese Frau)
   b) System-Similaritäts-Substitutionen
      ba) normale Synonymie (ein Postbote : der Briefträger)
      bb) interpretative Synonymie (ein Flugzeug : dieser starr mechanische
         Vogel)
      bc) System-Neutralitäts-Substitutionen (ein Knabe : er)
2. *Text-Pseudo-Identitäts-Substitutionen*
   (Gustav Aschenbach : den Knaben)
3. *Text-Kontiguitäts-Substitutionen*
   a) logisch (eine Niederlage: der Sieg)
   b) ontologisch (ein Blitz : der Donner)
   c) kulturell (eine Straßenbahn : der Schaffner)
   d) situationell (ein langhaariger Knabe : das englische Matrosenkostüm).

Die Aufführung der lexikalischen Substitutionsarten erfolgt von 1. a)
bis 3. d) unter dem Gesichtspunkt abnehmender Prädiktabilität. Ist

die Prozedur der semantischen Ersetzung im Falle von 1. a) noch zwingend, so ist sie in 3. d) weitgehend dem subjektiven Ermessen anheimgegeben. Woran liegt das?

Nehmen wir das Beispiel einer kulturellen Kontiguitätssubstitution (3. c]) der folgenden Art:

(14) Gestern war ich auf *einer Hochzeit. Die Braut* trug einen weißen Schleier.

In diesem Fall ist *Braut* nicht ein direktes, d. h. identisches oder ähnliches, Substituens von *Hochzeit*, sondern das, was man als ein Implikat dieses Lexems bezeichnen könnte. Harwegs Verfahren sieht nun so aus, daß er diese semantische Implikation durch die »Interpolation« oder »Enkatalyse« (Hjelmslev) eines Satzes wie »Zu der Hochzeit gehörte eine Braut« expliziert. Eine solche »Explizitierung« der Kohärenz erzeugt dann folgenden Text:

(14') Gestern war ich auf *einer Hochzeit.* (Zu *der Hochzeit* gehörte *eine Braut.*) *Die Braut* trug einen weißen Schleier.

In diesem Vorgehen liegt eine Problematik, die nicht nur Harwegs System, sondern die ganze semiotische Textsyntaktik betrifft. Gegen Harwegs Methode der syntagmatischen Substitution kann man den Vorwurf der Umständlichkeit, der weitgehenden Intuitivität und der Nicht-Anwendbarkeit auf komplexere Texte erheben, und Kritiker, die es mit einer solchen Ansicht ernst meinen, haben in dem generativ-transformationellen Ansatz einer »Texttiefenstruktur« (cf. Rohrer 1971, van Dijk 1971, 1972, Petöfi 1971) einen eigenen Lösungsweg versucht. Dennoch läßt sich auch hier das Moment der Subjektivität in der Herstellung und Validierung von Textkohärenz nicht leugnen. Das liegt daran, daß ontologisch, kulturell oder situativ begründete Kohärenz vom Analytiker umfassende Weltkenntnisse – in den Worten I. Bellerts (1970: 343) »the entire knowledge of the world« – erfordern. Darin aber bestehen bekanntlich Unterschiede. Folglich stößt die Möglichkeit »objektiver« Implikationsregeln überall an ihre Grenzen. Die Textsyntaktik verlangt die Einbeziehung pragmatischer Gedankengänge.

Ähnliche Vorwürfe muß sich auch das System der »Funktionellen Satzperspektive« (FSP) von F. Daneš (1970, 1970a) gefallen lassen, das – in Fortführung früherer Arbeiten tschechischer Linguisten (Mathesius, Firbas, Beneš) – aus der Anordnung von Kohärenzfaktoren bestimmte Textstrukturierungen ableitet. Im Hinblick auf dieses Ziel werden die beiden Termini *Thema* (= »Topic«) und *Rhema* (= »Comment«) eingeführt, von denen der erste den Bezugsgegenstand, letzterer hingegen den Informationsgehalt einer Textaussage bezeichnet. Das Thema, das mit dem bestimmten Artikel steht, teilt das Bekannte mit. Das Rhema hingegen, das von dem unbestimmten Artikel begleitet ist, vermittelt meist die neue Information. Beide Begriffe decken sich also ungefähr mit den bisher diskutierten Begriffen »Anaphora«/»Substituens« und »Kataphora«/»Substituendum«. Was nun Daneš interessiert, ist die Frage, wie mit Hilfe dieser Konzepte Textstrukturen festgestellt werden können. Dazu hypostasiert er als Bezugsgröße das Thema, und zwar so, daß für ihn »jeder Text (und seine Abschnitte) als eine Sequenz von Themen« (1970: 74) betrachtet werden kann. Von dieser Definition ausgehend, postuliert er vier Typen der »thematischen Progression«:

1. *Die einfache lineare Progression*
   Das Rhema der ersten Aussage wird zum Thema der zweiten.
   Beispiel: Harald kaufte vor zwei Jahren ein neues Haus. Ein solches hatte ihm schon immer als Wunschtraum vorgeschwebt.

2. *Der Typus mit einem durchlaufenden Thema*
   Eine Reihenfolge von Aussagen enthält ein und dasselbe Thema, zu dem die einzelnen Aussagen je ein neues Rhema beiordnen.
   Beispiel: Shakespeare gilt als Englands größter dramatischer Dichter. Er schrieb Tragödien, wie sie von englischsprachigen Autoren nie wieder erreicht wurden. Er führte die Komödie – besonders in ihrer engen Verbindung von Heiterkeit und Ernst – auf ihren Höhepunkt. Ihm gelang es, in seinen Historiendramen eine politisch-ethische Konzeption von unerhörter Ausdruckskraft zu gestalten. Und schließlich sind diesem Autor einige der gelungensten Repräsentanten eines im 17. Jahrhundert neuen Dramentyps, der Romanze, zu verdanken.

3. *Die Progression mit abgeleiteten Themen*
   Es existiert ein »Hyperthema« (z. B. eines Absatzes), von dem Teilthemen deriviert sind.
   Beispiel: New Jersey is flat along the coast and southern portion; the northwestern region is mountainous. The coastal climate is mild, but there is considerable cold in the mountain areas during the winter months. Summers are fairly hot. The leading industrial production includes chemicals, processed food, coal, petroleum, metals and electrical equipment. The most important cities are Newark, Jersey City, Peterson, Trenton, Camden. Vacation districts include Asbury Park, Lakewoods, Cape May, and others (1970a: 18–19).

4. *Das Entwickeln eines gespaltenen Rhemas*
   Es existiert ein (explizites oder implizites) Doppelthema, dessen zwei (oder mehrere) Komponenten die Ausgangspunkte für zwei (oder mehrere) selbständige Teilprogressionen bilden.
   Beispiel: Two children came out of a sweet shop. They were brother and sister. The girl was holding a chocolate ice-cream. The boy

was holding two strawberry ice-creams, one for himself and one for his little brother Tommy. Suddenly one of the strawberry ice-creams fell to the ground. »Oh dear!« the boy said to his sister, »I've dropped Tommy's ice-cream.«

Eine solche Strukturtypologie, so wünschenswert sie ist, scheint so lange bedenklich, als sie anhand konkreter Textanalysen nicht intersubjektiv nachweisbar ist. Wenn aber schon die Abgrenzung des Rhemas vom Thema durch sog. Ergänzungsfragen (etwa beim Beispiel 1: »Was kaufte sich Harald vor zwei Jahren?«) ungenügend geklärt ist, so ist es nicht verwunderlich, daß die Derivationskriterien von Hyperthema und Thema (in 3) nicht verfügbar gemacht werden. Eine fünfte thematische Progression – »TP mit einem thematischen Sprung« – wird erst gar nicht ausführlicher behandelt, wohl mit gutem Grund, da sich hier das schwierige Problem von Implikation und Pragmatik stellt. Trotzdem verdient Daneš' Versuch Anerkennung, da er einen Ansatz zur zeichensyntaktischen Bestimmung von Textsorten enthält – einer Frage, der man in letzter Zeit viel Aufmerksamkeit zuwendet (cf. Gülich/Raible [Hg.] 1972; cf. schon Hartmann 1964).

Die vorstehende Darstellung bot eine eklektische Erörterung von Problemen der Textkohärenz aus zeichensyntaktischer Sicht. Sie konnte nur problemorientierte Einblicke in die gegenwärtige Diskussion vermitteln, nicht jedoch die ganze Vielfalt der bisher geleisteten Beiträge spiegeln. So wurden aus dem oben angeführten Katalog Isenbergs (1968) nur die Punkte 1, 2 und 4 behandelt. Zur Wortstellung (3) cf. Heidolph 1966, Harweg 1967 und Dressler 1972: 53–54, 74; zu Akzent und Intonation im Rahmen einer Textphonologie (5, 6) cf. Firbas 1968, Harweg 1971 und Dressler 1972: 75–80 (mit Bibl.); zum Tempus (12) cf. Weinrich 1970, 1971a. Wichtige Arbeiten zum Problem der Isotopie, das hier nicht diskutiert worden ist, stammen von A. J. Greimas und F. Rastier (abgedruckt in Kallmeyer et al. 1974: II 126–152, 153–192). Forschungsorientierte Überblicke verschaffen die Arbeiten von Brinker 1971, 1973, Fries, U. 1971, van Dijk 1972, Dressler 1972 und Hendricks 1967, 1972. In allen Fragen nützlich ist die Bibliographie von Dressler/Schmidt (1973).

Definition: Die semiotische Perspektive der Syntaktik erfordert für die Konstitution eines Textes die Kohärenz der ihn bedingenden Elemente. Diese wird textintern gewährleistet durch das explizite (oder implizite) Vorhandensein von Bindegliedern, die den Tatbestand der Rück- bzw. Vorverweisung erfüllen. Solche Bindeglieder heißen Anaphora/Substituens/Thema/bestimmter Artikel/ Pro-Formen auf der einen und Kataphora/Substituendum/Rhema/unbestimmter Artikel auf der anderen Seite. Sie bewirken, daß Textualität mehr bedeutet als die einfache Addition untergeordneter Zeichenklassen. Art, Umfang und Distribution der Kohärenzfaktoren sind Strukturmomente, welche die Voraussetzung für die Bildung von Textsorten darstellen.

3.1.4. Zusammenfassung: Syntaktische Textkonstitution

Eine zeichensyntaktisch orientierte Textlinguistik betrachtet ihren Gegenstand als ein sprachliches Zeichen, dessen minimale Konstitutionsbedingung die abgeschlossene (»emische«) und zusammenhängende (»kohärente«) Sequenz von zwei Sätzen ist. Demzufolge können wir definieren: Text ist eine makrolinguistische Zeicheneinheit, die aus einer Mindestfolge von zwei kohärenten Sätzen emischer Struktur besteht. »Makrolinguistische Zeicheneinheit« bedeutet, daß es sich bei Sätzen, Wörtern und Lauten jeweils um Teilzeichen handelt, die auf das Superzeichen »Text« bezogen werden müssen. »Emisch« bedeutet, daß keine negativen Grenzsignale auftreten dürfen – Anaphorika und Kataphorika, die als rück- bzw. vorverweisende Zeichen über die vorhandene Zeichenmenge hinausweisen. »Kohärent« schließlich besagt, daß zeichensyntaktische Textualität die Existenz von expliziten Bindeelementen verlangt, und wo diese nur implizit gegeben sind, ihre »Explizitierung« fordert. Eine syntakto-semantische Distributionsanalyse der textuellen Konnexionsmomente führt zur Feststellung von Textstrukturen und Textsorten.

Eine Wissenschaft, die aus syntaktischer Perspektive den Gegenstand »Text« konstituiert, ist kodeorientiert, d. h. sie analysiert Beschaffenheit und Kombinatorik textbildender Sprachzeichen. In ihrer reinen Form wird sie nur dann verwirklicht, wenn jede pragmatische oder semantische Interferenz ausgeschaltet ist. Es ist aber beispielsweise unmöglich, die pragmatische Komponente des rezipierenden Subjekts aus der syntaktischen Textanalyse völlig auszuklammern. Das hat die vorangegangene Erörterung von Delimitation und Kohärenz mehrfach nachdrücklich gelehrt. Deswegen wird man sich bei vielen textinternen Interpretationen lediglich mit einer restringierten, nicht aber eliminierten Pragmatik und Semantik begnügen müssen.

3.1.5. Textanalysen

Die folgende Analyse zweier Texte, eines Sprachlehrbuchtextes und eines Zeitungstextes, sollen demonstrieren, was die textlinguistische Methode aus zeichensyntaktischer Perpsektive zu leisten vermag. Anhand des ersten Textes soll erprobt werden, welche Ergebnisse die vorgestellten Modelle und Begrifflichkeiten zutage fördern können.

Als Kontrast dazu wird der zweite Text in der Interpretation eines fremden Autors dargeboten, der zugleich ein bisher nicht mitgeteiltes System der Textanalyse vorstellt.

3.1.5.1 Analyse des Lehrbuchtextes ›Big Ben‹

Quelle: *English Is Fun:* Englisches Unterrichtswerk für die Hauptschule, 4 Bde., Hannover 1967 ff., III, 33.

Big Ben
(Bild: Darstellung eines Turmes mit Turmuhr)

1. This is a famous clock tower.
2. It is the tower of Big Ben.
3. Big Ben is famous all over the world.
4. Big Ben is the big bell inside the clock tower of the Houses of Parliament in London.
5. Big Ben strikes the hours.
6. Its chimes are also famous all over the world.
7. You can hear the chimes on the British radio.

Wir haben diesen Text gewissermaßen vorstrukturiert, indem wir die Satzsequenz nicht (wie in der Quelle) als fortlaufende, zeilenfüllende Graphemfolge übernommen, sondern in einzelne numerierte Sätze aufgelöst haben. Damit wird ein methodischer und zugleich ein praktischer Zweck verfolgt. Denn einmal wird so der Satz als relevante textkonstituierende Einheit herausgestellt; zum anderen ist dadurch eine größere Überschaubarkeit des Untersuchungsobjekts gewährleistet.

Der vorgestellte Text soll im Hinblick auf seine Extension, Delimitation, Kohärenz und seine Struktur analysiert werden.

a) Textextension

Der Text besteht nicht – wie etwa Da-capo-Texte (z. B. Becketts *Play*) – aus einer unendlichen Menge von Zeichen. Vielmehr ist ihre Anzahl begrenzt. Das Ungewöhnliche an ihnen ist die Verbindung von Wort und Bild, anders ausgedrückt: die Kombination verbal-graphematischer mit nichtverbal-visuellen Zeichen. Der verbale Teil des Makrozeichens »Text« besteht aus Überschrift und sieben Sätzen, der nichtverbale aus einer Zeichnung, die einen Turm mit Turmuhr darstellt. Auf die Differenzqualitäten beider Zeichentypen kann hier nicht weiter eingegangen werden; sie sind u. a. unter den Bezeichnungen »Iconizität« und »Symbolik« in die semiotische Diskussion eingegangen (cf. Bense 1969). Hier genügt es, festzustellen, daß die zeichensyntaktische Minimalextension für die Textkonstitution, nämlich zwei Sätze, nicht nur eingehalten, sondern überschritten wird.

b) Textdelimitation

Das Problem der Textbegrenzung stellt sich aus zeichensyntaktischer

Sicht in solchem Lichte dar, daß Textanfang bzw. -ende nicht durch anaphorische bzw. kataphorische Zeichen über sich hinausweisen dürfen, wenn von Textualität die Rede sein soll. Ein Blick auf Satz 7 des Textes über Big Ben lehrt, daß kein Kataphorikum vorhanden ist. Damit ist aber nicht gesagt, daß der Text hier notwendigerweise enden muß. Die Gegenprobe zeigt in der Tat, daß er theoretisch beinahe ad infinitum verlängerbar ist:

8. They have a clear, metallic sound.
9. The English have got quite accustomed to it.
10. They like it.
11. It has almost become a national symbol.
. . . .

Umgekehrt kann der vorliegende Text ab Satz 2 (Minimalextension) mit jedem folgenden Satz abschließen, da keiner vorverweisende Elemente enthält. Das Fazit aus diesen Überlegungen lautet: Das Textende kann *ex negativo* als abgeschlossen, d. h. »emisch« ausgewiesen werden. Eine positive Prädiktabilität desselben ist zeichensyntaktisch nicht möglich.

Hingegen bereitet der Textanfang der Analyse Schwierigkeiten. Der Beginn des verbalen Textes (Satz 1) enthält ein anaphorisches Demonstrativpronomen, das auf den gezeichneten Turm zurückverweist. Das kann bedeuten: Die nominale Deixis von *this* bildet ein texttranszendentes Delimitationskriterium. (Als ein weiteres derartiges Kriterium kommt nach Harweg (1968) noch die Überschrift *Big Ben* hinzu.) Folglich wäre der Text als »etisch« zu bezeichnen. Seine Existenz qua Text hätte nur eine pragmatische, nicht jedoch eine syntaktische Grundlage. Dies ändert sich indes für den Fall, daß eine semiotische Theorie einen Textbegriff konstruiert, der auch außersprachliche Zeichenelemente zuläßt. Unter dieser Prämisse liegt, sieht man von der Überschrift ab, ein »emischer« Text vor, der aus einem verbalen und einem nichtverbalen Teil-Text besteht.

c) Textkohärenz

Die Frage der Textkohärenz ist zugleich die Frage der Bindeelemente. Der vorliegende Text besitzt keine konjunktionalen Konnektoren. Dieses Faktum legt nahe, daß der Zusammenhang der Sätze durch andere *referentials* gestiftet sein muß.

1. Artikelselektion. Manche der im Text vorkommenden Artikel haben eine textgrammatische Funktion, andere wiederum nicht. Zu den letzteren gehören Artikulate (cf. Weinrich 1969, 1971), die, obgleich mit dem bestimmten Artikel versehen, keine anaphorische Funktion ausüben. Es sind Unika wie *the world* (3, 6), *the Houses of Parliament* (4) und *the British radio* (7) oder als bekannt vorausgesetzte

Dinge wie *the big bell* (4) (= »die [bekannte] große Glocke«) und *the hours* (5). Sie gehören ebenso in den weiteren Umkreis der Pragmatik wie der artikellose Eigenname *Big Ben* (zu diesem »Artikulat mit Null-Artikel« cf. Kallmeyer *et al.* 1972: II 43). Textgrammatisch relevante Mitglieder der Artikelklasse finden sich indes auch:

unbestimmter Artikel	bestimmter Artikel
1. a famous clock tower	2. the tower of Big Ben 4. the clock tower 7. the chimes

Jedesmal trägt das Artikulat mit dem bestimmten Artikel das Merkmal *(+vorerwähnt)*, das Artikulat mit dem unbestimmten Artikel hingegen das Merkmal *(-vorerwähnt)*. Die vorherige Erwähnung von 2 erfolgt in 1, die von 4 in 1, die von 7 in 6. Das auffallendste Ergebnis der Analyse ist die Tatsache, daß nicht alle vorkommenden Artikel im Sinne einer zeichensyntaktischen Textgrammatik relevant sind, sondern nur ein Teil von ihnen. Die Distribution der anaphorischen Artikel erfolgt über den ganzen Text (2, 4, 7). Der kataphorisch verwendete unbestimmte Artikel steht bezeichnenderweise im 1. Satz: Er kündigt die Information an, die den weiteren Textablauf determiniert.

2. Substituenda und Substituentia. Bestimmen wir den Text mit Harweg (1968) als eine kohärente Folge von Substituenda und Substituentia, so ergibt sich für die vorliegende Satzsequenz folgende Substitutionsabfolge:

Satz	Substituentia	Substituenda
0	− − −	(Bild eines Turmes)
1	this	a famous clock tower
2	it	the tower of Big Ben
3	Big Ben	Big Ben
4	Big Ben	Big Ben
5	Big Ben	Big Ben
6	its	chimes
7	chimes	− − −

Legen wir Harwegs Modell weiterhin zugrunde, so sind verschiedene Substitutionstypen erkennbar:

(a) Eindimensional syntagmatische Substitutionen finden statt in den Sätzen 2/3, 3/4 und 4/5: *Big Ben/Big Ben*, *Big Ben/Big Ben*, *Big Ben/Big Ben*.

(b) Mehrdimensional syntagmatische Substitutionen erfolgen in den Sätzen 1/2 und 6/7. In 1/2 ersetzt ein Personalpronomen, in 6/7 eine anaphorische Nominalphrase das nominale Substituendum. Es besteht die Möglichkeit, auch 0/1 (Bild)/*this* als eine derartige Substitution aufzufassen, wenn eine integrierte Textzeichentheorie angenommen wird.

(c) Eine kontaminiert syntagmatische Substitution liegt in 5/6 *Big Ben/its* vor, wo ein Eigenname durch ein Possessivpronomen ersetzt wird. Möglicherweise könnte man auch *Big Ben* (Überschrift)/(Bild) unter der in (b) skizzierten Prämisse dazu rechnen.

Diese Übersicht erlaubt den Schluß, daß der Textzusammenhang durchgängig auf Text-Identitäts-Substitutionen beruht. Von diesen fallen alle entweder unter die Kategorie der System-Identitäts- oder System-Neutralitäts-Substitution. Das heißt: Vom Standpunkt der Lexik besitzt der Text eine relativ einfache Verknüpfungsmodalität. (Eine wesentlich komplexere wird etwa von einer Kontiguitätsstruktur gefordert.) Auf diese Weise erübrigt es sich, mit R. Steinitz (1968) das Verhältnis von Substituendum und Substituens mengentheoretisch zu klassifizieren. Noch eine zweite Feststellung muß über die Kohärenz des vorliegenden Textes getroffen werden: Da mit *Big Ben* dreimal als Anaphora ein Substituendum-Substituens – also ein sprachlicher Ausdruck, der gleicherweise als Substituendum und Substituens eintreten kann – fungiert, ist die Textbindung nicht allzu eng. Die Merkmale der Einfachheit und Lockerheit der Kohärenz weisen dem Text einen niedrigen Komplexitätsgrad zu. Dieses Urteil dürfte in einer Strukturuntersuchung noch stärker erhärtet werden.

Die vorangehende Kohärenzanalyse ist aus darstellungstechnischen Gründen einigermaßen selektiv verfahren. Sie beschränkte sich fast ganz auf die nominalen Subjekte und direkten Objekte, ohne jedoch die übrigen Nomina und weiterhin die anderen Wortklassen einzubeziehen. Dies soll hier in Kürze nachgeholt werden. Zunächst zeigt sich, daß der Text weitere Identitätssubstitutionen (im Sinne Harwegs) aufweist. Das *famous* (1) erscheint nochmals in 3 und 6, hier jedoch jeweils in dem Kontext *famous all over the world*. Weiterhin tritt die Nominalphrase *clock tower* (1) erneut in 4 auf, ferner in der Reduktionsform *tower* in 2. Und schließlich erscheint die Verbalform *is* in 1 bis 4, eine weitere Flexionsform von *be – are –* in 6. In allen drei Substitutionsketten wird offenbar, daß die Topologie (d. h. Stellung) der syntagmatischen Substitution verschieden ausfallen kann. Das Wort *famous* wird z. B. im Abstand von einem Satz (1–3) bzw. drei Sätzen (3–6) wiederholt, während *is* von 1 bis 4 in jedem Satz auftritt. Im ersten Fall spricht Harweg (1968: 210 ff.) von einer distanztopologischen, im letzten Fall von einer kontakttopologischen Relation.

Eine weitere Beobachtung schließt sich an. Unter der Annahme distanztopologischer Relationen treten auch Text-Kontiguitäts-Substitutionen in Erscheinung. Solche wären etwa zwischen

    1. This is a famous clock tower.

und

    4. Big Ben is the big bell inside the clock tower of the Houses of Parliament in London.

bzw.

    6. Its chimes are also famous all over the world.

in Gestalt von je einer Interpolation anzusetzen:

    1. a) A clock tower has a bell.

bzw.

    1. b) A bell has chimes.

Damit wären gewisse Implikationsregeln angewandt (cf. Bellert 1970), auf deren Grundlage sich aus der Äußerung 1 mögliche Schlußfolgerungen (1a, b) ableiten lassen. Sie setzen ein Vorwissen über die Einrichtungen unseres Kulturkreises voraus. Folglich liegen kulturell bedingte Kontiguitäts-Substitutionen vor. Im Falle von *its chimes* (6) kompliziert sich die Substitutionslage dahingehend, daß hier ein teils explizites *(its)*, teils implizites *(chimes)* Doppelsubstituens (Harweg 1968: 222 ff., 236) erscheint. Doch bleibt dieses Vorkommen eines komplexeren Substitutionsverhältnisses eine einmalige Erscheinung. Die oben getroffene Qualitätsaussage über den *Big Ben*-Text braucht also nicht allzusehr modifiziert zu werden.

d) Textstruktur

Richten wir uns nach der unter c. 2. aufgestellten Tabelle von Substituenda und Substituentia, so ergibt sich für den *Big Ben*-Text folgende Substitutionskette:

(0	Substituendum 0 :	[Bild]
		Substituens 0 : *this*)
1	Substituendum 1 :	*a famous clock tower*
		Substituens 1 : *it*
2	Substituendum 2 :	*the tower of Big Ben*
3		Substituens 2a : *Big Ben*
4		Substituens 2b : *Big Ben*
5		Substituens 2c : *Big Ben*
6		Substituens 2d : *its*
6	Substituendum 3 :	*chimes*
7		Substituens 3 : *chimes*

Nach Harweg (1968: 250) liegt hier ein Mischtyp von alternierender und nichtalternierender Verkettung vor, wobei »alternierend« den

Wechsel und »nichtalternierend« die Identität der Substituenda und Substituentia bedeutet. Es muß jedoch festgestellt werden, daß der nichtalternierende Typus numerisch (in 2a–2d) besonders stark vertreten ist. Nun aber treten Texte, die durch nichtalternierende Substitutionsketten strukturiert sind, gleichsam auf der Stelle, während die substitutionelle Alternation einen raschen Gegenstandswechsel bedeutet (Harweg 1968: 253–254). Auf den diskutierten Text angewandt, heißt das, daß der Monotonie des nichtalternierenden Typus nur am Anfang und Ende des Textes durch alternierende Muster entgegengewirkt wird.

Der gleiche Sachverhalt läßt sich auch in der Terminologie von F. Daneš wiedergeben. Nach seinem FSP-Modell wird das Rhema durch Ergänzungsfragen erschlossen, z. B. der Art:

Ergänzungsfrage : What is this?
Rhema (R_1) : a famous clock tower
Thema (T_1) : this
Transition : is

Dieses Verfahren läßt sich auch auf die übrigen Sätze des Textes anwenden. Am Schluß ergibt sich folgende Textstruktur:

$$T_1 \longrightarrow R_1$$
$$\downarrow$$
$$T_2\,(= R_1) \longrightarrow R_2$$
$$\downarrow$$
$$T_3\,(= R_2) \longrightarrow R_3$$
$$\downarrow$$
$$T_4\,(= R_2) \longrightarrow R_4$$
$$\downarrow$$
$$T_5\,(= R_2) \longrightarrow R_5$$
$$\downarrow$$
$$T_6\,(= R_2) \longrightarrow R_6$$
$$\downarrow$$
$$T_7\,(= R_6) \longrightarrow R_7$$

Demnach ist die Textstruktur als eine Mischung von einfacher linearer Progression und Progression mit durchlaufendem Thema zu bezeichnen. Es ist eine wenig komplexe Struktur von großer Regelmäßigkeit.

Daneš' System ist häufig der Vorwurf mangelnder Operationalisierbarkeit gemacht worden. Dies liegt nicht zuletzt an der Abgrenzungsproblematik von Thema und Rhema. Deutlich läßt sich diese anhand von Satz 6 unseres Textes exemplifizieren:

Its chimes are also famous all over the world.

Dazu sind zwei verschiedene Ergänzungsfragen möglich, die jedesmal ein anderes Thema bzw. Rhema hervorbringen.

1. Ergänzungsfrage: *What is there about it which is also famous all over the world?*
Rhema: *chimes*
Thema: *its*
Transition: *are also famous all over the world*

So wurde vorhin verfahren; das Ergebnis war, daß ein weiteres Glied zu der Kette der Progression mit durchlaufendem Thema hinzugefügt wurde. Die andere Möglichkeit lautet:

2. Ergänzungsfrage: *What is also famous all over the world?*
Rhema: *its chimes*
Thema: *also famous all over the world*
Transition: *are*

Hier wird berücksichtigt, daß in 1 und 3 schon *famous* bzw. *famous all over the world* vorkamen. So gesehen, bestünde in 6 ein »thematischer Sprung«, wenn nicht auch *its* auf Vorhergehendes verwiese. Die Schwierigkeit der Textstrukturierung besteht in diesem Falle darin, daß mit *its* und *famous all over the world* zwei Textsegmente auftreten, die anaphorisch sind – also als Themen interpretiert werden können. Da eine solche Texterscheinung keineswegs selten ist, fehlt es Daneš' Modell an theoretischer Explizitheit, was seine Verwendbarkeit für die Analyse komplexerer Texte grundlegend in Frage stellt. Dennoch darf als Positivum vermerkt werden, daß seine Arbeiten und die anderer FSP-Theoretiker die linguistische Diskussion um Textstruktur und Textsorten entscheidend gefördert haben, und sei es durch die. kritischen Stellungnahmen, die sie provozierten.

3.1.5.2. Analyse einer Zeitungsnachricht

Quelle: *Aachener Volkszeitung* vom 20. 2. 1971

Heintje im Krankenhaus
– ee – Aachen, 19. Februar. – Der niederländische Schlagerstar Heintje, der in Moresnet bei Aachen wohnt, hat eine Blinddarmentzündung. Der Schlagerstar hält sich zur Zeit in München zu Aufnahmen auf und verspürte am Donnerstagmorgen heftige Bauchschmerzen. Der Manager benachrichtigte die Eltern bei Aachen, die daraufhin eine Untersuchung anordneten. Der behandelnde Arzt im Münchener Krankenhaus »Rechts der Isar« ist Professor Maurer.

Dieser Text wird von Klaus Brinker (1971: 233–35) in einem Forschungsbericht zur Textlinguistik im Hinblick auf seine »Informationsstruktur« untersucht. Seine Analyse, die an verschiedene Arbeiten von H. Glinz (1969, 1970: 104 ff.; cf. neuerdings 1973) anknüpft, thematisiert die Relation von Textkonstitution und Verstehensstruktur und geht damit über eine sprecher-hörer-unabhängige Textsyntaktik hinaus. Sie soll im folgenden ganz zitiert werden:

Der Text gliedert sich in eine Überschrift (die Schlagzeile) und vier Sätze. Eine Explikation des Textverständnisses mehrerer Informanten im Hinblick auf den allgemeinen Beitrag (Funktion) einzelner Textsegmente (Überschrift, Sätze) zur Gesamtinformation führt zu folgendem Ergebnis:

Die Überschrift *(Heintje im Krankenhaus)* enthält die Grundinformation des Textes. Satz 1 gibt die Begründung für die in der Überschrift formulierte konkrete Mitteilung, d. h. die in Satz 1 ausgedrückte Information steht in der Relation der Kausalität zur Grundinformation. Dieses Verständnis wird von den Informanten durch einen *weil*-Anschluß verdeutlicht: *Heintje liegt im Krankenhaus, w e i l er Blinddarmentzündung hat.* Satz 2 leistet einen doppelten Beitrag zur Gesamtinformation. Während Teilsatz 2a *(Der Schlagerstar hält sich zur Zeit in München zu Aufnahmen auf ...)* als Lokalisierung der Grundinformation verstanden wird, gibt Teilsatz 2b *(... und verspürte am Donnerstagmorgen heftige Bauchschmerzen)* den Beginn der Vorgeschichte zur Grundinformation (»wie es dazu kam«). Satz 3 wird als Fortsetzung der Vorgeschichte interpretiert. Satz 4 wird direkt auf die Überschrift bezogen und die durch ihn gegebene Information als Spezifizierung der in der Überschrift formulierten Grundinformation bestimmt (Angabe des Krankenhauses und des behandelnden Arztes).

Die Informationsstruktur des Textes kann also beschrieben werden durch die Aufeinanderfolge und Verknüpfung bestimmter allgemeiner Relationskonstanten (die konkreten Sachverhalte fungieren als Variablen), die die internen Relationen einzelner Textsegmente zur betreffenden Grundinformation angeben. Für unsere Zeitungsnotiz ergibt sich – in abgekürzter, formelhafter Schreibweise – die folgende Informationsstruktur:

$$IS \rightarrow GI + (Kaus, Lok, Prä, Spez)$$

Das heißt: Die Informationsstruktur des Textes (IS) ist dadurch gekennzeichnet, daß die Grundinformation (GI) eine Begründung (Kaus), eine Vorgeschichte (Prä) und eine Spezifizierung (Spez) erhält, und zwar in einer bestimmten Abfolge.

Wie in unserem Text Grundinformation und Relationskonstanten durch bestimmte Textsegmente (Überschrift, Sätze, Teilsätze) repräsentiert sind, kann das folgende Schema zeigen:

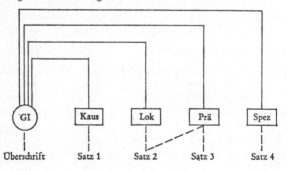

Es wird deutlich, daß sich Informationsstruktur und (äußere) Gliederung in Sätze nicht immer entsprechen (Satz 2). Es handelt sich hier im Grunde um eine arbiträre Beziehung. Vor allem ist die Grundinformation nicht notwendig in einem bestimmten Textsegment enthalten (wie in unserem Text in der Überschrift). Sie ist vielfach aus der Gesamtinformation zu abstrahieren. Zur Analyse der Informationsstruktur gehört eine Beschreibung der die semantischen Elemente und Relationen signalisierenden festen sprachlichen Mittel. Wir beschränken uns dabei auf die folgenden Hinweise:

Die kausale Relation zwischen Überschrift und Satz 1 wird nicht durch feste sprachliche Mittel signalisiert (etwa durch *weil*-Anschluß oder Partikeln wie *deshalb, daher* usw.); sie besteht in dem im weitesten Sinne semantischen Bezug der Ausdrücke *im Krankenhaus liegen* und *Blinddarmentzündung haben,* der auf dem beruht, was Bellert »knowledge of the world« nennt und Harweg konkreter als »kulturell begründete Kontiguitätssubstitution« beschreibt (...). Demgegenüber enthält Teilsatz 2a ein verbales Sementem, das zur Klasse der Semanteme gehört, die eine lokale Relation ausdrücken *(sich in München aufhalten → sich irgendwo aufhalten).* Die textuelle Funktion von Teilsatz 2b und Satz 3 als Vorgeschichte wird in unserem Text durch einen Tempuswechsel (Präsens → Präteritum) signalisiert.

An diese Analyse kann sich dann eine Beschreibung bestimmter (grammatikalisierter) übersatzmäßiger Verknüpfungen (etwa der bereits behandelten Koreferenzphänomene) und der grammatischen Struktur der Einzelsätze anschließen. Wir wollen das hier nicht weiter verfolgen.

Was Brinker in dieser vorzüglichen Analyse »Informationsstruktur« nennt, bezeichnet er in einer späteren Arbeit als »semantisch-thematische Struktur« (1973: 21). Diese Nomenklatur ist deshalb treffender, weil er trotz seines Argumentierens mit Begriffen wie »Information« und »Informant« nicht den Empfängeraspekt, sondern die Linearität der textuellen Zeichenfolge als primären Bezugspunkt wählt. Brinker verbleibt damit im Bereich der Textsyntaktik. Dennoch ist ihm die Bedeutung der Pragmatik für die Textlinguistik sehr wohl bewußt, indem er die Textrezeption zu ihren dringlichsten Forschungsaufgaben zählt. Von der Textpragmatik soll im folgenden die Rede sein.

3.2. Die pragmatische Textdimension

In pragmatischer Sicht erscheint der Text als Instrument sprachlicher Kommunikation zwischen Sender und Empfänger. Jeder Kommunikationsakt setzt sich aus einer Vielzahl determinierender Faktoren zusammen. Einige relevante wurden in dem Abschnitt 2.1.1. *(Grundelemente der Zeichenkommunikation)* vorgestellt. Eine summarische Zusammenfassung davon bietet die sog. Lasswell-Formel: »Who Says What In Which Channel To Whom With What Effect?« (cf. Prakke

1965). Sender und Empfänger aber nehmen unter den Kommunikationsfaktoren insofern eine dominierende Stellung ein, als durch ihr Auftreten erst Kommunikation möglich wird. Auf diese Weise entstehen Textproduktion und Textrezeption. Beides ist in hohem Maße veränderlich. Das liegt daran, daß die Rezeptivität (bzw. Produktivität) menschlicher Empfänger (bzw. Sender) – im Gegensatz zu solchen von künstlicher Beschaffenheit – geschichtlich bedingt ist (cf. Schmidt, S. J. 1971a, Güttgemanns 1972). Kein Akt der Textaufnahme ist mit dem anderen identisch. Dafür sind einmal externe, zum anderen interne Kommunikationsvoraussetzungen verantwortlich. Zu den ersteren zählen etwa Ort, Zeit und Situation des Kommunikationsaktes, zu den letzteren die biologischen, psychologischen und soziologischen Gegebenheiten des Empfängers (bzw. Senders). Zusammengenommen bilden sie ein sehr komplexes Geflecht von Bedingungsfaktoren, die jeden Wahrnehmungs-(bzw. Schaffens-)Akt von Texten ursächlich beeinflussen (cf. Wunderlich 1970, 1971, [Hg.] 1972, Brettschneider 1972, Schmidt, S. J. 1973: passim). Folglich ist der pragmatische Textbegriff nicht statisch; sein bleibendes Merkmal ist vielmehr die prozeßhafte Dynamik. Die radikale Konsequenz aus solchen Überlegungen würde lauten: So viele Rezipienten, so viele Texte. Jede Textualitätsnorm ist eine Individualnorm.

Im Detail heißt dies folgendes: Für den Rezipienten ist ein Text nie der gleiche wie für den Produzenten und umgekehrt, denn beide bringen unterschiedliche Voraussetzungen in den Kommunikationsakt ein. Wenn also ein Text von einem einzigen Sender produziert und von einem einzigen Empfänger rezipiert wird, so existieren in pragmatischer Sicht zwei Texte: der Text als irgendwie verfaßter und als irgendwie aufgefaßter. Die gleiche Feststellung gilt, wenn zwei oder mehr Hörer/Leser gleichzeitig oder zu verschiedenen Zeiten »denselben« Text wahrnehmen. Schließlich ist sie auch für den Fall gültig, daß Autor und Rezipient eines Textes ein und dieselbe Person sind, da der zwischen Textabfassung und Textaufnahme existierende Zeitfaktor eine »kommunikative Differenz« (cf. Plett 1974) erzeugt. Dies aber bedeutet, daß aus der pragmatischen Perspektive das So-sein eines Textes niemals vollständig abgeschlossen sein kann. Vielmehr ist der Text potentiell jederzeit für neue Konkretisationen als »Phäno-Text« (Kristeva 1971) offen. Angesichts dieser subjektbedingten Fluktuation des Objekts taucht dann zu Recht die Frage auf, ob im Bereich der Textpragmatik überhaupt wissenschaftliches Arbeiten möglich sei. Denn Wissenschaft setzt bekanntlich voraus, daß ihre Ergebnisse generalisierbar, d. h. auf gleiche oder ähnliche Phänomene übertragbar sind. Wenn aber Texte nicht »an sich«, sondern nur als kommunikativ bedingte Individuata erscheinen, so steht es offensichtlich ähnlich mit den Texturteilen. Die Literaturwissenschaft hat bisher auf diese Problemlage in der Weise reagiert, daß sie bestimmte Lesertypen (z. B. individueller, kollektiver, durchschnittlicher, wissenschaftlicher, historischer, gegenwärtiger ... Leser) konstruiert und zur Ausgangsbasis für gewisse methodologische Verfahren benutzt hat (cf. zur Kritik Wellek/Warren 1956: Chap. XII). Für die moderne Linguistik stellt sich die Situation in etwas anderem Lichte dar. Sie konzentriert sich auf die Frage, ob es möglich ist, neben der Theorie der *langue* (Kompetenz) auch eine solche der *parole* (Performanz) zu entwickeln.

Wenn diese Möglichkeit heute bejaht wird, dann in dem Sinne, daß die Individualnorm von einer Sozialnorm überlagert wird. Diese Sozialnorm ist historisch eingebunden. Demzufolge gilt als Norm der pragmatischen Textualität, was an einem bestimmten Ort und zu einer bestimmten Zeit in einer bestimmten Situation von einer Gesellschaft als textkonstitutiv anerkannt wird. Die heute gültige Norm erkennt etwa folgende Textsorten an: Rundfunknachricht, Rezept, Werbespot, Leitartikel, Referat, Fußballreportage, Tagebuch, Lebenslauf. Die Historizität dieser Norm wird dadurch sichtbar, daß verschiedene der genannten Textsorten vor tausend Jahren noch unbekannt waren, während umgekehrt andere Textsorten (z. B. Zauberspruch, Heldenepos) infolge kultureller Funktionslosigkeit ausgestorben sind (cf. Lotman/Pjatigorskij 1969). Daher ist die Behauptung berechtigt, daß die Norm pragmatischer Textualität einem fortwährenden Wandel unterworfen ist. Ständig lösen Textnormen einander ab. Diese Ablösung kann evolutionär erfolgen; dann vollzieht sich eine allmähliche Entwicklung. Sie kann aber auch gewaltsam-eruptiv eintreten; dann kommt es zu einem Normenkonflikt, den die stärkere Seite für sich entscheidet (cf. Günther 1973). Eine Veränderung dieser Art kann sowohl auf der Sender- als auch der Empfängerseite eingeleitet werden: also in Textproduktion oder Textrezeption. Strebt etwa der Sender einen Wechsel der Textnorm an, so ändert er die Zusammensetzung der syntaktischen Zeichenstruktur, den Kanal der Textvermittlung oder den Adressaten seiner Textnachricht. Die Abwandlung eines dieser kommunikativen Momente kann bereits auf geltende Textnormen verändernd einwirken, wie etwa der Adressatenwechsel vom Aristokraten zum Bürger oder der Wechsel vom graphischen Kanal des Buches zum audio-visuellen Kanal des Fernsehens. Unter der Voraussetzung, daß dies in einem gesamtgesellschaftlichen Rahmen stattfindet, kann der Fall des Normenwandels analog auch in der Textrezeption stattfinden. Sender- und Empfängernorm können weitgehend übereinstimmen – dann ist eine existierende Norm stabilisiert; oder sie divergieren – dann wird die herrschende Norm von einem Pol der Kommunikation in Frage gestellt. Auf diese Weise enthüllt sich die Bestimmung von Textualität als ein bipolarer, dialektischer Vorgang. Es ist ein Vorgang, der nicht allein auf das Sprachliche beschränkt ist, sondern gleicherweise die »Überführung von Sprache in sozio-kommunikative Handlung« (Schmidt, S. J. 1972: 17) betrifft.

3.2.1. Textpragmatische Extension

Die Ausdehnung eines Textes steht in pragmatischer Sicht unter anderen Gesichtspunkten als denen der bloßen Zeichenverknüpfung (Syntaktik). Auch hier spielt die Textsyntaktik eine Rolle, aber nur innerhalb des durch den Kommunikationsakt hergestellten Bedingungsspielraums. Text ist daher kein systemimmanentes Strukturgebilde, sondern eine kommunikative Funktionseinheit. Die Ausdehnung des Textes unterliegt daher keiner quantitativen Mindestnorm, sondern allein der Zweckgebundenheit eines Mitteilungsvorganges. Es kann daher vorkommen, daß sowohl ein einzelnes Phonem *(Oh!)* als auch ein einzelnes Morphem *(Raus!)* als auch ein einzelner Satz *(Das Wetter ist schön.)* den Status der Textualität für sich beanspruchen darf. Richtschnur für Textualität ist hier nur die Einheit der Funktionalität bzw. der Textstrategie; das heißt im einzelnen:

(15) a) Oh!   = Ausdruck
     b) Raus!   = Befehl
     c) Das Wetter ist schön. = Feststellung

Die genannten Textstrategien lassen sich um eine ganze Anzahl weiterer vermehren. Isenberg (1970), der ihnen den Namen »kommunikative Funktionen« gibt, erwähnt *Aufforderung, Nachricht, Deixis, Kundgabe* und *Partizipation.* Eine weitaus größere Palette bietet Ohmann (1972) an, der im Anschluß an die Sprechakttheorien von Austin (1962), Searle (1969) und Vendler (1970, 1970a) die sog. performativen Verben (PV) als Indices unterschiedlicher *illocutionary forces* analysiert. Solche illokutiven Rollen sind etwa *Expositives, Status Fixers, Future Directors, Responsibility Establishers* und *Executors,* die ihrerseits wieder subklassifiziert werden, z. B. *Expositives* in

  1. *Attesters*
     Beispiel: I *conjecture* that there is life on Mars.
     PV: state, submit, postulate, testify, predict, regret, insist, swear, etc.

82

2. *Sequencers*
   Beispiel: From that statement I *conclude* that you are a cynic.
   PV: rejoin, infer, answer, respond, deduce, add, etc.
3. *Positioners*
   Beispiel: I *endorse* his suggestion that the chairman should resign.
   PV: affirm, subscribe to, withdraw, demur to, object to, agree to, repudiate, etc.
4. *Emphatics*
   Beispiel: I *tell* you that you're wrong.
   PV: inform, assure, put it to, etc.
5. *Queries*
   Beispiel: I *ask* you, who was your accomplice?
   PV: inquire, demand to know (?).

Insgesamt stellen sie »pragmatische Universalien« (Habermas 1971) dar, welche innerhalb kommunikativer Situationen textkonstituierende Potenz besitzen.

Als generalisierten Ausdrücken sprachlicher Handlungsdispositionen können den illokutiven Rollen jeweils unterschiedliche lexikalische und grammatische Erscheinungsformen zugewiesen werden, so zum Beispiel dem *Befehl*

(16)   *ein imperativischer Satz:* Geh nach Hause!
oder   *ein Aussagesatz:* Du gehst jetzt nach Hause.
oder   *ein Interrogativsatz:* Gehst du (wohl) nach Hause?
oder   *ein durch ein performatives Verb explizit gemachter Satz:*
       Ich befehle dir, daß du nach Hause gehst.

Umgekehrt können die illokutiven Rollen je nach der veränderten Kommunikationssituation einem Text einen anderen pragmatischen Stellenwert verleihen. So kann etwa der Ein-Satz-Text

(17) Süß und ehrenvoll ist es, für das Vaterland zu sterben (Horaz).

einmal als *Ausdruck* der Vaterlandsliebe, dann als *Aufforderung* zur Kampfbeteiligung, schließlich aber auch als *Negation* des Militarismus gedeutet werden.

In pragmatischer Hinsicht besitzen Texte also häufig die Eigenschaft der Mehrzweckhaftigkeit (Polyfunktionalität). Diese polyfunktionale Valenz zeigt sich u. a. auch darin, daß Texte in verschiedenen (»historischen«) Kommunikationssituationen abweichende, z. T. sogar entgegengesetzte Auslegungen erfahren können. Deshalb pflegt der Autor seinem Text metapragmatische Signale *(performatives)* einzufügen, d. h. solche, welche die gewählte Textstrategie indizieren: in Beispiel (17) etwa eine bestimmte Intonation, eine besondere Form der Graphie (z. B. gotische Lettern) oder einen performativen Hypersatz wie: »Meine tiefste Überzeugung ist: ...« oder: »Ich lehne das

Horaz-Wort ab: ...«. Auf der anderen Seite gibt es aber auch habituell verfestigte Vertextungsstrategien, die zur Konstitution ganzer Textsorten geführt haben. Solche kennt etwa schon die antike Rhetorik, die Anklage bzw. Verteidigung im judizialen Genus (Beispiel: Gerichtsrede), Zuraten bzw. Abraten im deliberativen Genus (Beispiel: Parlamentsdebatte) und Lob und Tadel im epideiktischen Genus (Beispiel: Werbetext) situiert (cf. Lausberg 1960: I 52–56). Hier wie anderswo wird deutlich, daß ein Text, besonders ein solcher größeren Umfangs, nicht eine einzige Strategie (illokutive Rolle) aufweist. Es gibt Haupt- und Nebenstrategien, primäre und sekundäre illokutive Rollen. Wesentlich ist für die pragmatische Konstitution von Textualität, daß eine bestimmte Strategie vorherrscht und die anderen unter sich subsumiert. Nur so bleibt die Einheit der textuellen Funktionalität gewahrt.

Definition: Pragmatische Textextension wird gemessen am Maßstab der kommunikativen Funktionseinheit. Diese wird gestiftet durch die Dominanz einer Textstrategie oder illokutiven Rolle (z. B. Urteil, Kundgabe, Deixis ...), deren Funktionalität die anderen Rollen subordiniert sind. In ihrer Totalität bilden die illokutiven Rollen eine Grammatik der Sprachhandlungen, welche die Grammatik der Sprachäußerungen *(locutionary acts)* überlagert.

3.2.2. Textpragmatische Delimitation

Ein Text fängt dann an und hört dann auf, wenn Sender und/oder Empfänger ihn als angefangen bzw. beendet erklären: so lautet in Kürze die pragmatische Position. Die Textgrenzen werden folglich durch eine zweifache Kommunikationsunterbrechung markiert. Die Frage ist nun, wo ein solcher Einschnitt jeweils anzusetzen ist. In der Regel begnügt sich die Forschung mit dem Hinweis, daß traditionell Grenzsignale (metapragmatische Zeichen) in großer Anzahl zur Verfügung stünden. So können etwa gelten

– als Anfangssignale: *Incipit,* Begrüßungsformel *(Sehr geehrter Herr* X), Überschrift *(A Testament to Self-Control);*
– als Schlußsignale: *Finis Operis, Ende, Amen, Hochachtungsvoll, Auf Wiedersehen, Plaudite, Exeunt.*

Delimitationsmerkmale dieser Art besitzen Topos-Charakter, d. h. sie haben sich infolge Konvention eingebürgert. Eine pragmatische Gewohnheit bedeutet es auch, wenn mündliche Texte durch eine größere Sprechpause und Schrifttexte durch ein umfangreicheres typographisches Leerzeilenkontingent vorn und hinten begrenzt werden. Beides

signalisiert jedesmal Kommunikationsanfang bzw. Kommunikations-
ende.

Mit solchen Feststellungen beginnen jedoch erst die eigentlichen
Schwierigkeiten. Wer etwa sagt uns, welche Sprechpause und welches
Leerzeilenkontingent textabschließend wirken? Ist – wie bei C. C.
Fries' (1967: 240 f.) Definition der *utterance units* – bloßer Sprecherwechsel schon identisch mit Textwechsel? Oder wird dieser durch
einen abgehenden bzw. neu hinzutretenden Sprecher (z. B. im Drama)
markiert? Oder bedeutet erst das Ende des Sprechens (Schreibens)
überhaupt das Textende? Jede Bejahung einer dieser Fragen involviert einen anderen Begriff von Textualität und Textbegrenzung. Gemeinsam ist ihnen allen, daß ihre Definition »von außen«, d. h. nicht
durch textimmanente, sondern kommunikative Faktoren (Sender,
Empfänger, Kanal, Kommunikationssituation) erfolgt. Auch Harweg
(1968) lokalisiert diese Grenzsignale außerhalb des Textes. Texte, die
etwa mit einer Überschrift beginnen, nennt er »etische«, d. h. nicht
sprachlich-strukturell bestimmte Texte, während solche Texte, »die
sprachintern und sprachlich-strukturell bestimmt sind« (1968: 152), den
Namen »emisch« tragen. Etische Textanfänge wären demnach pragmatisch, emische hingegen syntaktisch fundiert (cf. Kap. 3.1.2.).

Das verwirrende Dickicht dieser und weiterer Delimitationsalterna-
tiven beginnt sich zu lichten, wenn wir den Begriff der kommunikativen Funktionseinheit ins Gedächtnis zurückrufen. Demnach erfüllt
nicht jedes bloße Beginnen und Aufhören einer sprachlichen Äußerung
schon den Tatbestand der Textbegrenzung, sondern eine solche liegt
nur dann vor, wenn ein klar umrissener Mitteilungszweck existiert
(cf. Herrnstein Smith 1970). Dies aber ist nicht unbedingt bei jeder
Redeunterbrechung oder bei jedem Sprecherwechsel der Fall. Daher
müßte eigentlich bei jedem Sprechen erneut festgestellt werden, ob
eine kommunikative Funktionseinheit vorliegt, wenn sich nicht gesellschaftliche Normen herausgebildet hätten, die Textanfang bzw. Textende signalisieren. Diese Signalkonventionen sind häufig an bestimmte
Textsorten gebunden. So zeigt ein Text, der mit einer Anrede beginnt und mit einer Grußformel endet, die kommunikative Funktionseinheit eines Briefes an. Eine Pointe und eine Sentenz sind
Indices dafür, daß der Mitteilungszweck eines Witzes bzw. einer
Fabel abgeschlossen ist. Und schließlich setzen das Öffnen des Vor-
hangs, die Aufhellung des Bühnenraums und der Prolog ein Zeichen,
daß eine dramatische Kommunikationseinheit begrenzten Umfangs
folgen wird.

Das Beispiel des Dramas enthüllt zugleich einen weiteren pragmatischen Zug an Texten. Texte besitzen nicht nur externe, sondern auch

interne Begrenzungen – im Drama etwa die Einteilung in Akte und Szenen. Solche Binnengrenzen gliedern den Text in kommunikative Teileinheiten, die in hierarchischer Weise aufeinander aufbauen. Sie sind jeweils für bestimmte Textklassen besonders ausgeprägt, so daß sie nicht ohne weiteres auswechselbar sind. Zum Beispiel ist die Akt-Szene-Gliederung nicht ohne weiteres auf den aus Kapiteln, Abschnitten und Absätzen bestehenden Roman übertragbar, es sei denn in einer dramatisierenden Romanform. Auch das Umgekehrte ist nicht möglich, es sei denn in einem episierenden Theater. Ferner sind lyrische Stropheneinheiten nicht mit dramatischen oder epischen Delimitationsgewohnheiten austauschbar und umgekehrt, es sei denn, die jeweilige Textgattung nehme die Eigenschaften der anderen an. Der Grund für diese Unterschiede ist darin zu sehen, daß jede Textgattung eine spezifische Kommunikationseinheit mit einem spezifischen Potential illokutiver Rollen darstellt (cf. dazu Große 1974). In dieser Auffassung herrscht weitgehende Übereinstimmung mit der Gattungstheorie, soweit sie linguistisch oder nicht-linguistisch orientiert ist (cf. Ihwe [Hg.] 1971/1972: III 177–458, Hempfer 1973). Wie jedoch die für die Textgattungen konstitutiven Illokutionsrollen oder Textstrategien beschaffen sind, ist wegen der Divergenz der Ansichten noch nicht endgültig geklärt. Auf eine weitere Ausführung der anstehenden Probleme sei an dieser Stelle verzichtet.

Definition: Eine pragmatische Textbegrenzung erfolgt durch eine zweifache Kommunikationsunterbrechung. Diese kann durch metapragmatische Signale zu Beginn und Ende des Zeichenflusses markiert sein. Richtmaß ist jedoch stets die Einheit der kommunikativen Funktion. Sie ist als Konstitutionsgrund von Texten und Textklassen zugleich Bedingung der Möglichkeit ihrer äußeren und inneren Delimitation. Jede Textbegrenzung unterliegt starken textklassenspezifischen Normierungen.

3.2.3. Textpragmatische Kohärenz

Texte werden in syntaktischer Sicht dann konstituiert, wenn ihre Bestandteile auf Grund von Verknüpfungsregeln miteinander verbunden sind. In der Pragmatik bildet nicht die lineare Zeichenkombinatorik, sondern der Akt der Vertextung bzw. der Textaufnahme den primären textuellen Konstitutionsgrund. Das emittierende bzw. das perzipierende Subjekt stiftet also erst die Einheit und den Zusammenhalt des Textes. Diese Feststellung ist deshalb wichtig, weil manche Texte kaum das Merkmal »Kohärenz« für sich zu beanspruchen scheinen, etwa das folgende berühmte Gedicht von Ezra Pound:

(18)   *In a Station of the Metro*
The apparition of these faces in the crowd;
Petals on a wet, black bough.

Man braucht nicht unbedingt zu wissen, daß dieser Zweizeiler das Komprimat von ursprünglich 28 Versen darstellt, um festzustellen, daß zwischen den einzelnen Bestandteilen eine geringe Kohärenz besteht. Für die pragmatische Konstitution des Textbegriffs genügt es zunächst aber, daß der Autor aus seiner kommunikativen Perspektive diese Zeilen zum Text erklärt hat. Folglich hat er zwischen ihnen einen Zusammenhang erblickt. Ist dieser Zusammenhang auch für den Rezipienten vorhanden? Er ist es gewohnt, die Sprachform »Gedicht« als Text zu akzeptieren. Tut er dies mit Bewußtheit, d. h. schaltet er sich als Dekodierer in den Prozeß der Textkommunikation ein, so ergänzt er Kohärenzlücken aus seinem Kommunikationsrepertoire. Er stellt demnach die volle Linearität der Sprachelemente her und begründet auf diese Weise eine pragmatische Textualität.

Die Kohärenzlücken in dem zitierten Gedicht von Ezra Pound beschäftigen allerdings die Aktivität des Rezipienten in hohem Maße. Die Schließung der Auslassungen dürfte ihm im Falle des Übergangs von der Überschrift zur ersten Verszeile noch relativ leicht fallen: U-Bahn-Station und Menschenmenge gehören irgendwie zusammen; sie verhalten sich zueinander wie Behälter und Inhalt, d. h. das eine ist in dem anderen impliziert. Hingegen ist die Kohärenz zwischen den beiden Verszeilen viel schwieriger zu ermitteln. Eine explizite In-Beziehung-Setzung, etwa durch einen Konnektor oder eine Vergleichspartikel wie *(is) like*, fehlt. Hinzu kommt, daß beiden Syntagmen das Verbum fehlt. Und schließlich besteht keinerlei semantische Verbindung zwischen Vers 1 und 2: Jedesmal gehören die Ausdrücke unterschiedlichen Wortfeldern an. Trotz dieser negativen Gegebenheiten aber hat der Autor diese Sprachzeichenfolge zu einem Text erklärt, und der Leser muß sich mit diesem Faktum auseinandersetzen. Indes erhält der Rezipient vom Text selbst einen Fingerzeig im Hinblick auf eine mögliche semantische Zusammengehörigkeit seiner Teile. Beide Verszeilen sind nämlich syntaktisch gleichförmig strukturiert. Sie bestehen je aus einer Nominalphrase (Subjekt?, Objekt?) plus einem Ortsadverb bei gleichzeitig fehlendem Verb. In der Überschrift, die ebenfalls ein Ortsadverb enthält, fehlt die entsprechende Nominalphrase. Die Schematisierung dieser syntaktischen Parallelität bietet folgendes Bild:

(18′)   Überschrift: $\emptyset$ + $Adv_{lok\,0}$
Vers 1: NP_1 + $Adv_{lok\,1}$
Vers 2: NP_2 + $Adv_{lok\,2}$

Schließt der Leser von der syntaktischen auf eine semantische Parallelität, so setzt er möglicherweise *faces* (1) und *petals* (2) und ferner *station of the metro* (0), *crowd* (1) und *bough* (2) zueinander in Beziehung. Er tut dies deshalb, weil er auf Grund von Erfahrungen weiß, daß U-Bahn-Stationen Menschenmassen aufnehmen, daß sie bei schwacher Beleuchtung und schlechter Kanalisation dunkel und feucht sind, daß sie sich lang und schmal hinstrecken und daß sie die Gesichter der wartenden Fahrgäste innerhalb der sonst amorphen Masse bleich und geisterhaft hervorstechen lassen. Dies alles sind kulturell bedingte Kommunikationsvoraussetzungen, welche die Konstruktion einer pragmasemantischen Tiefenstruktur als Grundlage der Textkohärenz ermöglichen. Sie ist etwa in folgenden Sätzen explizierbar:

(18″) The metro has a station	The metro station is stretched out
The station has a crowd	The metro station is black
The crowd has faces	The metro station is wet
The faces appear white	A bough is a thing which is stretched out
Petals appear white	The bough is black
An apparition looks white	The bough is wet

Auf diese Weise ist die pragmatische Textkohärenz hergestellt. Pragmatisch heißt: kommunikativ, und dies wiederum bedeutet, daß die Tiefenstruktur grundsätzlich veränderbar ist, wenn in den Kommunikationsakt unterschiedliche Erfahrungshorizonte eingebracht werden. Allerdings gibt es eine bestimmte Grenze der Variabilität. Das ist der sprachliche Kontext.

Damit ist eine Differenzierung angedeutet, die im folgenden näher entfaltet werden soll. Als Illustrationsbeispiel dient dazu eine modifizierte Form des in 3.1.5.1. zugrundegelegten Textes:

(19) (Bild: Darstellung eines Turmes mit Turmuhr)
  1. Here you see the tower of Big Ben.
  2. You can listen to it every night on BBC radio.

Angenommen, es sei das Problem der Korreferentialität *(it = Big Ben, ≠ the tower)* geklärt, so ist dennoch unklar, was mit dem Eigennamen *Big Ben* gemeint ist. Weiß der Empfänger, daß es sich um den Namen einer Glocke im Turm des englischen Parlamentsgebäudes handelt (Kontiguitätssubstitution: *Big Ben is a bell*), so ist es einfach, durch Schließung der Kohärenzlücke den Textzusammenhang eindeutig herzustellen. Andernfalls muß dieser Zusammenhang allein aus dem sprachlichen Kontext erschlossen werden; m. a. W. das sprachlich Implizierte muß sprachlich explizit gemacht werden. Dabei bleibt natürlich das Explizierte sehr allgemein; in diesem Fall ist *Big Ben* dann nur der Name einer Schallquelle in einem Turm. Soviel läßt die Explizitierung von *listen* zu: *listen* → *sound*. Das ist dann die Grenze einer textsyntaktischen Operation (im strengen Sinne). Die Erfahrung hingegen, daß in Türmen Glocken zu hängen pflegen, welche durch ihr Schlagen die Uhrzeit anzeigen, gehört in den Bereich der Textpragmatik. Sie besitzt den Vorzug, daß sie die Beschreibung im Sinne der Textstrategie des Senders konkretisiert. Das heißt: Diese Erfahrung wird im Falle einer geglückten Kommunikation durchaus von Sender und Empfänger geteilt. Die textuelle Zusatzerfahrung des Rezipienten besteht darin, daß er den Namen *Big Ben* mit einem Turm und einer Turmuhr bestimmten Aussehens (siehe Bild) zu assoziieren vermag, und ferner darin, daß man den Klang von *Big Ben* jeden Abend im Radioprogramm der BBC hören kann.

Die vorangegangene Analyse enthüllte zwei Typen der Textergänzung. Der erste Typus beruhte auf den *Implikationen* des Textes; zugrunde lag der »textuelle Kontext«. Der zweite Typus, der auf den »situativen Kontext« (cf. Slama-Cazacu 1961: bes. Kap. III) zurückgriff, beruhte hingegen auf den sog. *Präsuppositionen*. Während die Explikation der Textimplikate in der sprachinternen Dimension (Textsyntaktik) erfolgt, findet diejenige der Präsuppositionen im Rahmen der Kommunikationssituation und ihrer Gegebenheiten (Sender, Empfänger, Code, Kanal, Gegenstände usw.) statt (Textpragmatik). Ohne im einzelnen auf die sehr umfangreiche und diffizile Diskussion des Präsuppositionsbegriffs einzugehen (cf. Petöfi/Franck [Hg.] 1973), wollen wir darunter im folgenden »alle Arten von impliziten (mitbehaupteten) Voraussetzungen« verstehen, »die von Sprechern gemacht werden, wenn sie einen Kommunikationsakt illokutiv erfolgreich durchführen (wollen)« (Schmidt, S. J. 1973: 102). Sender und Empfänger müssen über ein gemeinsames Potential von Präsuppositionen verfügen, wenn ein Kommunikationsakt gelingen soll. Andernfalls tritt die schon erwähnte »kommunikative Differenz« ein. Ein Beispiel dafür sind etwa Verträge, die zwischen Staaten unterschiedlicher Gesellschaftsordnung geschlossen sind. Solche Schriftstücke sind häufig deshalb der Gefahr differierender Auslegung ausgesetzt, weil von den vertragsschließenden Parteien verschiedenartige ideologische Voraussetzungen an den Gebrauch einzelner Begriffe (z. B. Demokratie, Information, Selbstbestimmung) geknüpft werden, die nicht unmittelbar aus dem Text ableitbar sind (cf. Dieckmann 1969: bes. Kap. IV). Die linguistische Erklärung für dieses Phänomen liegt darin, daß diese Begriffe heute »Leerformeln« (Topitsch) darstellen und daher für eine »ideologische Polysemie« und Rezeptionsdivergenzen grundsätzlich offen sind.

Allgemein läßt sich über die kommunikative Bedeutung der Präsuppositionen behaupten: Je stärker ein Text von ihnen abhängig ist, desto eher ist die Möglichkeit seiner unterschiedlichen Dekodierung gegeben. Dies ist besonders der Fall bei Schrifttexten, welche der unmittelbaren Möglichkeit einer informativen Rückkoppelung im Situationskontext entbehren. Noch schwieriger gestaltet sich das Problem, wenn zwischen Vertextung und Textentschlüsselung ein größerer historischer Abstand liegt, so daß sich das Reservoir möglicher Präsuppositionen inzwischen verändert (z. B. erweitert) hat. Aus der Diachronie dieser Voraussetzungen erklärt sich die historische Entwicklung und Relativität von Textanalysen. Sie ist nicht nur augenfällig bei der Deutung von semantischen Leerstellen, z. B. im politischen Vokabular, sondern gerade auch bei der Füllung von Kohärenzlücken. Kohärenzlücken pflegen in fast allen Texten zu erscheinen. Besonders evident sind sie dort, wo Texte durch mechanische Schäden (Störungen im Kommunikationskanal: z. B. Papierzerfall) fehlende Textglieder aufweisen. Diese müssen vom Editor ergänzt werden, wenn ein kohärenter Text vorgelegt werden soll. Die Disziplin, welche sich u. a. dieser Aufgabe widmet, trägt den Namen »Textkritik«. Die ältere (»klassische«) Textkritik deutete ihre Aufgabe vornehmlich als eine restaurative; sie versuchte auf dem Wege der historischen Rekonstruktion, d. h. durch Ergründung des Autorwillens, eine dem Urtext möglichst entsprechende Textform herzustellen. Alle davon abweichenden Lesarten (Varianten) gelten unter diesem Aspekt als Verfälschungen des Originals. Hingegen läßt sich die neuere Textkritik von dem Gedanken leiten, daß überlieferungsbedingte Varianten jeweils als zeichenhafte Repräsentanten für bestimmte Stadien innerhalb des Textbildungsprozesses zu gelten haben. Diese Auffassung wird in verschiedenen Arbeiten einer von Martens/Zeller unter dem Titel *Texte und Varianten* (1971) herausgegebenen Aufsatzanthologie zu Problemen der Textedition vertreten. Dort heißt es an einer Stelle: »Text ist als solcher schon immer ein der statischen Fixierung sich entziehender Vorgang; er umfaßt die gesamte Sprachwerdung einer intellektiv oder sensorisch erfaßten außersprachlichen Wirklichkeit« (Martens 1971: 169). Und eine andere Publikation definiert als eine Aufgabe der Textwissenschaft »die Analyse des gesamten Prozesses [der Textbildung] von der ersten Konstitution durch den Texturheber bis zu der jeweiligen Konkretisation durch den jeweiligen Leser unter Einschluß des gesamten Textherstellungsvorganges« (Schmidt, P. 1973: 122).

Mit Überlegungen dieser Art ist angedeutet, welche Bedeutung die Präsuppositionen für die Textbildung im allgemeinen und die Textkohärenz im besonderen haben können. Da Präsuppositionen wie auch der gesamte Akt der Textkommunikation Kenntnisse über die »außersprachliche Wirklichkeit« (Martens), d. h. Referenzobjekte, voraussetzen, kann die Textpragmatik nicht ohne die Textsemantik auskommen. Daß die Umkehrung dieser Bedingungsrelation ebenfalls gilt, wird ein weiteres Kapitel nachweisen.

Definition: Textpragmatische Kohärenz ist begründet in der Person des emittierenden oder perzipierenden Kommunikationsteilnehmers. Dieser ergänzt (substituiert) auf Grund seines Vorwissens (Präsuppositionen) vorhandene Textlücken und schafft dadurch eine kohärente Textfolge. Diese pragmatische Kohärenz ist vorhanden auf der Ebene einer Tiefenstruktur. Die Variabilität ihrer möglichen Interpretationen schafft voneinander abweichende Kohärenzen und Texte. Der pragmatische Kohärenzbegriff macht deutlich, daß der Text ein prozessuales Phänomen mit unterschiedlichen Entwicklungsstufen darstellt.

3.2.4. Zusammenfassung: Pragmatische Textkonstitution

Die semiotische Perspektive der Pragmatik untersucht den Text als eine kommunikative Funktionseinheit, deren Konstitutionsgrund der Sender (als Textproduzent) und/oder der Empfänger (als Textrezipient) sind. Sender und Empfänger sind indes sehr komplexe Entitäten. Pragmatisch konstituierte Texte sind daher nicht invariant, sondern wandeln sich potentiell mit jedem Mitteilungsakt – ein Faktum, das die Bezeichnung »kommunikative Differenz« trägt und besonders gut in historisch voneinander getrennten Analysen ein und desselben Textes aufweisbar ist. Die Textextension unterliegt hier keiner quantitativen Mindestnorm, sondern der Dominanz einer funktionalen Mitteilungsstrategie (z. B. Kundgabe, Appell, Urteil), die der Vertextung (bzw. Textentschlüsselung) jeweils – entweder explizit oder implizit – ihren spezifischen kommunikativen Status verleiht. Solche Textstrategien oder illokutiven Rollen haben den Charakter von pragmatischen Universalien. Ihrer variablen Anwendbarkeit auf den gleichen Zeichenkörper verdanken Texte ihre Polyfunktionalität. Ändert sich die Strategie, so ändert sich der Text. Besonders augenfällig ist dieses Phänomen im Falle der Begrenzung und Kohärenz von Texten. Hier wählt die Strategie aus dem Vorwissen des Kommunikationsteilnehmers diejenigen Präsuppositionen aus, welche unvollständige (etische, deiktische) Textanfänge bzw. -schlüsse und Inkohärenzen kommunikativ strukturieren können. Dabei spielen die Strukturierungsgewohnheiten der Produzenten und Rezipienten eine

91

wesentliche Rolle. Diese manifestieren sich in bestimmten Ausprägungen verschiedener Textklassen.

Pragmatische Textualität ist nur in der diachronen Dimension vorstellbar. Der diachrone Textbegriff kennt keine Statik, sondern allein die ständige Dynamik fortschreitender Textbildung. Mithin ist die zugrunde liegende Textnorm nicht ein für allemal fixiert, sondern eine historische Größe, die in stetem Wandel begriffen ist. Ihre Formulierung erfolgt in einer diachronen Textgrammatik. Diese ist wegen der Vielzahl der zu beobachtenden Details außerordentlich komplex. Zu den schwierigsten Problemen gehört die Eruierung der an einem gewissen Zeitpunkt jeweils geltenden Präsuppositionen. Da solche von den Kommunikatoren häufig unterschiedlich aufgefaßt werden, liegt hierin eine wesentliche Ursache für die Subjektabhängigkeit und Variabilität textpragmatischer Analyseergebnisse. Beide Eigenschaften werden in der Wissenschaft dadurch kontrolliert, daß vor Analysebeginn stets die Prämissen, unter denen die Analyse stattfindet, genau vereinbart werden. Auf diesem Wege der »Intersubjektivität« scheint allein pragmatische Textforschung möglich. Andernfalls herrschen Intuition und Spekulation.

3.2.5. Textanalysen

Die Interpretation zweier Texte, die durch einen expliziten Rezipientenbezug gekennzeichnet sind, scheint besonders dafür geeignet, Möglichkeiten und Grenzen einer »pragmatischen Textanalyse« (Breuer 1972, 1973a) aufzuzeigen. Es handelt sich einmal um einen Werbetext, zum anderen um den Text (im Auszug) einer politischen Rede. Beide gehören Textklassen an, die appellative Kommunikationseinheiten hervorbringen.

3.2.5.1. Analyse eines Textes der Wirtschaftswerbung

Quelle: *Life*, 24. 3. 1972

The Case of the Singing Cigarette!

(Lied: Taste me! Taste me!)

Holmes: This is it, Watson! The very place that Lady Montmarch heard the strange singing!

Watson: Can't fathom it! What could it be, Holmes?

Holmes: From the clues, I deduce it is a cigarette ... named Doral ... low in »tar« and nicotine content ... with a unique filter system and remarkably good taste!

Watson:	Come off it, Holmes! *Taste* in a low »tar« and nicotine cigarette? Absurd! Absurd!
Holmes:	Examine the evidence, Watson. Try one!
Watson:	Astounding, Holmes! But how did you know?
Holmes:	With Doral good taste is elementary, my dear Watson!
Doral:	Taste me.
(Firma:	The filter system you'd need a scientist to explain ... but Doral says it in two words, »Taste me«).

Der vorliegende Text bildet nur einen Teil einer als Wort-Bild-Kombination (Textsorte: Comic) enkodierten Werbenachricht, die auf insgesamt fünf Bildfeldern einer Magazinseite ausgebreitet ist. Da für unsere Zwecke der Text die primäre Signifikanz besitzt, ist er hier vom Bild losgelöst. Zur weiteren Analyse des Themas »Comics und Werbung« sei hier auf den gleichnamigen Aufsatz von Karl Riha verwiesen, der zusammen mit anderen Beiträgen zur »Rhetorik der Werbung« (u. a. von I. Hantsch, L. Fischer, H. Enders) in der Zeitschrift *Sprache im technischen Zeitalter* 42 (1972), 153–165 erschienen ist.

Der zur Diskussion stehende Werbetext hat eine genau definierbare Extension, die durch die Grenzsignale der Überschrift und des Kommunikationsabbruchs (Aufhören der Schriftzeichen) markiert ist. Nach Harweg (1968) liegt hier ein »etischer« Text vor. Intern ist der Text durch Sprecherwechsel strukturiert. Es handelt sich zunächst um einen Dialog zwischen zwei Personen: Holmes und Watson; dann tritt ein dritter Sprecher (Doral) hinzu. Ein anonymer Redner (Firma?) beschließt den Text, indem er sich auf die Aussage des dritten Sprechers (»Taste me«) bezieht, die auch Wortlaut eines am Textbeginn mitgeteilten Liedes ist. Untersuchen wir (nach Ohmann 1972) die illokutiven Rollen des Textes, so stellen wir in der Rede des Holmes folgende fest:

Attester:	»This is it, Watson! ...«
Sequencer:	»From the clues, I deduce ...«
Verdictive:	»... with a unique filter system ...« / »With Doral, good taste is elementary ...«
Influencer:	»Examine the evidence, Watson. Try one!«

Hingegen ist Watsons Rede durch andere illokutive Rollen gekennzeichnet:

Positioner:	»Can't fathom it!« / »Astounding, Holmes!«
Query:	»What could it be, Holmes?« / »But how did you know?«

Als dritter Sprecher verwendet Doral einen

Influencer:	»Taste me«,

der auch am Textbeginn (Lied) und am Textende – hier eingebettet in einen *Attester* – auftaucht. In anderen Worten ausgedrückt: Die von Holmes ausgeführten Sprechhandlungen drücken ein Feststellen, Folgern, Urteilen und Beeinflussen aus, während Watson darauf mit einer bestimmten (verwunderten) Haltung und mit Fragen reagiert. Den Schluß bildet die Aufforderungshandlung Dorals und der Firma. Eine Aufforderungshandlung enthält auch die zu Beginn angeführte Liedzeile, während die Überschrift einen Attester darstellt. Demnach besitzt der Text die folgende Illokutionsstruktur:

Überschrift:	Attester
Lied:	Influencer – Influencer
Holmes 1:	Attester
Watson 1:	Positioner – Query
Holmes 2:	Sequencer – Verdictive
Watson 2:	Positioner – Query – Positioner
Holmes 3:	Influencer – Influencer
Watson 3:	Positioner – Query
Holmes 4:	Verdictive
Doral:	Influencer
Firma:	Attester – Attester – Influencer

Damit sind die illokutiven Rollen und ihre Distribution im Text festgestellt.

Festgestellt ist aber noch nicht, welche illokutive Rolle auf Grund ihrer Dominanz den Text als eine kommunikative Funktionseinheit begründet. Dazu bedarf es der Erfassung der gesamten Mitteilungssituation. Diese ist hier daraufhin eingerichtet, den Empfänger des Textes zum Kauf der Zigarettenmarke »Doral« zu bewegen. Das heißt: Der Text soll im Rezipienten eine klar umrissene Handlungskonsequenz auslösen. Daher ist die führende illokutive Rolle das Beeinflussen (»Influencer«). Alle übrigen Rollen stehen zu ihr in einem funktional untergeordneten Verhältnis: Wer beeinflussen will, muß Feststellungen treffen, Folgerungen ziehen, Urteile abgeben. Erkennbar ist, daß die Beeinflussung gegen Ende des Textes zunimmt. Beeinflussen wollen drei Sprecher: Holmes, Doral und die Firma. Holmes will seinen Gesprächspartner Watson, Doral hingegen wieder Holmes und Watson überreden. Schließlich versucht ein anonymer Firmensprecher den Leser der Comic-Geschichte zu gewinnen, indem er statt eines Wissenschaftlers Doral selbst noch einmal reden läßt. Folglich besteht eine zweifache Kommunikationsebene. Die erste existiert zwischen Holmes, Watson und Doral, die zweite zwischen dem Firmensprecher und dem Rezipienten. Die erste ist fingiert, die zweite real. Beide Kommunikationsebenen sind nicht

94

unabhängig voneinander, sondern durch die personifizierte Zigarettenmarke aneinander gebunden. Auf der ersten Kommunikationsebene beeinflußt diese »Figur« vor allem Watson, auf der zweiten den Leser. Dieser kann sich als Verwunderter und Fragender durchaus mit der Watson-Rolle identifizieren. Bemerkenswert ist, daß Dorals persuasive Äußerung vom Firmensprecher als Zitat wiedergegeben ist. Damit rückt letzterer in die illokutive Rolle eines distanzierten »Feststellers« *(Attester)*. Auf diese Weise gewinnt die Werbung an »Objektivität«. Das Beeinflussen geschieht nicht direkt, sondern indirekt – durch eine erzählte »historische« Begebenheit.

Das hier angerührte Thema der Fiktionalität hängt auch mit den Namen der Kommunikationsteilnehmer zusammen. Holmes und Watson sind dem Rezipienten aus den Romanen Conan Doyles gewiß bekannt. Sie präformieren in ihm den Erwartungshorizont einer Detektivgeschichte. Dieser wird durch die Ankündigung eines »Falles« *(case)* in der Überschrift noch verstärkt. In einen solchen kommunikativen Rahmen fallen zu Recht die illokutiven Rollen des Feststellens, Folgerns und Urteilens. Um so überraschter ist der Leser, daß der Text nicht, wie bei einer Detektivgeschichte üblich, mit einer Feststellung oder einem Urteil, sondern mit einer Aufforderung endet. Die Personifikation »Doral« übernimmt zweimal (einmal im Zitat) diese illokutive Rolle. Die Detektivgeschichte wandelt sich zum Werbetext. Sie ist nur argumentativer »Aufhänger« (cf. Römer 1968: 187–192) für die rhetorische Suada. Die »richtigen« Antworten darauf sind Kauf und Konsum.

Der vorliegende Text läßt sich in die Klasse des »persuasiven Diskurses« (Kinneavy 1971: 211 ff.) einreihen. Dieser Diskurstyp aber ist zugleich die theoretische Domäne der Rhetorik. D. Breuer hat in mehreren Arbeiten (1972, 1973a, 1974) vorgeschlagen, Textpragmatik auf der Grundlage einer durch moderne Methoden angereicherten klassischen Rhetorik zu betreiben. Unter diesem Gesichtspunkt ist der Werbetext eine Variante der »deliberativen« Redegattung, deren Persuasionsziel das Zuraten (bzw. Abraten) ist: »Try one! ... Taste me...«. Untergeordnet ist dieser deliberativen Grundhaltung die »Epideixis«, d. h. das Lob des behandelten Gegenstandes: »... with a unique filter system and remarkably good taste...« (zur Terminologie cf. Lausberg 1960: I 53 ff., Plett 1973: 15–16). Demnach ist der Werbetext eine Beratungsrede mit epideiktischen Momenten. Seine Form ist die des fiktionalen Gesprächs, rhetorisch gesprochen: des *dialogismus,* den G. Puttenham (1589) auch als *the Right Reasoner* bezeichnet. Puttenhams Terminologie deutet an, daß in seinem Verständnis der rhetorischen Figuren die Sprechakttheorie teilweise vorweggenommen ist. Beispiele: *Gnome = the Director, Ironia = the Drie Mock, Asteismus = the Merry Scoffe, Meiosis = the Disabler, Expeditio = the Speedie Dispatcher.* Manchmal geht er sogar so weit, daß er rhetorische Figuren und soziale Rollen identifiziert: *Sententia* = *the Sage Sayer, Allegoria* = *the Courtly figure* bzw. *the Figure of false semblant, Hiperbole* [sic] = *the Ouerreacher.*

3.2.5.2. Analyse der Rede Churchills am 13. 5. 1940 vor dem House of Commons (in Auszügen)

Quelle: Winston S. Churchill, *Wartime-Speeches,* comp. by Randolph S. Churchill, London o. J., pp. 207–8.

On Friday evening last I received His Majesty's Commission to form a new Administration. It was the evident wish and will of Parliament and the nation that this should be conceived on the broadest possible basis and that it should include all parties, both those who supported the late Government and also the parties of the Opposition. I have completed the most important part of this task. . . .

We have before us an ordeal of the most grievous kind. We have before us many, many long months of struggle and of suffering. You ask, what is our policy? I will say: It is to wage war, by sea, land and air, with all our might and with all the strength that God can give us: to wage war against a monstrous tyranny, never surpassed in the dark, lamentable catalogue of human crime. That is our policy. You ask, what is our aim? I can answer in one word: Victory – victory at all costs, victory in spite of all terror, victory, however long and hard the road may be; for without victory, there is no survival. Let that be realised; no survival for the British Empire; no survival for all that the British Empire has stood for, nor survival for the urge and impulse of the ages, that mankind will move forward towards its goal. But I take up my task with buoyancy and hope. I feel sure that our cause will not be suffered to fail among men. At this time I feel entitled to claim the aid of all, and I say, »Come, then, let us go forward together with our united strength.«

Die Rede, aus der die hier wiedergegebenen Exzerpte stammen, zählt zu den berühmtesten Churchills. Es ist seine Antrittsrede als Premierminister vor dem englischen Unterhaus. Ihr Anfang und ihr Ende (hier abgedruckt) sind durch zwei verschiedene Redehaltungen des Sprechers markiert. Für diesen Wechsel besitzt auf der grammatikalischen Ebene der jeweilige Tempus-Gebrauch Signalfunktion. Im Teiltext I dominiert das Präteritum, im Teiltext II das Präsens. Folgen wir der These H. Weinrichs (1971a), nach der die Tempusgruppe I (Präsens, Perfekt Futur, Konditional I ...) die Sprechsituation des »Besprechens«, die Tempusgruppe II (Präteritum, Plusquamperfekt, Konditional II ...) hingegen die Sprechsituation des »Erzählens« konstituiert, so beginnt die Rede Churchills mit dem Erzählen und endet mit dem Besprechen. »Erzählen« aber heißt: Der Redende ist entspannt; er besitzt Distanz zu den geschilderten Sachverhalten; der Zuhörer ist zum passiven Aufnehmen veranlaßt. Anders geht es beim »Besprechen« zu: Der Sprecher ist gespannt; er agiert und provoziert das Reagieren seines Gegenübers; die Inhalte, die er darstellt, beanspruchen ihn ganz. Übertragen auf die Churchill-Rede heißt das: Der Redner beginnt in einer ruhigen, distanzierten, fast kühlen Tonart. Er endet in der Weise des Besprechens, des inneren Beteiligtseins. Das Present Perfect »I have completed ...«, das zu der Klasse der besprechenden Tempora gehört, bezeichnet den Übergang von der Sprechsituation des Erzählens zu der des Besprechens.

Eine Aufzeichnung der illokutiven Rollen, die den beiden Teiltexten zugeschrieben werden können, bekräftigt das bisher Gesagte in anderer Weise. Im ersten Teil konstatieren wir nur *Attesters,* die von Ohmann (1972: 120) so beschrieben werden: »They emphasize the process of interpreting and describing reality, and the kind of warrant the speaker is willing to give to his interpretation.« Auch die beiden ersten Sätze des zweiten Teiltextes weisen diese Rollen auf. Hingegen tritt im 3. Satz ein Rollenwechsel ein: ein fiktiver Frage-Antwort-Dialog entspinnt sich, in den Termini der Sprechakttheorie: *Queries* und *Sequencers* wechseln miteinander ab (obgleich damit das Moment der Fiktionalität nicht ausgedrückt ist). Es folgen *Emphatics* (»Let that be realised ...«) und *Positioners* (»I feel sure ...«, »I feel entitled ...«). Den Beschluß bildet eine *Exhortation:* »Come, then, let us go forward ...«. Zweierlei ist an diesem Passus bemerkenswert. Das erste ist die auffallend große Zahl performativer Verben, die zum Teil sogar mehrfach wiederholt werden: *ask, say, answer, feel sure, realise.* Das bedeutet: Dem Autor kommt es darauf an, mit Hilfe dieser metapragmatischen Signale die Art seiner Sprechhandlungen dem Zuhörer möglichst explizit zu machen. Das zweite ist die (vermutete) Zunahme der Kommunikationsintensität in der Folge der einzelnen illokutiven Rollen. Hypothese ist diese Annahme bisher deshalb, weil (noch) keine systematische Gliederung der Sprechakte nach diesem Kriterium existiert. Dennoch läßt sich nicht von der Hand weisen, daß die *Exhortation* kommunikationsintensiver als der *Attester* ist, da sie das verbale oder non-verbale Handeln des Empfängers als Postulat einschließt. Zielten die Illokutionsrollen des Textbeginns auf die Information des Rezipienten ab, so die des Textschlusses auf seine Aktion.

Damit der vorliegende Text als »der kommunikativ funktionierende sprachliche Bestandteil eines kommunikativen Handlungsspiels« (Schmidt, S. J. 1972: 15) ausgewiesen werden kann, bedarf es der Kenntnis des pragmatischen Kontextes, in dem er steht. Der Herausgeber der Rede scheint dieses Erfordernis erkannt zu haben; denn er stellt der Wiedergabe des Redetextes eine kurze Skizze der außen- und innenpolitischen Ereignisse voran (Churchill o. J.: 207):

PRIME MINISTER
A SPEECH DELIVERED IN THE HOUSE OF COMMONS
MAY 13, 1940

May 10. Germany invades Holland and Belgium. The British Army answers the appeal of King Leopold and moves north into Belgium.
Mr. Neville Chamberlain resigns the office of Prime Minister and the King invites Mr. Churchill to form a new administration.
May 13. The Dutch Royal Family arrives in London.

Damit ist der Situationskontext präzise, wenn auch nicht übermäßig detailliert umrissen. Die Zweiteilung in innen- und außenpolitische Nachrichten findet sich auch in der Rede. Der Anfang derselben beschäftigt sich mit den innenpolitischen Vorgängen der vergangenen Tage. Der Redeschluß hingegen geht auf die Kriegslage und die Einstellung des Sprechers zu ihr ein. Im ersten Teil muß der Rezipient wissen, wie eine Regierung in Großbritannien gebildet wird, um die geschilderten Ereignisse richtig zu bewerten. Er muß über diese allgemeinen Prozeduren hinaus die Namen des Königs, von Churchills Vorgänger und der damals im House of Commons vertretenen Parteien kennen, um das innenpolitische Geschehen historisch adäquat zu situieren. Dazu bedarf es der Explizitierung pragmatischer Präsuppositionen, wie es der Editor teilweise getan hat. Ziel ist die Rekonstruktion einer historischen Kommunikationssituation und ihrer Voraussetzungen, damit die Textnachricht dem sekundären Empfänger des Jahres 1974 verständlich wird. Sonst entsteht zwischen ihm und den Mitgliedern des britischen Unterhauses von 1940 jene kognitive Diskrepanz, die von uns als »kommunikative Differenz« bezeichnet wurde.

Noch deutlicher tritt die angeschnittene Problematik im Schlußteil der Rede zutage. Hier fehlt jeder Hinweis auf die aktuelle Kriegssituation (Frontbericht). Das Wort »Germans« taucht nicht auf, statt dessen »monstrous tyranny«. Der britische Einmarsch in Belgien wird nicht erwähnt; statt dessen nennt der Redner das Ziel des Einmarsches: »victory«. Das heißt: Er erhebt sich über die aktuelle Situation; er generalisiert. Dies kann er deswegen tun, weil er die Kenntnis der Kriegsereignisse bei seiner Zuhörerschaft voraussetzen konnte. Voraussetzen konnte er aber auch eine Kenntnis der Empire-Ideologie, wenn er mit der Äußerung »for all that the British Empire has stood for« im vagen verbleibt. Geht nun später der situative

Kontext solcher Spracherscheinungen verloren, so erlangt der Text eine »Unbestimmtheit« (cf. Ingarden 1965: 261–270, Iser 1970), die ihn partiell für unterschiedliche Rezeptionsweisen offenhält. Der Empfänger steigt dann zum »Texthersteller« auf; d. h. er füllt die durch Kontextverlust entstandenen semantischen Lücken mit seinen eigenen »Konkretisationen«. Je kontextdeterminierter ein Text ist, desto größer ist die Invarianz seiner Aufnahme.

Interpretieren wir den vorliegenden Text nach den Kategorien der klassischen Rhetorik, so erscheint der erste Teiltext als »ethisch«, der zweite aber als »pathetisch« (zu den Begriffen cf. Dockhorn 1969). Das entspricht alten Gepflogenheiten, nach denen der Redeanfang *(exordium)* in der Regel durch »Ethos«, der Redeschluß *(peroratio)* indes durch »Pathos« charakterisiert ist. Analog zu den Eigenschaften dieser emotionalen Redefunktionen enthält der erste (»anmutend-menschliche«) Teil keine auffälligen rhetorischen Figuren, wohl aber der zweite (leidenschaftlich-bewegte). Hier findet sich die Figur der *subiectio* (fiktiver Dialog), ferner eine Vielzahl von Wiederholungsfiguren und schließlich eine Apostrophe an die Zuhörer: »Come, then, let us go forward...«. Es ist evident, daß viele Probleme der Textpragmatik schon von der Rhetorik vorweggenommen sind.

3.3. Die semantische Textdimension

In semantischer Sicht erscheint der Text als ein Zeichen, das auf irgendein Bezeichnetes verweist. Im Hinblick auf das Bezeichnete übt der Text (wie alle Zeichen) eine Stellvertreterfunktion aus; d. h. durch die Präsenz des Zeichens stellt sich auch der bezeichnete Gegenstand ein. Der existentielle Ort seines Erscheinens gibt nun darüber Auskunft, welchen Wahrheitsgehalt ein Text besitzt. Man unterscheidet deren bekanntlich zwei: das Bewußtsein und die sinnliche Realität. Als Bewußtseinsphänomen besitzt das Textzeichen eine designative (mentale), als Realitätsphänomen hingegen eine denotative (empirische) Bedeutung. Das Verhältnis von Designat und Denotat zueinander und zum Signifikanten ist sehr schwer auszumachen (cf. 2.1.2.). Es hängt davon ab, welches Erkenntnis- und Wirklichkeitsmodell der Semiose zugrundegelegt wird (cf. Schaff 1973). Ein positivistisches Wirklichkeitsmodell wird z. B. auf der sinnlichen Verifizierbarkeit einer Textaussage bestehen und jedem Zeichen, das diese Forderung nicht erfüllt, ein Denotat verweigern, d. h. es in das Reich der Vermutungen, der Lüge und der bloßen »Literatur« verweisen. Eine idealistische Realitätskonzeption lehnt hingegen einen solchen Objektivismus ab und erklärt etwa das Bewußtsein zum alleinigen Maßstab des Wirklichen. Während im ersten Fall das Designat im Denotat aufgeht, erfolgt im zweiten Fall das Umgekehrte: das Denotat ist vom Designat abhängig. Eine dritte Möglichkeit, den Status des Referenten des Textzeichens zu fixieren, ist die sozio-kommunikative. Was darunter zu verstehen ist, soll aus der differenzierenden Analyse dreier Textbeispiele hervorgehen.

Folgende Mikrotexte seien zugrundegelegt:

(20) Am 25. Juni 1973 war das Wetter im Rheinland schön.

(21) Otto ist verrückt. Er ist nämlich gestern abend Auto gefahren.

(22) In Hamburg überlegt der Innensenator zusammen mit Hagenbecks Erben, ob der Millionen verschlingende Tierpark aufgelöst und statt dessen kostenlose Charterflüge nach dem Naturschutzpark der Serengeti angeboten werden sollen *(Die Zeit, 30. März 1973)*.

In Beispiel (20) kann die Textaussage durch Befragung meteorologischer Aufzeichnungen verifiziert oder falsifiziert werden. Die Wissenschaft bestätigt dann den Wahrheitsgehalt des Textes; sie rekurriert dabei ihrerseits auf empirische Daten, aus denen sie Schlüsse zieht, die in der populären Auffassung dem Sachverhalt »schönes Wetter« entsprechen. Das hier angewandte Verfahren orientiert sich demnach am empirischen Verifikationsprinzip, wie es etwa von der philosophischen Schule des Neopositivismus in diesem Jahrhundert entwickelt worden ist. – Das zweite Beispiel (21) ist nicht auf die gleiche Weise verifizierbar, da wir möglicherweise Otto nicht kennen. Was wir aber kennen, ist ein argumentativer Begründungszusammenhang, der durch das konnektierende »nämlich« gestiftet wird. Dieser Sinnkontext scheint uns unschlüssig, da die Merkmale *(verrückt sein)* und *(auto-fahren)* nicht in einem Inklusionsverhältnis zueinander stehen. Folglich ist eine kausale Relation der Art »Er ist verrückt, weil er Auto fährt.« aus der Sicht einer logisch verfahrenden Textsemantik widersprüchlich und damit unrichtig. – Textbeispiel (22) besitzt eine höhere semantische Komplexität. Die in ihm getroffene Aussage ist logisch widerspruchsfrei; zudem besteht die Möglichkeit der Verifizierung, da sie sich auf lokal und temporal exakt festgelegte Sachverhalte bezieht. Wie sich aber aus einem Vergleich mit verfügbaren Beobachtungsdaten ergibt, hält die Nachricht einer empirischen Überprüfung nicht stand. Hat also die Zeitung »gelogen«? Nein, das hat sie nicht, denn die betreffende Notiz befindet sich mit anderen in einer Rubrik mit der Überschrift »Exklusive Nachrichten. 1. April«, und jedermann weiß, daß an diesem Tag in unserer Gesellschaft die Distinktion von Wahrheit und Lüge aufgehoben ist. Obgleich die Wochenzeitung am 30. März 1973 erschienen ist, indiziert doch das Fiktionalitäts- oder »Lügensignal« des Titels eine andere Norm als die der faktischen Verifizierbarkeit oder der logischen Inkompatibili-

tät. Wir geben ihr den Namen »sozio-kommunikative Referentialität« und meinen damit, daß der referentielle Bezug des Textzeichens
von den Normen der gesellschaftlichen Kommunikation bestimmt
wird. Anders gesprochen: Die Pragmatik des Zeichens determiniert
seine Semantik.

Ein Überblick über die drei Beispiele und die durch sie freigelegten
semantischen Modalitäten lehrt, daß mit ihnen drei verschiedene
Wahrheitsbegriffe verknüpft sind: ein faktizistischer, ein logischer
und ein kommunikativer. Der erste verankert die Bestätigung der
Textaussage im bezeichneten Objekt, der zweite in der argumentati-
ven Schlüssigkeit der Zeichenfolge, der dritte in der Kommunikationssituation. Dieser Dreiheit entspricht eine dreifache Semiose des Textes: die semantische (im engeren Sinne), die syntakto-semantische und
die pragma-semantische. Wir entscheiden uns für die pragma-semantische Konzeption, da sie uns die umfassendste zu sein scheint. Sie
postuliert ein sozio-kommunikatives System referentieller Normen
oder, anders gesprochen, ein Wirklichkeitsmodell, das bei jeder Textübermittlung aktiviert wird. Es ist nicht statisch, sondern der Entwicklung fähig. Dies zeigt sich u. a. daran, daß Texte deshalb ver-
alten, d. h. an »Wirklichkeit« verlieren, weil das ihnen zugrunde-
liegende Wirklichkeitsmodell durch ein fortschrittlicheres abgelöst
ist. Aber auch am Umgekehrten wird dieser Sachverhalt sichtbar:
Einige Texte (z. B. Science-Fiction-Texte) haben heute eine größere
»Wirklichkeit« erlangt als zu ihrer Entstehungszeit.

Daß der kommunikative Kontext die Referentialität eines Textzeichens verändern kann, sei ferner anhand der Beispiele (20) und
(21) demonstriert. In (21) war die Syntaktik der Zeichen als unge-
reimt und daher – als Textaussage – referenzlos erkannt worden. Aus
pragma-semantischer Sicht wächst dem Text indes Referentialität zu,
wenn aus dem Kommunikationszusammenhang die Information (Präsupposition) vorausgeschickt ist, daß Otto an dem besagten Abend
volltrunken war. Auf der anderen Seite ändert sich die Referentialität von (20), wenn der Sprecher seine Textaussage ironisch, d. h. als
semantische Inversion, verstanden wissen will. Die zu konstruierende
Präsupposition wäre dann etwa: »Ich mag warme Temperaturen
nicht.« In beiden Beispielfällen lehrt die pragma-semantische Perspektive, daß der Referenzcharakter des Textzeichens variabel ist.
Diese Variabilität hängt von dem gewählten kommunikativen Rahmen und seinen Faktoren ab. Mit Sicherheit kann behauptet werden,
daß sie nicht unbegrenzt ist.

Wir können hier nicht eingehen auf die neuere philosophische Diskussion des
Referenzproblems. Beiträge von L. Linsky, P. F. Strawson, K. Donellan,

Z. Vendler, J. R. Searle und W. V. Quine zu diesem Thema finden sich in der von D. D. Steinberg und L. A. Jakobovits herausgegebenen Anthologie *Semantics: An Interdisciplinary Reader in Philosophy, Linguistics and Psychology* (Cambridge, 1971: 76 ff.), ferner in der Aufsatzsammlung, die R. Bubner unter dem Titel *Sprache und Analysis* (Göttingen, 1968) ediert hat. Zur kommunikativen Konzeption einer Referenzsemantik hat sich D. Wunderlich (1971, 1972, 1973) verschiedentlich geäußert. Jüngst behandelte Heft 3/1973 der Zeitschrift *Degrés* das Thema »La notion de référent« in einer Reihe von sehr uneinheitlichen Artikeln.

3.3.1. Textsemantische Extension

Textextension ist unter semantischem Blickwinkel nicht festgelegt auf eine bestimmte Längeneinheit (z. B. zwei Sätze), sondern wird durch die Einheitlichkeit der denotierten »Gegenstände und Sachverhalte« determiniert. Das bedeutet etwa, daß die Aufschrift »Marmelade« auf einem Glas ebenso ein Text ist wie eine Gemäldebeschreibung oder der Erzählbericht über eine Himalajaexpedition. Nicht umsonst redet man ferner von einem medizinischen, juristischen, soziologischen ... Text und meint damit, daß die Einheit der Texterstreckung durch die Identität des (medizinischen, juristischen, soziologischen ...) Referenten gewährleistet wird. Die referentielle Einheit des Textes ist in Gestalt eines Textthemas formulierbar (cf. Dressler 1972: 17 ff., van Dijk 1972: 132 ff., Wienold 1972: 98 ff., Brinker 1973: 19–22). Das Thema bildet die semantische Basis eines Textes oder einer größeren Texteinheit. Es lautet, ausgedrückt in einem Satz, für dieses ganze Kapitel:

(23) Jeder Text hat eine syntaktische, eine pragmatische und eine semantische Dimension.

Jedes Thema zerfällt seinerseits in eine Reihe fakultativer Teilthemen. Ein Teilthema von (23) etwa lautet:

(24) Die textsyntaktische Dimension definiert den Text als lineare Zeichenkette im Hinblick auf Extension, Delimitation und Kohärenz.

Analog sind auch die übrigen Teilthemen »textpragmatische Dimension« bzw. »textsemantische Dimension« formulierbar. Es ist folglich eine ganze Hierarchie von Themen und Teilthemen denkbar, die nicht nur den einzelnen Text in seiner semantischen Spezifik konstituiert, sondern möglicherweise den Ausgangspunkt für semantisch bedingte Textsorten darstellt.

Ein Text liegt aus textsemantischer Sicht dann vor, wenn er ein Thema bzw. eine Hierarchie kompatibler Themen und Teilthemen expliziert. »Kompatibel« heißt hier: »sie müssen hinsichtlich bestimmter referentieller Merkmale kongruent sein« (Kallmeyer *et al.* 1972: I 104). Manchmal sind Thema und Überschrift eines Textes in der Formulierung identisch, aber nicht notwendigerweise, weil Überschriften auch textthematisch irrelevant sein können. Alle konkreten Textaussagen müssen als aus dem Textthema abgeleitet (deduziert) gelten. Auf diese Weise ist ein Text jeweils als ein Stemma von deduktiven Explikationen analysierbar; seine Spitze bildet das Thema, seine Basis die Aussage. Soweit ein Thema auf konkrete Aussagen zutrifft, reicht ein Text. Soweit sich ferner der Gültigkeitsbereich eines Teilthemas erstreckt, reicht ein Subtext.

Definition: Semantische Textausdehnung definiert sich nach Maßgabe der referentiellen Einheit der Sprachelemente. Diese sind subsumiert unter ein Textthema und gegebenenfalls mehrere fakultative Teilthemen. Thema und Teilthemen bilden den semantischen Konstitutionsgrund für Texte und Teiltexte. Ihre Realisierung erfolgt durch semantische Expansion, d. h. durch eine konkretisierende Ableitung vom Thema.

3.3.2. Textsemantische Delimitation

Aus semantischer Sicht ist ein Text begrenzt durch die Einheit der thematischen Referenz. Dies bedeutet, daß mit dem Themawechsel auch ein Textwechsel stattfindet. Ein solcher Fall tritt dann ein, wenn das erste Thema kein semantisches Merkmal mit dem zweiten verbindet (Beispiel: 1. Thema: »Textwissenschaft und Textanalyse«; 2. Thema: »Kabale und Liebe«). Darüber hinaus besteht die Möglichkeit, daß ein Thema vor Textbeginn angekündigt wird (z. B. durch die Überschrift *Big Ben* in 3.1.5.1.), erst am Textschluß erscheint (z. B. in der Schlußsentenz bei der Fabel) oder in einer Überleitungsformel (z. B. »Wir haben dieses Thema abgeschlossen und wenden uns jetzt dem nächsten zu ...«) artikuliert wird. Dies sind jeweils Delimitationsmerkmale, die einen metasemantischen Status einnehmen.

Problematisch wird jedoch die semantische Textbegrenzung dann, wenn zwischen zwei größeren Kommunikationsunterbrechungen mehrere Themen zu einer Einheit zusammengefaßt sind (Modellfall: Fragestunde im Bundestag) oder wenn – im Gegenteil – durch eine mehrfache Kommunikationsunterbrechung ein einziges Thema in eine Serie von Teilen zerschnitten wird (Modellfall: Fortsetzungsroman). Hier zeigt sich besonders deutlich die Relevanz der gewählten semiotischen Dimension für die Textkonstitution. In textsyntaktischer Sicht ist allenfalls das erste Beispiel ein Text bzw. eine Serie von Texten; die verschiedenen Fortsetzungen des zweiten Beispiels hingegen stellen, jede für sich genommen, Fragmente dar, weil sie jeweils anaphorische und kataphorische Elemente aufweisen. Die Textpragmatik könnte, sofern sie an dem Grenzsignal »Kommunikationsunterbrechung« als textkonstituierendem Kriterium festhält, beide Beispielfälle zu Texten deklarieren, wobei der zweite (»etische«) Text durch Präsuppositionen des Senders/Empfängers kommunikativ »eingebettet« würde. Gilt jedoch die kommunikative Funktion als textpragmatischer Konstitutionsgrund, so ist fraglich, ob das erste Beispiel noch als Text gelten kann. Für eine textsemantische Textkonstitution sieht das Bild wiederum anders aus: Das delimitative Kriterium des einheitlichen referentiellen Bezuges bewirkt, daß im ersten Fall eine Vielzahl von Texten existiert, während im zweiten Beispiel trotz der vielfachen Kommunikationsunterbrechungen ein einziger Text vorliegt. Die textsemantische Dimension ermöglicht demnach eine Textdelimitation, welche in gleicher Weise weder von der Textsyntaktik noch der Textpragmatik geleistet werden kann.

Definition: Semantische Textbegrenzung ist orientiert an der Einheit der thematischen Referenz. Themawechsel bedeutet demnach Textwechsel. Ein solcher Wechsel kann durch metasemantische Ausdrücke (Überschrift, Absatzmarkierung, Überleitungsformel...) signalisiert werden. Semantische Textgrenzen können mit solchen textsyntaktischer oder -pragmatischer Art zusammenfallen, müssen es aber nicht.

3.3.3. Textsemantische Kohärenz

Kohärenz besagt im textsemantischen Sinne die Kompatibilität bestimmter referentieller Merkmale in der Folge der Sprachzeichen. Es gibt Fälle, wo die Anwendung dieses Satzes keine Schwierigkeiten bereitet. Einer von diesen ist die Referenzidentität infolge der Wiederholung eines bestimmten Textsegments, so in dem Beispiel

(25) Sokrates war der Lehrer Platons. Platon seinerseits war der Lehrer des Aristoteles.,

wo sich das zweimalige »Platon« auf ein und dieselbe Person bezieht. Komplexer wird das Problem, wenn mehrere Signifikanten den gleichen Gegenstand (Sachverhalt) denotieren, z. B. die Ausdrücke »Sokrates«, »Athener«, »er« (»ihm«), »Philosoph«, »Ehemann« in

(26) Sokrates war ein Athener. Die Nachwelt weiß von ihm, daß er dort zeit seines Lebens als Philosoph tätig war. Von dem Ehemann Xanthippes hat sie allerdings kaum Notiz genommen.

Offenbar herrscht zwischen diesen Sprachsegmenten (Lexemen) eine Form von Übereinstimmung; sonst könnten sie nicht zur Denotation der gleichen Person füreinander eintreten. Es ist eine gemeinsame Menge semantischer Merkmale, welche den korreferentiellen Status der genannten Ausdrücke sichert. Ihnen allen gemeinsam sind die Merkmale *(+Singular)* und *(+männlich)*; sie konstituieren die Semantik des Personalpronomens »er«. Besitzt das Pronomen die kleinste, so der Eigenname »Sokrates« die größte Merkmalmenge: nämlich die semantischen Merkmale aller mit ihm korreferierenden Ausdrücke. Folglich weist das Personalpronomen den größten, der Eigenname aber den geringsten Allgemeinheitsgrad auf. Daraus ist wiederum der Schluß erlaubt, daß der Eigenname das Textthema darstellt, aus dem alle korreferierenden Ausdrücke (»Athener«, »er« . . .) von (26) abgeleitet sind. So weit reicht die Aussage der Referenzsemantik. Über die textuelle Sequentialität (Distribution) dieser Elemente aber geben die Regeln der relationalen (zeichensyntaktischen) Semantik Auskunft (cf. 3. 1. 3.). Beide Arten von Semantik sind zu eng miteinander verknüpft, als daß sie ohne weiteres voneinander zu trennen wären.

Einige weitere Beispiele sollen zeigen, wie die Pragmatik des Kommunikationskontextes die Semantik beeinflußt. Hier ist vor allem die Unterscheidung zwischen situationsabhängigen und situationsunabhängigen Referenzmitteln relevant. Beide seien anhand zweier Beispieltexte erläutert:

(27) Diese sind die schönsten, die ich Ihnen anzubieten habe. Jene dort sind zwar auch schön, aber sie besitzen nicht solchen Duft. Riechen Sie mal!

(28) Die schönsten Blumen, die Herr Müller Herrn Meyer anbieten kann, sind Lilien. Er schätzt sie höher ein als Iris, da jene nicht den betäubenden Duft dieser besitzen.

In (27) beziehen sich die Ausdrücke »diese«, »ich«, »Ihnen« (»Sie«), »jene«, »dort« und »solcher« auf Gegenstände, Personen und Örtlichkeiten, die nur aus der Kenntnis der Redesituation genau ermittelbar sind. Sie verweisen auf die Person des Sprechers (»ich«), den Adressaten der Rede (»Sie«), bestimmte Redegegenstände, von denen die einen dem Sprecher örtlich näher (»diese«), die anderen hingegen ferner (»jene dort«) stehen, und schließlich eine Qualität dieser Redegegenstände (»solcher«). Es handelt sich um situationsabhängige Referenzmittel: Pronomina und Adverbien mit »deiktischer« Funktion (Zeigefunktion). Auf der anderen Seite enthält Beispiel (28) lauter situationsunabhängige Referenzmittel: Eigennamen (»Herr Müller«, »Herr Meyer«), Nullartikel (»Lilien«, »Iris«) und als korreferierende Ausdrücke Personalpronomina (»er«, »sie«) und Demonstrativpronomina (»jene«, »diese«). Angenommen, daß beide Texte sich auf das gleiche Referenzobjekt »Blumenkauf« beziehen, so wird in (27) die textsemantische Kohärenz erst durch die Kommunikationssituation gestiftet; in (28) reicht dagegen die Textsyntaktik dazu aus. (Zu weiteren Ausführungen ziehe man die Kapitel zur Syntaktik und Pragmatik des Textes heran. Vgl. ferner Wunderlich 1973, Dressler 1972: 22 ff.).

Größere Schwierigkeiten treten im Falle einer defizienten Korreferentialität auf. Dies geht etwa aus folgendem Beispiel hervor:

(29) Erich macht August Vorhaltungen, August wiederum Erich. Er will offenbar einen Streit vom Zaun brechen.

An diesem Zwei-Satz-Text ist unklar, auf wen sich das Pronomen *er* bezieht: auf *Erich* oder auf *August*. Durch die korreferentielle Ambiguität erleidet die Textaussage einen Denotationsverlust, der sich kommunikativ in einem Mißverständnis von Sender und Empfänger äußern kann. Ein Versuch, diesem zu entgehen, stellt die semantische Auflösung (Disambiguierung) der Schwierigkeit durch Einführung von spezifizierenden Substituentia wie *letzterer* (oder: *ersterer*), *dieser* (oder: *jener*) oder *Erich* (oder: *August*) dar. Sind solche Substituentia nicht in den Text eingefügt, so muß der Empfänger sie aus der Kenntnis der Kommunikationssituation selber ergänzen. Zu einer pragmatischen Aktivität dieser Art ist der Leser von poetischer Bildersprache seit jeher aufgerufen. Es sei hier nochmals an das bereits früher zitierte Gedicht von Ezra Pound (18) erinnert:

(30) *In a Station of the Metro*
  The apparition of these faces in the crowd;
  Petals on a wet, black bough.,

wo Zeile 1 und 2 zunächst völlig verschiedene Dinge denotieren: Gesichter in der Menge und Blumenblätter an einem Zweig. Angenommen, beide stehen in einem Identifikationsverhältnis zueinander (cf. 3.2.3.), so ist der Rezipient aufgerufen, die Korreferenz der Ausdrücke selbst herzustellen. Dies geschieht, indem er eine gemeinsame semantische Merkmalmenge eruiert. Für die Ausdrücke *faces* und *petals* könnte der semantische Generalnenner lauten: (+*white*), (+*round*), (+*fragile*), (+*transitory*). Weitere gemeinsame Merkmale sind denkbar – oder auch weniger. Es kommt auf das Wirklichkeitsbild des Subjekts an, ob und wie Korreferenz zustandekommt (cf. u. a. Figge 1971, Karttunen 1968, 1969). Bei poetischen Texten ist dieser Sachverhalt möglicherweise in höherem Maße gegeben als bei nicht-poetischen.

106

Definition: Semantische Textkohärenz ist bedingt durch die Korreferenz (d. h. den gleichen denotativen Bezug) von Texteinheiten. Die Korreferenz ist mit Hilfe semantischer Merkmale beschreibbar. Sie reicht im Einzelfall von der totalen Identität bis zur partiellen oder gar einer minimalen Mengengleichheit der Merkmale. Entsprechend hoch oder niedrig ist die Kohärenzdichte eines Textes anzusetzen. Liegt eine implizite Korreferenz vor, so muß sie durch den Kommunikationspartner explizit gemacht werden. Diese Tätigkeit setzt bei ihm ein konkretes Wirklichkeitsmodell voraus, das die pragmatische Variable eines solchen Verfahrens darstellt.

3.3.4. Zusammenfassung: Semantische Textkonstitution

Die semiotische Perspektive der Semantik untersucht den Text als eine referentielle Bedeutungseinheit, d. h. im Hinblick darauf, was er denotiert (bzw. designiert). Das Denotat stellt einen Ausschnitt aus einem Wirklichkeitsmodell dar; dieses ist weder eine objektive (d. h. verifizierbare) noch eine bloß subjektive (d. h. willkürliche) Größe, sondern ein kommunikativer Bezugsfaktor, der jeder Textübermittlung vorausliegt. In diesem Sinne wird ein Text durch fortlaufende (lineare) Korreferenz seiner Teile konstituiert. Eine solche äußert sich in der mehr oder weniger großen Merkmalgleichheit der korreferierenden Elemente. Je größer die gemeinsame Menge semantischer Merkmale, desto größer die Textkohärenz. Begrenzt ist der Text durch das Thema (einschließlich einer Hierarchie von Teilthemen). Aus ihm gilt die Summe der Korreferenten als abgeleitet. Soweit das Thema reicht, reicht die Ausdehnung des Textes. Themawechsel bedeutet Textwechsel. Signal dafür ist das Aufhören der Referenzidentität, manchmal auch ein metasemantischer Ausdruck (z. B. Überschrift, Überleitungsformel). Ein textsemantisch konstituierter Text deckt sich häufig, aber nicht immer mit einem solchen, der textsyntaktisch oder textpragmatisch konstituiert ist. Auf jeden Fall spielen die semiotischen Dimensionen der Syntaktik – etwa als relationale Semantik – und Pragmatik – etwa bei den situationsabhängigen Referenzmitteln – im Bereich der Referenzsemantik eine bedeutende Rolle.

3.3.5. Textanalysen

Als Muster für eine textsemantische Analyse seien im folgenden zwei Beispiele gewählt, die in besonderer Weise den referenziellen Bezug des Textzeichens akzentuieren: ein Kochrezept und ein wissenschaftlicher (linguistischer) Text. Beide stellen zwei Varianten des *reference discourse* dar, die J.L. Kinneavy als *informative* bzw. *scientific* bezeichnet (1971: Chap. 3).

3.3.5.1. Analyse eines Kochrezepts

Quelle: M. Piepenstock, *Französische Küche*, 16. Aufl., München, 1963, p. 51.

Kastanien-Püree
Marrons en purée

Die wie vorstehend in Bouillon, Wasser oder Milch gedünsteten Kastanien im Mixer pürieren, mit noch etwas heißer Milch oder Sahne glattrühren, nur mit Salz oder mit Salz und etwas Zucker abschmecken – je nach Verwendungsart.

Der Text besteht aus einem einzigen Satz, der in drei Syntagmen mit drei Verben, einem Akkusativobjekt und verschiedenen Adverbialkonstruktionen zerfällt. Er ist ferner elliptisch, denn ihm fehlt das Subjekt ebenso wie die Flexion der Verbformen. Wenn die Aufgabe gestellt wäre, diese Ellipsen zu ergänzen, so müßte man etwa folgende Konstruktion mit einem explizit performativen Verb substituieren: »Wir empfehlen Ihnen, die ... Kastanien im Mixer zu pürieren ...«. Dennoch ist der Text – das indiziert die Ellipse – nicht primär ein Aufforderungstext; vielmehr tritt die pragmatische Perspektive hinter die semantische zurück. Im Mittelpunkt steht als Textaussage die Beschreibung eines Vorganges, der zur Herstellung eines bestimmten Gerichtes führen soll. Für den Rezipienten besitzen die Verben im Sinne von Handlungsanweisungen Referenzcharakter. Das Handlungsziel, das in der Überschrift formulierte Referenzobjekt *Kastanien-Püree*, ist gleichzeitig das Thema des gesamten Textes. Wie die folgende textsemantische Strukturskizze zeigt, kann der Text des Kochrezepts als Explikation dieses Themas gelten: (siehe Seite 109) Damit ist das System thematischer Ableitungen in evidenter Weise repräsentiert. Hinzugefügt werden muß allerdings, daß in Texten so klare semantische Strukturverhältnisse nur selten gegeben sind.

Soweit die Referentialität der thematischen Explikationen reicht, erstreckt sich in semantischer Sicht der Text. Das vorliegende Kochrezept schließt mit einer Aussage über das Kriterium *(Verwendungsart)* einer Alternativwahl zwischen *Bouillon/Wasser/Milch, heißer Milch/Sahne* und *Salz/Salz und Zucker*. Es leitet damit von der Text- zur Handlungsebene über. Anders ist der Textanfang beschaffen. Er enthält in dem elliptischen *wie vorstehend* ein Anaphoricum, das eine notwendige Vorinformation voraussetzt. Diese Vorinformation wird in dem vorangehenden Text, einem anderen Rezept, geboten. Dort existieren die semantischen Voraussetzungen, welche den Anaphorica

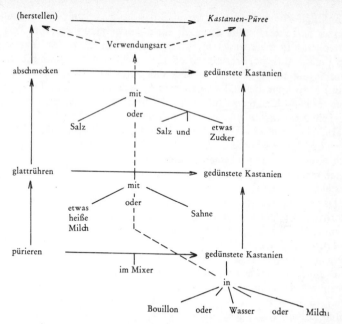

des »etischen« Textes über das Kastanien-Püree ihre korreferentielle Spezifität verleihen. Zum Aufweis dieser Beziehungen sei der Vorgänger-Text ganz zitiert:

Kastanien gedämpft
Marrons étuvés

750 g Edelkastanien, etwas Sellerie-
kraut und Suppengrün

50 g Butter
1 Tasse Bouillon

Die Kastanien müssen vor der Zubereitung erst geschält werden. Das geschieht durch das leichte Einschneiden auf der gewölbten Seite. Dann auf ein Blech setzen, etwas Wasser daraufspritzen, 10 Minuten in den Backofen geben, dann sofort schälen. Und zwar ist nicht nur die dicke braune Schale, sondern auch das leichte braune Häutchen zu entfernen.
Die geschälten Kastanien mit dem Grünzeug und etwas Butter und Bouillon weichschmoren.

Der Text über »Kastanien gedämpft« soll im folgenden »Text I«, der über »Kastanien-Püree« dagegen »Text II« heißen.

Wie wichtig Text I für die Herstellung der vollen Semantik von Text II ist, zeigt sich daran, daß der in Text II mit dem Partizip *gedünstet* kurz denotierte Vorgang in Text I ausführlich expliziert (amplifiziert) ist. *Gedünstet* ist also das Anaphoricum des gesamten Textes I. Text II stellt demnach einen Fortsetzungstext von Text I dar oder – in einer anderen Auffassung – einen Text, der Text I als pragmasemantische Präsupposition einbezieht. (Der Grund für diese Einsparung dürfte das Vermeiden möglicher Redundanz in Text II sein.) Man kann beide Texte aber auch als Teiltexte eines Textes mit dem Thema *Kastanien* auffassen: 1. Teiltext: *Kastanien gedünstet;* 2. Teiltext: *Kastanien-Püree.* Der Text mit dem Thema *Kastanien* wäre seinerseits ein Teiltext des Textes (Kapitels) mit dem Thema *Gemüse,* dieser schließlich ein Teiltext des ganzen Buchtextes, so daß sich eine Text- und Themenhierarchie ergäbe. Sie wäre identisch mit einer textsemantischen Pyramide, die aus fortlaufenden Deduktionen besteht.

Das Verhältnis von Text II zu Text I ist, was die Korreferentialität betrifft, nicht ganz unproblematisch. Die in Text II zu Beginn vorkommende Phrase *die wie vorstehend in Bouillon, Wasser oder Milch gedünsteten Kastanien* bezeichnet drei Alternativen, die in Text I so nicht vorgegeben sind. *Milch* wird dort gar nicht erwähnt; *Wasser* und *Bouillon* erscheinen in unterschiedlichem Zusammenhang. Der Rezipient gerät durch diesen Defekt in der korreferentiellen Zuordnung in Verwirrung; er fühlt sich selbst zur Disambiguierung aufgerufen. Eine falsche Realisierung derselben kann eine Fehlhandlung zur Folge haben. Zur mangelnden Explizitheit der Korreferenz gesellt sich eine solche der Referenz. Sie betrifft die Massennomina *(mass nouns) Bouillon, Wasser, Milch, Sahne, Salz, Zucker* in Text II. Massennomina bedürfen in der Anweisung eines Rezepts einer mengenmäßigen Spezifikation, welche den Erfolg der Handlung gewährleistet. Eine solche Spezifikation wird quantitativ nur hinsichtlich der Edelkastanien und des Bouillons in Text I vorgenommen; die übrigen Mengen bleiben entweder ganz unexpliziert oder werden mit dem Indefinitpronomen *etwas* versehen. Die Folge davon ist, daß die Textaussage in diesen Punkten semantisch unterdeterminiert ist. Die endgültige Determinierung bleibt dem Rezipienten überlassen, damit aber auch das Risiko, das eine Umsetzung des Textes in Handlung mit sich bringt. Eine textsemantische Beurteilung des vorliegenden Kochrezepts muß daher im Hinblick auf seine pragmatische Funktion eher negativ ausfallen.

3.3.5.2. Analyse eines linguistischen Teiltextes

Quelle: L. Bloomfield, *Language*, London, 1967 (1st ed. 1933), pp. 184–185.

12.2. (1) The free forms (words and phrases) of a language appear in larger free forms (phrases), arranged by taxemes of modulation, phonetic modification, selection, and order. (2) Any meaningful, recurrent set of such taxemes is a *syntactic construction*. (3) For instance, the English actor-action construction appears in phrases like these:

John ran	*Bill fell*
John fell	*Our horses ran away.*
Bill ran	

(4) In these examples we see taxemes of selection. (5) The one constituent (*John, Bill, our horses*) is a form of a large class, which we call *nominative expressions;* a form like *ran* or *very good* could not be used in this way. (6) The other constituent (*ran, fell, ran away*) is a form of another large class, which we call *finite verb expressions;* a form like *John* or *very good* could not be used in this way. (7) Secondly, we see a taxeme of order: the nominative expression *precedes* the finite verb expression. (8) We need not stop here to examine the various other types and sub-types of this construction, which show different or additional taxemes. (9) The meaning of the construction is roughly this, that whatever is named by the substantive expression is an actor that *performs* the action named by the finite verb expression. (10) The two immediate constituents of the English actor-action construction are not interchangeable: we say that the construction has two *positions*, which we may call the positions of *actor* and *action*. (11) Certain English words and phrases can appear in the actor position, certain others in the action position. (12) The positions in which a form can appear are its *functions* or, collectively, its *function*. (13) All forms which can fill a given position thereby constitute a *form-class*. (14) Thus, all the English words and phrases which can fill the actor position in the actor-action construction, constitute a great form-class, and we call them nominative expressions; similarly, all the English words and phrases which can fill the action position on the actor-action construction, constitute a second great form-class, and we call them finite verb expressions.

Der vorliegende Teiltext stellt einen Paragraphen (12.2.) aus einem der bekanntesten linguistischen Werke dieses Jahrhunderts dar. (Die Satznumerierung ist ein von uns gemachter Zusatz, der die Orientierung erleichtern soll.) Als wissenschaftlicher Text gehört er zur Klasse des *reference discourse* (Kinneavy 1971: 77 ff.) – das bedeutet, daß die Beziehung von Text und Referent alle anderen semiotischen Beziehungen an Relevanz überlagert. Dies zeigt sich u. a. darin, daß bei den Verben die 3. Person (Singular oder Plural) dominiert; nur wenige Male tritt das Verfasser und Rezipienten gleichermaßen umschließende *we* – als Signal des Konsensus – in Erscheinung. Referenzobjekt des Textes ist die Sprache, genauer: die Beschreibung ihres Systems. Diese Beschreibung gründet sich auf ein »Wirklichkeitsmodell«, das der Textverfasser (der Wissenschaftler L. Bloomfield) von Sprache entwirft. Läßt man dasselbe indes fallen, so wird die Textaussage im präzisen Wortsinn gegenstandslos.

Bevor wir diesen Gedanken weiter verfolgen, wollen wir nach Begrenzung und Kohärenz dieses Teiltextes fragen. Bestimmend für diese Faktoren ist aus textsemantischer Sicht die Einheit der thematischen Referenz. Untersuchen wir im Hinblick darauf den vorgestellten Textauszug, so stellen wir folgendes fest: Im ersten Absatz des Paragraphen wird in (2) – hervorgehoben durch typographische Abweichung – das Thema *syntactic construction* formuliert. Dieses gliedert sich nach (1) in die vier Teilthemen *(taxemes) modulation, phonetic modification, selection* und *order.* (3) schließlich stellt als besonderes Anwendungsfeld des Themas und seiner Teilthemen die englische *actor-action*-Konstruktion vor, wozu ein Analysecorpus von insgesamt 5 Sätzen zur Verfügung gestellt wird. So weit reicht der erste Absatz von § 12.2. Der zweite Absatz behandelt nur zwei Teilthemen, *selection* (4) und *order* (7), die in bezug auf den Anwendungsgegenstand (3) zunächst getrennt [*selection:* (4)–(6), *order:* (7)–(8)], dann vereint [(9)–(14)] expliziert werden, wobei (14) mit dem folgernden *thus* den Abschluß ihrer Behandlung signalisiert. In § 12.3. ff. folgt dann die Ausführung der weiteren Teilthemen *modulation* und *phonetic modification.* Eine textsemantische Beschreibung von § 12.2. kommt daher zu dem Schluß, daß dieser Paragraph ein Thema in vier Teilthemen zerlegt (1. Absatz) und von diesen wiederum zwei in ihre extensionalen Bestandteile entfaltet.

Sind wir bisher innerhalb der Hierarchie der Themen abwärts gestiegen, so lehrt ein Blick über das Ganze des Buches, daß die *syntactic construction* nur ein Teilthema des Kapitels 12: *Syntax* darstellt. *Syntax* wiederum ist ein Teilthema des Themas *Language,* das mit der Überschrift des Werkes zusammenfällt. Auf diese Weise gliedert sich Bloomfields Buch in ein Thema und eine Hierarchie von Teilthemen ersten, zweiten ... Grades. Die einzelnen Teilthemen können jeweils als aus dem übergeordneten Thema abgeleitet gelten. Das übergeordnete Thema besitzt die größere, das abgeleitete die kleinere Extension. Das Deduktionsstemma hat im Falle von L. Bloomfields Buch etwa folgende idealisierte Gestalt:

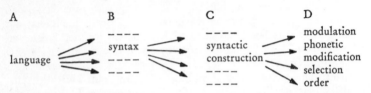

A   B   C   D

A bezeichnet das Hyperthema, B-C-D jeweils die Klasse der Teilthemen ersten, zweiten und dritten Grades. Idealisiert ist das Schema deshalb, weil die Realität der Textaussage keineswegs durchgängig dem hierarchischen Aufbau folgt. Auch wäre es verfehlt, die Stufen der Themenhierarchie unbesehen mit der Einteilung von Buch (A), Kapitel (B), Paragraph (C) und Absatz (D) zu korrelieren, obgleich im vorliegenden Beispiel dieser Fall häufiger gegeben ist.

Innerhalb von § 12.2. ist die semantische Struktur häufig oppositionell-binär [Typus: (5) *the one constituent* – (6) *the other constituent*]. Außerdem kommt die Ist-Definition von Ausdrücken nicht selten vor [Typus: Satz (2)]. Beides kennzeichnet ein Streben nach einer präzisen wissenschaftlichen Semantik. In dem Fall der terminologischen Definition soll ein Eins-zu-eins-Verhältnis von Sprachzeichen und denotiertem Gegenstand erzielt werden. Die dichotomische Korrelation der Textzeichen besagt auf der anderen Seite, daß die Designata derselben in einer festen Beziehung zueinander stehen, die durch diese Art der Abgrenzung verdeutlicht wird. Anders gesprochen: Der wissenschaftliche Diskurs verlangt sowohl eine eindeutige referentielle als auch eine eindeutige relationale Semantik seiner Bestandteile. Polysemie und Synonymie sind hier unerwünscht; an ihre Stelle tritt das Desiderat der Einsinnigkeit oder Monosemie der verwendeten Sprachzeichen. Diese gewährleistet, wie bei Bloomfield, die Wiederholung der einmal definierten Ausdrücke: z. B. *taxeme, constituent, finite verb expression* usw. Andererseits betonen Anaphorica [*such* (2), *these* (4), *the one* (5), *the other* (6)] und Konnektoren [*secondly* (7), *thus* (14)] die semantische Kohärenz von satzübergreifenden Ausdrücken, und zwar auf eine derart explizite Weise, daß der Rezipient keinen Ansatzpunkt für ein kommunikatives Mißverständnis vorfinden kann. In diesem Sinne ist der vorliegende Text kommunikationsunabhängig und damit invariant.

Auf der anderen Seite hängt er durchaus von den subjektiven Gegebenheiten der Pragmatik ab. Er präsupponiert ein Referenzmodell von empiristischer Beschaffenheit. Dieses besagt, daß alle Feststellungen über das Objekt »Sprache« anhand einer faktischen Verifikationsbasis getroffen werden müssen. Eine solche Basis stellt das Satzcorpus in (3) dar. In (4) bis (14) erfolgen induktive Generalisierungen von steigendem Abstraktionsgrad und komplexer werdender Kombinatorik. Erweisen sich Hypothese [(1)–(3)] und Analysecorpus als unzureichend, so ist der referentielle Status oder die Extensionalität der Textaussage gleich Null. Indem wir dies feststellen, machen wir selbst eine metasemantische Aussage. Wenn Bloomfields hier zitierter Teiltext eine referenz-semantische Position einnimmt (Gegenstand: die syntaktische Analyse der *actor-action*-Konstruktion), so ist der Text, der hier über Bloomfields Teiltext abgefaßt wurde, metareferentiell: Textaussage über eine Textaussage, deren Gegenstand selbst wieder eine (syntaktische) Textaussage ist.

3.4. Möglichkeiten einer »integrativen« Textwissenschaft

Die bisherige Darlegung hat Text und Textualität in die semiotischen Dimensionen von Syntaktik, Pragmatik und Semantik hineingestellt. Expliziert wurde, wie sich das Untersuchungsobjekt mit der jeweils gewählten Blickrichtung wandelte. Eine solche Reduktion der texttheoretischen Basis vermochte es, Erkenntnisleistung und Erkenntnisgrenzen der einzelnen Textsemiosen sichtbar zu machen. So stellte sich etwa heraus, daß eine subjekt- und referenzunabhängige Syntaktik nur unzulänglich die historisch-soziale Individuation eines Textes aufschließen kann. Andererseits gibt es keine autonome Semantik, sondern diese semiotische Dimension ist ebensosehr an die soziokommunikative Norm eines Wirklichkeitsmodells gebunden wie an die syntaktischen Regeln der Zeichenverkettung. Und schließlich existiert eine Pragmatik, die bei aller eigenstruktureller Komplexität nicht auf die Syntax und Semantik des Zeichens verzichten kann. Angesichts der grundsätzlichen Unentbehrlichkeit aller semiotischen Dimensionen erscheint die Frage müßig, welche von ihnen die übrigen Dimensionen unter sich subsumieren kann, obgleich man neuerdings der Pragmatik eine gewisse Vorrangstellung einräumt. Wesentlicher dürfte indes die Feststellung sein, daß erst die vollständige (triadische) Semiose eines Zeichens seine ganze Aspektmannigfaltigkeit offenlegt. Übertragen wir diese Erkenntnis auf das Zeichen »Text« und seine Wissenschaft, die semiotische Teildisziplin »Textwissenschaft«, so konstatieren wir: Textwissenschaft ist im vollen Sinn nur möglich als »integrative« Textwissenschaft, wobei »integrativ« die Synthetisierung semiotischer Dimensionen im Hinblick auf eine vollständige Textsemiose bedeutet. Erst eine integrative Textwissenschaft ist in der Lage, einen komplexen semiotischen Textbegriff zu fundieren. Ein solcher könnte etwa (in Abwandlung von Dressler 1970: 66) lauten:

$$T = nvb + d + s_1 + s_2 + \ldots s_n + d + nvb,$$

wobei $T = Text$, $nvb = non\text{-}verbal\ behavioreme$, $s = sentence$ und $d = deixis$ bedeutet. nvb repräsentiert in dieser Formel den pragmatischen, $s_1 + s_2$ den syntaktischen und d den semantischen Aspekt. Über die mögliche Dominanz eines Aspekts ist damit nichts ausgesagt. Ausdruck semiotischer Synthetisierungen sind Komposita wie

114

»pragma-semantisch«, »pragma-syntaktisch« oder »semanto-syntaktisch«.

In den vorangegangenen Kapiteln hatte die linguistische Methode die Aufgabe übernommen, den Objektbereich »Text« nach den drei semiotischen Dimensionen zu analysieren. Zwar ist diese Methode für ein derartiges Unternehmen noch unzureichend ausgerüstet, so daß manches bruchstückhaft und unzulänglich erscheint, doch bietet sie von ihrem allgemeinen theoretischen Reflexionsstand her die Voraussetzungen, gewisse gegenstandsbezogene Fragestellungen (z. B. Zeichenverkettung, Kohärenzstruktur, kommunikative Differenz, Referentialität, Thematisierung) schärfer als andere Methoden in den Blick zu bekommen. Auf diese Weise gelang es, verschiedene textologische Aspekte mit einiger Deutlichkeit zu artikulieren. An anderer Stelle wiederum erwies sich der textlinguistische Ansatz als nicht hinreichend gegenstandsadäquat. Dies liegt etwa an dem hohen Allgemeinheitsgrad der linguistischen Theoriebildung – formuliert in den »Regeln« einer oder mehrerer Textgrammatiken –, welcher die konkrete Textindividuation nur bis zu einem gewissen Grade erreicht. Dies liegt weiter daran, daß das Analyseinstrumentarium der Textlinguistik es kaum erlaubt, größere Textstrecken (z. B. Romane) zu interpretieren, es sei denn um den Preis der Aufgabe des eng-linguistischen Kategorialsystems. Dies liegt schließlich daran, daß besonders der Bereich der Pragmatik einen derart vielgestaltigen Komplex von Faktoren berücksichtigen muß, daß hier die Kompetenz der Linguistik weit überschritten wird. An diesem Punkt eröffnet sich ein Frageraum, welcher die Hinzuziehung weiterer Methoden (z. B. Soziologie, Psychologie) als unabdingbar vorschreibt. Denkbar ist zum Beispiel eine Korrelation von Linguistik und Soziologie in der semiotischen Dimension der Pragmatik, was man dann auch als »pragmatische Soziolinguistik« bezeichnen könnte. Denkbar ist aber auch, daß man außer zwei Methoden auch zwei semiotische Dimensionen miteinander verknüpft; ein Beispiel dafür ist die Vereinigung von linguistischer Syntaktik und psychologischer Pragmatik in E. A. Armstrongs *Shakespeare's Imagination* (Lincoln, 1963 [1946]), wo die Art der sprachlichen Verknüpfung als Ausdruck der Psychogenese von Shakespeares »creative process« gedeutet wird.

Aus Überlegungen wie den vorangegangenen leiten wir ab, daß die Verfahrensregel einer »integrativen« Textwissenschaft grundsätzlich zwei Syntheseebenen kennt:

Erste Syntheseebene: Korrelation verschiedener semiotischer Dimensionen mit dem Ziel einer komplexen Textsemiose,

z. B. linguistische (soziologische, psychologische) Syntaktik und/oder
linguistische (soziologische, psychologische) Semantik und/oder
linguistische (soziologische, psychologische) Pragmatik
in verschiedenen Dominanzrelationen (cf. 3.).

Zweite Syntheseebene: Korrelation verschieden̦er Methoden mit dem
Ziel einer komplexen Textmethodisierung,

a) innerhalb einer einzigen semiotischen Dimension,
z. B. linguistische Pragmatik und
soziologische Pragmatik;
b) innerhalb mehrerer semiotischer Dimensionen,
z. B. linguistische Semantik und
psychologische Pragmatik.

Es sollen hier nicht die verschiedenen Kombinationsmöglichkeiten der
ersten oder gar der zweiten Syntheseebene durchgespielt werden. Ver-
mutlich gibt es deren eine größere Anzahl. Aufgabe einer »integrativen« Texttheorie ist es, diese Kombinatorik im Hinblick auf ihre
jeweiligen Konstitutionsbedingungen zu überprüfen. Damit wäre ein
Beitrag zur wissenschaftstheoretischen Fundierung des »synthetischen
Interpretierens« (Hermand 1969) geleistet.

Wir haben die so begründete Wissenschaft Textwissenschaft genannt, weil sie grundsätzlich alle Texte als ihren Gegenstandsbereich
auffaßt. Die Minimalbedingung für »Text« ist dabei das Medium
Sprache, sei es in gesprochener oder geschriebener Form. (Eine Begrenzung auf die Schriftform, wie P. Ricœur [1970: II 181] es vorsieht: »Appelons texte tout discours fixé par l'écriture.«, ist heute
nicht mehr haltbar [cf. u. a. Fries, C. C. 1967, Harweg 1968a, 1971,
Sitta 1973].) Eine an diese Feststellung anknüpfende Frage, die in
der bisherigen Erörterung mehrfach gestellt wurde, lautet, ob auch
nicht-sprachliche Zeichen wie Texte behandelt werden können. Die
allgemeine Semiotik plädiert für ein solches Vorgehen (Eco 1972).
G. Wienold (1971) spricht programmatisch von »plurimedialen Texten« und weist auf die Relevanz der »Textverarbeitung« hin, worunter er u. a. die Transposition von »Texten« eines Zeichentyps in
solche eines anderen Zeichentyps versteht. Als Voraussetzung für ein
derartiges Vorgehen ist dreierlei unbedingt erforderlich; einmal:
Klarheit über die semiotische Beschaffenheit der jeweiligen texterzeu-
genden Zeichen; dann: Klarheit über den Status der durch diese
Zeichen hervorgebrachten »Textualität«; und letztlich: Klarheit über
die Bedingungen möglicher Kommutierbarkeit von Zeichenklassen.
Alle diese Punkte müßten in eine dritte textwissenschaftliche Syn-

theseebene integriert werden, wo dann die Kookkurrenz von verbalen und nonverbalen Texten und Teiltexten reflektiert wird.

3.4.1. Textanalyse: Zwei Versionen einer verbalisierten Bilder-geschichte

Quelle: Peter Hawkins in B. Bernstein, *Class, Codes, and Control*, London 1971, p. 194 (dte. Übers. von G. Habelitz: *Studien zur sprachlichen Sozialisation*, Düsseldorf 1971).

Situation: Kinder erhalten eine Serie von vier Bildern, die eine Ereignisfolge darstellen. Sie werden aufgefordert, diese Geschichte in Worte umzusetzen. Das erste Bild zeigt einige Jungen, die Fußball spielen; auf dem zweiten fliegt der Ball durch das Fenster eines Hauses; das dritte zeigt eine Frau, die aus dem Fenster schaut, und einen Mann, der eine drohende Geste macht; auf dem vierten Bild machen sich die Kinder aus dem Staub.
Von zwei Kindern A und B wird dazu je eine andere Geschichte verfaßt; hier sind die beiden *Texte (T1* und *T2):*

(T1) Three boys are playing football and one boy kicks the ball and it goes through the window the ball breaks the window and the boys are looking at it and a man comes out and shouts at them because they've broken the window so they run away and then that lady looks out of her window and she tells the boys off.
(T2) They're playing football and he kicks it and it goes through there it breaks the window and they're looking at it and he comes out and shouts at them because they've broken it so they run away and then she looks out and she tells them off.

Anhand eines Vergleichs beider Texte soll versucht werden, einige mögliche Aspekte einer »integrativen« Textwissenschaft aufzuzeigen. Als Orientierungsmarken dienen dabei die vorhin skizzierten Syntheseebenen.

Syntheseebene 1: Nehmen wir die Linguistik als einheitlichen methodischen Ausgangspunkt, so ergeben sich für einen Textvergleich in den einzelnen semiotischen Dimensionen zunächst folgende isolierte Feststellungen:

a) im Bereich der Syntaktik: T1 und T2 bestehen größtenteils aus parataktisch gereihten Hauptsätzen (Ausnahme: eine kausale Hypotaxe). T1 und T2 differieren dadurch voneinander, daß T1 »emisch« und T2 »etisch« ist. Das heißt: In T1 werden neu eingeführte Informationen in der Regel durch Appellativa, Zahlwörter (Kardinalzahlen), unbestimmten Artikel und Null-Artikel signalisiert (Ausnahmen sind das erste Vorkommen von *the window* und das Demonstrativpronomen in *that lady);* erst dann folgen Pro-Formen, welche die bekannte Information wieder aufnehmen. T2 hingegen besteht vorwiegend aus Pronomina, die außertextliche Information ersetzen; der Text weist über sich hinaus.

b) im Bereich der Pragmatik: T1 enthält vorwiegend situationsunabhängige, T2 hingegen situationsabhängige Referenzmittel. Das bedeutet, daß T1 auch ohne den situativen Kontext verständlich ist, während T2 nicht ohne ihn auskommt. Über die Sender von T1 und T2 äußert sich Bernstein (1971: 195) in folgender Weise: »The first child takes very little for granted, whereas the second child takes a great deal for granted. Thus for the first child the task was seen as a context in which his meanings were required to be made explicit, whereas the task for the second child was not seen as a task which required such explication of meaning.«

c) im Bereich der Semantik: T1 und T2 sind Muster von »Textverarbeitung«: Übersetzungen von einer visuellen Zeichenfolge in eine verbale. Beide Zeichentypen besitzen die gleichen Referenzobjekte, und es wäre reizvoll, ihre jeweilige Denotationsleistung zu vergleichen. Doch diese steht hier nicht zur Debatte, sondern ein textsemantischer Vergleich von T1 und T2. Hier nun zeigt sich, daß T1 die explizitere Denotationsstruktur aufweist, während T2 der Determinierung durch die situativ vorgegebene Bildstruktur bedarf.

So weit reicht die isolierte syntaktische, pragmatische und semantische Textsemiose, sofern derartiges überhaupt möglich ist. Eine synthetische Textsemiose verbindet die getrennten Dimensionen miteinander, etwa in der folgenden Art:

1. Synthese: Semantik – Pragmatik

Aufgabenstellung: Es wird eruiert, welche Beziehung zwischen der Denotationsleistung in T1 bzw. T2 und dem kommunikativen Vermögen (»Illokutionspotential«) des jeweiligen Textproduzenten besteht.

2. Synthese: Syntaktik – Semantik

Aufgabenstellung: Es wird eruiert, welche Beziehung zwischen der »Dichte« pronominaler Verkettung und semantischer Explizitheit (Referenz) in T1 und T2 besteht.

3. Synthese: Pragmatik – Semantik – Syntaktik

Aufgabenstellung: Es wird eruiert, welche Beziehung zwischen Situationsabhängigkeit, Denotationsleistung und Korreferentialität von T1 und T2 existiert.

Die Kombinationsmöglichkeiten ließen sich nach dem in Kapitel 3 vorgestellten Schema leicht vermehren. Merkwürdigerweise hat die Textlinguistik bisher solche Ansätze zu einer »integrativen« Textsemiose nur selten explizit gemacht. Auch Bernstein und seine Anhänger machen davon zu wenig Gebrauch.

Syntheseebene 2: Hier geht es nicht primär um die Synthetisierung semiotischer Dimensionen, sondern um eine solche wissenschaftlicher

Methoden. So wäre etwa im Hinblick auf die Bezugstexte T1 und T2 vorstellbar, daß linguistische und soziologische Methoden synthetisiert werden. Derartiges hat die Sprachbarrieren-Forschung (Bernstein 1971, Oevermann 1971, Niepold 1970) in der Tat in den vergangenen Jahren versucht. Sie hat einerseits, gestützt auf empirische Untersuchungen,[1] im Bereich der Pragmatik zwei soziale Rollentypen hypostasiert, den Angehörigen der Mittelschicht (R1) und den Angehörigen der Unterschicht (R2), und ihnen verschiedene gesellschaftliche Verhaltensweisen zugeordnet. Andererseits sind von ihr R1 und R2 mit bestimmten Sprachverwendungsweisen verbunden worden, in unseren Textbeispielen etwa R1 mit T1 und R2 mit T2. Korrelieren wir soziologische Pragmatik mit linguistischer Syntaktik, Pragmatik und Semantik, so konstatieren wir etwa folgendes: Im Hinblick auf die Vertextung von (visuellen) Gegenständlichkeiten zeichnet sich T1 von R1 durch »Emik«, geringe Situationsabhängigkeit und referentielle Explizitheit, T2 von R2 hingegen durch »Etik«, starke Situationsabhängigkeit und referenzsemantische Unterdeterminiertheit aus. Bernstein (1971: 76 ff.), der diese Feststellungen summiert, indem er R1 einen »elaborierten« und R2 einen »restringierten Code« zuweist, schreibt dazu: »These codes themselves are functions of a particular form of social relationship or, more generally, qualities of social structure.« Die Aufgabe einer »integrativen« Textwissenschaft, Funktionszusammenhänge aufzudecken, könnte nicht deutlicher formuliert sein. An dieser Behauptung ändert auch der (begründete) Zweifel an dem Gelingen von Bernsteins soziolinguistischer Forschung nichts. Das Experiment besitzt paradigmatischen Charakter für jede Manifestation synthetisierender Textmethodik.

II. Von der Textwissenschaft zur Literaturwissenschaft

0. »Text« und »Literatur«

Ist die Textualität von Texten Gegenstand der Textwissenschaft, so ist ihre Literarität Gegenstand der Literaturwissenschaft. »Literarität« ist die textspezifische Form des Ästhetischen; ein anderer Name dafür ist »Poetizität«. »Literarität« bezeichnet jene Textqualitäten, die literarische Texte von nicht-literarischen, Poesie von Nicht-Poesie abheben. Sofern literarische Texte den allgemeinen Bedingungen der Textkonstitution unterworfen sind, fallen sie folglich in den Analysebereich der umfassenderen Textwissenschaft. Sofern sie hingegen Eigenschaften aufweisen, welche das Merkmal des Ästhetischen tragen, sind sie das Objekt der spezifischeren Literaturwissenschaft. Diese ist demnach eine Teildisziplin der Textwissenschaft; als eine nachgeordnete Wissenschaft setzt sie deren Vorhandensein voraus. Beide Wissenschaften sind, wie schon früher (I.2.) gezeigt, in den kategorialen Rahmen der allgemeinen Semiotik hineingestellt. In diesem Rahmen stellt »Literatur« nur eine besondere Variante ästhetischer Zeichen dar, die sprachlich-textuelle; neben den sprachästhetischen gibt es bildästhetische, tonästhetische und andere ästhetische Zeichen. Es ist daher erforderlich, daß eine allgemeine Ästhetik des Zeichens die generellen Maßstäbe anbietet, welche die adäquate Lokalisierung und Analyse textästhetischer Phänomene möglich machen.

Eine semiotische Ästhetik existiert bisher nur in Ansätzen (cf. u. a. Morris 1972 [1939], Morris/Hamilton 1965, Bense 1965, Mukařovský 1970, Schmidt, S. J. 1971, Eco 1972: 145–167). Solange eine solche als ausgearbeitetes System nicht vorliegt, sind wir nicht in der Lage, eine präzise Bestimmung sprachlicher Ästhetizität vorzunehmen. Für die nachfolgende Erörterung soll es genügen, mit Hilfe des Begriffes »Abweichung« eine »ästhetische Schwelle« (cf. Plett 1973) zu konstruieren, welche die Bedingung der Möglichkeit von Literarität bildet. Es stellt sich dabei heraus, daß diese (zunächst inhaltsleere) Kategorie innerhalb der einzelnen semiotischen Dimensionen unterschiedlich konkretisiert wird. Zur Exemplifizierung des Verfahrens dient die linguistische Methode. Mit ihrer Hilfe wird ein textästhetisches Modell errichtet. Seine Explikation erfolgt in einem System stilrhetorischer Deviationen (»Figuren«). Ausblicke auf eine »integrative« Literaturwissenschaft beschließen die Darstellung, die damit das Pendant der Programmatik von I.3.4. bilden.

1. Literarität und Literaturwissenschaft

Wenn der Literaturwissenschaft daran gelegen ist, Literarität als den ihr gemäßen Gegenstand hinreichend zu bestimmen, so kann das nach den Ausführungen in I.2. nur im Bedingungshorizont der semiotischen Textstrukturierung geschehen. Maßgeblich soll für uns wiederum das Modell von Morris sein, das eine Dimensionierung des Zeichens nach den Perspektiven der Syntaktik (Relation: Zeichen – Zeichen), der Pragmatik (Relation: Zeichen – Benutzer [Sender, Empfänger]) und der Semantik (Relation: Zeichen – Objekt) vorsieht. Folgen wir diesem Modell, so sind drei hypothetische Modi von Literarität anzusetzen: ein syntaktischer, ein pragmatischer und ein semantischer.

1.1. Semiotische Dimensionen der Literarität

R. Jakobson (1968 [1958]) entwirft in seinem Artikel *Linguistics and Poetics* ein sprachliches Kommunikationsmodell, in dem er sechs Funktionen oder »Einstellungen« unterscheidet. Die senderbezogene Einstellung nennt er *emotiv* (z. B. Interjektionen), die empfängerbezogene *konativ* (z. B. Imperativsätze) und die wirklichkeitsbezogene *referentiell* (z. B. Statement) – dies entspricht dem Bühlerschen Organonmodell (cf. I.2.1.2.1.), das er auch zitiert. Ferner erwähnt er eine *phatische* Einstellung, die den Kommunikationskontakt herstellt (z. B. »Hello, do you hear me?«), und eine *metalinguale*, welche die Sprache selbst als Objekt thematisiert (z. B. »Do you know what I mean?«). Am Schluß gelangt er zur Definition des Poetischen:

The set *(Einstellung)* towards the MESSAGE as such, focus on the message for its own sake, is the POETIC function of language (1968: 356).

und ordnet dieses in folgende schematisierte Darstellung ein (1968: 357):

REFERENTIAL

| EMOTIVE | POETIC
PHATIC | CONATIVE |

METALINGUAL

Demnach besteht das Sprachästhetische in der Einstellung auf die Textnachricht als solche, genauer: in einer besonderen Selektion und Kombination der Sprachelemente. Das zugrunde liegende Prinzip ist die »Äquivalenz«, von der noch zu sprechen sein wird. Auf diese Weise wird ein Poetizitätsbegriff begründet, der als zeichensyntaktisch oder textimmanent gelten darf. Er akzentuiert die internen Zeichenrelationen und sieht ab von referentiellen und kommunikativen Bezügen. Sein Ideal ist das sprachliche Kunstwerk oder – anders gesprochen – die Autonomie des Ästhetischen.

Ein Blick auf die semiotischen Dimensionen lehrt sehr schnell, daß Jakobsons Konstruktion einseitig ist. Er entscheidet sich nicht nur für eine bestimmte semiotische Dimension: die Syntaktik, sondern innerhalb derselben auch für eine bestimmte Methode: die linguistische; ja, wie noch zu erörtern sein wird, ist auch diese linguistische Konzeption von Literarität nur eine von verschiedenen Möglichkeiten, welche diese Methode erlaubt. Demgegenüber legt die Argumentation von Kap. I.3. nahe, daß mindestens drei semiotische Literaturkonzepte existieren, die je nach der gewählten Methode unterschiedlich nuanciert sind, so daß sich folgendes Schema ergibt:

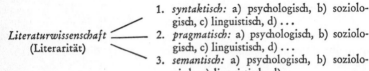

Literaturwissenschaft
(Literarität)

1. *syntaktisch:* a) psychologisch, b) soziologisch, c) linguistisch, d) . . .
2. *pragmatisch:* a) psychologisch, b) soziologisch, c) linguistisch, d) . . .
3. *semantisch:* a) psychologisch, b) soziologisch, c) linguistisch, d) . . .

Wie in I.3. und I.3.4. dargelegt, gilt auch hier analog die Feststellung, daß die vorgeführte Systemprojektion literaturwissenschaftlicher Operationsweisen abstraktiv in dem Sinne ist, daß sie semiotische Dimensionen und wissenschaftliche Methoden in Isolation zeigt, während doch erst eine »integrative« Literaturwissenschaft die ganze Vielfalt möglicher wissenschaftlicher Betätigung in dem Objektbereich »Literatur« offenlegt. Aber wie früher besitzt die abstraktive Relevanznahme hier den Vorteil, die fundamentalen Perspektiven von Literarität schärfer ins Blickfeld zu rücken.

Entscheidend für eine wissenschaftliche Bestimmung der Literarität ist die Beantwortung der Frage, wie »Abweichung« als ästhetische *differentia specifica* in den einzelnen Textdimensionen aufgefaßt wird. Vorbedingung dafür ist aber eine Auseinandersetzung mit dem Begriff »Abweichung« selbst. Als Merkmal der Ästhetizität weist er folgende grundlegende Eigenschaften auf:

1) Er besitzt *Bezugscharakter,* d. h. er ist nicht autonom, sondern nur auf dem Hintergrund nicht-devianter Sprachphänomene zu sehen *(externe Strukturrelation).*
2) Er besitzt *Systemcharakter,* d. h. er ist nicht willkürlich als jede beliebige Textabweichung gefaßt, sondern er hat eine Binnenstruktur *(interne Strukturrelation).*

Beide Strukturrelationen verbürgen den *Normcharakter* der ästhetischen Deviation. Sie sind in allen existenten Definitionen von Literarität explizit oder implizit vorhanden. So wurde in Kapitel I.1.1. die externe Strukturrelation folgendermaßen bestimmt: beim mimetischen Literaturbegriff als Gegensatz von Fiktion und Realität, beim expressiven Literaturbegriff als Gegensatz von Ich- und Objektbezogenheit, beim rezeptiven Literaturbegriff u. a. als Gegensatz von emotionaler und rationaler Wirksamkeit, beim rhetorischen Literaturbegriff als Gegensatz von Kunstsprache und Alltagssprache. Aber auch interne Strukturmöglichkeiten der ästhetischen Norm wurden angezeigt, zum Beispiel in der ständischen Aufgliederung der Mimesis und im System der rhetorischen Stilfiguren. An dieser Stelle wird deutlich, daß die Literaritätskonzeption sich nicht nur entsprechend der semiotischen Dimension, sondern auch gemäß dem methodischen Zugang wandelt. Eine mimetische Theorie, die auf der sog. Ständeklausel basiert, gehört in den Bereich einer soziologisch definierten Semantik. Und ein auf dem Gegensatz von alltäglicher und artifizieller Sprachnorm aufbauendes Rhetorikmodell trägt durchaus linguistische Züge. Es ist theoretisch denkbar – wenn auch in der Praxis nicht unbedingt wahrscheinlich –, daß innerhalb der einzelnen semiotischen Dimensionen jede Methode eine besondere Variante von Literarität hervorbringt.

Kapitel I.3. hat Möglichkeiten der semiotischen Dimensionierung von Textualität mit Hilfe des linguistischen Ansatzes vorgeführt. Was liegt näher, als dieses Unternehmen in diesem zweiten Teil unserer Abhandlung fortzuführen, indem wir die Linguistik zur Konstitution eines ästhetischen Textmodells verpflichten. Die übrigen Methoden (soziologischer, psychologischer ... Art) sind so komplex und voraussetzungsbedürftig, daß ihre Heranziehung für die Diskussion der Literarität jeweils eine eigene Abhandlung füllen würde. Unsere Wahl der linguistischen Methode besitzt demgegenüber Vorteile. Einmal gibt es eine große Anzahl von allgemeinen theoretischen Vorarbeiten zu diesem Thema – so viele, daß man bereits von einer »Linguistisierung der Literaturforschung« (Piirainen 1969, cf. van de Velde 1969) zu sprechen beginnt. Zum anderen besitzt die linguistische Literaturmethode bereits einen historischen Vorläufer: das Klassifikationssystem der rhetorischen Stilfiguren (cf. I.1.1.4.). Auf diese Weise besitzen wir eine Fülle von theoretischen Reflexionen, welche sowohl die externen als auch die internen Strukturrelationen einer linguistischen Norm von Sprachästhetik betreffen. Wir beginnen mit einer Darlegung der Probleme, die sich bei einer Definition der externen Strukturrelationen ergeben.

1.2. Theoretische Voraussetzungen einer linguistischen Definition von Literarität

Roman Jakobson, der in II.1.1. zitierte Autor eines linguistischen Definitionsversuchs von Literarität, beschränkt sich auf die syntaktische Zeichendimension. Wie ein Überblick über die einschlägigen Publikationen lehrt, ist dies kein Einzelfall. Nur selten hat sich die Linguistik an eine pragmatische oder semantische Definition sprachästhetischer Phänomene herangewagt. Die Ursache dafür dürfte in der außerordentlichen Komplexität dieser Zeichendimensionen liegen, konkret gesprochen: bei der Pragmatik in der großen Fülle außerlinguistischer Faktoren, bei der Semantik in dem höchst diffizilen Problem der Referentialität. Im Gegensatz dazu kann sich die zeichensyntaktische Betrachtungsweise primär auf die Deviationsformen von Zeichengestalt und Zeichenverknüpfung beschränken. Wenn die linguistische Analyse von Literatur bisher in der überwiegenden Mehrzahl so verfahren ist, so hat sie sich dabei gleichzeitig folgender Restriktionen bedient:

1. *Elimination des Textproduzenten (bzw. -rezipienten):*
   Die pragmatische Dimension mit ihrer komplexen Bedingungsstruktur wird ausgeklammert; an die Stelle der Subjektivität eines Verfassers (Rezipienten) literarischer Texte tritt die idealistische Konstruktion einer »poetischen Kompetenz« (Bierwisch 1969).

2. *Elimination des Textreferenten:*
   Die semantische Dimension als Konstitutionsgrund der Bezugsrealität literarischer Äußerungen wird ausgeklammert; an die Stelle der Frage nach dem Wahrheits- und Fiktionsgehalt literarischer Texte (referentielle Semantik) tritt diejenige nach ihrer textinternen Inhaltsstruktur (relationale Semantik).

3. *Elimination der Textdiachronie:*
   Die historische (diachrone) Dimension von Literatur wird – eine Folge von 1) und 2) – ausgeklammert; an ihre Stelle tritt die synchrone Deskription literarischer Textzustände bzw. der Entwurf achroner Erkenntnishypothesen, die anhand der empirischen Literaturgegebenheiten verifiziert werden müssen.

4. *Elimination der natürlichen Sprache in der wissenschaftlichen Terminologie:*
   Der Gebrauch der Alltagssprache wird wegen ihrer mangelnden Präzision (Beispiel: Polysemie) aufgegeben; an ihre Stelle tritt ein nicht-sprachliches (mathematisch-logisches) Symbolinventar (Beispiel: Prädikatenlogik).

Ziel dieser vier Reduktionstypen ist es, die geschichtliche Bedingtheit,

Subjektivität, Veränderlichkeit und Irrationalität wissenschaftlicher Erkenntnisgewinnung abzubauen und der linguistischen Analyse von Literatur ein Maximum an Allgemeinheit, Invarianz, Nachprüfbarkeit und Prädiktabilität ihrer Ergebnisse zu sichern. Das Resultat soll eine – im Sinne von reiner Gegenstandsbezogenheit – »objektive« Literaturwissenschaft sein, die von allen »Mängeln« ihrer Vorgängerinnen befreit ist. Hier aber setzt die Kritik an einem solchen linguistischen Verfahren ein. Sie stellt nicht nur die grundsätzliche Möglichkeit eines derartigen Reduktionismus in Frage, sondern auch die uneingeschränkte Gültigkeit der damit verfolgten Analyseziele. Doch bevor die Einwände einzeln zu Wort kommen, sollen zunächst die Versuche der zeichensyntaktischen Linguistik beschrieben werden, die externe Relationsstruktur der sprachästhetischen Norm zu fixieren.

Es ist hier nicht beabsichtigt und möglich, einen umfassenden bibliographischen Überblick über die linguistische Diskussion des Literaritätsproblems zu vermitteln. Einige Hinweise mögen genügen. Einführende Monographien – mit z. T. recht kritischer Einstellung – stammen von Uitti (1969), Leech (1969), Fowler (1971), Chapman (1973), Delas/Filliolet (1973) und Sanders (1973). Komplex und anspruchsvoll ist die umfangreiche Arbeit von Ihwe (1972). Besonders wichtig ist für die Thematik die Vielzahl der Aufsätze und Artikel, die größtenteils in Sammelwerken bequem zugänglich ist: etwa von Davie et al. (eds.) (1961), Sebeok (ed.) (1968 [1960]), Garvin (ed.) (1964), Kreuzer/Gunzenhäuser (Hg.) (1969 [1965]), Fowler (ed.) (1966), Chatman/Levin (eds.), (1967), Freeman (ed.) (1970), Chatman (ed.) (1971), Blumensath (Hg.) (1972), Greimas (éd.) (1972), Kachru/Stahlke (eds.) (1972) und Ihwe (Hg.) (1971/1972). Darüber hinaus finden sich fortlaufend Beiträge zu einer linguistischen Poetik in den Spezialzeitschriften Poetics 1 (1971) ff., Poétique 1 (1971) ff. und LiLi 1 (1971) ff., weiterhin aber auch in fast allen übrigen linguistischen Publikationsorganen. Viele der genannten Monographien und Sammelwerke enthalten bibliographische Anhänge, die auf weitere Veröffentlichungen hinweisen.

Zur Behandlung der Problematik sei daran erinnert, daß der Bezugscharakter der Deviationsnorm darin besteht, daß sich Ästhetizität als sprachliches *foregrounding* (der Ausdruck ist Garvins englische Übersetzung von Mukařovskýs *aktualisace* [1964]) von dem Hintergrund einer nicht-ästhetischen Norm abhebt. Bevor das *foregrounding* erörtert wird, muß daher die Gestalt des *backgrounding* geklärt sein.

1.2.1. Das nicht-ästhetische »backgrounding«

Dieses wird formuliert in einer Textgrammatik. Die Formulierungsgrundlage bilden die sprachlichen Zeichen und ihre Verknüpfungsmodalitäten (cf. I.3.). Sie repräsentieren eine Standardnorm: die Alltagssprache. Damit ist diejenige Sprache gemeint, »die ohne irgendwelche Beschränkungen oder Festlegungen – also ohne zusätzliche Intentionen gehandhabt – dem ›banalen‹ Zweck des zwischenmenschlichen Kontakts und dem sprachlichen Agieren in den Situationen des menschlichen Umgangs dient« [Hartmann 1964: 128 (134)]. Eine solche, sehr allgemein gehaltene Definition ist allerdings nicht frei von Problemen, wenn sie die Grundlage des nicht-ästhetischen *backgrounding* bilden soll.

Problematik: Die Schwierigkeit liegt in der inhaltlichen Präzisierung der Alltagssprache. In der Regel versteht man darunter eine Sprachform, die von dem größten Teil der Mitglieder einer Sprachgemeinschaft als allgemeines Verständigungsmittel akzeptiert wird. Nun zeigt sich aber (a), daß in manchen Sprachgemeinschaften eine solche Verkehrsnorm kaum oder nur schwach ausgeprägt ist (z. B. im Indischen). Gilt dann die Regel, daß das poetische *foregrounding* proportional zum Existenzmodus der Alltagsnorm wächst? Als zweites (b) gilt es zu bedenken, daß die Alltagssprache eine mündliche und eine schriftliche Variante aufweist (cf. Sanders 1973: 38–49). Welche soll den Deviationshintergrund bilden? Die Entscheidung müßte hier differenziert ausfallen, wenn, wie oben (I.3.) geschehen, das Konzept der Textualität auch auf mündlich konstituierte Texte ausgedehnt wird. Weiter (c) verdient die Tatsache Berücksichtigung, daß die Alltagssprache sozial und regional gebundene Varianten zuläßt: die Dialekte. Bedeuten diese diastratischen bzw. diatopischen Subcodes, wenn sie vermischt mit der allgemeinen Verkehrssprache auftreten, schon ästhetische Deviation oder können sie selbst als *backgrounding* fungieren? Die gleiche Frage läßt sich (d) bezüglich des Gebrauchs von fremdsprachlichen Ausdrücken und Zitaten stellen. Ferner (e) stellt die kommunikationsbedingte Erscheinung von »funktionellen Varianten« oder Stil- bzw. Tonarten die Hypothese einer einheitlich strukturierten Alltagssprache in Frage. Die bei Joos (1962) dargebotene Palette reicht von *frozen (printable), formal* und *consultative* bis zu *casual* und *intimate.* Schließlich (e) darf nicht aus dem Auge verloren werden, daß die Eruierung einer synchronen Alltagsnorm schon deswegen kaum möglich ist, weil sich zu jedem Zeitpunkt jeweils verschiedene Sprachzustände mischen. Absterbendes und Neues, Archaismen und Neologismen kommen nebeneinander vor, ohne daß immer eine scharfe Trennung vollzogen werden kann – diese Erkenntnis formulierten Tynjanow und Jakobson schon 1928 (1966: 75).

Nach diesen einschränkenden Bemerkungen erscheint es mehr als fraglich, ob eine einheitliche alltagssprachliche Norm als unpoetisches *backgrounding* ermittelt werden kann. Allein die synchrone Beschreibung einer solchen setzt eine homogene Sprachgemeinschaft ohne regionale und soziale Differenzen, ohne ausländische Einflüsse, ohne Altersunterschiede, ohne Varianten der situativen Bezugnahme, ohne Idiolekte voraus. Noch schwieriger dürfte sich eine Darstellung der diachronen Perspektive gestalten. Einen Ausweg bietet hier nicht der Rekurs auf den einzelnen Text (cf. Thorne 1965), da nicht klar ist, wie dessen Grammatik mit den Grammatiken aller anderen Texte korreliert werden soll (cf. Hendricks 1969: 1–5). Auch eine Lösung, welche die linguistische Pragmatik in dem Kriterium einer subjektiven »Erwartungsnorm« (Carstensen 1970: 260) bereitstellt, ist nicht ganz unproblematisch, da sowohl die Selektion der normbildenden Sprachbenutzer als auch die Methodenfrage (Statistik?) Schwierigkeiten verursacht. Es bleibt der Vorschlag übrig, den bisher die Mehrzahl der Vertreter einer Abweichungsstilistik gemacht hat: »Sie versteht die Normalebene in rein sprachlich-grammatischer, nicht stilistischer Auffassung als eine Hilfsgröße, die allein der Explizierung bestimmter Irregularitäten der literarischen Ebene dienen soll. Im letzten erweist sich die Stildefinition ›Abweichung von der Norm‹ daher als ein Konstrukt zur linguistischen Erklärung poetischer Sprache ...« (Sanders 1973: 31). Im folgenden soll geprüft werden, welche Möglichkeiten und Probleme eine solche Konzeption in sich birgt.

1.2.2. Das ästhetische »foregrounding«

Vor einer Definition der textästhetischen Norm stellt sich die Frage ihrer Bezugsmodalität zur nicht-ästhetischen Norm. Grundsätzlich sind drei Möglichkeiten denkbar: 1) die poetische Sprache bildet eine Unterklasse (Dialekt) der Gemeinsprache; 2) sie stellt eine Sondersprache mit eigenem Regelwerk dar; 3) sie existiert als die höchste Möglichkeit der Verwirklichung von Sprache. Die letzte Definition, welche das Verhältnis von *foregrounding* und *backgrounding* umkehrt, indem sie die Alltagssprache als »Abweichung gegenüber einer totalen Sprache« (Coseriu 1971: 185) begreift, muß schon im Ansatz eine positive Präzisierung sprachlicher Ästhetizität verfehlen; sie bleibt daher im folgenden außer Betracht. Die zweite Definition sichert zwar dem literarischen Sektor eine klar umrissene Eigenständigkeit zu, zerreißt aber in ihrem Konzept einer *counter-grammar* (Wellek) jegliche Verbindung zwischen ästhetischer und nicht-ästhetischer Sprache. Eben diesen Bezugscharakter beider Sprachmöglichkeiten bringt indes die erste Formulierung zum Ausdruck. Sie beschreibt die poetische Sprache als ein der Alltagssprache nachgeordnetes, d. h. von ihr abhängiges, System von Zeichen und deren Verknüpfungen. Terminologisch wird die Spezifik dieser Relation treffend mit Ausdrücken wie »poetische Sekundärgrammatik« oder »sekundäres modellbildendes System« (Lotman 1972) charakterisiert.

Das Basiskriterium für ein derartiges System ist bisher umstritten. Es gibt deren mehrere. Jede konkrete Festlegung eines solchen ist ein Akt der Wertung. Die ästhetische Norm ist eine Wertnorm; daran ändert auch linguistisches Formalisieren und Quantifizieren nichts. Der Unterschied des linguistischen Verfahrens im Vergleich zur traditionell literaturwissenschaftlichen Behandlung der Wertfrage (cf. Müller-Seidel, Schulte-Sasse, Strelka) liegt darin, daß dort die ästhetischen Wertqualitäten textanalytisch erschlossen, hier jedoch als zeichensyntaktische Hypothese vorgetragen werden. Der Streit um das »richtige« Basiskriterium entzündet sich daran, daß jedes sowohl Lösungen bringt als auch Probleme aufgibt. Aus der Vielzahl der Vorschläge kristallisieren sich vier Konzepte heraus, zwei qualitative und zwei quantitative, die mit ihren Vor- und Nachteilen dargestellt werden sollen.

1) *Ästhetische Deviation = Ungrammatikalität*, d. h. regelverletzende Abweichung durch Verstoß gegen die standardsprachliche Grammatiknorm. Da es unterschiedliche Grade der grammatikalischen Abweichung gibt (Lieb 1970, Lewandowski 1973: 238–240), sind analog auch verschiedene Grade der Poetizität denkbar (cf. Steube 1966, 1968, Burger 1973). Solche betreffen nicht nur eine einzige linguistische Ebene, sondern alle: Phonologie, Morphologie, Syntax, Semantik, Graphemik (Schmidt, S. J. 1968). Fallen ästhetische Deviationen auf zwei oder mehr linguistischen Ebenen an derselben strukturellen Stelle im Text zusammen, so kann man von »Konvergenz« (cf. Riffaterre 1973: 56–58) sprechen.

Problematik: Gegen die Interpretation von ästhetischer Deviation als Grammatikverstoß können u. a. drei Einwände erhoben werden: (a) Nicht jede Ungrammatikalität ist ästhetisch, weil sonst sprachliche Fehlleistungen aller Art literaturfähig wären. Dies aber ist in kaum einer Gesellschaft je akzeptiert gewesen. (b) Die Ungrammatikalität stellt auf der zeichensyntaktischen Ebene keineswegs die einzig mögliche Norm von Literarität dar; vielmehr erhebt das Prinzip der Äquivalenz (cf. 2) den gleichen Anspruch. (c) Setzt man eine statistische Wertnorm an, so ist ein Text um so literarischer, desto mehr Agrammatizitäten er aufweist (cf. Kaemmerling 1972: 77). Höchste Literarität besäße dann ein Text, der nur aus Abweichungen besteht. Ein solcher Text ist nicht mehr verständlich. Folglich muß ein Text sowohl grammatikalische als auch agrammatische (nach Jakobson besser: antigrammatische) Erscheinungen aufweisen, um ästhetisch relevant zu sein.

2) *Ästhetische Deviation* = *Äquivalenz*, d. h. regelverstärkende Abweichung, die dadurch entsteht, daß Äquivalenzstrukturen die Strukturen alltagssprachlicher Grammatikalität überlagern. »Äquivalenz« kann durch Synonyme wie »Wiederholung«, »Entsprechung«, »Übereinstimmung«, »Identität«, »Ähnlichkeit«, »Analogie« (cf. Posner 1971) wiedergegeben werden. R. Jakobson, der linguistische Erfinder dieses Deviationstyps, definiert mit seiner Hilfe den Begriff »poetische Funktion«:

The poetic function projects the principle of equivalence from the axis of selection into the axis of combination (1968: 358).

Die Achse der Selektion ist identisch mit der Paradigmatik von Ausdrücken; das heißt: äquivalente Sprachelemente können an einer bestimmten Strukturstelle des Textes füreinander eintreten (vertikale Äquivalenz). Die Achse der Kombination hingegen ist identisch mit der Syntagmatik von Ausdrücken; das heißt: äquivalente Sprachelemente werden innerhalb der linearen Textsequenz miteinander verbunden (horizontale Äquivalenz). Jakobson erläutert dieses Prinzip anhand der phonologischen Äquivalenz-Beziehung *horrible Harry,* wo *horrible* austauschbar ist gegen Ausdrücke wie *dreadful, terrible, frightful, disgusting* (Paradigmatik), aber deshalb gewählt wird, weil die Kombination mit *Harry* (Syntagmatik) die »Lautfigur« der Paronomasie ergibt. Die graphische Darstellung dieses Sachverhalts sieht *in abstracto* folgendermaßen aus (nach Wunderlich 1971: 134):

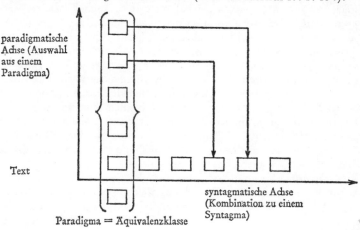

paradigmatische Achse (Auswahl aus einem Paradigma)

Text

syntagmatische Achse (Kombination zu einem Syntagma)

Paradigma = Äquivalenzklasse

Aus der Darstellung geht hervor, daß Elemente aus einer Äquivalenz-klasse in den Text eingehen und zu Gliedern der Textsequenz werden. Außer der phonologischen Äquivalenzklasse gibt es auch eine morphologische, eine syntaktische, eine semantische und eine graphematische. Poetische Konvergenz tritt hier ein, wenn mehrere Äquivalenzklassen einander überlagern. S. R. Levin (1962) nennt diese Art von Verdichtung *coupling*, wobei er besonders die paarweise Anordnung von zwei oder mehr phonologisch bzw. semantisch äquivalenten Elementen in äquivalenten syntagmatischen Positionen untersucht. Auf diese Weise erscheint der Reim als »a coupling in which the phonically equivalent forms occur in positions equivalent with respect to the rhyme-scheme of a poem« (1962: 43). Im Gefolge Jakobsons haben außer Levin vor allem französische und russische Arbeiten die ästhetische Relevanz der Äquivalenz betont (cf. Delas/Filliolet 1973, Lotman 1972, 1972a). Jakobson selbst hat in verschiedenen Artikeln (1965, 1966, 1966a, 1969, 1972) die Anwendbarkeit des von ihm gefundenen Prinzips bei Gedichtanalysen demonstriert. Am bekanntesten geworden ist die Interpretation von Baudelaires Gedicht »Les chats« (1968 [1962]), die er zusammen mit Claude Lévi-Strauss durchgeführt hat (cf. auch Jakobson/Jones 1970).

Problematik: Gegen die Auslegung der ästhetischen Deviation als Äquivalenz gibt es folgende Einwände: (a) Nicht jede Äquivalenz ist ästhetisch, da sonst jede zufällige Assonanz und jeder zufällige Parallelismus schon das Vorhandensein von Literarität signalisierten. (b) Auf der zeichensyntaktischen Ebene ist die Äquivalenz nicht das einzige poetizitätserzeugende Prinzip, da mit ihrer Hilfe zum Beispiel nicht die Metapher – ein Fall von »Ungrammatikalität« – erklärt werden kann. (c) Postuliert man einen statistischen Wertmesser, so ist ein Text um so literarischer, desto mehr Äquivalenzen er aufweist. Am Ende einer solchen Ästhetizitätsskala steht ein Text, der in seinen Elementen total identisch ist, etwa die Folge »o o o o o«, die graphematisch, morphologisch, syntaktisch und semantisch identisch ist. Unter diesem Aspekt ergeben maximale Horizontalität und Vertikalität von Äquivalenz ebensowenig einen Sinn wie solche der Ungrammatikalität, nur daß hier der Effekt den Namen »Banalität« trägt (cf. Levin 1962: 48 ff.). Folglich müssen in einem Text auch Momente grammatikalischer Unregelmäßigkeit vorkommen, damit dieser als poetisch anerkannt werden kann.

3) Ästhetische Deviation = Okkurrenz, d. h. statistisch seltenes Vorkommen von sprachlichen Erscheinungen. Zugrunde liegt der Gedanke, »daß die Gedichtsprache eine individuell-charakteristische ›okkurrente‹ Variante zur Basis der alltagssprachlichen Rekurrenz (als

Bereich des Vorfindlichen, Allgemeinüblichen und also Allgemeinverbindlichen) darstellt« (Schmidt, S. J. 1968: 289). Solche Okkurrenzen werden ermittelt, indem man die Häufigkeitsrangordnung verschiedener linguistischer Einheiten und ihre Übergangswahrscheinlichkeit in der Linearität der Textsequenz quantifiziert; das Ergebnis ist der »Stil« eines Diskurses:

The style of a discourse is the message carried by frequency distributions and the transitional probabilities, especially as they differ from those of the same features in the language as a whole« (Bloch 1953: 42).

Angesprochen ist damit der Bereich der Stilstatistik. Sie beschäftigt sich mit Frequenz und Distribution von Sprachelementen in Texten. Das Seltene, Exzeptionelle erscheint als poetisch, das Häufige, Normale als unpoetisch. Zahlreiche Arbeiten sind zu diesem Thema erschienen (z. B. in Kreuzer/Gunzenhäuser [Hg.] 1969, Doležel/Bailey [eds.] 1969, Leed [ed.] 1966).

Problematik: Gegen die statistische Norm der Okkurenz sprechen folgende Gründe: (a) Es ist unmöglich, eine allgemein verbindliche Grenze zwischen dem, was okkurrent/ästhetisch und nicht-okkurrent/nichtästhetisch ist, anzugeben. Eine solche Entscheidung ist immer subjektgebunden und macht die Schwierigkeit deutlich, ästhetische Qualitäten auf quantitativem Wege zu objektivieren. (b) Zum anderen würde das Prinzip der Okkurrenz, ins Extreme getrieben, bedeuten, daß der Text mit dem höchsten Poetizitätsgrad ein solcher wäre, der nur aus einmaligen Sprachvorkommen bestünde. Hier gilt Ähnliches wie das zur Ungrammatikalität [Punkt (c)] Gesagte. (c) Letztlich ist unklar, auf welche Textmenge sich das Konzept »Okkurrenz« bezieht. Ist es die Gesamtheit aller vorhandenen Texte oder der einzelne Text? Im ersten Fall ist das Ergebnis zu allgemein, im zweiten zu speziell. Denn betrifft die Okkurrenzstatistik alle in einer Sprache vorkommenden *hapax legomena* (einmalige Vorkommen), Neologismen, Archaismen, ungewöhnliche syntaktische Verbindungen u. dgl., so ist die Gefahr gegeben, daß unpoetische Okkurrenzen registriert werden (auch die Sprache der Technik kennt z. B. Wortneuschöpfungen). Im gegenteiligen Fall, wo die im einzelnen Text vorkommende Okkurrenz notiert wird, besteht die Möglichkeit, daß außerhalb des Textes das gleiche Sprachelement durchaus einen hohen Rekurrenzquotienten aufweist.

4) Ästhetische Deviation = Rekurrenz, d. h. statistisch häufiges Vorkommen von Spracherscheinungen. Eine solche Gleichsetzung postuliert für literarische Texte einen Überschuß (Redundanz) von Sprachelementen, wie er in der Alltagssprache nicht vorkommt (cf. Fónagy

1961: 215 ff.). Diese Redundanz gibt es auf allen linguistischen Ebenen, besonders auffällig im Bereich der Semantik (cf. Koch 1966).
In vielen Fällen betrifft ihre Analyse die gleichen Phänomene, die
anläßlich der Äquivalenz-Diskussion angesprochen wurden – mit dem
Unterschied, daß hier mathematische Messungsverfahren angewandt
werden (cf. Fónagy 1961, Knauer 1969, Lüdtke 1969).

Problematik: Die Kritik richtet sich gegen die gleichen Punkte, die
bereits bei der Okkurrenz bemängelt worden sind, mit dem Unterschied, daß hier die statistische Prämisse invertiert ist: (a) Bei der
Rekurrenz unterliegt die Grenzziehung zwischen ästhetischer Häufigkeit und nicht-ästhetischer Seltenheit von Spracherscheinungen ebenfalls einer willkürlichen Festlegung, womit gezeigt ist, daß die
»Objektivität« des quantitativen Meßverfahrens keine absolute Gültigkeit besitzt, sondern von pragmatisch gebundenen Vorentscheidun-
gen abhängig ist. (b) Extreme Rekurrenz bedeutet, wie schon das zur
Äquivalenz Gesagte lehrt, Banalisierung der Textäußerung.
(c) Schließlich gilt auch hier analog die über die Okkurrenz unter
Punkt (c) vorgetragene Problematik.

Überblicken wir die vier dargestellten Konzepte der sprachästhetischen Deviation, so handelt es sich jedesmal um Hypothesen, die
zwar in der empirischen Realität der Literatur jeweils einen gewissen
Rückhalt finden, aber dennoch nicht systematisch als poetizitätskon-
stituierende Prinzipien verifiziert sind. Mit anderen Worten: Es
bedarf einer literarästhetischen Pragmatik (Performanz), welche die
Validität dieser oder jener Ästhetizitätsnorm für bestimmte Textvorkommen an einem bestimmten Ort und zu einer bestimmten Zeit und
in einer bestimmten Gesellschaft bestätigt. Als Möglichkeit sei hier
nur die Vermutung geäußert, daß – um eine von E. R. Curtius kon-
struierte Antithese aufzugreifen – manieristische Literaturperioden
sich eher an den Prinzipien von Ungrammatikalität und Okkurrenz,
klassizistische Literaturperioden hingegen eher an den Normen von
Äquivalenz und Rekurrenz orientieren dürften. Wiederholt hat man
darauf hingewiesen, daß die moderne Literatur durch eine Hinwendung zum manieristischen Deviationstypus gekennzeichnet sei.

Ungrammatikalität/Okkurrenz und *Äquivalenz/Rekurrenz* bilden
als Theoriekonzepte offenbar Gegensatzpaare. Das erste Paar zeichnet
sich durch die Eigenschaften der Singularität, Unvorhersagbarkeit
und Neuartigkeit aus. Das Literaturschöne erscheint als Einmaliges,
das die habitualisierte Norm des alltäglichen Sprachgebrauchs in
Frage stellt oder sogar aufhebt. Die russischen Formalisten nennen
dieses Phänomen »Verfremdung« *(ostranenie)* (cf. Šklovskij 1916)
und verstehen darunter (pragmatisch) die »Entautomatisierung der

Wahrnehmung«, welche durch das Mittel der »erschwerten Form« erzielt wird (cf. Eichenbaum 1925, Striedter 1971). Die Gegenposition (Äquivalenz/Rekurrenz) ist gekennzeichnet durch die Eigenschaften der Häufigkeit und Prädiktabilität. Das Literaturschöne geht hier nicht in der Qualität des Singulären auf. Im Gegenteil: Erst die Wiederholung des Gleichen stellt den ästhetischen Genuß her. In der Art und Weise ihrer wissenschaftlichen Begründung sind die beiden kontrastierenden Positionen wiederum in sich differenziert. Während Ungrammatikalität und Äquivalenz auf der Operationsbasis einer Grammatik nachgewiesen werden, beruht die Ermittlung von Okkurrenz und Rekurrenz auf der Grundlage von statistischen Erhebungen. Beide Verfahren können indes darin zusammentreffen, daß agrammatische bzw. äquivalente Sprachvorkommen im Text meßbar sind. Auf diese Weise zeigt sich, daß sich die Prämissen der vier genannten Normkriterien teilweise überlappen. Alle stimmen darin überein, daß sie als ästhetisches *foregrounding* auf dem Hintergrund einer hypothetischen alltagssprachlichen Norm existieren.

1.2.3. Pragmatische Kritik an der Deviationsstilistik

Es ist bezeichnend, daß die Kritiken an dieser Konzeption von Sprachästhetik, welcher Variante auch immer, von einem semiotischen Standpunkt kommen, den man »pragmatisch« nennen muß. Ihr Ursprung ist der Zweifel an dem vierfachen linguistischen Reduktionismus, wie er vorhin (1.2.) skizziert wurde. Dieser Zweifel wird am prägnantesten artikuliert von Hugo Friedrich in dem Satz: »Literatur als solche ist nicht *langue*, sondern *parole*« (1967: 223). Damit ist behauptet, daß Literatur ein *ens singulare* darstellt, das nicht von den allgemeinen Regeln einer irgendwie gearteten »Grammatik der Poesie« (Jakobson 1969) erfaßt werden kann. Damit ist weiter gesagt, daß die Erscheinungen von Literatur nicht als isolierte zeichensyntaktische Relationen interpretierbar sind, sondern stets auf einen Kontext kommunikativer und referentieller Art bezogen werden müssen. Damit ist schließlich gefordert, daß jede Analyse von Literarität auf dem Boden der historisch-hermeneutischen Wissenschaften zu stehen habe. Weitere Äußerungen von Literaturwissenschaftlern muten wie Variationen dieser Kritikpunkte an. So insistiert der russische Marxist Arvatov in seinem Artikel *Poetische und praktische Sprache* schon 1923 gegenüber den Formalisten auf der »sozialen Natur« der poetischen Sprache. Der polnische Ästhetiker R. Ingarden hingegen bemängelt, die Linguistik könne nicht »die im Kunstwerk gestaltete eigene dargestellte Wirklichkeit« (1961: 7) beschreiben. Kataćić wiederum betont, daß das literarische Wesen keine Eigenschaft des

Textes sei, sondern es allein vom Empfänger abhänge, »ob durch die Realisation des sprachlichen Inhaltes Literatur zustande kommt oder nicht« (1973: 240). Und H. Grabes weist zuletzt darauf hin, daß linguistische Theorien keinerlei Auskunft darüber erteilen, was den Leser veranlaßt, bestimmte Merkmale »als Signale für die Qualität des ›Literarischen‹ zu verstehen und demzufolge einen Text als ›Literatur‹ zu rezipieren« (1973: 463). Dies ist nur eine kleine Auswahl literaturwissenschaftlicher Stellungnahmen zu einer linguistischen Poetik. Bemerkenswert daran ist insgesamt, daß die Argumentation sehr schnell von der Kritik an der linguistischen Syntaktik zur Kritik an der Linguistik überhaupt fortschreitet. Nur selten wird dabei von der pragmatischen und der semantischen Dimension in der Linguistik Notiz genommen, von ihren Möglichkeiten zur Konstitution von Literarität ganz zu schweigen.

Die Linguistik hat auf die Vorwürfe der Literaturwissenschaft geantwortet; ja, sie hat Eigenkritik geübt, um eine größere Deskriptionsadäquatheit für die Analyse literarischer Phänomene zu erlangen. Diese Wende vollzieht sich im Einklang mit einer allgemeinen Hinwendung zu pragmalinguistischen und kommunikationstheoretischen Theorien, wie sie besonders in den letzten Jahren erfolgt ist. In einem längeren Artikel *Der methodische Stand einer linguistischen Poetik* (1969) weist K. Baumgärtner nachdrücklich darauf hin, »daß der Begriff des Poetischen allein gesellschaftlich definierbar ist, weil er in seiner heutigen Freiheit von spezifischen sprachlichen Formen auch nur gesellschaftlich sanktioniert werden kann« (1971: 389). Konsequenterweise lehnt er Bierwischs (1969) Konstruktion einer »poetischen Kompetenz« ab. Ähnlich verfahren auch Ihwe (1970) und Abraham/Braunmüller (1971). Ersterer benutzt den Begriff der Performanz, letztere den der Akzeptabilität, um der Spezifik literarischer Sprachverwendung gerecht zu werden. Während solche Versuche von einer modifizierten generativ-transformationellen Konzeption ausgehen, hat schon früh M. Riffaterre in einer Reihe von Publikationen (1959, 1960, 1964 etc.), die jetzt unter dem Titel *Strukturale Stilistik* (1973) in deutscher Sprache zugänglich sind, eine pragmatische Variante des literaturimmanenten Strukturalismus hergestellt. Exemplifiziert ist diese Position in einer Musteranalyse von Baudelaires »Les chats«, die Riffaterre bewußt als Kontrast zu Jakobsons und Lévi-Strauss' Interpretation des gleichen Gedichts angelegt hat. Hier und anderswo bringt er den Faktor »Kommunikation« in die linguistische Theorie hinein, indem er die Hintergrundnorm, von ihm »stilistischer Kontext« genannt, als variables Erwartungsmuster *(pattern)* und die »Abweichungen« als besonders markierte kontrastive Überraschungsphänomene beschreibt, wobei solche wiederum einen Erwartungskontext für zusätzliche Abweichungen bilden können. Der Rezipient, der für Riffaterre den ästhetischen Eindrücken die sie bedingenden Textmerkmale in idealer Weise zuordnet, heißt »Archileser«. Auf diese Weise ist die Komponente des Empfängers sogar namentlich im Theoriekonzept verankert. Daß ein solches Unterfangen nicht ganz problemlos ist, mag die Tatsache belegen, daß Riffaterre nicht durchgängig Zustimmung für seine Auffassung gefunden hat. Kritisch beleuchtet wurden vor allem der Kontextbegriff, die Frage der ästhetischen Evaluation und die Konstruktion des Archilesers (cf. Levin 1969: 37–38, Hendricks 1969: 10 f., Traband 1970: 243–244). Auch in unserer Darstellung sind verschiedene Problempunkte, wie der der Erwartungsnorm (1.2.1.) und des Kontexts, schon berührt worden.

Alle diese sprachwissenschaftlichen Bemühungen zielen darauf ab, aus der selbstgewählten methodischen Beschränkung auszubrechen und die Linguistik zu einem deskriptionsadäquaten Instrument für reale ästhetische Textvorkommen umzuformen. Daß damit eine Annäherung an die Theorie und Praxis literaturwissenschaftlicher Hermeneutik, besonders der neuen Richtung der Rezeptionshermeneutik (Jauß, Iser, Weinrich) stattfindet, ist nicht zu verkennen. Symptomatisch dafür ist das Plädoyer des Linguisten und Literaturhistorikers H. Weinrich für eine »kommunikative Literaturwissenschaft« (1971). Noch beweiskräftiger für diese Hypothese dürfte aber die verstärkte Aufmerksamkeit sein, die man neuerdings den russischen Formalisten und den tschechischen Strukturalisten zu schenken beginnt. Ihre Arbeiten, die in der Regel den Einfluß der Linguistik nicht verleugnen können, betonen – darin Vorläufer von Jauss (1967) – besonders die dialektische Diachronie der Literaturnorm (Eichenbaum, Mukařovský). Das heißt *in concreto:* Die sprachästhetische Deviation setzt sich nicht nur gegenüber einer synchronen Alltagsnorm ab, sondern auch gegenüber einer poetischen Vorgänger-Norm, die sie – als Abweichung von der Abweichung – im Zuge der »literarischen Evolution« abgelöst hat. Auf diese Weise wird die poetische Sprache zu einem prozeßhaften Phänomen, das ständigen Grenz- und Strukturveränderungen unterliegt (cf. auch die Darstellungen bei Erlich 1964, Striedter 1971, Doležel/Kraus 1972, Flaker 1973, Červenka 1973, Günther 1973).

Eine weitere Frage ist es, ob die Linguistik imstande ist, dem ständigen Vorwurf der traditionellen Literaturwissenschaft zu begegnen, sie sei unfähig, mit den ihr zur Verfügung stehenden Mitteln das Problem der Fiktionalität zu lösen. Fiktionalität heißt, in das Vokabular der Semiotik übersetzt, die literaturspezifische Form von Referenz. Von S. J. Schmidt (1972) ist in der Tat ein erster Versuch in dieser Richtung unternommen worden. Dazu stellt er zunächst fest, daß Referenz als eine Kategorie auf der Ebene der Kommunikation, nicht aber des Lexikons behandelt werden müsse. So gesehen, sind literarische Texte nicht eindeutig auf bestimmte Kommunikationssituationen hin entworfen. Sie sind vielmehr situationsabstrakt. Dies setzt voraus, daß sie (von seiten des Autors) teilinterpretiert sind, was wiederum zur Folge hat, daß sie (für den Rezipienten) polyvalente Textmengen darstellen, die an verschiedene mögliche Interpretationssysteme angeschlossen werden können. Die »Polyfunktionalität« (cf. Schmidt 1971) der Textkonstituenten und des Textganzen führt dazu, »daß der Text ›Leerstellen‹, ›Unbestimmtheiten‹ (Iser 1970) aufweist, die von jedem Rezipienten anders ausgefüllt bzw. ausgelegt werden können« (Schmidt 1972:67). »Fiktionalität« ist demnach keine ontologische, sondern eine sozio-kommunikative Größe.

In den zurückliegenden Abschnitten wurde geschildert, wie die Linguistik die Restriktionen, die sie aus prinzipiellen Gründen der Analyse des Phänomens »Literarität« auferlegt hat, allmählich zu lockern beginnt. Dies betrifft den Textrezipienten ebenso wie den Textreferenten und die Textdiachronie. Auch ist man inzwischen zu der Einsicht gelangt, daß eine extreme Formalisierung, welche sich des mathematisch-logischen Symbolinventars bedient, nur eine Scheinobjektivierung bedeutet, welche die grundlegenden hermeneutischen Probleme nicht aus dem Wege räumt. Angesichts dieser Erweiterung des eng-linguistischen Ansatzes um weitere Dimensionen ist die Frage angebracht, was für Möglichkeiten einer ästhetischen Textsyntaktik noch offenstehen, zumal die anläßlich der Diskussion der einzelnen Deviationskriterien aufgezeigten Probleme bleiben.

1.3. Aussichten einer ästhetischen Textsyntaktik

Eine ästhetische Textsyntaktik ist trotz der beschriebenen Aporien konstruierbar, wenn sie von angemessenen Voraussetzungen und Zielen ausgeht. Nach M. Bense entwirft die Ästhetik »Prinzipien...«, aber nicht durch die Mittel der Kunst, sondern in der Form der reinen Theorie« (1965:22). S. J. Schmidt, der diesen Gedanken aufgreift, präzisiert Benses Theoriebegriff als »eine Hypothese, deren Realisation nur in der Analyse einzelner Kunstwerke nachgewiesen werden kann« (1971:17). Faßt man eine poetische Deviationsgrammatik in diesem Sinne auf, so ist sie nichts anderes als eine Hypothese über die Bedingungen der Möglichkeit sprachlicher Ästhetizität. Als eine solche Hypothese besitzt sie den Charakter ahistorischer Konstanz; das heißt: sie ist unabhängig von Person, Raum und Zeit. Es handelt sich um ein theoretisches Konstrukt, das alle Vorkommensmöglichkeiten sprachästhetischer Phänomene enthält. Dies bedeutet indes nicht, daß jede abweichende sprachliche Erscheinung schon als poetisch zu gelten hat; auch die Alltagssprache ist voll von Alliterationen (z. B. *time and tide, Mann und Maus*) und Metaphern (z. B. *Tischbein, head of the department*) (cf. Stankiewicz 1961: 13–14). Was devianten Sprachäußerungen den Stempel des Poetischen aufdrückt, ist vielmehr ihre »ästhetische Funktion«. Darunter ist ein Zweifaches verstanden. In ihrer ersten Bedeutung besagt »ästhetische Funktion«, daß die einzelne Deviation in einen Kontext interdependenter Strukturmomente integriert ist, die eine gewisse Regelmäßigkeit aufweisen. Die so entstandene Textur können wir mit Mukařovský (1964) als »Einheit in der Vielheit« *(unity in diversity)* oder – nach einem alten ästhetischen Grundsatz – als *concordia discors* bezeichnen. Die zweite Bedeutung der ästhetischen Funktion ist rezeptionsorientiert in dem Sinne, daß das sprachliche Strukturmuster auf den Empfänger einen ästhetischen Effekt ausübt. Beide Bedeutungen zusammen genommen bezeichnen eine pragma-syntaktische Einstellung zur Literarität. Diese Einstellung ist ihrem Wesen nach diachron, d. h. veränderlich.

Der hier aufgezeigte Gegensatz entspricht dem von *langue*/Kompetenz und *parole*/Performanz. F. W. Bateson schreibt dazu in der Begründung seines eigenen Standpunktes die passenden Worte:

My point of departure is Saussure's distinction between *langue* (the language-system) and *parole* (the particular language-occasion). Projected into the sphere of literature *langue* becomes ›style‹ (with its subdivisions of *genres*, ›topoi‹, figures of speech, poetic diction, etc.), and *parole* becomes the particular artifact in the context of its original audience... (in Fowler 1971: 65).

Die Formulierung der *langue* erfolgt in der Literaturtheorie (Stiltheorie), die der *parole* hingegen in konkreten Textanalysen. Wenn daher Fowler behauptet: »... there is no constant, or set of constants, which differentiates all members of the class ›literature‹ from all members of the class ›non-literature‹« (1966: 11), so vernachlässigt er diese Dichotomie und damit den Sinn, den solche Konstanten haben können. Wir verstehen darunter den Ausgangspunkt für ein System von Deviationen, welches die Produktions- und Analysemöglichkeiten für sprachästhetische Fakten bereitstellt. Das System ist in jedem Fall allgemeiner und umfassender als das einzelne literarische Realisat, das nur einen Teil von ihm konkretisiert.

Welche von den vier behandelten Typen ästhetischer Deviation können die Aufgabe solcher Konstanten übernehmen? Unsere Darstellung soll sich auf die Basis der Grammatikalität, nicht aber der Statistik beziehen. Diese Entscheidung eliminiert Okkurrenz und Rekurrenz in dem von uns beschriebenen Sinne, obgleich die Statistik der linguistischen Betrachtungsweise wertvolle Hilfe anbieten kann. Es bleiben also die Kriterien der Ungrammatikalität und der Äquivalenz. Verabsolutieren wir das erste Kriterium, so können wir Erscheinungen wie Alliteration, Reim, Parallelismus und Synonymie nicht erklären; setzen wir das zweite absolut, so finden sich keine Beschreibungskategorien für Phänomene wie Metapher, Aphärese, syntaktische Inversion und Anagramm. Beide Kriterien zusammen versprechen aber eine möglichst umfassende Erklärungsgrundlage für alle poetischen Sprachverwendungsmöglichkeiten abzugeben. So deutete es schon Bierwisch in seiner Unterscheidung von »bewußten Abweichungen von der Normalstruktur« und »Überlagerung der Sprache durch sekundäre Strukturen« (1966: 141) an – eine Differenzierung, die von Ch. Bezzel (1970: 7) übernommen wird. Beide Typen bestehen aus Abweichungen: der erste Typus aus regelverletzenden, der zweite Typus aus regelverstärkenden. Außerdem sind »sekundäre Abweichungen« möglich, etwa in der Möglichkeit einer partiellen Äquivalenzbeziehung (z. B. Semi-Alliteration, Semi-Reim).

Mit solchen Überlegungen ist ein wissenschaftliches Forschungsgebiet angesprochen, das üblicherweise den Namen »Stilistik« trägt. Die mannigfaltigen Auslegungen, die der Begriff »Stil« und die ihm zugeordnete Disziplin erlangt haben, sind bekannt (cf. etwa Enkvist 1964, Chatman 1967, Sanders 1973). Daher erübrigt sich ihre Wiederholung. Relevant ist hier allein die Bedeutung der »künstlerischen Sprachform«. Unter diesem Aspekt sind die meisten Ansätze zu einer linguistischen Poetik bzw. Literaturwissenschaft als stiltheoretische Versuche zu betrachten. So ist auch die Auffassung Batesons. Wie ein Blick auf die Tradition der Stilistik zeigt, ist die Gleichsetzung von Stil und Sprachkunst nicht ohne Vorläufer. Sie hat ihren Ursprung in der Rhetorik, von der die Stilistik – als *elocutio* – bis ins 19. Jahrhundert hinein einen Teil bildete. Wie die Erörterung in Kapitel I.1.1.4. zeigt, stellt die Stil-Rhetorik die Grundlage für einen »rhetorischen Literaturbegriff« dar. Diesen gilt es im folgenden systematisch zu explizieren. Dazu bedarf es einer Befragung alter und neuer stilrhetorischer Theorien, ob sich in ihnen Übereinstimmungen mit den beiden von der Linguistik vorgeschlagenen Deviationskriterien finden. Die folgende Darlegung wird demonstrieren, daß solche Kongruenzen in der Tat existieren. Anschließend soll mit Hilfe der neu hinzugewonnenen Kategorien ein textästhetisches Modell errichtet werden.

2. Entwurf eines textästhetischen Modells

»Die Rhetorik – als *ars bene dicendi* abgehoben von der Grammatik, der *recte dicendi scientia* – ist nach antiker Definition die Kunst des guten Redens (und Schreibens) im Sinne einer von Moralität zeugenden, ästhetisch anspruchsvollen, situationsbezogenen und auf Wirkung bedachten Äußerung, die allgemeines Interesse beanspruchen kann. Sie umfaßt sowohl die Theorie (*ars rhetorica*, Redekunst) als auch die Praxis (*ars oratoria*, Eloquenz, Beredsamkeit) und hat damit zugleich den Charakter der Kunstlehre und Kunstausübung.« – so beschreibt W. Jens (1971:432) Beschaffenheit und Funktion einer Disziplin, die auf eine beinahe zweieinhalbjahrtausend alte Tradition in der Theorie und eine noch viel weiter zurückreichende Praxis herabblicken kann. Im Verlauf dieser langen Geschichte hat die Rhetorik als Theorie (*rhetorica docens*) eine Fülle von Kategorien für die Hervorbringung (und Analyse) wirksamer Texte geschaffen. Wenn hier von einer historischen Darstellung derselben abgesehen wird, so geschieht es deshalb, weil das Interesse einer allgemeinen rhetorischen Systematik gilt. Möglichkeiten einer solchen sollen nachfolgend unter Bezugnahme auf die vorangegangenen Überlegungen aufgespürt werden.

Über die Geschichte der Rhetorik gibt es bislang noch keine gründliche zusammenfassende Darstellung. Einen Überblick über wichtige Werke bietet die Bibliographie von W. Jens (1971: 447–456). Hervorzuheben sind die Arbeiten von W. Kroll (1940), M. L. Clarke (1968), R. Barthes (1970a), C. S. Baldwin (1928), W. S. Howell (1956), W. G. Crane (1937), J. Dyck (1969), P. W. R. Stone (1967), U. Stötzer (1962) und M.-L. Linn (1963). Aufmerksamkeit verdienen auch die Reader von Howes (1961), Schwartz/Rycenga (1965), Crocker/Carmack (1965) und Schanze (1974).

2.1. Rhetorik und Stil

Was heißt »Rhetorik« in bezug auf Texte? Nach Jens' Definition, welche in etwa die *communis opinio* spiegelt, eine besondere Wertqualität (*bene*), welche die grammatikalische Qualität der bloßen Sprachrichtigkeit (*recte*) übersteigt. Diese besondere Wertqualität macht den Kunstcharakter (*ars*) der Rhetorik aus. Allgemein läßt sich dieser so formulieren, daß die Rhetorik imstande ist, durch eine Reihe von Techniken eine bestimmte sprachliche Reliefgebung und auf Grund dieser eine bestimmte Wirkung hervorzubringen. Sie kann daher als Teil eines allgemeinen Kommunikationssystems oder einer kommunikativ interpretierten Semiotik verstanden werden, und gerade in dieser Hinsicht hat die Rhetorik seit einiger Zeit eine Renaissance erlebt (cf. u. a. Frank-Böhringer 1963, Bettinghaus 1967, Kopperschmidt 1973). Demnach ist in dieser Disziplin die pragmatische Zeichendimension dominant. In ihrem Zentrum steht der persuasive Redetext.

Nach antiker Auffassung durchläuft der persuasive Redetext bis zu seiner Fertigstellung mehrere Bearbeitungsphasen. Die erste ist die Stofffindung, auch *inventio* genannt. Daran schließt sich die *dispositio*, die Strukturierung des gefundenen Stoffes, an. Die dritte Phase wird von der sprachlichen Ausarbeitung *(elocutio)* der geordneten Stoffmenge bestimmt. Damit ist der eigentliche Vorgang der Textbildung abgeschlossen. Die Tatsache, daß die antiken Rhetoriker durchweg mit der mündlich geäußerten Rede befaßt waren, führt jedoch in der Regel dazu, daß noch zwei weitere Bearbeitungsphasen angefügt werden: das Auswendiglernen der Rede *(memoria)* und der Redevortrag *(actio/pronuntiatio)* – Sujets, die heute in den Verantwortungsbereich von Mnemotechnik und Kinesik bzw. Sprechkunde fallen.

Uns beschäftigt im folgenden vor allem die dritte Bearbeitungsphase, die *elocutio*, was auch mit »Stil« übersetzt wird. Schon früh hat sie sich aus dem Schema der fünf *partes artis* gelöst und eine gewisse Eigenständigkeit erlangt (cf. Howell 1956: 116–137, Genette 1970). Die Folge davon ist einmal, daß man Rhetorik und Stilistik gleichzusetzen beginnt – ein Vorgang, der sich auch in unserer Nomenklatur »rhetorischer (d. h. stilistischer) Literaturbegriff« (I.1.1.4.) wiederfindet. Die zweite Konsequenz ist eine Ästhetisierung der rhetorischen Sprachformen; der aktuelle Persuasionszweck wird zugunsten der Zwecklosigkeit eines oratorischen Exhibitionismus aufgegeben. Selbst in einer alle fünf Phasen verzeichnenden Rhetorik wie Thomas Wilsons *The Arte of Rhetorique* (1553) ist diese Einstellung anzutreffen:

For whereas Inuencion, helpeth to finde matter, and Disposicion serueth to place argumentes: Elocucion getteth wordes to set furthe inuencion, & with suche beautie commendeth the matter, that reason semeth to bee clad in purple, walkyng afore, bothe bare and naked (85 v).

Von hier aus ist es nur ein kleiner Schritt bis zu Jakobsons These vom Selbstverweisungscharakter der poetischen Botschaft.

Aus einer solchen Grundhaltung heraus ist es zu verstehen, daß die Kategorien der *elocutio*, traditionell »Figuren« genannt, als poetizitätshaltige Sprachformen interpretiert werden. Das Kriterium, das diesen Sachverhalt umschreibt, ist, wie die Belege in I.1.1.4. ausweisen, die Abweichung von der Alltagssprache. Das ist, wie wir wissen, eine vorwiegend zeichensyntaktische Interpretation der rhetorischen Stilfiguren. Behält man das Ganze der semiotischen Stilmöglichkeiten im Auge, so wäre eine syntaktische, eine semantische und eine pragmatische Dimension der rhetorischen Figuren denkbar. Einen ersten Versuch in dieser Richtung hat Gui Bonsiepe (1968) unternommen; er gelangt dabei zu folgender Differenzierung:

a) *syntaktische Figuren*, die auf einer Operation mit der Zeichengestalt basieren und folgende Unterklassen umfassen:
   1. Transpositive Figuren (Apposition, Atomisierung, Parenthese, Reversion),
   2. Privative Figuren (Ellipse),
   3. Repetitive Figuren (Alliteration, Isophonie [Gleichklang], Parallelismus, Wiederholung);

b) *semantische Figuren*, die auf einer Operation mit der Zeichenbedeutung (Relatum) basieren und folgende Unterklassen umfassen:
   1. Konträre Figuren (Antithese, Litotes, Oxymoron),
   2. Komparative Figuren (Klimax, Hyperbel, Metapher, Untertreibung [engl.: Understatement]),
   3. Substitutive Figuren (Metonymie, Synekdoche).

Der Autor, der diese Figuren für die Analyse von Wort-Bild-Kombinationen aus der Werbung verwendet, unterläßt es, eine eigene Klasse *pragmatischer Figuren* zu begründen. J. Kopperschmidt (1973: 170 bis 171) nimmt hier eine Ergänzung vor, indem er den »Interpretanten/Adressatenbezug als die für pragmatische Figuren typische Operationsbasis« angibt. Dazu gehören u. a. beschwörende Anrede *(obsecratio)*, Apostrophe, rhetorische Frage und fingierter Dialog – kurzum solche Figuren, die auch den Namen »Figuren der Publikumszugewandtheit« (Lausberg 1960: I 376 ff.) und »Appellfiguren« (Plett 1973: 63–69) tragen. Es ist nicht zu verkennen, daß die Einrichtung semiotischer Figurenklassen zu einer Ablösung klassischer Gliederungsschemata wie zum Beispiel der Einteilung in Wortfiguren, Sinnfiguren und Tropen führen muß. Noch wichtiger ist aber vielleicht die bisher nicht ausgesprochene Erkenntnis, daß die traditionellen rhetorischen Figuren in der Regel eine syntaktische, eine semantische und eine pragmatische Ausdeutung zulassen. Unter wechselndem semiotischem Blickwinkel stellt sich so etwa die Metapher einmal (syntaktisch) als ein besonderer Verstoß gegen den Sinnkontext, ein andermal (semantisch) als eine spezifische Bedeutungssubstitution und schließlich (pragmatisch) als eine eigene Form von Ausdruck/Wirkung vor. Zwei oder drei semiotische Hinsichten können sich durchaus bei der

Bestimmung einer rhetorischen Stilfigur verbinden; ja, dieses Vorgehen ist, wie die Historie lehrt (cf. das Beispiel in I.1.2.), das Normale. Eine Syntaktik oder Semantik der Metapher ohne Einbeziehung der Pragmatik ist eine Abstraktion.

Eine solche Abstraktion liegt dann vor, wenn J. Kopperschmidt, analog zu Postulaten Bierwischs (1966, 1969), eine »rhetorische Sekundärgrammatik« oder genereller: eine »allgemeine ästhetische Grammatik« (1973: 164) fordert. Diese ist orientiert am Kriterium der »Abweichung«, welches aus einer »Ordnung niederen Grades (Grammatizität)« auf Grund bestimmter Regeln eine »Ordnung höheren Grades (Poetizität, Rhetorizität)« erzeugt. Akzeptieren wir diese Grundposition, dann verkörpert die einzelne rhetorische Figur eine deviante ästhetische Sprachstruktur. Rhetorische Figuren sind seit der Antike organisiert in Systemen, die modellhaften Charakter besitzen. Einige zeichensyntaktische Modelle der Stilrhetorik sollen im folgenden vorgestellt werden.

2.2. Stilrhetorische Textmodelle

Die fraglichen Modelle stammen von Leech, Quintilian und der Lütticher Gruppe µ. Ihre Aufgabe besteht darin, Perspektiven einer linguistischen Systematisierung der rhetorischen Stilkategorien zu eröffnen und die Möglichkeit einer eigenen Modellkonstruktion vorzubereiten.

2.2.1. Das Modell von G. N. Leech (1966, 1969)

In seinem Artikel *Linguistics and the Figures of Rhetoric* (1966) nimmt Leech eine Einteilung aller Stilkategorien in syntagmatische und paradigmatische vor. »Syntagmatisch« ist seine Bezeichnung für die lineare Kombination von Spracheinheiten im Text (horizontale Dimension). »Paradigmatisch« heißen jene Einheiten, die an irgendeinem strukturellen Punkt der Textsequenz füreinander substituiert werden können (vertikale Dimension). In jeder Dimension existiert eine besondere Art der Deviation *(foregrounding)*.

1) Die *paradigmatische Figur* entsteht durch »a gap in the established code – a violation of the predictable pattern« (1966: 146). Es handelt sich also um eine regelverletzende Abweichung; es gilt die Gleichung: ästhetische Deviation = Ungrammatikalität. Den Gegensatz zwischen prädiktabler und unerwarteter Selektion von Texteinheiten illustriert Leech anhand des folgenden Paradigmas (1966: 142):

inches	NORMAL	away
feet		
yards		
etc.		
farmyards	DEVIANT	

Die deviante Sprachform *farmyards away* stammt von Dylan Thomas.

2) Die *syntagmatische Figur* ist interpretierbar als ein »pattern superimposed on the background of ordinary linguistic patterning« (1966: 146). Es handelt sich also um eine regelverstärkende Abweichung; es gilt die Gleichung: ästhetische Deviation = Äquivalenz. Als Musterbeispiele nennt Leech die Wiederholung der Verb+Objekt-Konstruktion in

He found his key and opened the door

und die komplexe syntagmatische Korrespondenz in Othellos

I kissed thee ere I killed thee,

wo Identität der Struktur (S + V + O) und der Pronomina *(I, thee)* in Haupt- und Nebensatz sowie phonologische Ähnlichkeit in *kissed* und *killed* vorhanden sind.

Sowohl der erste als auch der zweite Figurentyp kann auf allen linguistischen Ebenen realisiert werden. Eine ausführliche Darstellung gibt der Autor in seinem Buch *A Linguistic Guide to English Poetry* (1969). Allein acht Arten von Deviation führt er dort auf: lexikalische, grammatikalische, phonologische, graphologische, semantische, dialektale, registerbezogene und historische Deviation (1969: 36–52).

2.2.2. Das Modell Quintilians

Der Begriff der »Abweichung« findet sich bereits bei Quintilian; er heißt dort *mutatio*, d. h. »Veränderung«, und bildet den Ausgangspunkt für ein stilrhetorisches Kategorialsystem, das noch in dem neoscholastischen Handbuch Lausbergs (1960) nachwirkt. Seine Grundlage bildet eine *quadripartita ratio* (Inst.Or. I.5.38), die in den Kriterien der Hinzufügung *(adiectio)*, der Wegnahme *(detractio)*, der Umstellung *(transmutatio)* und des Ersatzes *(immutatio)* von Textelementen Persuasionsstrukturen begründet, welche die alltagssprachliche Standardnorm überzielen. Fassen wir die letztere als eine Kombination der Elemente *a*, *b* und *c*, so gewinnt das rhetorische Stilparadigma folgende Gestalt:

	Standardnorm	$+a$ $+b$ $+c$
Rhetorik-Norm	1. adiectio	$+a$ $+b$ $+c$ $+d$
	2. detractio	$+a$ $+b$ $-c$
	3. transmutatio	$+a$ $+c$ $+b$
	4. immutatio	$+a$ $+z$ $+b$

Die Kategorien der stilrhetorischen Klassen 1–3, die auf eine (vor allem in 1–2) quantitative Deviation zurückgehen, heißen »Figuren«, die Kategorien der qualitativen Klasse 4 hingegen »Tropen« (cf. Lausberg 1960: I 250 ff., 308 ff.). Das leitende ästhetische Stilprinzip heißt »Schmuck« *(ornatus)*; sein Ziel ist das »Erfreuen« *(delectatio)* des Rezipienten. Die schmucklose Rede wird mit der ausdruckslosen Ruhelage des Körpers, die *figura* mit der von der Ruhelage abweichenden Körperhaltung eines Menschen verglichen – das ist eine anschauliche Darstellung der stilistischen Deviation.

2.2.3. Das Modell der Lütticher Gruppe μ (1970)

Diese Gruppe, zu der die J. Dubois, F. Edeline, J. M. Klinkenberg u. a. gehören, stellt das System einer *Rhétorique générale* (dt.: *Allgemeine Rhetorik*, 1974) auf, dessen vier Grundmuster der *adjonction, suppression, permutation* und *suppression-adjonction* (in dieser Reihenfolge) an das Quintiliansche Schema der Stilklassen anknüpfen, obwohl sie diesem die stringentere Systematisierung und die subtilere Differenzierung voraushaben. Zentraler Punkt in diesem Modell ist die linguistische Abweichung *(écart linguistique)*; der sprachliche Grund, von dem sie sich abhebt, heißt »Nullstufe« *(degré zéro)*. Für dieses *backgrounding* werden verschiedene Kriterien veranschlagt: Intuition, Univozität, statistische Erhebung, subjektive Probabilität, Isotopie. Einige von ihnen wurden in dieser Arbeit behandelt. Den Gegenpol bildet die Grundeinheit der Abweichung, auch Metabolie *(métabole)* genannt. Sie wird in Gestalt von Metaplasmen, Metataxen, Metasememen und Metalogismen realisiert. Dabei beziehen sich die ersten beiden Typen der Metabolie auf den Ausdruck (Signifikant), die beiden letzteren indes auf den Inhalt (Signifikat) des Sprachzeichens (cf. I.2.1.1.). Als zweites Gliederungskriterium kommt die Artikulationsebene hinzu; hier gilt es, zwischen primär wortorientierten (Metaplasmen, Metasememe) und primär satzorientierten (Metataxen, Metalogismen) Figuren zu unterscheiden (1974: 55). Während die Metaplasmen als morphologische (zum Teil auch als phonologische), die Metataxen als syntaktische und die Metasememe als semantische Figuren interpretierbar sind, treten die Metalogismen die Nachfolge der klassischen »Gedankenfiguren« an. Semiotisch gesehen, sind die ersten drei Klassen von Metabolien im Bereich der Syntaktik lokalisiert; die vierte Klasse tangiert die Semantik (Referenz) des Zeichens. Die dritte semiotische Dimension bleibt fast ganz ausgespart, da nach Ansicht der Verfasser »die psychologischen Implikationen dieser ›pragmatischen‹ Aspekte« sich im Augenblick der Analyse widersetzen (1974: 44). Aus diesen Darlegungen geht hervor, daß der Hauptakzent des Buches auf den internen Strukturrelationen der Codeelemente liegt. Dabei fällt die starke Neigung zum Analytischen besonders auf. Sie ist auch ablesbar an der *tabula classificatoria,* welche die Autoren der besseren Übersichtlichkeit wegen aufstellen (1970: 49): (siehe S. 146)

Diese Form der Klassifikation eröffnet Zukunftsaussichten. Sie ermöglicht auf Grund ihres systematischen Charakters einmal eine exakte Standortbestimmung der jeweiligen rhetorischen Figur, zum anderen macht sie auf Möglichkeiten der Auffindung von Figuren aufmerksam, die in den klassischen Rhetorikhandbüchern nicht vertreten sind. Dies bewirken u. a. die zahlreichen Subklassifikationen, von denen die Tabelle nur einen Teil wiedergibt (cf. etwa das subtile Schema der Metaplasmen bei Klinkenberg 1968 und der Metataxen bei Dubois 1969). Bedeutungsvoll ist dabei der von den Autoren mehrfach verwandte Begriff der Transformation. Er verleiht dieser strukturellen Rhetorik einen dynamischen Charakter, der sie in die Nähe einer »generativen Rhetorik« führt.

Mehrere andere rhetorische Modellentwürfe können hier nur am Rande erwähnt werden. Eine relativ traditionelle Stilistik auf der Grundlage der linguistischen Ebenen stammt von Kuznec/Skrebnev 1968 [1960]. Moderner eingestellt ist der knappe Entwurf von T. Todorov (1967), der zwischen einer Gruppe der Anomalien und einer solchen der »Figuren« (im engeren Sinne) differenziert und beide Gruppen ihrerseits nach den Gesichtspunkten Laut/Sinn, Syntax, Semantik und Zeichen/Referent untergliedert. H. Bonheim (1975) wiederum errichtet ein hierarchisch strukturiertes Figurensystem aus binären Merkmaloppositionen, das einmal die häufig unsystematische Vielfalt der klassischen Termini ordnen bzw. reduzieren, gleichzeitig aber – im Sinne einer heuristischen Konstruktion – bisher unbekannte Figuren ent-

MÉTABOLES

GRAMMATICALES (Code) — EXPRESSION · LOGIQUES (Référent) — CONTENU

OPÉRATIONS	A. Métaplasmes — Sur la morphologie	B. Métataxes — Sur la syntaxe	C. Métasémèmes — Sur la sémantique	D. Métalogismes — Sur la logique
I. Suppression 1.1 Partielle	Aphérèse, apocope, syncope, synérèse	Crase	Synecdoque et antonomase généralisantes, comparaison, métaphore in praesentia	Litote 1
1.2 Complète	Délétion, blandissement	Ellipse, zeugme, asyndète, parataxe	Asémie	Réticence, suspension, silence
II. Adjonction 2.1 Simple	Prosthèse, diérèse, affixation, épenthèse, mot-valise	Parenthèse, concaténation, expletion, énumération	Synecdoque et antonomases particularisantes, archilexie	Hyperbole, silence hyperbolique
2.2 Répétitive	Redoublement, insistance, rimes, allitération, assonance, paronomase	Reprise, polysyndète, métrique, symétrie	*néant*	Répétition, pléonasme, antithèse
III. Suppression-Adjonction 3.1 Partielle	Langage enfançon, substitution d'affixes, calembour	Syllepse, anacoluthe	Métaphore in absentia	Euphémisme
3.2 Complète	Synonymie sans base morphologique, archaïsme, néologie, forgerie, emprunt	Transfert de classe, chiasme	Métonymie	Allégorie, parabole, fable
3.3 Négative	*néant*	*néant*	Oxymore	Ironie, paradoxe, antiphrase, litote 2
IV. Permutation 4.1 Quelconque	Contrepet, anagramme, métathèse	Tmèse, hyperbate	*néant*	Inversion logique, inversion chronologique
4.2 Par inversion	Palindrome, verlen	Inversion		

SUBSTANTIELLES (I, II) — RELATIONNELLES (III, IV)

Tableau Général des Métaboles ou Figures de Rhétorique

decken soll. Schließlich verdient eine grundlegende Arbeit von J.-M. Klinkenberg (1973) Erwähnung, wo er sich mit den Bedingungen der rhetorischen Modellkonstruktion kritisch auseinandersetzt. Nicht von Belang sind in diesem Zusammenhang verschiedene Publikationen F. Christensens zu einer »generativen Rhetorik« (z. B. in: *College Composition and Communication* 14 [1963], 155–161; 16 [1965], 155–156), die nur wenig Gemeinsamkeiten mit den »generativen« Vorstellungen der Lütticher Gruppe, H. Bonheims und dieser Darstellung aufweisen.

2.3. Grundlagen einer neuen Modellkonstruktion

Die bisherige Diskussion existenter rhetorischer Figurenmodelle hat die Schwierigkeiten einer adäquaten Systematisierung hinreichend verdeutlicht. Sie rühren zum nicht geringen Teil daher, daß ein neues deduktives Modell zahlreiche Stellen aufweist, die innerhalb der klassischen Rhetoriktradition terminologisch nicht erfaßt sind. Noch schwerer aber wiegt beinahe der Umstand, daß die klassischen Kategorien wegen ihres wechselnden Bedeutungsumfangs häufig die Möglichkeiten des Modells überschreiten. Im ersten Fall liegt die Insuffizienz der tradierten Nomenklatur in der Enge, im zweiten Fall in der Weite ihrer Extension. Ein neues Modell muß daher sowohl zum Mittel der terminologischen Innovation als auch der Restriktion greifen, damit alle seine Strukturstellen vollständig, eindeutig und in ihren Interrelationen transparent dargestellt sind. In diesem Sinne verfährt das folgende Modell, das darin durchaus Anregungen der unter 2.2. vorgestellten Modelle aufgreift. Es versteht sich als eine linguistische Hypothese über die zeichensyntaktische Dimension der Sprachästhetik. Seine Orientierungspole sind:
A. die linguistische Deviation,
B. die linguistische Einheit.
Beide bilden samt ihren Untergliederungen ein Koordinatennetz, in dem viele, wenn nicht gar die meisten rhetorischen Figuren lokalisierbar sind. Im folgenden soll die Grobstruktur der einzelnen Gesichtspunkte kurz dargestellt werden.

A. Die linguistische Deviation
Gegeben sei eine zeichensyntaktische (kombinatorische) Sequenz $a + b + c$, die mit einem postulierten normalgrammatischen System übereinstimmt. Eine ästhetische Abänderung dieser Zeichenkombination erfolgt durch Transformationen. Diesen können als Kriterien die regelverletzende und die regelverstärkende Deviation zugrundeliegen.

I. Die regelverletzende Deviation
Hier wird gegen das normalgrammatische Regelsystem durch folgende Transformationen verstoßen:

147

1) *Addition (Insertion, Adjektion) von Zeichen*
$$a + b + c \longrightarrow a + b + c + d$$
2) *Subtraktion (Deletion, Detraktion) von Zeichen*
$$a + b + c \longrightarrow a + b$$
3) *Permutation (Transposition, Transmutation) von Zeichen*
$$a + b + c \longrightarrow a + c + b$$
4) *Substitution (Immutation) von Zeichen*
$$a + b + c \longrightarrow a + z + c$$

Indem im kombinatorischen Kontext ein Zeichen hinzugefügt, weggelassen, umgestellt oder ersetzt wird, entsteht jedesmal das Phänomen textsyntaktischer Ästhetizität.

Die hier aufgeführten Transformationsarten entsprechen genau den aus der generativen Transformationsgrammatik bekannten Transformationsarten: Tilgung, Insertion, Substitution, Permutation (cf. Bechert *et al.* 1970: 119 ff.). Der Unterschied liegt darin, daß sie in unserem Modell der Heuresis sprachästhetischer Deviationsmöglichkeiten dienen.

II. Die regelverstärkende Deviation
Hier wird das normalgrammatische Regelsystem durch Aneinanderfügung äquivalenter Zeichen aktiviert:
5) *Äquivalenz von Zeichen*
$$a + b + c \longrightarrow a + b + c + a$$

Die Äquivalenz ist in der Zeichenkette realisiert als totale oder partielle Wiederholung eines oder mehrerer Zeichenelemente.

Im Hinblick auf die Terminologie der generativen Transformationsgrammatik handelt es sich bei der Äquivalenz um eine Art der Rekursivität.

Betreffen die Deviationstypen 1) – 4) die »Substanz« des Sprachzeichens, so handelt es sich bei der Äquivalenz um eine Kategorie der Relation: zwei gleichwertige Zeicheneinheiten treten zueinander in Beziehung.

Die Deviationsklassen I und II erlauben noch weitere Subkategorisierungen. Eine, die hier nicht weiter erörtert werden soll, ist etwa die *Frequenz* der Addition, der Subtraktion ... von Zeichen. Wichtig sind auch die *Position* und der *Ähnlichkeitsgrad* (Similarität) des transformierten Zeichens [letzteres vor allem bei 4) und 5)]. Einige Illustrationen dieser Subkategorien sollen folgen.

a) Position des Zeichens
aa) Vorderstellung (Präposition)
bei 1): $a + b + c \longrightarrow d + a + b + c$
bei 2): $a + b + c \longrightarrow b + c$
ab) Mittelstellung (Imposition)
bei 1): $a + b + c \longrightarrow a + b + d + c$
bei 2): $a + b + c \longrightarrow a + c$

148

ac) Endstellung (Postposition)
   bei 1): $a + b + c \longrightarrow a + b + c + d$
   bei 2): $a + b + c \longrightarrow a + b$

b) Similarität (Ähnlichkeit) des Zeichens

Die Ähnlichkeit zweier Zeichen kann von zweierlei Art sein:

ba) totale Ähnlichkeit: Identität (Gleichheit) der Zeichen: $a_1 \equiv a_2$. Diese Subkategorie ist allein für die Äquivalenzrelation (5) denkbar, wo sie die reine Form der Wiederholung beschreibt.

bb) partielle Ähnlichkeit: Affinität (Verwandtschaft) der Zeichen: $a_1 \cong a_2$. Diese Subkategorie betrifft sowohl den Deviationstyp 4) als auch den Deviationstyp 5).

Weitere Subkategorien werden erst anläßlich der Behandlung konkreter Figurentypen erörtert. Zusätzlich sei noch angemerkt, daß alle hier vorgeschlagenen Kategorien und Subkategorien auch auf andere als sprachliche Zeichen anwendbar sind, z. B. auch auf Bildzeichen (cf. etwa die Artikel von Bonsiepe 1968 und Imdahl 1970).

B. Die linguistischen Einheiten

Jeder sprachlichen Abweichung liegt ein bestimmtes linguistisches Segment zugrunde. Solche Segmente sollen für uns im folgenden der Laut, das Wort und der Satz darstellen – anders ausgedrückt: das Phonem, das (freie) Morphem und der Satz. Zusätzlich werden noch Abweichungen in Schrift (Graphemik) und Bedeutung (Semantik) behandelt, so daß insgesamt fünf sprachästhetische Deviationstypen in Erscheinung treten:

   I. Phonologische Figuren (Lautfiguren und prosodische Figuren, Metaphone): Kapitel 3;
   II. Morphologische Figuren (Wortfiguren, Metamorphe): Kapitel 4;
   III. Syntaktische Figuren (Satzfiguren, Metataxen): Kapitel 5;
   IV. Semantische Figuren (Sinnfiguren, Metasememe): Kapitel 6;
   V. Graphemische Figuren (Schriftfiguren, Metagraphe): Kapitel 7.

Diese Figurenklassen können nicht isoliert voneinander betrachtet werden. Vielmehr macht das Faktum der stilistischen Konvergenz bzw. Verdichtung es notwendig, zum Beispiel den semantischen Aspekt von Metamorphen oder den phonologischen Aspekt von Metataxen zu berücksichtigen. Von allen Figuren gilt ferner, daß ihre Verwirklichung stets innerhalb der linguistischen Makro-Einheit »Text« vonstatten geht. Wenn dennoch diese Bezugsebene im folgenden mehr als einmal aus dem Blickfeld verschwindet, so spielen dabei didaktische Gründe die entscheidende Rolle.

Die oben angeführte Einteilung in linguistische Deviationseinheiten ist nicht ganz unproblematisch. Wie schon die Arbeit der Lütticher Gruppe herausstellt, erweist es sich als schwierig, zwischen den einzelnen Einheiten präzise Grenzen zu ziehen. J. Dubois *et al.* (1974: 53) unterscheiden etwa vier

Artikulationsebenen des Signifikanten: 0. Distinktive Eigenschaften; 1. a) Phoneme (Grapheme), b) Silben, c) Wörter; 2. a) Syntagmen, b) Sätze; 3. Texte. Davon sind Ebene 0 und 3 nicht formalisiert. Hingegen werden deviante Signifikanten der Ebene 1 und 2 als rhetorische Figuren unter den Bezeichnungen »Metaplasmen« und »Metataxen« ausgegeben. Dabei sind sich die Autoren sehr wohl der Möglichkeit bewußt, daß z. B. die Metaplasmen unter Umständen eine Untergliederung in phonologische, silbische und Wortfiguren zulassen. Unser Modell steht vor ähnlichen Schwierigkeiten. So kann die Figurenklasse I durchaus auch Silben, Klasse II z. T. auch gebundene Morpheme und Klasse III auch Syntagmen berücksichtigen. Diese Vereinfachung entspringt hier ebenso didaktischen Motiven wie in der *Rhétorique générale* der Lütticher Gruppe. In vielen Arbeiten zur Stilistik und Rhetorik wird auf diese Probleme noch nicht einmal hingewiesen.

3. Phonologische Figuren

Phoneme pflegt man in solche segmentalen und in solche suprasegmentalen Charakters zu unterteilen. Zu den ersteren zählen Konsonanten und Vokale, zu den letzteren Akzent, Pause (Junktur) und Tonhöhe. Alle diese Elemente, die für die Lautstruktur einer Sprache unerläßlich sind, bilden auch die Grundlage einer Phonästhetik des Textes. Wie diese im einzelnen Gestalt gewinnt, hängt von der Explizierung der lautlichen Deviation ab. Zunächst unterscheiden wir eine phonästhetische Basisstruktur von einer phonästhetischen Superstruktur. Die eine wird von Deviationen segmentaler, die andere von solchen suprasegmentaler bzw. prosodischer Art konstituiert. In dem ersten Fall reden wir von Lautfiguren, konsonantischen und vokalischen, in dem zweiten Fall hingegen von prosodischen Figuren (Versfiguren), wozu Akzent-, Pausen- und Tonhöhenfiguren gehören. Wir beginnen mit den Lautfiguren.

3.1. Phonästhetische Basisstruktur: die Lautfiguren

Die Lautfiguren gliedern sich nach den Kriterien der regelverletzenden und der regelverstärkenden Deviation. Der erste Deviationstyp entsteht dadurch, daß entgegen den Regeln der alltagssprachlichen Grammatik innerhalb einer sprachlichen Einheit (z. B. Wort) Phoneme bzw. Phonemkombinationen hinzugefügt, getilgt, in ihrer Reihenfolge geändert oder ersetzt werden. Der zweite Deviationstyp hingegen gründet sich auf die Relationierung äquivalenter Lauteinheiten im Text. Aus dieser Opposition gehen zwei Figurengruppen hervor: die *Figuren der phonologischen Deviation*, wobei der Terminus

»Deviation« im engeren (normzerstörenden) Sinne verwendet wird, und die *Figuren der phonologischen Äquivalenz.*

3.1.1. Figuren der phonologischen Deviation

In der Antike tragen diese Figuren als »Fehler gegen die korrekte lautliche Zusammensetzung des Wortes« (Lausberg 1960: I 259) den Namen *Barbarismen*; als Merkmal poetischer Lizenz heißen sie hingegen *Metaplasmen*. Die Metaplasmen werden nach den vier Änderungskategorien der Addition, Subtraktion, Permutation und Substitution klassifiziert. Phonotaktisch gesehen, kann die Änderung am Beginn, in der Mitte und am Ende einer morphologischen Einheit erfolgen.

3.1.1.1. Addition

Die Addition phonologischer Elemente findet statt
a) in Vorderstellung: *Prósthesis* (»yclad« statt »clad«)
b) in Mittelstellung: *Epénthesis* (»blackamoor« statt »blackmoor«)
c) in Endstellung: *Paragogé* (»wingéd« statt »winged«).
Diese Art des Metaplasmus, die häufig sprachgeschichtliche Gründe hat, kommt besonders – mit ästhetischer Sekundärfunktion – im Vers vor. Dies zeigt sich gerade auch in der *Diärese*, die »Einheiten im Wortinnern dadurch vermehrt, daß sie eine einsilbige phonetische Reihe in zwei Silben trennt« (Dubois *et al.* 1974: 89); die graphische Notierung dieses Tatbestandes geschieht durch ein Trema (z. B. »generatïon« statt »generation«).

(1) Als Textbeispiele seien englische und französische Sprachmuster angeführt:
a) Das erste Beispiel stammt aus dem Gedicht *The Three Jovial Welshmen* (in: E. Lear *et al.*, *A Book of Nonsense*, ed. E. Rhys, London 1961, p. 65), von dem hier die ersten beiden Strophen wiedergegeben sind:

> There were three jovial Welshmen
> As I have heard them say,
> And they would go a-hunting
> Upon St. David's Day.
>
> And all the day they hunted,
> And nothing could they find,
> But a ship a-sailing,
> A-sailing with the wind.

Die mit der Vorsilbe *a-* präfigierten Verben (»hunt«, »sail«) sind Beispiele von Prosthesis. Sie bewirken, daß die Regelmäßigkeit des Metrums gewahrt bleibt. Darüber hinaus verleihen sie dem Text den Charakter des Archaischen (Zusammensetzungen mit *a-* stellen ursprünglich sprachgeschichtliche Korruptionen von Präpositionen wie *on* dar).

b) Bei Spenser finden sich verschiedene Beispiele von phonologischer Zusatztransformation (nach Rix 1973: 36–37):

Prosthesis

Whose pleasing sound *y*shrilled far about (*CCCH* 62)

Epenthesis

   whom shew of perill hard
Could terrifie from Fortunes faire ad*ward* (*F.Q.* 4.10.17.5)

Paragoge

Without*en* reason or regard (*F.Q.* 2.8.47.6)

c) J. Dubois *et al.* (1974: 89) erwähnen den aus einem Sonett in *Le Chien à la Mandoline* von R. Queneau stammenden Vers:

   Les nrous nretiennent les nracleurs,

der in seiner allgemeinen Bedeutung zwar dunkel ist, aber gleichzeitig demonstriert, daß die Prosthesis keine isolierte morphemgebundene Eigenschaft bleibt, sondern auch über einen Satz – bei simultaner Ausbildung der phonologischen Äquivalenz der Alliteration – verteilt sein kann.

3.1.1.2. Subtraktion

Die Subtraktion phonologischer Elemente findet statt

a) in Vorderstellung: *Aphåresis* (»'gainst« statt »against«)
b) in Mittelstellung: *Synkope* (»o'er« statt »over«)
c) in Endstellung: *Apokope* (»oft« statt »often«).

Verschiedene Sonderformen kommen in Betracht:

d) *Synizése* (gr. *synízesis*), das Gegenteil der Diärese: Kontraktion zweier Vokale »zu einem (einsilbigen) Diphthong oder sogar zu einem Monophthong« (Lausberg 1960: I 263): »variation« /vɛər'jeiʃən/ statt »variation« /vɛəri'eiʃən/ oder »being« /'biŋ/ statt »being« /'biːiŋ/.

e) *Synalöphe:* Kontraktion des vokalischen Auslautes eines Wortes mit dem vokalischen Anlaut des Folgewortes, wobei in der Regel der auslautende Vokal elidiert wird: »th'offspring« statt »the offspring«.

Die Subtraktion phonologischer Elemente ist häufig durch den Vers bedingt; Lautfiguren und Akzentfiguren bilden dann eine stilistische Konvergenz.

(2) Folgende Textbeispiele seien zur Illustration genannt:

a) Das erste ist eine Strophe aus der schottischen Ballade *Binnorie* (in: A. Quiller-Couch *[ed.], The Oxford Book of English Verse 1250–1918,* Oxford 1957, p. 445):

> He's ta'en three locks o' her yellow hair,
> And wi' them strung his harp sae rare.

In der ersten Zeile finden sich eine Synalöphe (»he's«), eine Synkope (»ta'en« statt »taken«) und eine Apokope (»o'« statt »of«); die zweite Zeile weist eine weitere Apokope (»wi'« statt »with«) auf – ein Muster für die Häufung substraktiver Metaplasmen im Vers, zugleich Imitation mündlichen Sprachgebrauchs.

b) Die 2. Strophe von Brechts Gedicht *Der Pflaumenbaum* enthält ebenfalls eine Fülle dieses Typs von Lautfiguren:

> Der Kleine kann nicht größer wer'n,
> Ja, größer wer'n, das möcht er gern.
> 's ist keine Red davon.
> Er hat zu wenig Sonn.

Hier finden sich Aphärese (»'s«), Synkope (»wer'n«) und Apokope (»möcht«, »Red«, »Sonn«). Sie geben dem Text eine dialektal-umgangssprachliche Färbung.

c) In August Stramms (1874–1915) Beispielen

> Blüten gehren *(Traum)*
> Du breitst Reine *(Allmacht)*

begegnen hingegen deviante Sprachmuster (Aphärese in »gehren«, Synkope in »breitst«), welche den Texten den Charakter einer gedrängten Künstlichkeit verleihen.

d) In einem Beispiel aus L. Sternes *Tristram Shandy:*

> O my virginity! virginity! cried the abbess. -inity!
> -inity! said the novice, sobbing.

beschreibt die lautliche Aphärese die »Aphärese« der »virginity«.

3.1.1.3. Permutation

Die Permutation phonologischer Elemente kann sein
a) links- bzw. rechtsgerichtet: *Metathesis* (»Schlapperklange« statt »Klapperschlange«),
b) beliebig: *Anagramm* (»Voltaire« statt »Arovet l[e] j[eune]«), das als »Letterkehr« eigentlich eine graphematische Permutation darstellt.
c) Eine syntaktische Sonderform der Metathese ist der sog. *Spoonerism* (benannt nach seinem Urheber W. A. Spooner [1844–1930]), der in der Vertauschung anlautender Phoneme besteht, z. B.

> half-warmed fish (statt »half-formed wish«)
> beery wenches (statt »weary benches«).

d) Eine syntaktische (bzw. metrische) Sonderform des Anagramms ist das *Palindrom,* d. h. ein Satz (bzw. Vers), der vor- und rückwärts gelesen die gleiche Lautsequenz ergibt, z. B.

> Lewd did I live & evil I did dwell (Philips 1706).

(3) Zur Illustration permutativer Metaplasmen seien folgende Textbeispiele angeführt:
a) Ernst Jandl verfaßte das folgende Gedicht:

> *lichtung*
> manche meinen / lechts und rinks /
> kann man nicht / velwechsern. /
> werch ein illtum!

Hier sind in einem Text durchgängig die Phoneme /l/ und /r/ vertauscht. In »dach nem okitus« ist sowohl die wortinterne (»okitus« statt »koitus«) als auch die wortübergreifende Permutation (»dach nem« statt »nach dem«: Spoonerism) anzutreffen.

b) Von G. R. Hocke (Manierismus in der Literatur, Reinbek 1959, p. 24) wird auf folgende komplexe Permutation hingewiesen:

S	A	T	O	R
A	R	E	P	O
T	E	N	E	T
O	P	E	R	A
R	O	T	A	S

»Das geheimnisvollste ›Magische Quadrat‹, Anagramme und Palindrome vereinigend, ist die berühmte Sator-Arepo-Formel. Dazu kurze Erklärungen: Der Bauer (Sämann) Arepo (Eigenname) lenkt mit seiner Hand (Arbeit) den Pflug (Räder). Religiöse Deutung: Gott *(Sator)* beherrscht *(tenet)* die Schöpfung *(rotas),* die Werke der Menschen *(opera)* und die Erzeugnisse der Erde *(arepo* = Pflug). Die Wörter lassen sich zunächst horizontal und vertikal viermal lesen. Aus den wenigen Buchstaben hat man 13 anagrammatische (lateinische) Sätze gebildet. Die Vereinigung der beiden Wörter *tenet* in der Mitte bildet ein Kreuz. Durch Rösselsprung ergeben sich die Wörter *Pater noster* und A O = das Monogramm CHRISTI usw. usw. Das Quadrat galt daher als Zauberzeichen.«

Eine Deutung dieser Art impliziert viele pragmatische und semantische Voraussetzungen.

3.1.1.4. Substitution

Die Substitution phonologischer Elemente kann erfolgen
a) im Vokalbereich (»Opus in a-Müll« statt »Opus in a-moll«)
b) im Konsonantenbereich (»Tristopher« statt »Christopher«).

(4) Die substitutiven Metaplasmen sollen durch folgende Beispiele illustriert werden:
a) Ernst Jandl wählt mit Vorliebe diesen Deviationstyp:

1. du warst zu mir ein gutes mädchen
   worst zo mür eun gotes mödchen
2. bette stellen sie die tassen auf den tesch
3. spül düch mein künd

Er impliziert zum Teil eine Wende zum Dialektalen bzw. Umgangssprachlichen.

b) Die substitutiven Lautfiguren verursachen häufig ein *Wortspiel*. Es kommt dann zustande, wenn der Ersatz eines oder mehrerer Phoneme von semantischen Veränderungen begleitet ist. In den folgenden Beispielen wird der »Hintergrund« der Deviation von sprachlichen Konventionen gebildet. So ist der Titel des Kabarettprogramms *Die ehrbare Birne* ein »paradigmatisches« Wortspiel mit Sartres (bekanntem) Dramentitel *Die ehrbare Dirne*, gleichzeitig auch eine semantische Figur (Metapher). Ein weiteres Beispiel ist der Name der Kabarettistengruppe *Lach- und Schießgesellschaft*, der mit Hilfe von Lautsubstitution und Synkope aus *Wach- und Schließgesellschaft* entstanden ist. Überhaupt liebt das deutsche Kabarett diesen Typ des Wortspiels. Ein letztes Muster dieses Deviationstyps sei schließlich aus einem Kasperspiel von Pocci angeführt, wo die Hauptfigur die Worte äußert:

Diesen guten Humor möchte ich dem hochgeöhrten Publikum mitgebracht haben.

Hier spielt *hochgeöhrt* auf die konventionelle Anredeformel *hochgeehrtes Publikum* an.

Bisher war vom Austausch von Phonemen die Rede. Nur am Rande erwähnt seien allophonische Substitutionen (etwa verschiedene r-Laute). Ihre Funktion liegt im pragmasemantischen Sektor. Sie können z. B. über die soziale und geographische Herkunft des Sprechers Aufschluß geben oder eine parodistische Absicht verraten (cf. Dubois *et al.* 1974: 83). Es ist möglich, aber nicht notwendig, daß sie eine graphematische Veränderung als Entsprechung aufweisen (z. B. ein additives Metagraph in *crritic* (Beckett) zur Wiedergabe eines gerollten /r/).

H. Bonheim trifft in seiner Arbeit (1975) die wichtige Feststellung, daß im Bereich der Metaplasmen seit langem inhaltliche Analogien zwischen grammatischen und rhetorischen Fachausdrücken bestehen, z. B. für den Sektor der

	Addition		*Subtraktion*
Präfix	~ Prosthesis	(elision)	~ Aphäresis
Infix	~ Epenthesis	blend (haplology)	~ Synkope
Suffix	~ Proparalepsis (Paragoge)	clipping	~ Apokope

Diese terminologische Redundanz hatte früher wie heute die Funktion, die sprachästhetisch irrelevanten (grammatischen) von den sprachästhetisch relevanten (rhetorischen) Spracherscheinungen abzugrenzen. Dabei ging jedoch der Blick für die Tatsache verloren, daß in allen aufgeführten Fällen essentiell dieselben linguistischen Grundoperationen am Werk sind. Wem hier an einer terminologischen Reduktion gelegen ist, muß sich gleichzeitig die Frage stellen, wie hoch die literarische Potenz der Metaplasmen zu veranschlagen ist. Die zitierten Beispiele stimmen hier eher skeptisch. Es zeigt sich nämlich, daß die Klassen 1 (Addition) und 2 (Subtraktion) dazu neigen, als sekundäre Poetizitätsfaktoren im Rahmen eines Verstypus aufzutreten, was wiederum bedeutet, daß die phonästhetische Superstruktur die Basisstruktur determiniert. Auf der anderen Seite besitzen permutative (3) und substitutive (4) Metaplasmen einen Hang zur spielerisch-experimentellen Sprachformung. Sie sind verhältnismäßig selten. Aus alledem ist die Vermutung ableitbar, daß in der Praxis die Metaplasmen unter den phonologischen Figuren einen geringeren ästhetischen Status besitzen als beispielsweise Alliteration und Vers, das heißt: Figuren der phonologischen Äquivalenz.

3.1.1.5. Textanalyse: E. Jandls »etüde in f«, Str. 1–3

Quelle: E. Jandl, *Laut und Luise*, Neuwied/Berlin 1971, p. 14.

eile mit feile
eile mit feile
eile mit feile
durch den fald

Auffallendstes Kennzeichen der drei Strophen des Gedichtes ist der durchgängige Ersatz des stimmhaften Labiodentals /v/ durch den stimmlosen Labiodental /f/ in Wörtern wie *feile* (statt: *weile*), *fald* (statt: *wald*), *füste* (statt: *wüste*), *find* (statt:

durch die füste
durch die füste
durch die füste
bläst der find

falfischbauch
falfischbauch

wind) und *falfischbauch* (statt: *walfischbauch*). Es handelt sich hier also um substitutive Metaplasmen. Als ihre ästhetische Funktion kann die »Entautomatisierung« der alltäglichen Wahrnehmungsgewohnheiten angegeben werden. Die Beschreibung der Ursache dieser »Entautomatisierung« kompliziert sich, wenn man andere Substitutionstransformationen zum Vergleich heranzieht. Bezeichnen wir *Eile mit Weile* usw. als die Nullstufe (0) des Textes und Jandls Fassung als nur eine erste realisierte Transformation desselben (1), so können wir ohne Schwierigkeit weitere Deviationsmöglichkeiten aktualisieren, wobei der Text jeweils in abgekürzter Form erscheinen soll:

2)	3)	4)	5)
eile mit beile	eile mit scheile	eile mit keile	.
durch den bald	durch den schald	durch den kald	.
durch die büste	durch die schüste	durch die küste	.
bläst der bind	bläst der schind	bläst der kind	.
balfischbauch	schalfischbauch	kalfischbauch	.

Das Verfahren ist so lange fortsetzbar, als die deutsche Sprache Konsonanten (bzw. Konsonantenverbindungen) zur Verfügung stellt. Gibt es Unterschiede zwischen den einzelnen Substitutionsoperationen? Um dies zu erfahren, fertigen wir für die Beispiele 0)–4) eine Matrix nach den phonologischen Gesichtspunkten a) Artikulationsstelle, b) Artikulationsart und c) Stimmton an:

	a) Artikulationsstelle	b) Artikulationsart	c) Stimmton
0) v (Basis)	labiodental	frikativ	stimmhaft
1) f (Jandl)	labiodental	frikativ	stimmlos
2) b	bilabial	plosiv	stimmhaft
3) ʃ	palato-alveolar	frikativ	stimmlos
4) k	velar	plosiv	stimmlos

Die Tafel zeigt, daß Jandls Substitut /f/ die größte Nähe zum rekonstruierten Basislaut /v/ besitzt, weil hier zwei Merkmale identisch sind (a, b) und nur eines verschieden ist (c). Es erlaubt daher verhältnismäßig leicht die »Rücktransformation« des vorliegenden Gedichtes in einen hypothetischen »Normaltext«. Bei den Transformationen

157

2)–4) ist dies deshalb als schwieriger anzusehen, weil 2) nur eineinhalb Merkmale ($^1/_2$ a, c), 3) ein Merkmal (b) und 4) überhaupt kein Merkmal mit 0) gemeinsam hat. Die ganze Beweisführung läuft demnach auf die Erkenntnis hinaus, daß es unterschiedliche Grade der »erschwerten Form« und folglich auch der Verfremdung gibt. In Jandls Text ist der »automatisierte« *background* leichter zu ermitteln als in den von uns konstruierten Umformungstexten.

Bis hierhin reicht die Verfahrensweise einer »objektiven«, d. h. ausschließlich mit den Fakten der zeichensyntaktischen Dimension operierenden Wissenschaft. Zu den Unwägbarkeiten der Analyse gehören indes der Rezipient und sein Verhalten beim Lesevorgang. Für den Literaturwissenschaftler wäre es daher besonders wichtig festzustellen, a) inwieweit das sprachliche Muster des Sprichworts *Eile mit Weile* automatisiert ist; b) ob in der realen Gedichtaufnahme unterschiedliche Phonemsubstitutionen *wirklich* unterschiedliche Verfremdungen hervorrufen; c) ob die Initialentschlüsselung des habitualisierten Sprichworts auf die Dekodierung der nachfolgenden Transformationen steuernd einwirkt. Bei den Problemkreisen b) und c) ist zu beachten, daß etwa in Text 2) und 4) durch Zufall Lexeme zustandekommen, die in der deutschen Sprache geläufig sind (z. B. *beile, büste; keile, küste*). Damit wird die phonologische Deviation teilweise abgebaut; als eine gewisse Kompensation dafür mag man das stärkere Hervortreten morpho-syntaktischer Abweichungen (z. B. *bläst der kind*) geltend machen. Insgesamt scheint zur Beantwortung der Fragen a) bis c) eine empirische Wirkungsanalyse notwendig, die gegenwärtig noch in den Anfängen steckt (cf. Ullmann, R. 1970).

Der Ersatz von /v/ durch /f/ ist bei Jandl durchgängig. Das heißt: Die Normdurchbrechung erscheint in diesem Text selbst als eine neue Norm; ihr wohnt eine Systematik inne, welche die einzelne Deviation nicht als ein Zufallsprodukt erscheinen läßt. Analoges gilt für die graphematische Textgestalt: Sie enthält zahlreiche Verstöße gegen die Großschreibung, weist aber in ihrer persistenten Kleinschrift eine außerordentliche Regelmäßigkeit auf. Sowohl die graphematischen als auch die phonologischen Regelmäßigkeiten können mit dem Namen »sekundäre Äquivalenz« belegt werden. »Sekundär« ist die Äquivalenzrelation hier deshalb, weil sie nicht regelverstärkend ist, sondern einer regelmäßigen Regelverletzung entspringt. (In der Graphie würde der »sekundäre« Charakter der Äquivalenz dann verlorengehen, wenn das Deutsche eines Tages nur noch die Kleinschreibung kennen sollte, womit demnach der Sprache zahlreiche Möglichkeiten der Metagraphie genommen sein würden.) Die sekundären Äquivalenzen sind ihrerseits eingebettet in ein komplexes Strukturmuster von primären (regelverstärkenden) Äquivalenzen: phonologischen (Alliteration, Reim, Assonanz), syntaktischen (Parallelismus), textologischen (Strophen). Die Besonderheit des Gedichts von E. Jandl besteht zu einem beträchtlichen Teil darin, daß hier sekundäre und primäre Äquivalenzstrukturen in ein Wechselverhältnis eingetreten sind.

3.1.2. Figuren der phonologischen Äquivalenz

Phonologische Äquivalenz bedeutet: zwei oder mehr Phoneme sind in einer Zeichenfolge einander gleich oder ähnlich. Die auf diese Weise entstehenden Wiederholungen bilden nach Lotman (1972: 161) »die unterste Strukturgrenze des poetischen Textes«. Das einzelne Phonem besitzt für sich genommen nicht das Merkmal des Ästhetischen, da es konstitutiv für das Zustandekommen jeder sprachlichen Äußerung ist. Phonästhetische Signifikanz gewinnt es erst dann, wenn es in Äquivalenzrelationen steht, d. h. in bestimmter (phonotaktischer) Position, in bestimmtem Umfang (Quantität), in bestimmter Häufigkeit (Frequenz) und in bestimmtem Abstand ganz oder teilweise wiederholt wird. Diesen strukturierenden Gesichtspunkten gehorchen die phonologischen Äquivalenzfiguren segmentaler und suprasegmentaler Art in gleicher Weise. Beide finden sich wieder im Vers, den G. M. Hopkins treffend als eine wiederkehrende *figure of sound* bezeichnet. Hier – so scheint es – ist die maximale phonologische Äquivalenz und zugleich die maximale Euphonie erreichbar. Trotzdem sollen im folgenden aus Gründen der Klarheit zuerst die Aspekte der segmentalen und erst später die der suprasegmentalen (prosodischen) Äquivalenz erörtert werden.

Beginnen wir unsere Darstellung mit einer Festlegung. Gegeben sei die einsilbige Lautfolge KVK (= Konsonant + Vokal + Konsonant). Diese Phonemkombination soll wiederholt werden, und zwar so, daß je ein Phonem an einer bestimmten phonotaktischen Position dieselbe Lautqualität besitzt.

3.1.2.1. Position

Als phonotaktische Positionen phonologischer Wiederholung kommen Anfang, Mitte und Ende der Folge K V K infrage:

KVK/KVK	*Alliteration*	(rot/Rahm, red/run)
KVK/KVK	*Assonanz*	(rot/Ton, red/beg)
KVK/KVK	*Konsonanz*	(rot/Beet, red/bad)

Weitere Möglichkeiten ergeben sich, wenn andere Lautkombinationen (z. B.: KV, VK, $(K)VKVK$) zugrundegelegt werden. Für sie existieren z. T. noch keine Benennungen.

3.1.2.2. Umfang

Der Umfang der Wiederholung kann in unserer Lautstruktur K V K ein, zwei oder drei Phoneme umfassen. Die ein-phonemige Wiederholung wurde bereits illustriert. Die zwei Phoneme umfassende Wiederholung hat folgende Gestalt:

K V K / K V K   *Reim*   (rot/tot,   red/bed)
K V K / K V K   *umgekehrter Reim*   (rot/Rom, bad/bag)
K V K / K V K   *Parareim*   (rot/Rat,   red/rod)

Auch hier ergeben sich bei anderen Lautkombinationen noch weitere Äquivalenzmöglichkeiten. Die totale Lautgleichheit (= identischer Reim) gehört in den Bereich der morpho(phono)logischen Äquivalenz.

Die hier benutzte Terminologie folgt im wesentlichen der Darstellung von Leech (1969: 89–90). Das bedingt Abweichungen gegenüber dem sonstigen Sprachgebrauch, z. B. im Falle der Alliteration, die nach traditioneller Auffassung nur auf betonte Silben zutrifft, wo alle Konsonanten mit ihresgleichen, die Konsonantenverbindungen *sk, sp* und *st* nur mit ihresgleichen und schließlich alle Vokale untereinander alliterieren. Beim »Reim« wird ferner das prosodische Merkmal des Akzents nicht berücksichtigt. Einen wichtigen Beitrag zur Systematisierung der Wiederholungsphänomene im phonologischen Bereich leistet der Artikel *Sound-Repetition Terms* (1961) von David I. Masson. Dort existieren folgende terminologische Parallelen zu Leech:

Alliteration   = Start-Echo or Onset Echo
Assonanz   = Crest Echo or Fluid Echo
Konsonanz   = End-Echo or Closure Echo
Reim   = Rear-Echo or Outflow Echo
umgekehrter Reim   = Van-Echo or Inflow Echo
Parareim   = Frame-Echo or Containing Echo

Masson führt noch viele andere Neuprägungen ein, welche bewußt auf die bisher gebräuchlichen, aber häufig wenig präzisen Fachausdrücke keine Rücksicht nehmen. Relativ traditionell mutet dagegen die Taxonomie der *repetition schemes* bei Chatman (1968: 152) an.

3.1.2.3. Ähnlichkeit

Die in den bisherigen Beispielen vorgeführte phonologische Äquivalenz war total; das heißt: in der Wiederholung korrespondierten jeweils identische Laute miteinander. Eine Abweichung davon – eine interne Deviation also – stellt die partielle Äquivalenz (= Affinität) der Wiederholungsglieder dar (cf. II.2.3.). Eine solche kann man durch eine zusätzliche Transformation (Addition, Subtraktion usw.) entstanden denken. Beispiele dafür sind etwa:

K V K / K V Ⓚ K   *Semi-Reim*   (Bad/Hand, boat/colt)
K V K / K Ⓚ V K   *Semi-Alliteration* (Bann/Brot, bad/brook)
K V K / K V Ⓚ K   *Semi-Konsonanz*   (Sog/Berg, look/bank)
K V K / K Ṽ Ⓚ K   *Semi-Parareim*   (Boot/bunt, bad/bond)

In allen vier Fällen ist im zweiten Wiederholungsglied ein zusätzlicher Konsonant eingeführt. Kehrt man die Reihenfolge der Strukturen um, so liegt eine Tilgungstransformation vor: *K V K K / K V K*. Ein weiteres Beispiel illustriere die Affinität mittels Substitution: *K V K / K V K′ Semi-Konsonanz* (bad/let).

Hier sind /d/ und /t/ in Auslautposition durch den dentalen Verschluß aneinander gebunden, durch die Opposition *lenis : fortis* bzw. *stimmhaft : stimmlos* hingegen voneinander getrennt. Es handelt sich also um eine weitere Semi-Konsonanz, die wir, um ihre Transformationsart zu markieren, »substitutive Semi-Konsonanz« nennen wollen (Hinsichtlich der beiden bisher behandelten Fälle muß folglich von »additiver« bzw. »subtraktiver Semi-Konsonanz« die Rede sein). Ein letztes Beispiel soll die permutative Semi-Konsonanz erhellen:

K V K / V K K   permutative Semi-Konsonanz (den/and).

Alle diese zusätzlichen Transformationen stellen »Abweichungen von der Abweichung« und damit einen (zweiten) Typ der sekundären Deviation dar. Ihre ästhetische Funktion kann darin bestehen, der totalen Gleichförmigkeit der Äquivalenzbeziehung im Sinne einer Deautomatisierung entgegenzuwirken.

3.1.2.4. Frequenz

Phonologische Rekurrenz ist meßbar einmal im Hinblick auf die Gesamtsprache, zum anderen im Hinblick auf einen oder mehrere Texte. Das erste hat Mukařovský im Sinn, wenn er schreibt, daß »die euphonische Geltung eines bestimmten Lautes nicht nur von der Anzahl der Wiederholungen, sondern auch von seiner relativen Häufigkeit im Vergleich zu seiner normalen Frequenz abhängig ist« (zit. Levý 1969: 214). Demzufolge ist die Behauptung gültig, daß in dem Vers *Wir singen und sagen vom Grafen so gern* die g-Alliteration »hervorstechender« als die s-Alliteration sei, da der g-Laut im Deutschen seltener vorkomme. Die einschränkende Wendung »im Deutschen« ist hier wichtig, da die Maßverhältnisse in den verschiedenen Sprachen recht unterschiedlich sind. Ursache dafür sind die jeweiligen linguistischen Strukturdifferenzen. J. Levý (1969a) erläutert diesen Sachverhalt anhand des Reims. Er stellt fest, daß die synthetischen (d. h. stark flektierten) Sprachen (z. B. Russisch, Italienisch, Deutsch) einen weitaus größeren Reimvorrat als die analytischen (d. h. wenig flektierten) Sprachen (z. B. Englisch) aufweisen, was er folgendermaßen begründet:

Jedes flektierbare Wort erscheint in der Poesie mit vielen klanglich verschiedenen Endungen und bereichert daher das Reimlexikon um eine ganze Reihe von Einheiten. Das italienische Wort *amare* z. B. bereichert das Repertoire der italienischen Reime um 40–50 Einheiten. (...) Demgegenüber hat das englische Wort *love* – das darüberhinaus gleichzeitig auch die Funktion eines Zeit-, Haupt- und Eigenschaftsworts ausübt – nur vier Formen: love loves, loved loving (Levý 1969a: 216).

Folglich ist der Prozentsatz der lexikalischen Reime im Englischen höher als derjenige der grammatikalischen Reime. Die Konsequenz daraus ist die größere Anzahl fixer Reimgruppen mit geringer Gliederzahl und – daraus wiederum folgend – eine höhere Prädiktabilität des englischen Reims (im Gegensatz etwa zum französischen).

Bisher wurde die textuelle Rekurrenz von Phonemen in Relation zu ihrer Totalrekurrenz in einer Sprache betrachtet. Sicher aber ist, daß das gleiche Phänomen auch textintern gesehen werden muß. Dabei spielen folgende Punkte eine Rolle: die absolute Frequenz der phonologischen Wiederholungseinheit; die Extension des Kontextes, in dem die betreffende Äquivalenz erscheint; der Frequenzvergleich mit anderen phonologischen Einheiten im Text. Was die erste Frage betrifft, so bedeutet es gewiß einen Unterschied, ob eine Lauteinheit in einem Text einmal, hundertmal oder unendlich wiederholt wird. Eine maximale Rekurrenz des alliterativen *t* (von weiteren Äquivalenzformen abgesehen) besitzt etwa der vielzitierte Ennius-Vers:

(5) O Tite tute Tati tibi tanta Tyranne tulisti

Eine derartige phonologische Repetition – in der antiken Rhetorik auch *Paromoiosis* genannt – bedeutet natürlich einen Extremfall. Das Ennius-Beispiel unterstreicht zugleich die Relevanz der Ausdehnung des Textes, in dem die Lautfigur der Äquivalenz plaziert ist. Kommen etwa in einem dreihundertzeiligen Gedicht sieben mit dem gleichen Konsonanten beginnende Wortanfänge vor, so ist diese phonologische »Äquivalenz« von geringerer ästhetischer Signifikanz als die siebenmalige Alliteration in dem acht Wörter umfassenden Ennius-Vers. Statistisch betrachtet, bietet sich in diesem Fall eine intersubjektiv nachprüfbare Lösung des Problems darin an, daß hier – etwa nach dem Vorbild der *type-token*-Analyse von G. A. Miller – das numerische Verhältnis des betreffenden Äquivalenztyps zu seiner nicht-identischen Textumgebung ermittelt wird. Verfährt man analog mit jeder Vorkommensart von Äquivalenz in einem oder in mehreren Texten, so erhält man eine Frequenztafel, auf der nicht nur die jeweilige textuelle Häufigkeit eines Äquivalenztyps, sondern auch ihre quantitative Relation zu den anderen Sprachzeichen im Text eingetragen ist. Das Postulat einer bestimmten ästhetischen Norm (zum Beispiel: höchste Frequenz = höchste Poetizität) vermag dann die Skala der Frequenzen in eine Wertigkeitsskala umzuwandeln.

3.1.2.5. Distribution

Bei der Behandlung des Gesichtspunktes der Frequenz blieb ein wichtiger Faktor beinahe gänzlich unbeachtet: die Verteilung (Distribution) der phonologischen Äquivalenz im Text. Dabei ist dieser Faktor von maßgeblicher Relevanz für die Bestimmung des strukturellen Aspekts der sprachlichen Phonästhesie. Eine distributionelle Feststellung ist etwa diejenige, daß in dem zitierten Ennius-Vers (5) jedes der acht Wörter mit Ausnahme des ersten ein t als Initialkonsonanten aufweist; das Ergebnis ist eine siebenstellige Alliteration. Bezeichnen wir Äquivalenzklassen wie Alliteration, Assonanz, Reim, Parareim usw. mit den Großbuchstaben A, B, C, D ... und die jeweiligen Mitglieder einer Äquivalenzklasse (z. B. Alliteration auf /l/, /b/, /k/, /s/) mit den Kleinbuchstaben a, b, c, d ..., so sind bei der Annahme einer Äquivalenzklasse A und zweier Äquivalenzarten a und b als Mitgliedern dieser Klasse folgende Kombinationen möglich:

1) A_a A_a A_b A_b
2) A_b A_b A_a A_a
3) A_a A_b A_a A_b
4) A_b A_a A_b A_a
5) A_a A_b A_b A_a
6) A_b A_a A_a A_b

Mit jedem zusätzlichen Glied der Äquivalenzklasse A mehrt sich die Zahl der fakultativen Anordnungsmuster (z. B. bei A_a, A_b, A_c, A_d oder A_a, A_b, A_c, A_d, A_e). Andererseits können sich verschiedene Äquivalenzklassen, etwa A und B (Beispiel: Alliteration und Assonanz), in einem Text vereinigen, wozu als Illustration die Fälle

7) A_a B_a A_a B_a oder
8) A_a B_a A_b B_b A_c B_c

zitiert werden können. Hier bieten sich, rechnet man vor allem noch den Faktor der Frequenz hinzu, so viele Kombinationsmöglichkeiten an, daß es sehr schwer fällt, sie alle zu beschreiben und zu benennen. Als ein nicht unwesentlicher Punkt sei an dieser Stelle außerdem vermerkt, daß sich zwischen die einzelnen Vertreter äquivalenter Relationen durchaus solche nicht-äquivalenter Provenienz von unterschiedlicher Art und Länge schieben, so daß Konstruktionen wie

9) A_a X B_a Y Z A_a B_a

eine normale Erscheinung sind. Es zeigt sich demnach, daß die textuelle Distribution von phonologischen Äquivalenzen sehr unterschiedliche und sehr komplexe Formen annehmen kann.

Eine weitere Komplizierung dieses Äquivalenztyps bedeutet es, wenn prosodische und syntaktische Äquivalenzen hinzutreten und zusammen mit den phonologischen Wiederholungen stilistische Konvergenzen bilden. Eine solche Konvergenz sieht im Falle des Reims etwa so aus, daß der »Endreim« je am Ende und der »Binnenreim« je in der Mitte (mindestens mit einem Glied) der prosodischen Einheit »Verszeile« steht. Bei der Annahme von zwei verschiedenen Reimarten a und b können dann nach den aufgezeichneten Strukturschemata 1)–6) beim Endreim etwa die bekannten Möglichkeiten des *Paarreims* [Schema: 1)–2)], des *Kreuzreims* [Schema: 3)–4)] und des *umschließenden Reims* [Schema: 5)–6)] eintreten. Die Notierung des Paarreims wäre dann etwa so:

10) ——— A_a oder abgekürzt so: 10') ——— a
    ——— A_a ——— a
    ——— A_b ——— b
    ——— A_b ——— b

Im *Binnenreim* ergeben sich bei Zugrundelegung der Reimart a die folgenden Stellungsvarianten:

11) a) ——— A_a ——— A_a *oder* ——— a ——— a   *Mittelreim*
    b) ——— A_a ——— A_a ——— *oder* ——— a ——— a —*Inreim*
    c) ——— A_a A_a ——— *oder* ——— a a ———   *Schlagreim*
    d) A_a ——— A_a ——— *oder* a ——— a ———   *Anreim*

Diese Konvergenzen können nach Art und Umfang des Metrums und der Verszeile variieren. Allerdings ist auch vorstellbar, daß diese Gleichläufigkeit dadurch infrage gestellt wird, daß die phonologische Äquivalenzrelation in einem Glied über die Verszeile hinausgreift, womit der Fall einer »Abweichung von der Abweichung« (phonologisches Enjambement) gegeben ist. Weitere Gelegenheiten zur Konvergenzbildung resultieren schließlich aus dem Zusammenspiel von Syntax und Phonologie. Für den syntaktischen »Endreim« hatten schon die antiken Rhetoriker einen Namen geprägt; er lautet: *Homoioteleuton.*

Wie kann die phonästhetische Äquivalenzstruktur eines Textes objektiviert werden? Die adäquate Darstellungsform ist eine »Textpartitur«, in der die vollständige Lautgestalt oder »Orchestrierung« (Wellek) des Textes, besonders aber die Struktur seiner phonologischen Korrespondenzen, sichtbar gemacht wird. Der Ausdruck »Textpartitur« fällt hier nicht von ungefähr; er evoziert nicht nur das treffende musikalische Analogon, sondern hat auch seit einiger Zeit in der textwissenschaftlichen Diskussion Fuß gefaßt. W. Fucks (1968: 45 ff.), der diesen Terminus wohl als erster verwendet hat, versteht darunter ein dem musikalischen Deskriptionsverfahren nachgebildetes Notationssystem, das Länge und Rang syntaktischer Konstruktionen abbilden kann. H. Weinrich, dessen Textpartitur ebenfalls ausschließlich syntaktische Parameter verwendet, fordert gleichzeitig eine phonologische und eine semantische Textpartitur, »die dann bei der Auswertung mit der syntaktischen Textpartitur zusammen berücksichtigt (›aufeinanderkopiert‹) werden« (1972: 55). Vor Fucks und Weinrich hat allerdings schon T. A. Sebeok (1968 [1958]) anläßlich seiner Analyse eines Cheremis-Gesangstextes demonstriert, wie eine solche Partitur, besonders im phonologischen Bereich, aussehen kann. Interessante Aspekte einer phonologischen Textpartitur bietet ferner J. L. Kinneavys (1971: 364–382) ausführliche Interpretation von G. M. Hopkins' Gedicht *That Nature is a Heraclitean Fire and of the Comfort of the Resurrection*. Damit sind nur einige wenige Beispiele genannt. Die konkreten Probleme, die bei der Erstellung einer phonologischen Textpartitur begegnen, seien im folgenden anhand einer Textanalyse vorgeführt.

3.1.2.6. Textanalyse: G. M. Hopkins' »The Windhover«

Quelle: G. M. Hopkins, *Poems and Prose*, ed. W. H. Gardner, Harmondsworth 1961, p. 30

> *The Windhover:*
> To Christ our Lord

I caught this morning morning's minion, king-
   dom of daylight's dauphin, dapple-dawn-drawn Falcon, in his riding
  Of the rolling level underneath him steady air, and striding
High there, how he rung upon the rein of a wimpling wing

In his ecstasy! then off, off forth on swing,
   As a skate's heel sweeps smooth on a bow-bend: the hurl and gliding
  Rebuffed the big wind. My heart in hiding
Stirred for a bird, – the achieve of, the mastery of the thing!

Brute beauty and valour and act, oh, air, pride, plume here
  Buckle! AND the fire that breaks from thee then, a billion
Times told lovelier, more dangerous, O my chevalier!

   No wonder of it: shéer plód makes plough down sillion
Shine, and blue-bleak embers, ah my dear,
  Fall, gall themselves, and gash gold-vermilion.

Das Gedicht, das von Hopkins selbst als »the best thing I ever wrote« bezeichnet wurde, aktiviert in hohem Maße das Potential stilrhetorischer Strukturierungen. Diese Tatsache hat schon immer seine Esoterik und zugleich seine Faszination ausgemacht. Trotz dieses allgemein anerkannten Sachverhaltes finden sich nur wenige Analysen, welche zur Erschließung der Stilfiguren linguistische Methoden zugrundelegen. Eine der ersten stammt von A. A. Hill (1955). Während seine Darlegungen aber die Lauttextur des *Windhover* nur peripher berühren, soll diese im Mittelpunkt der folgenden Ausführungen stehen. Hopkins selbst ist Kronzeuge für die Relevanz des Untersuchungsobjekts, denn er definiert den Vers als »speech wholly or partially repeating the same figure of sound«. Mit »Wiederholung derselben Lautfigur« meint er hier nichts anderes als das, was in unserer Terminologie die Figuren der phonologischen Äquivalenz sind. Lassen wir einmal die prosodischen Figuren außer Betracht, so sind damit Klangmuster wie Alliteration, Assonanz und Reim angesprochen. Ihnen gilt im folgenden unsere besondere Aufmerksamkeit.

Es ist von vornherein klar, daß unsere Analyse nicht alle Aspekte der phonologischen Textur des Gedichtes berücksichtigen kann, da dies eine umfassende Untersuchung erfordern würde. Wir beschränken uns daher darauf, verschiedene Gesichtspunkte herauszugreifen und in Teilpartituren darzustellen. Das Verfahren ist abstraktiv in dem Sinne, daß es gewisse Perspektiven heraushebt, andere hingegen kaum oder gar nicht berücksichtigt. Das gilt u. a. auch für die Kriterien »Position«, »Ähnlichkeit«, »Frequenz« und »Distribution«, die teils dominieren, teils eine Nebenrolle spielen. Das Verfahren ist weiterhin so angelegt, daß man es auf unterschiedlichen Ebenen der Allgemeinheit durchführen kann. Je stärker die Generalisierung fortgeschritten ist, desto mehr tritt die Konkretheit des Textes in den Hintergrund. Faßt man die verschiedenen Allgemeinheitsstufen einer phonologischen Teilpartitur zusammen, so entsteht ein induktives (bzw. deduktives) Stemma von Generalisierungen (bzw. Konkretisierungen). Koordiniert man indes die verschiedenen Teilpartituren, so entsteht eine Synopse der behandelten phonologischen Äquivalenzstrukturen.

A. Erste phonologische Teilpartitur: die Struktur der Alliterationen

Alliteration bedeutet konsonantische Äquivalenz bei Wortanfängen. Bevor wir in unserem Text diese ermitteln, wollen wir anhand eines ersten allgemeinen Parameters Frequenz und Distribution der Opposition *Konsonant : Vokal* (K : V) herausstellen. Das Ergebnis ist eine Teilpartitur, mit deren Hilfe sich erkunden läßt, wie hoch die potentielle Vorkommenshäufigkeit in *The Windhover* sein kann.

1. Parameter: »Konsonant : Vokal«

Vorbemerkung: Darauf hinzuweisen ist, daß in dem Hopkins-Text einige /h/-Laute nicht realisiert werden, weil sie in »unaccented, non-initial, situations in connected speech« vorkommen (A. C. Gimson, *An Introduction to the Pronunciation of English,* 2nd ed., London 1970, p. 192).

1.   V Ⓚ Ⓚ Ⓚ Ⓚ Ⓚ Ⓚ   6 Ⓚ : 1 V
2.   Ⓚ V Ⓚ Ⓚ Ⓚ Ⓚ Ⓚ Ⓚ V V Ⓚ   8 Ⓚ : 3 V
3.   V Ⓚ Ⓚ Ⓚ V V Ⓚ V V Ⓚ   5 Ⓚ : 5 V
4.   Ⓚ Ⓚ Ⓚ V Ⓚ V Ⓚ Ⓚ V V Ⓚ Ⓚ   8 Ⓚ : 4 V
5.   V V V Ⓚ V V Ⓚ V Ⓚ   3 Ⓚ : 6 V
6.   V V Ⓚ Ⓚ Ⓚ Ⓚ V V Ⓚ Ⓚ Ⓚ Ⓚ V Ⓚ   9 Ⓚ : 5 V
7.   Ⓚ Ⓚ Ⓚ Ⓚ Ⓚ Ⓚ V Ⓚ   7 Ⓚ : 1 V
8.   Ⓚ Ⓚ V Ⓚ Ⓚ V V Ⓚ Ⓚ V Ⓚ Ⓚ   8 Ⓚ : 4 V
9.   Ⓚ Ⓚ V Ⓚ V V V V Ⓚ Ⓚ Ⓚ   6 Ⓚ : 5 V
10.   Ⓚ V Ⓚ Ⓚ Ⓚ Ⓚ Ⓚ Ⓚ V Ⓚ   9 Ⓚ : 2 V
11.   Ⓚ Ⓚ Ⓚ Ⓚ Ⓚ V Ⓚ Ⓚ   7 Ⓚ : 1 V
12.   Ⓚ Ⓚ V V Ⓚ Ⓚ Ⓚ Ⓚ Ⓚ Ⓚ Ⓚ   8 Ⓚ : 2 V
13.   Ⓚ V Ⓚ Ⓚ V V Ⓚ Ⓚ   5 Ⓚ : 3 V
14.   Ⓚ Ⓚ Ⓚ V Ⓚ Ⓚ Ⓚ   6 Ⓚ : 1 V

                                             95 Ⓚ : 43 V

Es zeigt sich, daß 68,8 % der Wortanfänge aus Konsonanten und 31,2 % aus Vokalen bestehen. Vers 7 und 10 weisen die größte, Vers 5 die geringste konsonantische Frequenz im Verhältnis zum Gesamtvolumen der Initialphoneme pro Verszeile auf. Was ihre Distribution angeht, so ist die Zahl der Kombinationen von zwei und mehr Konsonanten je Vers recht hoch. Das zeigt die folgende Tabelle:

Distribution der Konsonanten

Frequenzzahl	Kombinationseinheit	Gesamtzahl
14	1 Konsonant	14
11	2 Konsonanten	22
5	3 Konsonanten	15
2	4 Konsonanten	8
1	5 Konsonanten	5
4	6 Konsonanten	24
1	7 Konsonanten	7
		95

Damit stehen günstige Voraussetzungen für mögliche Alliterationen bereit. Wie die konkrete Ausnutzung dieser Möglichkeiten aussieht, soll in einem weiteren Schritt veranschaulicht werden.

Die mit Hilfe des ersten Parameters erlangten statistischen Ergebnisse können erst dann voll ausgewertet werden, wenn exaktes Vergleichsmaterial über die Häufigkeit und Verteilung von Initialkonsonanten in der englischen Alltagssprache vorliegt. Die Verfügbarkeit einer solchen »Hintergrundnorm« könnte unter Umständen schon in diesem Stadium der Analyse die besondere Prädisposition des *Windhover*-Textes für alliterative Strukturen nachweisen.

2. Parameter: »alliterative : nicht-alliterative Konsonanten«

In diesem Parameter werden die Initialvokale der besseren Übersichtlichkeit wegen durch waagerechte Striche (–) ersetzt. Die alliterativen Konsonanten sind durch einen Kreis markiert; die nicht-alliterativen Konsonanten bleiben unmarkiert.

1.	–	Ⓚ	K	Ⓚ	Ⓚ	Ⓚ	Ⓚ							5 aK : 1 naK
2.	Ⓚ	–	Ⓚ	Ⓚ	Ⓚ	Ⓚ	Ⓚ	K	–	–	Ⓚ			7 aK : 1 naK
3.	–	K	Ⓚ	K	–	–	Ⓚ	–	–	Ⓚ				3 aK : 2 naK
4.	Ⓚ	Ⓚ	Ⓚ	–	Ⓚ	–	Ⓚ	Ⓚ	–	–	Ⓚ	Ⓚ		8 aK : 0 naK
5.	–	–	–	K	–	–	K	–	K					0 aK : 3 naK
6.	–	–	Ⓚ	Ⓚ	Ⓚ	Ⓚ	–	–	Ⓚ	Ⓚ	K	Ⓚ	– K	7 aK : 2 naK
7.	K	K	K	K	K	Ⓚ	–	Ⓚ						2 aK : 5 naK
8.	K	K	–	K	Ⓚ	–	Ⓚ	K	–	Ⓚ	Ⓚ			4 aK : 4 naK
9.	Ⓚ	Ⓚ	–	K	–	–	–	–	Ⓚ	Ⓚ	K			4 aK : 2 naK
10.	Ⓚ	–	Ⓚ	K	Ⓚ	K	K	Ⓚ	Ⓚ	–	Ⓚ			6 aK : 3 naK
11.	Ⓚ	Ⓚ	K	K	K	–	K	K						2 aK : 5 naK
12.	K	K	–	–	Ⓚ	Ⓚ	K	Ⓚ	K	K				3 aK : 5 naK
13.	Ⓚ	–	Ⓚ	Ⓚ	–	–	K	K						3 aK : 2 naK
14.	K	Ⓚ	K	–	Ⓚ	Ⓚ	K							3 aK : 3 naK
														57 aK :38 naK

Die Anzahl der Alliterationen ist demzufolge außerordentlich hoch. Sie beträgt im Vergleich zur Gesamtzahl der konsonantischen Wortanfänge 60 %. Und rechnet man konsonantische und vokalische Wortanfänge im Gedicht zusammen, so beläuft sie sich immer noch auf insgesamt 41,3 %. Es wäre reizvoll, diese Prozentzahl mit der anderer Gedichte von Hopkins oder solchen anderer Autoren (z. B. altgermanischen) zu vergleichen. Auch die Distribution der Alliterationen im Text ist unter diesem Blickwinkel interessant. Wie ein kurzer Blick lehrt, ist sie sehr unterschiedlich. Auf Vers 4, der fast nur Alliterationen (9) enthält, folgt Vers 5, in dem sich keine finden. Ferner stehen Verse, in denen das Gleichgewicht zwischen alliterativen (aK) und nicht-alliterativen Konsonanten (naK) ausbalanciert ist, neben solchen, wo sich ein Übergewicht der einen oder der anderen Seite zuneigt. Fast das ganze Gedicht hindurch ist ein steter Pendelschlag zwischen Zu- und Abnahme der Alliteration zu beobachten.

Ob dies etwa semantische Gründe hat, kann an dieser Stelle nicht beantwortet werden. Unser Anliegen ist es vielmehr, jetzt den Gesichtspunkt der Ähnlichkeit ins Spiel zu bringen, nachdem Frequenz und Distribution der Alliteration schon weitgehend erörtert worden sind. Dazu bedarf es eines weiteren Parameters.

3. Parameter: Arten der Alliteration

Im folgenden werden die Anfangsvokale durch (–) und die nicht-alliterativen Anfangskonsonanten durch (+) symbolisiert. An die Stelle der K im zweiten Parameter treten die alliterativen Konsonanten selbst.

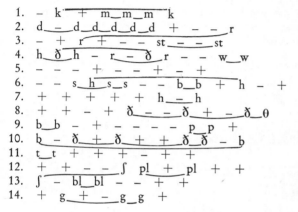

```
 1.  –   k   +   m_m_m   k
 2.  d _ – _d_d_d_d_d   +   – – r
 3.  –   +   r   +   – – – st _ – – – st
 4.  h _ ð _h   –   r   –   ð _r   – –   w_w
 5.  – – –   +   – –   +   –   +
 6.  – –   s _h_s_s   – –   b_b   +   h   –   +
 7.  +   +   +   +   +   h _ _ h
 8.  +   +   –   +   ð _ – – _ð   +   – _ð_θ
 9.  b_b   –   +   – – – –   p_p   +
10.  b _ – _ð_+_ð_+_+_ð_ð   –   b
11.  t_t   +   +   +   –   +   +
12.  +   +   – – _ʃ_pl   +   pl   +   +
13.  ʃ   –   bl_bl   – –   +   +
14.  +   g _ + _ – _g_g   +
```

Diesem Schema kann man folgende Beobachtungen entnehmen:

a) Frequenz der Alliterationen
1. in bezug auf den ganzen Text
Folgende Frequenzen sind registrierbar:

ð / θ	(3×: je 2, 4, 4)	m, s, g	(1×: je 3)
h	(3×: je 2, 2, 2)		
b	(3×: je 2, 2, 2)	p, t, ʃ	
r	(2×: je 2, 2)	w, bl, pl	
d	(1×: je 6)	st	(1×: je 2)

2. in bezug auf das Einzelvorkommen
Hier ist am auffälligsten die sechsstellige d-Alliteration, die in einer einzigen Verszeile erfolgt (2). Die meisten Alliterationen sind zweistellig.

b) Distribution der Alliterationen

Zwei Distributionstypen sind vorhanden: Alliterationen mit und ohne nicht-alliterierendes Zwischenglied. Im ersten Fall (Muster: /st/ + /X/ + /st/ in Vers 3) können die Alliterationswörter sogar in zwei verschiedenen Verszeilen stehen (vgl. 2/3, 12/13). Im zweiten Fall, den Vers 2 maximal repräsentiert, besteht möglicherweise ein Zusammenhang mit Hopkins' prosodischer Konzeption *(sprung rhythm)*.

c) Ähnlichkeit der Alliterationen

Die alliterativen Konsonanten sind durchgängig identisch. Die einzige Ausnahme bildet die Folge /ðθ/ in Vers 8, wo die Zusammengehörigkeit durch die gemeinsamen Merkmale *dental + frikativ,* die Differenz hingegen durch die Merkmalopposition *stimmhaft : stimmlos* ausgedrückt wird.

B. Zweite phonologische Teilpartitur: die Struktur der Assonanzen

Im folgenden stellen wir eine Vokalpartitur des ganzen Gedichttextes vor, in der die Assonanzen durch zusätzliche Merkmale gekennzeichnet sind.

1. ai ɔɪ iː ɔɪ iː ɔɪ iː iː iə iː
2. ə ə ei aɪ ɔɪ iː æ ɔɪ iː ɔɪ ɔɪ ə iː iː aɪ iː
3. ə ə ou iː e ʌ ə iː iː iː e iː ɛə ə aɪ iː
4. aɪ ɛə au iː ʌ ə ɔ ə ei ə ə iː iː iː
5. iː iː e ə iː e ɔ ɔ ɔ ɔɪ iː
6. æ ə ei iː iː uː ɔ ə ou e ə əɪ ə ai iː
7. iː ʌ ə iː iː aɪ ɑɪ iː aɪ iː
8. əɪ ə ə iː iː iː ə iː ɔ ə ɑɪ iː ə ə iː
9. uː juː i ə æ ə ə æ ou ɛə ai uː iə
10. ʌ æ ə ai ə ə ei ə iː e ə i jə
11. aɪ ou ʌ iə ɔː ei ə ə ou aɪ e ə iə
12. ou ʌ ə ə iː iə ɔ ei au au iː jə
13. aɪ ə uɪ iː e ə ɑɪ aɪ iə
14. ɔɪ ɔɪ ə e ə æ ou əɪ i jə

In der Vokalpartitur sind nicht alle Äquivalenzrelationen markiert, sondern nur die wichtigsten. Wir gehen zu ihrer Analyse wieder nach den Gesichtspunkten von Frequenz, Distribution und Ähnlichkeit vor.

a) Frequenz der Assonanzen

Der Anteil der Assonanzen an der Gesamtzahl der Vokale ist sehr groß – mindestens 40 %. Unter ihnen besitzt das Phonem /i(ı)/ die höchste Frequenzzahl – fast 50 %. Rechnet man die Diphthonge mit /i/ wie /ai/ und /iə/ hinzu, so liegt der Prozentsatz noch höher. Einen auffälligen Kontrast zu dem hohen Vorderzungenvokal /i/ bildet der tiefe Hinterzungenvokal /ɔı/, der mit einer zehnmaligen Rekurrenz innerhalb von Assonanzstrukturen in der Skala der Frequenzen an zweiter Stelle steht. Besonders in den Versen 1 und 2 entstehen aus dieser Opposition scharf konturierte Strukturmuster des Hell-Dunkel. Insgesamt darf festgestellt werden, daß die Frequenz der Assonanzen gegen Ende des Gedichtes abnimmt.

b) Distribution der Assonanzen

Verschiedene Kombinationsmuster der Assonanz treten in Erscheinung. Es gibt einmal den Typ von Assonanz, der durch zwei unmittelbar aufeinanderfolgende Setzungen des gleichen Vokals entsteht (z. B. /au/ + /au/ in Vers 12). Zum anderen gibt es den Typ der Assonanz »auf Distanz« (z. B. /ai/ + /X/ + /ai/ in Vers 13). Beide Typen können auch eine größere Frequenzzahl als 2 aufweisen (z. B. /ɔı/ in Vers 2 und /i/ in Vers 8). Interessanter wird das Problem der Distribution aber erst dann, wenn zwei (oder mehr) Arten von Assonanz miteinander kombiniert werden. Hier zeigt sich G. M. Hopkins' Meisterschaft, Klangmuster herzustellen. Folgende lassen sich im Text eruieren (cf. 3.1.2.5.):

1. doppelte Assonanz (Paarmuster)

Vers 8:   /əː/ + /X/ + /əː/ + /i/ + /X/ + /i/   (mit zweimaliger Interpolation von /X/)

2. alternierende Assonanz (Kreuzmuster, Chiasmus)

Vers 1:   /ɔː/ + /i/ + /ɔː/ + /i/ + /ɔː/ + /i/

3. umschließende Assonanz (Spiegelmuster)

Vers 2:   /i/ + /æ/ + /ɔː/ + /ɔː/ + /ɔː/ + /ə/ + /i/ (mit Interpolation von /æ/ und /ə/)

Zwei *Sonderfälle* des Spiegelmusters fallen auf:

Vers 7:   /i/ + /i/ + /ai/ + /aː/ + /i/ + /ai/ + /i/

Hier bildet /aɪ/ die Strukturmitte, außen flankiert von zwei /i/, während die eingeschlossene Kombination /i/+/ai/ in der spiegelbildlichen Wiederholung als phonologische Permutation (Chiasmus) erscheint.

Notation I

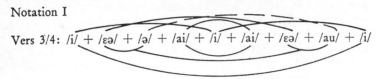

Vers 3/4: /i/ + /ɛə/ + /ə/ + /ai/ + /i/ + /ai/ + /ɛə/ + /au/ + /i/

Notation II

Hier bildet /i/ die Strukturmitte, innen flankiert von zwei /ai/, außen von zwei /i/, während die eingeschobene Kombination /ɛə/+/X/ in der spiegelbildlichen Wiederholung als phonologische Permutation (Chiasmus) erscheint. Zentrum und Peripherie der Spiegelstruktur bestehen aus dem gleichen Vokal /i/. Als Besonderheit ist die Tatsache zu vermerken, daß nach der Strukturmitte eine prosodische Zäsur (Pausenfigur) eintritt. Auf diese Weise kommt ein spannungsvolles Wechselverhältnis zwischen klanglicher Kontinuität und metrischem Einschnitt zustande. Es wäre sicher aufschlußreich, den semantischen Korrelaten dieser Erscheinung nachzugehen (Bezug zum Vogelflug?).

c) Ähnlichkeit der Assonanz

Im allgemeinen sind in der Vokalpartitur identische Laute als Assonanzen markiert; von den Fällen klanglicher Affinität wurden nur wenige berücksichtigt (z. B. /i/ – /iː/ in Vers 8, /u/ – /juː/ in Vers 9). Hier zeichnen sich bei Durchsicht der Partiturzeilen weitere Möglichkeiten von Assonanz ab. So könnten etwa die Diphthonge /iə/ (Vers 1), /ei/ und /ai/ (Vers 6) zusätzliche Äquivalenzen mit dem Monophthong /i/ bilden. Eine andere Frage ist es, ob Häufungen von Schwachtonvokalen (z. B. /ə/ in Vers 6 und 9) als Assonanzen anerkannt werden können. In der Theorie läßt sich die Frage bejahen, in der Praxis allerdings kaum. Denn bedenkt man, daß die stilistische Konvergenz, die durch zusätzliche Akzentfiguren zustandekommt, gewisse Assonanzen stärker hervorhebt als andere, so besteht für den unakzentuierten *schwa*-Laut von vornherein nur eine geringe Chance, in der poetischen Performanz eine relevante Funktion zu übernehmen, es sei denn als »Brücke« zwischen den Konvergenzen.

C. *Dritte phonologische Teilpartitur: die Struktur der Endreime*

Im folgenden sollen die Endreime von Hopkins' *The Windhover* erörtert werden. Endreim: das heißt, daß hier eine lautliche und eine prosodische Äquivalenz (Pause) eine stilrhetorische Konvergenz bilden. Folgendes Aussehen besitzt die entsprechende Teilpartitur:

1.	kíng	a
2.	ríding	b
3.	stríding	b
4.	wíng	a
5.	swíng	a
6.	glíding	b
7.	híding	b
8.	thíng	a
9.	hére	c
10.	bíllion	d
11.	chevalíer	c
12.	síllion	d
13.	déar	c
14.	vermílion	d

Das Gedicht enthält vier *Arten* des Endreims: a, b, c, d. Davon ist eine männlich (a); die anderen drei sind weiblich (b, c, d). Ihre *Distribution* sieht so aus: 1) zweimaliger umschließender Reim (abba/abba) in den beiden Quartetten des Sonetts; 2) dreistelliger Kreuzreim (cdcdcd) in den beiden Terzetten. Auffällig ist die Tatsache der *Ähnlichkeit* von a und b auf der einen und c und d auf der anderen Seite. Im ersten Fall zeigt sich, daß die Phonemfolge von a (= /iŋ/) in der Phonemfolge von b (= /diŋ/) enthalten ist. Das Gleiche trifft auf die Relation von c zu d zu: /iə/ – /iljən/. Beide Erscheinungen sind daher als Beispielfälle partieller Äquivalenz anzusehen. Auf diese Weise besitzt die Sequenz der Endreime eine hohe strukturelle Geschlossenheit. Sie wird noch dadurch unterstrichen, daß alle Endreime den /i/-Vokal enthalten.

Außer den Endreimen gibt es *Binnenreime* – vollständige und weniger vollständige. Besonders fällt ihr Vorhandensein im ersten Quartett in Gestalt von *Mittelreimen* auf. Vers 1: *mórning/kíng*; Vers 3: *rólling/stríding*. Vers 4 enthält eine *Mittelkonsonanz*: *rung/wing*. Außerdem findet sich ein *Schlagreim* in Vers 2: *dáwn/drawn*, ein *Mittelreim* in Vers 11: *lóvelier/chevalíer* und ein *Anreim* in Vers 14: *fall/gall*. Alle diese Äquivalenzmuster haben die Funktion, die weit ausschwingende Verszeile klanglich zu untergliedern.

D. Synopse der Teilpartituren: Alliteration, Assonanz, Endreim

Die behandelten Teilpartituren lassen sich zu einer umfassenderen Teilpartitur synthetisieren. Eine solche bietet den Vorteil, daß klangliche Verdichtungen und damit Gipfelpunkte der phonästhetischen Gestaltung deutlich hervortreten. Wir wählen für dieses Verfahren zwei Darstellungsmodi: Strahlendiagramm und Matrize (mit Plus- und Minus-Pol). Die phonologischen Äquivalenzklassen sollen mit A (Alliteration), B (Assonanz) und C (Endreim) gekennzeichnet werden. Wir illustrieren das Vorgehen anhand der beiden ersten Verszeilen.

1. a)

I	caught	this	morning	morning's	minion	king-

A_k A_m A_m A_m A_k

$B_{ɔ:}$ B_i $B_{ɔ:}$ B_i $B_{ɔ:}$ B_i B_i $(B_{iə})$ B_i

$(C_{iŋ})$ $C_{iŋ}$

b)

1	I	caught	this	morning	morning's	minion	king-
A	-	+	-	+	+	+	+
B	-	+	+	+ +	+ +	+ (+)	+
C	-	-	-	(+)	-	-	+

2. a)

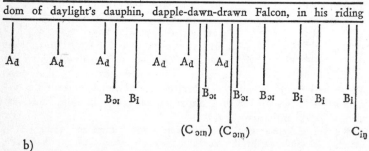

b)

2	dom	of	daylight's	dau-phin	dap-ple-	dawn-	drawn	Falcon	in	his	riding
A	+	-	+	+	+	+	+	-	-	-	-
B	-	-	-	+ +	-	+	+	+	+	+	+
C	-	-	-	-	-	(+)	(+)	-	-	-	+

Die beiden Partiturzeilen decken auf, daß im Hinblick auf die Äquivalenzklassen A, B, C die Spracheinheiten *morning, morning's, minion, king-, dauphin, dawn-, drawn* und *riding* die größte Merkmaldichte besitzen [Binnenreime sind in Klammern (+) notiert]. Zwar kann die Tatsache, daß nicht alle denkbaren Arten lautlicher Äquivalenz in unsere Partitur aufgenommen sind, bei deren Berücksichtigung zu einigen Gewichtsverschiebungen führen, doch dürften sich diese in absehbaren Grenzen halten.

Von den anderen lautlichen Äquivalenzen, die in *The Windhover* vertreten sind, seien hier nur einige erwähnt:

Vers 1: *morning/morning's* = Polyptoton
Vers 2: *dauphin, dapple-dawn-drawn Falcon* = vierstellige Konsonanz
Vers 3: *rolling/level* (Schema: /–l–/+/l–l/)

Vers 4: *wimpling/wing* (Schema: /w(X)iŋ/+/wiŋ/) = Semi-Homophonie
(mit Tilgungstransformation im 2. Glied)
Vers 6: *hurl/gliding* (Schema: /–l/+/–l–/) = Semi-Konsonanz
Vers 9: *brute/beauty* (Schema: /b–t/+/b–t–/) = Semi-Parareim
Vers 11: *told/lovelier* (Schema: /–l–/+/l–l–/)
Es ist deutlich, daß für diese Phänomene (und weitere) nicht ausreichend
präzise Benennungen existieren. An dieser Stelle sei nochmals auf D. I. Mas-
sons Versuch einer Taxonomie (1961) verwiesen, außerdem auf zwei weitere
(textanalytische) Arbeiten des gleichen Autors (1953, 1960) und zwei Artikel
von A. Oras (1956) und D. Hymes (1968).

3.1.2.7. Exkurs: Semantische Aspekte der Phonästhesie

J. M. Lotman schreibt über das Verhältnis von Laut und Sinn: »Es
ist offensichtlich, daß kein für sich genommener Laut der poetischen
Rede irgendeine selbständige Bedeutung hat. Die Sinnerfülltheit des
Lautes in der Poesie ergibt sich nicht aus seiner spezifischen Natur,
sondern wird deduktiv vermutet« (1972: 161). Damit ist gesagt, daß
eine Semantisierung phonästhetischer Textqualitäten in eine Pragmatik der poetischen Kommunikation eingebettet ist. Diese Pragmatik
kann so stark habitualisiert sein, daß sie als Konvention im sprachästhetischen Repertoire einer Sprachgemeinschaft verankert ist. Das
geht vor allem die verschiedenen Erscheinungsformen von Lautmalerei und Lautsymbolik an. Die *Lautmalerei*, auch *Onomatopoiie*
oder Schallnachahmung genannt, gründet sich auf die Tatsache, daß
es in jeder Sprache Laute und Lautkombinationen gibt, welche gewisse akustische Phänomene der Gegenstandswelt imitativ denotieren,
z. B. dt. *kikeriki*, engl. *cock-a-doodle-doo* und frz. *coquerico* den
Hahnenschrei. Ferner existieren lautnachahmende Verben, im Deutschen: *krachen, rasseln, klirren, blöken, miauen* usw., im Englischen:
hoot, crash, rattle, tinkle, neigh, bleat usw. Ein literarisches Beispiel
findet sich bei D. von Liliencron:

(6) Quer durch Europa von Westen nach Osten
    rüttert und rattert die Bahnmelodie,

wo die morphologische Innovation *rüttert* (substitutives Metamorph
aus *rüttelt*) deswegen geschaffen wurde, um die onomatopoetische
Eigenschaft von *rattert* zu unterstützen. Die pragmatische »Relativität« aller dieser Ausdrücke wird darin sichtbar, daß sie im Falle des
gleichen akustischen Referenzobjekts nicht in allen Sprachen identisch
sind, sondern differieren.
Ähnliche Feststellungen muß man hinsichtlich der *Lautsymbolik*
treffen, welche in der Verbindung von Lauten und bestimmten semantischen Merkmalen besteht. Mit ihr hat man sich jüngst auf experi-

175

mentellem Wege auseinandergesetzt (cf. Peterfalvi 1970, Anderson 1970, 1972). Dabei wurde etwa ermittelt, daß mit den Vokalen /i/ und /ɛ/ sich die Merkmale *(happy)*, *(bright)*, *(beautiful)* und *(fragrant)* verbinden, während hinsichtlich der Vokale /a/, /o/ und /u/ der gegenteilige Fall eintritt. Ein Blick auf einige poetische Beispiele gibt diesen Ergebnissen recht. So signalisieren die dunklen Vokale in Matthias Claudius' *Der Tod* Dunkelheit und Trauer:

(7) Ach, es ist so dunkel in des Todes Kammer ...,

während die hellen Vokale in dem Lied

(8) O Mädchen, mein Mädchen, wie lieb' ich dich!

Glück und Freude ausdrücken. Aufschlußreich ist die Tatsache, daß für /l/ die Merkmale *(–happy)*, *(–bright)*, *(+beautiful)* und *(+fragrant)* notiert werden (Anderson 1972: 166), wenn man etwa die falschen Lockworte von Goethes Erlkönig heranzieht:

(9) Du liebes Kind, komm, geh mit mir!
    Gar schöne Spiele spiel' ich mit dir.

Hier zeigt sich die trügerische Ambivalenz des schönen Scheins nicht nur in der Häufung des /l/, sondern auch in den dunklen vokalischen Einsprengseln zwischen den dominierenden I-Lauten. Firth (1964) spricht in solchen Fällen der Laut-Sinn-Verknüpfung jeweils von einem Phonästhem *(phonæstheme)*. Phonästheme besitzen – das legt die Übertragung englischer Untersuchungsergebnisse auf deutsche Texte nahe – eine über die Einzelsprache hinausgehende Konstanz. Nicht zuletzt wird dies durch Weinhebers *Ode an die Buchstaben* bestätigt (cf. Gaier 1971: 24–25):

(10) Dunkles, gruftdunkles U, samten wie Juninacht!
     Glockentöniges O, schwingend wie rote Bronze:
     Groß – und Wuchtendes malt ihr:
     Ruh und Ruhende, Not und Tod.

     Zielverstiegendes I, Himmel im Mittagslicht ...

Die Ähnlichkeit mit Andersons (und Peterfalvis) Forschungsergebnissen springt ins Auge. Ein Vergleich mit Rimbauds bekanntem Sonett *Voyelles* bringt ähnliche Resultate.

Handelte es sich bisher um referenzsemantische Aspekte von Lauten, so gibt es auch solche der binnensemantischen Art. Nicht zu übersehen ist nämlich das Faktum, daß phonologische Äquivalenz auch semantische Äquivalenz evoziert. Das geht sogar so weit, daß alliterierende Fügungen wie *mit Mann und Maus, mit Kind und Kegel, Haus und Hof* die Individualbedeutungen ihrer Glieder zugunsten einer Kollektivbedeutung (»Totalität«) eingebüßt haben *(Hendia-dyoin)*. Besonders reizvoll ist die semantische Strukturrelation von Endreimen, die durch eine zweifache (segmentale und suprasegmentale) Äquivalenz aneinander gebunden sind. Diese phonologische Ähnlichkeit verlangt geradezu nach einer inhaltlichen, wie das folgende Beispiel aus Shakespeares *Romeo and Juliet* (II.v.16–17) nahelegt:

(11) But old folks, many feign as they were dead –
Unwieldy, slow, heavy, and pale as lead.

Hier sind die Reimwörter *dead* und *lead* durch semantische Gemeinsamkeiten (z. B. die Eigenschaft der Blässe) aneinander gebunden. Wie ein anderer Paarreim aus dem gleichen Drama (II.iii.9–10) bezeugt, kann aber auch das Gegenteil eintreten:

(12) The earth that's nature's mother is her tomb;
What is her burying grave, that is her womb.

Hier erscheint in *tomb : womb* eine extreme Antonymie, die durch die lautliche Äquivalenz geradezu Züge des Oxymoron annimmt. Ein anderer Terminus für das gleiche Phänomen wäre »phonologische Ironie« – ein Ausdruck, den zuerst Anderson (1972:164) für das referenzsemantische Analogon gebraucht hat.

3.2. Phonästhetische Superstruktur: die prosodischen Figuren

Vorbemerkung: Im suprasegmentalen Phonembereich lassen sich nur schwer Metaplasmen finden. Lediglich die Permutation des Akzents dürfte hier von Bedeutung sein, wie – von Leech (1969: 47) angezeigt – einige poetisch habitualisierte Akzentumsprünge bei Tennyson (*balúster* statt *báluster*) und D. G. Rossetti (*Júly* statt *Julý*) nahelegen. Im folgenden wird auf die weitere Behandlung dieses Themas zugunsten des Aspekts der suprasegmentalen Äquivalenz verzichtet.

Vielen Einzelheiten der bisherigen Darstellung lag stillschweigend, aber beharrlich eine prosodische Norm zugrunde: der Vers. Sowohl Metaplasmen als auch Klangfiguren können zwar ohne ihn auskommen, finden aber erst in seinem Rahmen ihre volle ästhetische Verwirklichung. Der Vers läßt sich definieren als eine sprachästhetische Superstruktur, die sich aus den suprasegmentalen Phonemen Akzent, Pause und Tonhöhe konstituiert und deren Besonderheit darin besteht, daß sie das Lautkontinuum des Textes in äquivalente Abschnitte unterteilt. Verwenden wir für diesen Sachverhalt analog zum segmentalen Bereich den Begriff der »Figur«, so können wir hier von »prosodischen Figuren« und ihren drei Arten »Akzent-«, »Pausen-« und »Tonhöhenfiguren« reden. Welche prosodische Figur an erster

Stelle die Versgestalt determiniert, hängt von der jeweils benutzten Verssprache ab (cf. Lotz 1968). Während etwa der chinesische Vers auf einer spezifischen Sequentialität von Tonhöhenfiguren beruht, charakterisiert den deutschen und englischen Vers ein »dynamisches Metrum«, mit anderen Worten: die Dominanz der Akzentfiguren, obgleich Pausen- und Tonhöhenfiguren nicht ausgeschlossen sind. Nur auf Grund dieser Prämisse hat die Definition Gültigkeit: »Vers ist rhythmische Rede« (Standop). »Rhythmisch« heißt hier: determiniert durch Akzentfiguren. »Rhythmisch« bedeutet aber noch etwas anderes. In fast jeder Verslehre findet sich der Satz, daß das Metrum den schematischen, der Rhythmus hingegen den individuellen Aspekt der Akzentverteilung im Vers darstelle. Dieser Tatbestand läßt sich linguistisch auch mit Hilfe des Gegensatzpaares *langue*/Kompetenz und *parole*/Performanz erklären, so daß etwa der Rhythmus einen Aspekt der phonästhetischen Performanz abbildet. Auf einer solchen Grundannahme basieren die Ansätze zu einer strukturellen und zu einer generativ-transformationellen Metrik. Wir entnehmen im folgenden den Arbeiten beider Richtungen verschiedene Einsichten, verbleiben aber im übrigen bei der Konzeption der prosodischen (metrischen) Figuren. Zunächst wenden wir uns der phonästhetischen Kompetenz, dann der Performanz zu. Im Mittelpunkt soll die Diskussion der Akzentfiguren stehen. Selbstverständlich kann es sich hier nur um erste Anfänge, nicht aber um detaillierte Ausführungen zum System einer Versrhetorik handeln.

Die Entwicklung einer linguistisch inspirierten Metrik vollzog sich hauptsächlich im englischen Sprachbereich. G. L. Tragers und H. L. Smiths *An Outline of English Structure* (1951) ist der Ausgangspunkt für eine Reihe strukturalistischer Arbeiten, die seit Mitte der fünfziger Jahre erschienen sind (cf. die Bibliographie bei Fowler 1971: 172–173). Der prominenteste Vertreter dieser Richtung ist Seymour Chatman, der 1956 zusammen mit anderen die neuen Erkenntnisse in der amerikanischen Zeitschrift *Kenyon Review* veröffentlichte. Ein Jahr, nachdem die strukturalistische Metrik in Chatmans Hauptwerk *A Theory of Meter* (1965) ihre ausführlichste Darlegung erfahren hatte, erschien in *College English* Halles und Keysers generativ-transformationelle Analyse der Prosodie Chaucers, die in den nachfolgenden Nummern derselben Zeitschrift und anderen Beiträgen heftig diskutiert wurde (cf. D. C. Freeman *[ed.]* 1970: 366–491, Ihwe *[Hg.]* 1972: III 86–119). Die Diskussion hält noch an, wie zuletzt E. Standops (1972) und C. C. Bowleys (1974) kritische Stellungnahmen zeigen.

3.2.1. Phonästhetische Kompetenz: das Metrum

In seinem bekannten *Glossary of Literary Terms* (3rd ed. 1971) schreibt M. H. Abrams unter dem Stichwort *Meter:*

In all sustained spoken English we feel a *rhythm*, in the sense of a recognizable though variable pattern in the beat of the stresses in the stream of sound. If this rhythm is structured into a recurrence of regular – that is, approximately equal – units we call it *meter*.

Demzufolge stellt das Metrum eine rekurrente Folge von äquivalenten prosodischen Einheiten dar. Es bildet eine Abstraktion; d. h. es ist abgelöst von konkreten Sprachvorkommen. Seine Beschreibung kann in einer metrischen Grammatik oder »Grammetrik« (P. J. Wexler) erfolgen, die Inhalt einer besonderen (ästhetischen) prosodischen Kompetenz ist. Diese ist in der Lage, alle erdenklichen metrischen Strukturen hervorzubringen. Besonders relevant ist dabei der Faktor des Akzents.

3.2.1.1. Akzentfiguren

Im schematischen Aufriß gesehen, involviert der Begriff der Akzentfigur die Äquivalenz einer Folge von Hebungen und Senkungen oder betonten und nicht-betonten Silben in einem Text. »Äquivalenz« heißt hier zum Beispiel, daß

(13) a) je eine Hebung und je eine Senkung oder
   ó o ó o ó o ó (o)
   b) je eine Senkung und je eine Hebung oder
   o ó o ó o ó o ó
   c) je eine Hebung und je zwei Senkungen oder
   ó o o ó o o ó o o ó o o ó o o ó o (o)
   d) je zwei Senkungen und je zwei Hebungen
   o o ó ó o o ó ó

usw. alternieren. Fassen wir die Wiederholungseinheiten ó o, o ó, ó o o und o o ó ó als prosodische Figuren auf, so können wir bei ihrer weiteren Analyse die gleichen Kriterien wie bei den Klangfiguren zugrundelegen, nämlich Position, Umfang, Ähnlichkeit, Frequenz und Distribution.

3.2.1.1.1. Position

Wie die unter (13) aufgeführten prosodischen Wiederholungsmuster zeigen, sind Akzentfiguren metrische Einheiten, in denen entweder

(14) a) Hebung und Senkung (Muster: ó o, ó o o) oder
   b) Senkung und Hebung (Muster: o ó, o o ó) oder
   c) Hebung und Hebung (Muster: ó ó, ó ó o o) oder
   d) Senkung und Senkung (Muster: o o, o o ó ó)

aufeinander folgen. Es handelt sich also grundsätzlich um ein binäres System, das vier sequentiale Möglichkeiten seiner Elemente zuläßt.

3.2.1.1.2. Umfang

Akzentfiguren besitzen einen gewissen Umfang von Hebungen und Senkungen, die über eine bestimmte Silbenzahl verteilt sind. Je mehr Silben der Akzentfigur zugrundeliegen, desto größer ist die Zahl der Kombinationsmöglichkeiten von Hebung und Senkung. Während die zweisilbige Akzentfigur nur vier Varianten kennt, nämlich ó o, o ó, ó ó und o o, gestattet die viersilbige bedeutend mehr, insgesamt sechzehn:

(15)	a) o o o o	e) o o o ó	i) o ó o ó	n) ó ó o ó
	b) ó o o o	f) ó ó o o	k) o o ó ó	o) ó o ó ó
	c) o ó o o	g) ó o ó o	l) o ó ó o	p) o ó ó ó
	d) o o ó o	h) ó o o ó	m) ó ó ó o	q) ó ó ó ó

Verschiedene Akzentfiguren sind unter dem Namen »Versfuß« (bzw. »Metrum«) schon seit der Antike geläufig und terminologisch festgelegt, etwa

(16)	a) ó o	Trochäus	d) ó o o	Daktylus	g) ó o o ó	Choriambus
	b) o ó	Jambus	e) o o ó	Anapäst		
	c) ó ó	Spondäus	f) ó o ó	Kretikus		

Wenn auch das theoretische Potential der Akzentfiguren sehr umfassend ist, so zeigt doch die Pragmatik der Versgeschichte, daß die Zahl der aktualisierten Typen relativ niedrig liegt. Verschiedene Möglichkeiten besitzen von vornherein einen geringen Wahrscheinlichkeitsgrad, so in dem Paradigma (15) die Varianten a) und q). Ferner sind komplexere Kombinationsarten auf einfachere zurückführbar, z. B. die viersilbigen Akzentfiguren (15) g) und i) auf je zwei zweisilbige ó o + ó o und o ó + o ó. Unter dieser Voraussetzung dürften auch Akzentfiguren, die mehr als vier Silben umfassen, recht selten sein.

3.2.1.1.3. Ähnlichkeit

Von den in (13) angeführten prosodischen Mustern zeichnen sich die Möglichkeiten b) und d) dadurch aus, daß sie aus identischen Wiederholungen bestimmter Akzentfiguren bestehen – in b) aus einer fünfmaligen Wiederholung von o ó, in d) aus einer zweimaligen Wiederholung von o o ó ó. Neben dieser totalen Äquivalenz der Wiederholungsglieder gibt es die partielle. Beispiele dafür sind (13) a) und c), wo jeweils die letzte Silbe weggelassen wird (o). Solche Erscheinungen belegt die klassische Theorie mit der Bezeichnung »katalektisch«; wir hingegen sprechen von einer partiellen Äquivalenz, die durch Wegnahme (Subtraktion) einer Silbe zustandegekommen ist. Können wir für diesen Fall als Prozedur eine Tilgungstransformation ansetzen, so sind andere Fälle vorstellbar, wo Addition, Substitution und Permutation die totale Identität der Wiederholungseinheiten aufheben. Legen wir als Norm die folgende Reihe von Akzentfiguren zugrunde:

(17) ó o / ó o / ó o / ó o /,

so kann man diese »sekundären Deviationen« konstruieren:

(18) a) ó o / ó o / ó o / ó /   Substraktion (ó o minus o)
    b) ó o / ó o o / ó o / ó o /   Addition   (ó o plus o)
    c) ó o / ó o / ó ó / ó o /   Substitution (ó ó statt ó o)
    d) o ó / ó o / ó o / ó o /   Permutation   (o ó statt ó o)

Wie die Beispiele zeigen, kann ihre Distribution an verschiedenen Stellen der prosodischen Äquivalenzstruktur erfolgen.

3.2.1.1.4 Frequenz

Die in (13) vorgeführten Musterfälle demonstrieren eine unterschiedliche Häufigkeit in der Wiederholung der Akzentfiguren. Die Frequenzzahlen sind 2, 4, 5 und 6. Wir reden hier – dem klassischen Brauch folgend – vom Dimeter, Tetrameter, Pentameter und Hexameter. Eine Folge von Akzentfiguren oder Metren konstituiert einen Vers. Vers (13) b) besteht aus fünf Akzentfiguren des Typs »1 Senkung + 1 Hebung« oder – in anderer Terminologie – aus einem jambischen Pentameter. Vers (13) c) wiederum besteht aus sechs Akzentfiguren des Typs »1 Hebung + 2 Senkungen« bei defekter 6. Akzentfigur oder – anders gesprochen – aus einem katalektischen daktylischen Hexameter. Theoretisch ist die Frequenz von Akzentfiguren im Vers nahezu unbegrenzt; die Pragmatik der metrischen Normen lehrt jedoch, daß sie im Gegenteil sehr strengen Beschränkungen unterliegt.

Größere prosodische Wiederholungseinheiten entstehen dann, wenn mehrere Verse aufeinander folgen. »Stichisch« heißt traditionell jede Folge, die konstant das gleiche Akzentmuster repetiert. Man unterscheidet außer dem Monostichon (1 Verszeile) das Distichon (2 Verszeilen), das Tristichon (3 Verszeilen), das Tetrastichon (4 Verszeilen) usw. Eine komplexere Äquivalenzstruktur besitzt die *Strophe;* sie wird nicht nur von der unterschiedlichen Länge der Verszeilen und der Variation der Akzentfiguren, sondern zum Teil auch von mannigfaltigen Spielarten des Reims bestimmt. Als Beispiel sei die sog. sapphische Strophe zitiert:

(19) ó o / ó o / ó o o / ó o / ó o /
     ó o / ó o / ó o o / ó o / ó o /
     ó o / ó o / ó o o / ó o / ó o /
     ó o o / ó o /

Die metrische Äquivalenzstruktur derselben kann folgendermaßen notiert werden:

(20)
```
3 [2 (1H 1S) + 1 (1H 2S) + 2 (1H 1S)]
1 [1 (1H 2S) + 1 (1H 1S)]
```

In diesem Schema besitzen die verwendeten Zeichen diese Bedeutung:

☐   Strophe   H = Hebung
[ ] = Vers   S = Senkung
( ) = Akzentfigur

Die Verse 1–3 sind demnach in bezug auf Länge und Akzentstruktur identisch (stichisch), während Vers 4 in der Länge abweicht. Durch Erweiterungstransformation kann die Kombination (1H 2S) aus (1H 1S) abgeleitet und als partielle prosodische Äquivalenz zu (1H 1S) nachgewiesen werden. Ein mögliches Reimvorkommen wurde hier nicht berücksichtigt. In der klassischen Terminologie setzt sich die sapphische Strophe aus drei sapphischen Elfsilblern und einem Adoneus zusammen.

Die nächstgrößere metrische Einheit ist der Vers-Text. Er kann strophisch oder nicht-strophisch aufgebaut sein. Im strophischen Aufbau gibt es wiederum zwei Strukturmöglichkeiten, die monostrophische und die polystrophische. Weitere Ausführungen sollen hier unterbleiben. Das bisher Gesagte genügt, um die außerordentliche Komplexität des Frequenzproblems aufzuzeigen. Ursache dafür ist ein wichtiger Gesichtspunkt, der bisher ständig eine Rolle spielte, aber nur selten beim Namen genannt wurde: die Distribution der Akzentfiguren.

3.2.1.1.5 Distribution

Verschiedene Beispiele haben gelehrt, daß die Verteilung der Akzentfiguren in Vers, Strophe und Text sowohl gleichmäßig als auch verschieden sein kann. Das bedeutet im einfachen Falle, daß in diesen prosodischen Einheiten (z. B. Vers) immerfort die gleiche Akzentfigur gesetzt wird. Der entgegengesetzte Fall sieht sehr viel komplizierter aus. Wenn Akzentfiguren verschiedener Struktur miteinander kombiniert werden, droht das Prinzip der Äquivalenz zugunsten des Prinzips kunstvoller Variation in den Hintergrund zu treten. Bei solchen Gelegenheiten geschieht es allerdings häufig, daß sich die Äquivalenz auf eine andere prosodische Einheit (z. B. vom Vers auf die Strophe) verlagert. Andernfalls geht die akzentfigürliche Konstruktion verloren; an die Stelle des Verses tritt die Prosa.

3.2.1.2. Pausen- und Tonhöhenfiguren

Beide prosodische Figurentypen sind im Deutschen und Englischen von sekundärer Signifikanz, da sie stets an das Vorkommen von Akzentfiguren gebunden sind. Behält man diese Einschränkung im Auge, so ist jede von ihnen gewiß von nicht zu unterschätzender Wichtigkeit, die man leider – besonders im Falle der *pitch figures* – sehr häufig vergißt. Bei den Pausenfiguren springt ihr eigener ästhetischer Wert unmittelbar ins Auge, da ohne sie keine Untergliederung von Versen und Strophen zustandekäme. Ebenso augenfällig ist die Tatsache, daß sich weiterhin strophische Pausenfiguren von den verslichen und diese wiederum von den akzentfigürlichen durch ihr unterschiedliches Gewicht unterscheiden. Wir führen daher – nach Trager/Smith (1951) – folgende Symbolik ein: | = akzentfigürliche (metrische, intralineare) Pause, || = versliche (interlineare) Pause, ⫲ = strophische (multilineare) Pause und fügen diese Zeichen entsprechend in die Notation der sapphischen Strophe (19) ein:

(21) ó o | ó o | ó o o | ó o | ó o ||
     ó o | ó o | ó o o | ó o | ó o ||
     ó o | ó o | ó o o | ó o | ó o ||
     ó o o | ó o ⫲

In einem Fall wie diesem verstärken die Pausenfiguren das Muster der akzentfigürlichen Äquivalenz (Konvergenzphänomen). Sie können aber auch – etwa im intralinearen Bereich – die Akzentfiguren »zerschneiden«, wie zum Beispiel die folgenden Pausenmöglichkeiten des daktylischen Hexameters zeigen:

   1   2   3   4   5   6
(22) ó o o ó | o o ó | o | o ó | o o ó o o ó o (o) ||

Diese intralinearen Pausenfiguren, traditionell »Zäsuren« genannt, stellen keine Äquivalenzen her, da sie nach der zweiten, dritten und vierten Hebung (Trithemimeres, Penthemimeres, Hephthemimeres) und außerdem nach der ersten Senkung der dritten daktylischen Akzentfigur (*katà tríton trochaîon*) fallen. Vielmehr bilden sie dazu ein dezidiertes Gegengewicht, das den Charakter einer sekundären ästhetischen Deviation besitzt.

Die bisherigen Überlegungen lassen sich in drei Punkten zusammenfassen:

1. Pausenfiguren (ästhetische Junkturen) sind ein wesentliches Regulativ des poetischen Textes, besonders in Koexistenz mit Akzentfiguren. In dieser Verbindung können sie sowohl die Äquivalenz metrischer Einheiten (Verszeile, Strophe) verstärken als auch um der Variation willen zerstören. In jedem Fall sind Pausenfiguren als Teil einer ästhetischen Textphonologie aufzufassen.

2. Als Bestandteile einer prosodischen Grammatik sind Pausenfiguren hierarchisierbar. Die durch sie markierten Richtgrößen sind, von der kleinsten Einheit angefangen, Akzentfigur (Metrum), Vers und Strophe.

3. Pausenfiguren unterliegen ebenso wie Akzentfiguren einem Akt pragmatischer Normierung. Das in (22) verwandte Muster ist griechisch-römischen Ursprungs und später in die germanischen Verssprachen übernommen worden. Solche Normen können sich wandeln; dafür liefern Versgeschichte und Verstheorie mannigfaltige Beispiele.

Über den genauen prosodischen Status von *Tonhöhenfiguren* sind bisher kaum Regeln formuliert worden. Zwar kann man davon ausgehen, daß er an die jeweilige Distribution von Akzent- und Pausenfiguren geknüpft ist, doch schafft eine solche Mutmaßung vorläufig nur Raum für weitere. Derartige sähen etwa so aus, daß die betonte Silbe einer Akzentfigur stets eine relativ große Tonhöhe und eine gravierende Pausenfigur (an Vers- oder Strophenende) stets eine fallende Tonhöhe bedingt. Indes hängen Hypothesen wie diese von zu vielen Variablen ab, um schon jetzt verbindlich behauptet werden zu können. Als Transkriptionsmodus der Tonhöhenfiguren sei für unsere Zwecke das von Trager/Smith (1951) benutzte numerische System [1], [2], [3], [4] vorgeschlagen, wobei [1] die niedrigste, [4] die höchste Tonhöhe bezeichnet.

3.2.2. Phonästhetische Performanz: der Rhythmus

Wenn man vom Metrum als einem »Konzept« *(concept)* und vom Rhythmus als einem »Perzept« *(percept)* gesprochen hat, so ist damit folgendes gemeint: Das Metrum ist eine gedankliche Konstruktion, ein System von Regularitäten ohne Realität. Nicht umsonst überschreiben daher Wimsatt und Beardsley einen Artikel über den Begriff des Metrums mit den Worten: *an Exercise in Abstraction* (1959). Diese Abstraktion kann sich entweder auf dem Weg der Verallgemeinerung empirisch gewonnener Daten vollziehen, oder sie besteht in der Vorstellung eines hypothetischen Entwurfs. Wie auch immer dieses abstrakte Konzept hergerichtet wird, jedesmal ist der Grad der Idealisierung so weit vorangetrieben, daß das Konzept ohne die sprachliche Wirklichkeit Bestand haben kann. Wissenschaftliche Folgerichtigkeit ist sein erstes Postulat; sein zweites betrifft die Anwendungsfähigkeit im Bereich konkreter rhythmischer Sprachvorkommen.

Das, was wir Rhythmus, besser: Prosarhythmus, nennen, steht zu der vorhin (3.2.1.) entworfenen prosodischen Grammatik im Verhältnis der Performanz zur Kompetenz. Diese prosodische Performanz äußert sich in wort-, satz- und texteigenen Akzent-, Pausen- und Tonhöhenmustern. Bringen wir nun das metrische Schema mit dem Prosarhythmus der aktuell geäußerten Sprache zusammen, so entsteht nach G. M. Hopkins ein »Kontrapunkt« *(counterpoint)*, was nichts anderes besagt als eine Abweichung vom Äquivalenzprinzip oder eine sekundäre poetische Deviation. Diese liegt natürlich nur dann vor, wenn sie einem aktiven Gestaltungswillen entspringt. Nicht dürfte diese Ausprägung der Ästhetizität etwa dann in Erscheinung treten, wenn ein bestimmtes Versmaß an eine bestimmte Sprache nicht adaptierfähig ist, zum Beispiel der (daktylische) Hexameter an die englische, oder der Autor sich nicht imstande zeigt (wie manche der frühen Elisabethaner), einen sinnvollen »Kontrapunkt« zu erzeugen (cf. Thompson 1961). Sinnvoll ist ein solcher erst dann, wenn er eine semantische oder pragmatische Funktion aufweist. Die poetologische Entscheidung fällt also nicht allein im textsyntaktischen Bereich, sondern »von außen«.

Bevor auf die rhythmische Kontrapunktik des Verses näher eingegangen wird, sei noch folgende Überlegung angestellt. Vorausgesetzt, es bestünde keine ausgesprochene Differenz zwischen »natürlicher« und ästhetischer Prosodie, so existieren dennoch unterschiedliche Grade, in denen das metrische Schema erfüllt wird. Nehmen wir zur Illustration den bekannten Rilke-Vers

(23) und àb und zû ein weißer Elephánt,

so zeigt die Notation an, daß der jambische Pentameter rhythmisch durch insgesamt drei verschiedene Betonungsstärken verwirklicht ist: den primären /'/, den sekundären /^/ und den tertiären /`/ Akzent (nach Trager/Smith [1951], die auch noch einen schwachen /ˣ/ Akzent aufführen). Behalten wir dieses Transkriptionssystem bei, so wäre aber auch folgende Versanalyse möglich:

(24) und âb und zú ein weißer Élephánt.

Chatman (1968: 160) demonstriert anhand eines Verses von A. Pope, wie verschieden die Auslegungsmöglichkeiten von Akzent, Pause und Tonhöhe in der phonetischen Realisation sein können:

(25) *Thus much I've said, I trust without offence*

   a) ³Thús múch²→²I've ³ saíd¹ ↓ ²I ³trust ³→²withoùt of³fénce¹↓

   b) ²Thûs mùch I've ³saíd¹↓ ²I³trúst²→²withoùt offénce↓

   c) ²Thûs mùch I've ³saíd²→²I ³trúst³→²withoùt of³fénce²→

In diesen Transkriptionen, wo die Symbole /→/ und /↓/ für Trager/ Smiths (1951) Pausenphoneme (Junkturen) /|/ und /#/ eintreten, wird deutlich, daß jedes abstrakte metrische Konzept grundsätzlich voneinander abweichende Performanzen zuläßt.

Aus diesen Darlegungen sind zweierlei Schlüsse ableitbar:
1. Die metrische Schematik gründet auf der binären Opposition von Hebung und Senkung. Die rhythmische Betonungswirklichkeit im Vers ist jedoch erheblich komplexer. Ausdruck derselben kann ein vierstelliger Akzent-Parameter sein, der jedoch seinerseits eine Abstraktion von der Vielfalt suprasegmentaler Varianten darstellt. Analoges gilt bezüglich der Pausen- und Tonhöhenverhältnisse. Eine präzisere Aufzeichnungsmöglichkeit bietet hier die Experimentalphonetik mit Hilfe des Sonagramms, das eine »objektive« (d. h. subjektunabhängige) Registrierung von akustischen Differenzen verspricht (cf. Lindner 1969).
2. Die Analysen der beiden Texte zeigen, daß die Akzentverhältnisse von verschiedenen Rezipienten verschieden aufgefaßt werden können. Die einzelnen Auffassungen reichen von der völligen Deckungsgleichheit mit dem Metrum bis zur weitreichenden Abweichung von ihm. Aufschlußreich ist in diesem Zusammenhang auch Chatmans Analyse von Shakespeares Sonett 18, die allein drei entgegengesetzte Interpretationsmöglichkeiten der beiden Anfangssilben in Vers 1 enthält (1965: 182):

(26) Shall I | compare | thee to | a sum | mer's day?

    o ó o ó   ó o o ó o   ó
    ó o
    ó ó

In der wissenschaftlichen Diskussion herrscht noch nicht letzte Klarheit darüber, ob der Versakzent den natürlichen Wort- und Satzakzent verändernd beeinflußt oder ob ersterer nur innerlich »mitgehört« wird, also auf der psychologischen Ebene existent ist. Gleichgültig, wie der Ausgang dieses empirisch zu entscheidenden Streites

sein mag, Tatsache ist, daß beide prosodische Muster ein Spannungs-
feld aufbauen, das für den ästhetischen Charakter eines Textes besonders reizvoll ist. Im folgenden sollen einige solcher sekundärer Abweichungen registriert werden.

3.2.2.1. Abweichende Akzentuierung

Mögliche Veränderungen im Bereich der Akzentfiguren sind bereits in
3.2.1.1.3. besprochen worden. Hier soll nur der häufige Einzelfall des
Akzentumsprungs oder (in der Terminologie A. Heuslers) der Takt-
umstellung illustriert werden. Der Akzentumsprung durchbricht die
Ausgewogenheit der metrischen Äquivalenz und ist Ursache rhythmischer Variation. Seine Entstehung läßt sich mit Hilfe des Begriffes der
Permutation erklären: Eine Hebung tritt an die Stelle einer Senkung
und eine Senkung an die Stelle einer Hebung. Ein Beispiel: Die
metrische Analyse der berühmten *Hamlet*-Zeile lautet so:

(27) To bé or nót to bé that ís the quéstion.

Der Prosa-Rhythmus hingegen besitzt folgende Gestalt:

(28) To bé or nót to bè thát is the quéstion.

Folglich entsteht eine Diskrepanz zwischen /ðæt íz/ und /ðæt iz/.
Sie resultiert nicht aus einem stilistischen Unvermögen, sondern ist
bedingt durch den pragmatischen Gesichtspunkt der Emphase. Andere
funktionale Deutungen bieten sich für weitere phonästhetische Abweichungen [z. B. in (26)] der beschriebenen Art an.

3.2.2.2. Abweichende Pausierung

Eine Verszeile wird dann in hohem Maße vom Äquivalenzprinzip
regiert, wenn nicht nur Prosa- und Versakzent, sondern auch die
Junkturen von Prosa- und Verstext übereinstimmen. Tritt der letztere Fall nicht ein, weicht also die textuelle von der metrischen Pausierung ab, so redet man von Enjambement oder Zeilensprung. Das
Gegenteil liegt dann vor, wenn über eine Folge von Verszeilen hinweg Vers- und Textpause zusammenfallen. Diese Möglichkeit bezeichnet man als Zeilenstil. Der Zeilensprung, der auf einer funktionalen
Abweichung von der Gleichförmigkeit der metrischen Pausenfüllung
beruht, kann morphologischer oder syntaktischer Art sein.

(29) Beispiele des *morphologischen Enjambements:*

a) Some asleep, unawakened, all un-
    warned, eleven fathoms fallen
    (G. M. Hopkins, *The Loss of the Euridice*)

b) R. Fowler (1966a: 89) führt aus der englischen Literatur folgende Muster an:

> *the hay/Fields, the coal-/Black night* (D. Thomas), *king-/dom of daylight's dauphin* (G. M. Hopkins), *this blind-/nesse too much light breeds* (J. Donne), *to warb-/le those bravuras* (G. Byron).

(30) Beispiele des *syntaktischen Enjambements:*

a) Das erste stammt aus Hölderlins *Die Götter:*

> Du stiller Äther! immer bewahrst du schön
> Die Seele mir im Schmerz, und es adelt sich
> Zur Tapferkeit vor deinen Strahlen,
> Helios! oft die empörte Brust mir.

b) Das zweite Beispiel ist Rilkes *Römische Fontäne* entnommen:

> Zwei Becken, eins das andre übersteigend
> aus einem alten runden Marmorrand
> ... .

Das morphologische Enjambement bedeutet eine stärkere Abweichung als das syntaktische, weil die morphologische Einheit eine engere Bindung aufweist als die syntaktische. R. Fowler vermutet, daß sich die abweichende Pausierung nach dem Grad ihrer Intensität hierarchisieren läßt, wobei er von unserer Auffassung ein wenig abweicht:

> One might construct a scale for enjambement, ranging from cases where the greatest grammatical break (between sentences) coincides with the firmest metrical rest (end of a set of rhymed lines) to cases where the smallest grammatical juncture (between the components which make up words, morphemes) is forced to coincide with a compelling metrical break (e.g., between stanzas) (1966a: 88).

Dieser Satz ist so zu verstehen, daß die Distribution und – wir fügen hinzu – Häufigkeit der Durchbrechung der metrischen Norm für die Stilqualität dieser sekundären Deviation verantwortlich ist.

Einen Sonderfall bilden hier, was die Häufigkeit angeht, die sog. *straddled lines* (F. Kermode): Verse, die solche Satzkonstruktionen aufweisen, daß deren Pausen regelmäßig in der Mitte der Verszeile liegen. Besonders zahlreich sind sie in der altenglischen Poesie vertreten, finden sich aber auch in moderner Dichtung, wie der Anfang von T. S. Eliots *The Waste Land* beweist:

(31) April is the cruellest month, breeding
    Lilacs out of the dead land, mixing
    Memory and desire, stirring
    Dull roots with spring rain.

Die sich wiederholende Lautfigur des weiblichen Reims auf *-ing* ist hier weniger interessant als die Rekurrenz eines grammatikalischen Musters, dessen Junkturen stets an der gleichen Stelle von den metrischen Junkturen abweichen. Die Regelmäßigkeit, mit der dies geschieht, erlaubt den Schluß, daß in diesem Fall die sekundäre Deviation des syntaktischen Enjambements selbst den Charakter einer Norm angenommen hat, die die primäre Norm der interlinearen Pause teilweise außer Kraft setzt.

3.3. Die Interrelation von Lautfiguren und prosodischen Figuren

Betrachten wir nun die phonologischen Figuren in ihrer Gesamtheit, so ergibt sich ein aufschlußreiches Wechselspiel der einzelnen Gruppen. Zwar können sie jede für sich die Quelle von Poetizität sein, doch bewirkt erst ihr Zusammenspiel jene »Dichte«, welche das Kennzeichen erfüllter phonologischer Literarität darstellt. Gehen wir zwei Kombinationsmöglichkeiten durch, so ergibt sich folgendes Bild:

(a) Lautliche Deviation und Metrik
Die Regel ist, daß Metaplasmen (Apokope, Prosthesis, ...) nicht in ungebundener, sondern in gebundener Rede vorkommen. Erscheinen sie außerhalb derselben, so ist dennoch die Vorstellung der metrischen Gebundenheit häufig gegenwärtig. Ein Muster für die Verschränkung beider Deviationsformen bietet das folgende Beispiel:

(32) Dämmrung senkte sich von oben,
    Schon ist alle Nähe fern ... (Goethe),

wo der trochäische Vierheber (Tetrameter) die Kürzung des inlautenden /e/ in *Dämmerung* erzwingt (Synkope). Nicht nur im Falle der Metaplasmen sind prosodische Figuren die Ursache von Deviation, sondern auch bei den Metamorphen und Metataxen. Von diesen wird in den folgenden Kapiteln noch die Rede sein.

(b) Lautliche Äquivalenz und Metrik
Zwar können Figuren der klanglichen Äquivalenz auch ohne die Einbettung in eine prosodische Äquivalenzrelation poetizitätserzeugend sein, doch erhöht das Potential der metrischen Figuren entschieden ihre ästhetische Kapazität. Das zeigt nicht nur der altgermanische Alliterationsvers, sondern auch die reimende Poesie späterer Jahrhunderte. In der Tat ist das Vorhandensein des Endreims in dem Bestreben zu suchen, die prosodische Äquivalenz durch eine solche der Vokale und Konsonanten zu verstärken; das macht der Paarreim *(rhyming couplet)* A. Popes augenfällig:

189

(33) True wit is Nature to advantage dress'd;
  What oft was thought, but ne'er so well expressed.
                              (An Essay on Criticism, VV. 297–298)

Eine derartige prosodische, klangfigürliche und syntaktische Konvergenz am Versende ist nicht immer gegeben. Vielmehr sorgen »unreine« Reime, Enjambements und Akzentumsprung dafür, daß die Koinzidenz phonologischer Äquivalenzen zugunsten der Variation abgebaut wird.

Fassen wir zusammen: Ein Überblick über die phonologischen Figuren lehrt, daß sie ein recht differenziertes Instrument zur »Orchestrierung« eines Textes darstellen: Figuren, die gegen die Grammatik verstoßen (Metaplasmen), stehen solche gegenüber, welche die Möglichkeiten der Wiederholung äquivalenter Phoneme und Phonemkombinationen voll ausschöpfen: Laut-, Akzent-, Pausen- und Tonhöhenfiguren. Treffen die phonologischen Äquivalenzfiguren an einer Textstelle zusammen, so entsteht eine Textur von hoher poetischer Dichte, die durch graphematische, morphologische, syntaktische und semantische Faktoren noch intensiviert werden kann. Allerdings besteht auf der anderen Seite die Möglichkeit, daß stete Wiederholung der gleichen Äquivalenzklassen zu einer strukturellen Einförmigkeit führt, welche den Rezipienten ermüdet. Diesem Phänomen wirkt die »sekundäre Abweichung« als ein Prinzip der Variation entgegen. Konsequent verfolgt, bietet es die ständige Grundlage für einen Wechsel der phonästhetischen Norm. Den besten Beweis dafür liefert die Innovation des *vers libre* (cf. Hrushovski 1968).

3.4. Textanalyse: Shakespeare, "A Midsummer-Night's Dream", V.i. 108—117

Das Rüpelspiel in Shakespeares *Sommernachtstraum* beginnt mit einem Prolog, der teilweise genau das Gegenteil dessen aussagt, was die Schauspieler – biedere Handwerksleute – beabsichtigen. Der Text lautet in der Interpunktion der *Globe Edition* folgendermaßen:

Pro. If we offend, it is with our good will.
That you should think, we come not to offend,
But with good will. To show our simple skill,
That is the true beginning of our end.
Consider then we come but in despite.
We do not come as minding to content you,
Our true intent is. All for your delight
We are not here. That you should here repent you,
The actors are at hand and by their show
You shall know all that you are like to know.

Diese Äußerung kommentieren die Zuschauer Theseus und Lysander so:

The. This fellow doth not stand upon points.
Lys. He hath rid his prologue like a rough colt; he knows not the stop. A good moral, my lord: it is not enough to speak, but to speak true.

Das heißt mit anderen Worten: Der Prologsprecher setzt bei der Rezitation seiner Textgrundlage die falschen Pausen, Tonhöhen und (teilweise) auch Akzente ein. Dadurch entstehen semantische Inversionen, welche den Wahrheitsgehalt *(true)* des Textes auf den Kopf stellen. Die phonologische Unangemessenheit *(inaptum)* der Wiedergabe versucht der Shakespeare-Forscher Knight auf folgende Weise rückgängig zu machen *(New Variorum Edition,* p. 213):

Pro. If we offend, it is with our good will
That you should think we come not to offend;
But with good will to show our simple skill.
That is the true beginning of our end.
Consider then. We come: but in despite
We do not come. As, minding to content you,
Our true intent is all for your delight.
We are not here that you should here repent you.
The actors are at hand; and, by their show,
You shall know all that you are like to know.

Die Darstellung der jeweiligen Textdifferenzen wurde in beiden Fällen auf dem graphematischen, nicht aber, wie es richtig gewesen wäre, auf dem phonologischen Wege realisiert. Nennen wir Shakespeares Text *Version I* und Knights restituierten Text *Version II,* so können wir – unter Beibehaltung der Graphie – die Pausen-, Tonhöhen- und Akzentverhältnisse so transkribieren:

Version I
^{2}If we of^{3}fénd^2 ‖ ^{2}it is with our ^{2}goôd ^{3}wíll^1 #
^{4}Thát^2 you should ^{3}thínk^2 ‖ ^{2}we còme ^{3}nôt^2 to of^{3}fénd^2 |
^{2}But with goôd ^{3}wíll^1 # ^{2}To show our ^{2}sìmple^2 ^{3}skíll^2 ‖
^{4}Thát^2 is the ^{2}trûe be^{3}gínning^2 of our ^{3}énd^2 #
^{2}Con^{3}sídér^2 thèn ‖ ^{2} we ^{3}còme but in de^{3}spíte^2 #
^{2}We do ^{3}nót ^{2}còme | ^{2} as ^{3}mînding^2 to con^{3}tént ^{2}you^2 |
^{2}Our trùe in^{3}tént ^{2}is^1 # ^{3}Åll^2 for your de^{3}líght^2
^{2}We are ^{4}nót ^{3}hère^2 # ^{2}That you should here re^{3}pént ^{2}you^2 |
^{2}The ^{3}áctors^2 are at ^{3}hánd^1 ‖ ^{2}and | by their ^{3}shôw^2 |
^{2}You shall ^{2}knôw ^{3}áll^2 ‖ ^{2}that you are ^{3}lîke^2 to ^{3}knów^1 #

Version II

[2]If we of[3]fénd[2] || [2]it is with our [2]goôd [3]wíll[3] ||
[2]That you should [3]thínk[2] || [2]we còme nôt to of[3]fénd[2] ||
[2]But with gòod [3]wíll[3] || [2]to show our [2]sìmple [3]skíll[1] #
[3]Thát[2] is the [2]trûe be[3]gínning[2] of our [3]énd[2] #
[2]Con[3]síder[2] thèn[1] # [2]We [3]cóme[2] || [2]but in de[3]spíte[3] |
[2]We do [3]nót [2]còme[1] # [2]As | [2]mînding to con[3]tént [2]you[2] |
[2]Our [3]trûe [2]in[3]tént [2]is [3]âll[2] for your de[3]líght[1] #
[2]We are [3]nót [2]hère || [2]that you should here re[3]pént [2]you[1] #
[2]The [3]áctors[2] are at [3]hánd[1] || [2]and | by their [3]shów[2] |
[2]You shall [2]knôw [3]áll[2] || [2]that you are [3]lîke[2] to [3]knów[1] #

Es ist hier nicht beabsichtigt, eine genaue Registrierung der differenten suprasegmentalen Textphoneme in beiden Versionen vorzunehmen, da die Unterschiede auf der Hand liegen. Ebenso deutlich ist die Frage nach der ästhetischen Funktion der vom Prologsprecher produzierten phonologischen »Fehlleistung« zu beantworten. Diese Funktion besteht hier offensichtlich darin, daß der konventionelle rhetorische Exordialtopos der *captatio benevolentiae* in sein farcenhaftes Gegenteil *(captatio malevolentiae)* verkehrt wird. Als bloßes lautliches Substrat, das noch keine Prosodeme kennt, enthält Shakespeares Text beide semantische Möglichkeiten, die affirmative und die negative – ein Tatbestand, den man mit einem Ausdruck der Poetik als *concordia discors* umschreiben könnte. Während Version II »wahr« *(true)* ist, bildet Version I eine Abweichung davon – semantisch und phonologisch.

Können wir hier von einem ersten prosodischen Deviationstyp sprechen, so tritt ein zweiter dann in Erscheinung, wenn wir das metrische Grundmuster – ein jambischer Pentameter – des Verses mit der konkreten rhythmischen Gestaltung vergleichen. Mehr als einmal zeigt sich, daß Text- und Versakzent nicht immer in Einklang zu bringen sind, sei es, daß die Stärkegrade differieren oder daß, wie z. B. in Vers 4, Akzentumsprung eintritt. Die ästhetische Funktion ist auch hier, bestimmte semantische Emphasen zu schaffen, die aber in diesem Fall keine Sinnverkehrungen darstellen. Beruht dieser Deviationstyp primär auf der Veränderung der Akzentfigur, so der andere auf der von Pause und Tonhöhe.

4. Morphologische Figuren

Morpheme pflegt man in freie und gebundene zu unterteilen. Die freien Morpheme wie dt. {Haus}, {gut}, {heute} besitzen eine lexikalische, die gebundenen wie dt. {an-} (Präfix), {-ig} (Suffix), {-e} (Pluralmorphem) hingegen eine grammatikalische Bedeutung. Da die gebundenen Morpheme nur in Kombination mit den freien vorkommen, seien hier die letzteren für unsere Zwecke dominant gesetzt. Sie bilden die Grundlage für eine Morphästhetik des Textes. Diese gründet sich auf ein System morphologischer Deviationen, die den Namen »Metamorphe« tragen. Identifiziert man vereinfachend das freie Morphem mit dem Wort, so kann man auch – darin der klassischen Terminologie folgend – von Wortfiguren reden. Wortfiguren bestehen darin, daß Morpheme, abweichend von der Grammatik, dem Prozeß der Erweiterung, Tilgung, Umstellung und Ersetzung unterworfen werden. Ferner gibt es die Klasse der repetitiven Wortfiguren. Beide Gruppen sollen im folgenden eingehend behandelt werden.

4.1. Figuren der morphologischen Deviation

Die Wortfiguren dieser Klasse werden durch die vier Änderungskategorien der Addition, Subtraktion, Permutation und Substitution bestimmt. Zugrunde liegt eine morphologische Norm, die sich einmal auf die existenten Wortformen, zum anderen aber auch auf die Distribution der Wortformen im Text bezieht. Im ersten Fall wird die Frage gestellt, inwieweit ein Morphem von allen in der Sprache vorkommenden Morphemen abweicht, im zweiten Fall geht es um das textgrammatische Phänomen, daß Wörter in ihrem syntakto-semantischen Kontext als deviant erscheinen. Beginnen wir mit der ersten Kategorie, welche die Abweichung auf eine wortinterne Veränderung beschränkt.

4.1.1. Die wortinterne Deviation

Hier geht es um eine Klassifikation der Wortformen, die zu einem bestimmten Zeitpunkt die innovierenden Elemente einer Sprache darstellen. Die Frage dabei ist, ob diese nur die vorhandenen morphologischen Sprachmöglichkeiten weiter ausschöpfen oder im Gegensatz zu ihnen entstanden sind. Im ersten Fall bildet der Grad der Lexikalisiertheit die Richtschnur für den Normenverstoß, im zweiten Fall gilt es zu ermitteln, welche Möglichkeiten der Wortbildung in einer Sprache erlaubt sind. G. N. Leech (1969: 42, 44) führt als Beispiel

193

für die erste Erscheinung T. S. Eliots *foresuffer* an, das zwar in keinem Lexikon der englischen Sprache vorkommt, aber den morphologischen Regeln des Englischen nicht zuwider läuft, da diese, wie die Beispiele *foresee, foreknow, foretell* und *forewarn* lehren, sehr wohl die Bildung von Verben mit dem Präfix *fore-* erlauben. Auf der anderen Seite aber paßt E. Jandls *schtzngrmm* in keine deutsche Wortbildungslehre hinein, da diese ein nur aus Konsonanten bestehendes Wort nicht kennt. Beide Möglichkeiten der morphologischen Deviation sollen im folgenden berücksichtigt werden.

4.1.1.1. Addition

Die morphologische Erweiterung erfolgt auf mehreren Wegen, die alle eine Bereicherung des poetischen Vokabulars bewirken können. Dazu gehört etwa die Bildung ungewöhnlicher Komposita wie *Lustentzücken, Weltentrücken* (Wagner), *Kunfttag* (George), *Samsonsyrup-gold-maned, thunderbolt-bass'd* und *barnacle-breasteḍ* (D. Thomas); sie alle sind aus der Verbindung freier Morpheme hervorgegangen. Andere Komposita entstehen durch die Affigierung gebundener Morpheme wie des Präfixes *un-* in *the unchilding unfathering deeps* (Hopkins) oder des Suffixes *-someness* in *the hearsomeness of the burger* (Joyce) oder des Infixes *-ar-* in *cursorary* (Shakespeare). Die morphologische Veränderung kann also – analog zu den durch Addition entstandenen Metaphonen – in Anfangs-, End- und Mittelstellung eines Wortes eintreten. Eine Sonderform des hier besprochenen Typs der Metamorphe stellen die hybriden Wortverbindungen dar; das heißt: morphologische Bestandteile aus verschiedenen Sprachen bilden eine komposite Einheit. Viele Beispiele dieser Art finden sich in James Joyces *Finegans Wake*; nur zwei seien hier genannt: *fishnetzeveil,* wo ein deutsches Morphem zwischen zwei englische Morpheme interpoliert ist, und *miserendissimest,* wo ein lateinischer Superlativ *(miserendissim[e])* mit einem zusätzlichen englischen Superlativsuffix *-est* versehen ist.

4.1.1.2. Subtraktion

»Subtraktive Wortbildungen« (Leisi) sind als ein Spezifikum der englischen Sprachgeschichte bekannt. Das zeigen Beispiele wie *ad* (statt *advertisement*), *fan* (statt *fanatic*), *pram* (statt *perambulator*) und *pub* (statt *public house*) – Erscheinungen, die in populärer Terminologie den Namen *clippings* tragen. Hier findet die Wegnahme eines morphologischen Bestandteils jeweils am Ende eines Wortes statt. Als poetisches *clipping* ist G. M. Hopkins' *the achieve* (statt *achievement*) aus *The Windhover* bekannt. Die Subtraktion kann aber auch am Wortanfang erfolgen, wie James Joyces *under her brella* (statt: *umbrella*), R. Wagners *schlagen* (statt: *erschlagen*) und Vergils *temnere* (statt: *contemnere*) zeigen. Eine Sonderform ist die Haplologie, eine Morphemkombination, die von dem Ausfall von zwei aufeinanderfolgenden ähnlichen Silben begleitet ist. Die so entstandene Wortfügung, welche auch unter dem Namen *blend* oder *portmanteau word* bekannt ist, findet sich in der Alltagssprache in Beispielen wie *Oxbridge (Oxford + Cambridge), smog (smoke + fog)* oder *brunch (breakfast + lunch)*. James Joyce macht von der Haplologie als Stilfigur Gebrauch in dem Ausdruck *museyroom (museum/musing-room)*.

4.1.1.3. Permutation

Die Umstellung morphologischer Einheiten kann beliebig erfolgen. Besonders interessant sind Permutationen dann, wenn zugleich getrennte Morpheme miteinander verschmolzen oder zusammengehörende Morpheme voneinander getrennt werden. Den ersten Fall illustriert ein Beispiel aus Spensers *The Faerie Queene* (VI.vi.9.8):

(34) And long in darksome Stygian den upbrought,

wo *upbrought* die Stelle von *brought up* einnimmt. In der modernen Literaturprosa findet sich genau die gleiche Erscheinung: *upjump* statt *jump up* (Joyce, *Finegans Wake*). Das gegenteilige Phänomen beschreibt die Tmesis, das heißt: das »Zerschneiden« eines Kompositums in seine morphologischen Bestandteile bei gleichzeitiger Interpolation von einem oder mehreren Wörtern, z. B. *that man – how dearly ever parted* (Shakespeare, *Troilus and Cressida* III.3.96), wo *however* zu *how (M) ever* permutiert ist. Daneben gibt es die chiastische Umstellung der Bestandteile zweier Wörter, wie J. Joyces *Gentes and laitymen* (statt *ladies and gentlemen*) und H. M. Enzensbergers *Manitypistin Stenoküre* (statt *Stenotypistin Maniküre*) in dem Gedicht *Bildzeitung* darlegen. Dies sind nur einige Fälle von permutativen Metamorphen; ihre vollständige Erschließung müßte auch Gesichtspunkte der Syntax berücksichtigen.

4.1.1.4 Substitution

Das Verfahren der morphologischen Ersetzung ermöglicht es, daß ganze Reihen seltener, z. T. hybrider Wortkompositionen entstehen, die dem Interpreten häufig schwere Rätsel aufgeben. Viele davon sind in J. Joyces *Finegans Wake* anzutreffen. Zur Erläuterung seien nur einige genannt: *almonthst (almost/month), prapsposterous (perhaps/ preposterous)* und *ehrltogether (ehrlich/altogether)*. Oft handelt es sich um *portmanteau words*.

4.1.1.5. Textanalyse: Lewis Carrolls »Jabberwocky«

Quelle: *The Annotated Alice*, ed. M. Gardner, Harmondsworth 1966, p. 191.

In *Through the Looking-Glass* findet Alice ein Gedicht mit dem Titel *Jabberwocky*, das zu den berühmtesten *nonsense poems* der englischen Sprache gehört. Hier sei die erste Strophe zitiert und interpretiert:

> 'Twas brillig, and the slithy toves
>   Did gyre and gimble in the wabe:
> All mimsy were the borogoves,
>   And the mome raths outgrabe.

Die Gedichtstrophe enthält eine Anzahl von Wörtern, die in keinem englischsprachigen Lexikon verzeichnet sind. Dies ist der Grund dafür, daß für den Leser kaum ein Sinn zustandekommt. Alice ergeht es ebenso, aber dennoch findet sie – wie viele Literaturkenner nach ihr – das Gedicht *very pretty* und mutmaßt außerdem: »Somehow it seems to fill my head with ideas – only I don't exactly know what they are« (p. 197). Eine Erklärung für Alices vages Gefühl bietet C. C. Fries (1967:70–71), indem er darauf hinweist, daß es nicht die lexikalischen, sondern die strukturellen Bedeutungen sind, welche die Morphemstruktur der ersten Strophe akzeptabel erscheinen lassen. Der strukturelle Rahmen *(frame)* ist aus folgender graphischer Wiedergabe der ersten vier Zeilen besonders ersichtlich:

1 'Twas____ a ____, and the____ b ____ y ____ c ____ s
2   Did____ a ____ and ____ b ____ in the ____ c ____ ;
3 All ____ a ____ y were the____ b ____ s,
4   And the ____ a ____ ____ b ____ s ____ c ____ .

Aus dieser Aufzeichnung geht hervor, daß die einzelnen grammatischen Positionen nur mit folgenden Wortarten besetzt sein können:

1 a   Substantiv oder Adjektiv
1 b   Adjektiv
1 c   Substantiv
2 a   Verb
2 b   Verb
2 c   Substantiv

3 a Adjektiv
3 b Substantiv
4 a Adjektiv
4 b Substantiv
4 c Verb

Die Kriterien für diese strukturellen Feststellungen sind:

a) *die syntaktische Umgebung.* Sie läßt beispielsweise für Position 1a nur ein Substantiv im Singular oder ein Adjektiv und für Position 3b nur ein pluralisches Substantiv zu. Der Beweis für solche Behauptungen kann durch die Substitutionsprobe erbracht werden. Diese besitzt für die Positionen 2a und 2c folgende Gestalt:

*2 a	=	Substantiv	(*Did idea	and _____	in the	_____)
*2 a	=	Adjektiv	(*Did silly	and _____	in the	_____)
*2 a	=	Adverb	(*Did dreamily	and _____	in the	_____)
2 a	=	Verb	(Did turn	and _____	in the	_____)
*2 c	=	Adjektiv	(*Did _____	and _____	in the silly)	
*2 c	=	Adverb	(*Did _____	and _____	in the dreamily)	
*2 c	=	Verb	(*Did _____	and _____	in the go)	
2 c	=	Substantiv	(Did _____	and _____	in the round)	

Die Ersetzungsproben erbringen demnach das Ergebnis, daß in Position 2a nur ein Verb und in Position 2c nur ein Substantiv die Grammatikalität der Satzkonstruktion verbürgt. Für 2b gilt das Gleiche wie für 2a, da beide durch die gleichordnende Konjunktion *and* miteinander verbunden sind.

b) *die gebundenen Morpheme.* Sie signalisieren im Verein mit dem syntaktischen Kontext die Wortklassenzugehörigkeit und den Numerus der mit 1a, 1b, 1c, 2a etc. gekennzeichneten Positionen. Das Ermittlungsverfahren ist das gleiche wie das unter a) angewandte: Substitutionstests. Auf diese Weise erscheint das Suffix {-y} (oder: {/-i/}) in 1b und 3a als Indiz für die Wortklasse »Adjektiv« (Muster: *oily*), während das Suffix {-s} (oder: {/-z/}) in 1c und 3b das Plural-Morphem von Substantiven (Muster: *dove-s*) anzeigt. In ähnlicher Weise kann man auch mit den übrigen *nonsense words* des vorliegenden Textes verfahren.

Das Resultat solcher Überlegungen ist, daß diese Wörter einmal – auf Grund der geschilderten strukturellen Kriterien – durchaus vertraut sind, zum anderen aber – wegen der fehlenden Lexikalisierung – als abweichend erscheinen müssen. Wir können sie substitutive Metamorphe nennen und meinen damit, daß sie deviante Wortformen darstellen, die durch partielle Ersetzungstransformationen (in der Regel des Wortstammes) aus dem alltagssprachlichen Vokabular gebildet werden. Daher kommen sie Alice so vertraut und doch so fremd vor. Es ist verlockend, den Text zu »rearrangieren« (Koch), d. h. ihn durch Rücktransformation auf die Stufe der Alltagsnorm zurückzuführen, was zugleich die Entscheidung für eine bestimmte Lösungsmöglichkeit und damit – wiederum in den Worten Kochs (1972) – eine Pauschalanalyse wäre. Das Ergebnis könnte etwa so lauten:

> 'Twas morning, and the sunny rays
> Did twirl and tumble in the oak:
> All hazy were the mountain-ways,
> And the young girls awoke.

Das wäre ein Text, der frei von L. Carrolls Metamorphen ist. Er enthält jetzt nicht nur strukturelle, sondern auch lexikalische Bedeutungen. Diese stellen eine semantische Isotopie dar, d. h. ein kontinuierliches, geschlossenes Sinnganzes.

Ein geschlossenes Sinnganzes versucht auch Humpty Dumpty in *Through the Looking-Glass* herzustellen, indem er Alice die Herkunft der Wörter des *Jabberwocky* erklärt. So sagt er zum Beispiel:

Well, »slithy« means »lithe and slimy«. »Lithe« is the same as »active«. You see it's like a portmanteau – there are two meanings packed up in one word (p. 271).

Hier ist also der Ursprung des Ausdrucks *portmanteau word* (= Haplologie), d. h. der »subtraktiven« Wortbildung durch Zusammenschluß zweier unabhängiger, teilweise ähnlicher Morpheme. In gleicher Weise werden von Humpty Dumpty auch *wabe* (< *way* + *before* [bzw. *behind, beyond*]), *mimsy* (< *flimsy* + *miserable*) und *mome* (< *from* + *home*) als Haplologien behandelt. In einem anderen Fall wird eine denominale Konversion (mit Tilgung) für die Entstehung von *gyre* (< *gyroscope*) verantwortlich gemacht. Andere Worterklärungen, motivierte und unmotivierte, treten hinzu. So wird ein sinnvoller Text rekonstruiert, der sich auf ungewöhnliche, aber in der englischen Sprache latent vorhandene Wortbildungsmöglichkeiten stützt. Spielt sich in dieser Sichtweise die Deviation vornehmlich auf der synchronen Sprachebene ab, so wird von L. Carroll in einer anderen Ausgabe der ersten Strophe des *Jabberwocky* das Problem auf die diachrone Ebene verlagert. Im Jahre 1855, vor dem Erscheinen von *Through the Looking-Glass* (1872) also, gibt er schon diese vier Zeilen heraus, aber unter dem Titel *Stanza of Anglo-Saxon*

Poetry und in einer (pseudo-)archaischen Graphie, wozu er umfangreiche (pseudo-)etymologische Erklärungen hinzufügt, welche die Semantik des Textes erhellen sollen (z. B. *GYRE*, Verb *[derived from GYAOUR or GIAOUR, ›a dog‹]. To scratch like a dog.*). Das Resultat davon ist, daß wiederum eine andere Textbedeutung hergestellt wird. Die neuere Forschung hat ein übriges getan und zu dieser Strophe und zum ganzen Gedicht fremdsprachliche (z. B. gälische) Entlehnungen als Ursachen der morphologischen Deviationen herbeizitiert (cf. *ed. cit.*, p. 192 ff.). Schon früh ist eine derartige Hypothese aufgestellt worden, und zwar zuerst bei Robert Scott, der 1872 behauptete, *Jabberwocky* stelle eine Übersetzung aus dem Deutschen dar. Das »Original«, das er veröffentlichte, sieht folgendermaßen aus:

Der Jammerwoch

Es brillig war. Die schlichte Toven
Wirrten und wimmelten in Waben;
Und aller-mümsige Burggoven
Die mohmen Räth' ausgraben.

Die Ähnlichkeit von *Toven* und *toves*, *Waben* und *wabe*, *mümsig* und *mimsy* u. a. m. springt unmittelbar ins Auge.

Überblicken wir das bisher Dargelegte, so zeigt sich, daß die Metamorphe in Carrolls erster *Jabberwocky*-Strophe in unterschiedlicher Weise ausgelegt werden. Die erste Deutung operiert mit dem Begriff der synchronen Deviation – so verfuhren wir selbst nach dem Vorbild von Humpty Dumpty. Die zweite Auslegung, die zu einem frühen Zeitpunkt von L. Carroll vorgenommen wurde, legt den Akzent auf die historische Deviation als Erklärungsgrund. Die dritte Exegese schließlich, die von einem Freund der Familie der realen Alice stammt, rekurriert auf die Hypothese der fremdsprachlichen Abweichung. Der zweite und der dritte genannte Abweichungstyp werden uns noch im folgenden beschäftigen (cf. 4.1.2.). Allen drei Erklärungsweisen ist in dem vorliegenden Fall das Bestreben gemeinsam, durch Rücktransformation die Deviation aufzuheben und auf ein normalsprachliches Niveau zu reduzieren. Sie stellen damit drei Möglichkeiten der semantischen Interpretation der Gedichtstrophe her.

Einen letzten Punkt gilt es noch kurz zu streifen. Wie von uns eingangs erwähnt, findet Alice das Gedicht hübsch *(pretty)*. Die Frage, die wir an diese Äußerung anschließen, lautet: Woher gewinnt *Jabberwocky* seine Ästhetizität, die zweifellos vorhanden ist und die sich als so eindringlich erwiesen hat, daß das Gedicht auf eine reiche Rezeptionsgeschichte zurückblickt? Selbstverständlich kann man dafür die besondere Eigenart der Metamorphe verantwortlich machen, aber gewiß nicht ausschließlich. Denn vergleichbare Nonsense-Wörter haben auch andere geprägt (z. B. Ogden Nash in *Geddondillo*), ohne daß hier die gleiche Resonanz eingetreten ist. Als Erklärung für dieses Phänomen kann man anführen, daß die Metamorphe bei Carroll noch zusätzlich Äquivalenzen bilden: z. B. Semi-Konsonanz *(mimsy/mome)* und Endreim *(toves/borogoves, wabe/outgrabe)*, so daß stilistische Konvergenzen entstehen. Hinzu kommt als prosodische Äquivalenz eine abgewandelte Form der Balladenstrophe, die in England auf eine lange poetische Tradition zurückblickt. Nicht zuletzt spielt, wie der weitere Fortgang des Gedichtes zeigt, auch das parodistische Moment eine wichtige Rolle. Dies alles müßte in einer umfassenden Literaritätsanalyse des ganzen Gedichtes berücksichtigt werden.

4.1.2 Die kontextgebundene Deviation

Die Wortwahl eines Textes orientiert sich an der Sprachnorm, die von allen Mitgliedern einer Sprachgemeinschaft ungeachtet ihrer sozialen oder regionalen Herkunft zu einer bestimmten Zeit als bindend anerkannt ist. Solche Normen sind etwa die deutsche Hochsprache und das *Standard English*. Ihre Beachtung bedingt die ebenmäßige Strukturiertheit des Vokabulars in einem Text. Ihre Verletzung hingegen führt zu textmorphologischen Deviationen, die eine präskriptive Grammatik als »Stilbrüche« apostrophierte, eine »Abweichungsstilistik« jedoch als mögliche poetische Lizenzen in ihren Argumentationsrahmen aufnehmen muß. Es handelt sich im wesentlichen um

a) soziologische (diastratische),
b) regionale (diatopische),
c) fremdsprachliche (exogene),
d) historische (diachrone)

Abweichungen vom normalsprachlichen Code. In den Fällen a), b) und d) werden mögliche Subcodes einer Sprache aktiviert, die, wenn sie textbeherrschend sind, sich poetologisch in schichtenspezifischer Literatur (z. B. höfische Poesie, Arbeiterliteratur), Mundartdichtung und historisierender Poesie manifestieren können. Werden c) fremdsprachliche Morpheme in die Textherstellung einbezogen, so kann u. a. die sog. makkaronische Dichtung entstehen. Als zwei weitere textmorphologische Deviationsformen, welche in Syntax und Semantik hineinreichen, verdienen noch die grammatischen und die lexikalischen Tropen Erwähnung, die einer morphologischen Konversion bzw. einer semantischen Deviation entstammen; sie werden in einem Exkurs dieses Kapitels (4.1.2.5.) bzw. in dem Kapitel über die semantischen Figuren (6.) behandelt.

4.1.2.1. Diastratische Sprachabweichungen

Dieser Deviationstyp ist dadurch gekennzeichnet, daß in einem Text zwei verschiedene Normen miteinander im Konflikt liegen: die der Standardsprache und die der Sprache einer bestimmten gesellschaftlichen Schicht, wobei die standardsprachliche Norm die übergeordnete, weil allgemeingültige, die schichtenspezifische hingegen die untergeordnete ist. Beide Normen besitzen einen spezifischen Wortschatz. Ein Dichter kann in einem Soziolekt schreiben, der sich vom Standard ziemlich weit entfernt; ein anderer hingegen verwendet nur wenige diastratische Besonderheiten. Interessant ist ein Text, der mehrere konkurrierende Soziolekte aufweist. Dieser Fall tritt bekanntlich häufig in Shakespeares Dramen ein, wo in der Haupthandlung die Sprache des Hofes, in der Nebenhandlung aber diejenige des einfachen Volkes dominiert. Unvermitteltes Hinüberwechseln von einem hohen Soziolekt in einen niedrigen kann einen ironischen Kontrast bewirken; als Beleg dafür sei der zweite Teil von Eliots *The Waste Land (A Game of Chess)* angeführt, wo der preziöse Wortschatz der mythologischen Sphäre mit dem niedrigsprachlichen der Halbwelt konfrontiert wird. Eine weitere (pragmatische) Ursache von Ironie liegt dann vor, wenn Personen niederen Standes in dem Vokabular einer höheren Schicht reden, so etwa die Handwerker im Rüpelspiel von Shakespeares *Sommernachtstraum* und die Figuren in Gays *Beggar's Opera*. Schwierig ist es hier und anderswo zu ermitteln, ob der Autor wirklich einen existenten Soziolekt kopiert oder nur den Anschein eines solchen gibt. Gleichgültig, wie das Ergebnis ausfällt: das Faktum der Deviation bleibt bestehen.

4.1.2.2. Regionale Sprachabweichungen

Die Standardsprachen haben sich meist in einer bestimmten Region des Sprachgebiets herausgebildet: das Deutsche im Kursächsischen, das Englische in der Londoner Umgebung, das Französische in der Île de France, das Italienische in der Toscana; der Dialekt dieser Gegend wurde zur gemeinsprachlichen Codenorm erhoben, während die übrigen, ursprünglich gleichwertigen Dialekte zu Subcodes absanken. Werden daher diese Subcodes literarisch aktiviert, so gewinnen sie den Charakter des Unüblichen, Seltenen, einmal als Mundarttexte im Hinblick auf andere Literaturtexte, zum anderen als dialektale Einsprengsel in einem sonst standardsprachlichen Kontext. Als Dialektdichter sind in Deutschland zum Beispiel J. P. Hebel *(Alemannische Gedichte)*, Raimund und Nestroy (Wiener Volkstheater), Fritz Reuter (plattdeutsche Erzählkunst) und F. X. Kroetz (bayerisches Volksstück), in England Robert Burns (schottische Lyrik) und Thomas Hardy *(Wessex Ballads)* bekannt geworden. Hauptmanns *Weber* und Shakespeares *Henry V* verwenden den schlesischen bzw. walisischen Dialekt neben der Standardsprache, um dadurch eine realistische Personencharakterisierung zu erreichen. Alle diese Beispiele, besonders aber die letzten, zeigen, daß pragmatische Gesichtspunkte bei der regionalen Sprachabweichung eine sehr erhebliche Rolle spielen.

Diese werden häufig in solchen Übersetzungen nicht berücksichtigt, welche die diatopischen Spezifika des Originals außer acht lassen. Dies geschieht etwa in Herders Übertragung der schottischen Volksballade *Edward, Edward,* wie schon eine Gegenüberstellung der jeweils ersten Zeile verdeutlicht:

(35) a) Why does your brand sae drop wi' blude
     b) Dein Schwert, wie ist's vom Blut so rot.

Herders Übersetzung, die von der Kritik fast einhellig als kongeniale Leistung gewürdigt wird, läßt dennoch eine Wiedergabe der dialektalen Besonderheiten dieses Gedichts aus, wodurch sicherlich eine Einbuße an Poetizität entsteht. Regelmäßig wird ferner in Übersetzungen griechischer Tragödien vergessen, daß die Chorlieder im dorischen Dialekt abgefaßt sind und sich dadurch vom Attisch der Dialoge abheben. Ebensowenig gelingt es, den altjonisch-äolischen Dialekt des Homerischen Epos adäquat wiederzugeben und den neujonischen Dialekt des Historikers Herodot von dem attischen Dialekt des Historikers Thukydides zu unterscheiden. In solchen und anderen Fällen wird stillschweigend mit dem Maßstab einer gemeinsprachlichen Standardnorm operiert, die aber zur Entstehungszeit dieser Texte nicht existierte. Ein modernes Bemühen, dem Dialekt eines Literaturwerks gerecht zu werden, zeigt sich in dem Versuch, den Londoner Slang der Blumenverkäuferin Eliza in dem Musical *My Fair Lady* (Grundlage: Shaws *Pygmalion*) in den lokalen Dialekt der jeweiligen Aufführungsregion zu übertragen (z. B. Berlinerisch, Kölnisch, Schwäbisch). Dieser diatopische Transfer, der aus dramaturgischen Gründen unbedingt erforderlich ist, vermag dennoch eine Komponente des englischen Regionaldialekts nicht richtig zu spiegeln: seinen sozial normierenden Charakter – ein Zug, welcher der deutschen Mundart fast gänzlich abgeht.

4.1.2.3. Fremdsprachliche Abweichungen

Ein Text, der fremdsprachliche Ausdrücke aufweist, verstößt gegen die Morphologie der Sprache, in der er überwiegend abgefaßt ist. Im poetischen Kontext gelten solche »Barbarismen« (Lausberg 1960: I 258–259) nicht primär als linguistische Störfaktoren, sondern sind bestimmten pragmatischen Funktionszielen (Ironie, Humor, Charakterisierung) untergeordnet. Das Latein, das Marlowes Doctor Faustus spricht, verleiht dem Gelehrten Würde und poetische Überhöhung; die lateinische Fachterminologie der Ärzte Molières und von Shakespeares Schulmeister Holofernes verspottet die ganze Zunft. Eine komplexe Rolle spielt der Barbarismus in James Joyces *Finegans Wake*, wo Sätze wie die folgenden keine Seltenheit sind:

(36) a) Eins within a space and a weary wide space it was wohned a Mookse.
    b) What a zeit for the goths.
    c) He proved it well whoonearth dry and drysick times, and *vremiament, tu cesses,* to the extinction of Niklaus altogether ...

Die fremdsprachlichen Einsprengsel können aus gebundenen Morphemen (Präfixe, Suffixe) – z. B. *wohned* (deutsches Wurzelmorphem plus englisches Präteritalsuffix) –, aus einzelnen Wörtern *(zeit)* oder aus Syntagmen *(tu cesses)* bestehen. Sie können aber auch ganze Textteile oder längere Digressionen umfassen (z. B. in E. Pounds *Cantos*, Riccaut in Lessings *Minna von Barnhelm*). Eine Besonderheit stellt die makkaronische Poesie dar, die sich aus fremdsprachlichen Wörtern und Suffixen zusammensetzt und in der Regel komische Wirkungsabsichten verfolgt, wie etwa das folgende Exzerpt aus einem Hochzeitslied des 18. Jahrhunderts (zit. bei Wackernagel 1873: 376) zeigt:

(37) Lobibus Ehstandum quis non erheberet hochis Himmlorum Sternis glänzentium ad usque Gewölbos? ... Quod superest, Glasum magnum Weinoque gefülltum Rhenano lacti in sponsique suaeque salutem Brautae ausstechamus! De Tischo surgite, Pfeifri! Blasite Trompetas et Kessli schlagite Paukas!

Zahlreiche Belege aus dem 16. und 17. Jahrhundert können diesem Zitat an die Seite gestellt werden.

4.1.2.4. Historische Sprachabweichungen

Eine historische Wortdeviation liegt dann vor, wenn eine morphologische Einheit nicht mehr dem textgrammatischen Inventar einer Sprache angehört. Ein anderer Name für diese Erscheinung ist

»Archaismus«. Als Archaismen gelten im Deutschen: *freislich* (statt: *schrecklich*), *Mage* (statt: *Verwandter*), *sehren* (statt: *beschädigen*), *Minne* (statt: *Liebe*), *(er) stund* (statt: *[er] stand*), *es ward* (statt: *wurde*) *gesagt*; im Englischen: *thou, thee, ye* (statt: *you*), *certes* (statt: *surely*), *sheen* (statt: *brightness*), *elf* (statt: *knight*), *thou lookest* (statt: *you look*). Archaismen haben die pragmatische Funktion, den sie umgebenden Kontext poetisch zu erhöhen. Sie gelten daher als »poetische Wörter« par excellence, nicht zuletzt deshalb, weil ihnen die Eigenschaften des Althergebrachten, Ehrwürdigen und Traditionsgeheiligten anhaften (cf. Leech 1969: 14). Besonders häufig sind sie vertreten in Werken, welche die Retrospektive des Inhalts durch eine restaurative Stilisierung unterstreichen, z. B. in Chroniknovellen (z. B. Storms *Renate*), historischen Romanen (z. B. Freytags *Ahnen*), Übersetzungen von Klassikern (z. B. R. A. Schröders Vergilübersetzungen) und in Dichtungen des 19. Jahrhunderts (z. B. Brentano, Tennyson). Drei Beispiele sollen die bisherigen Darstellungen illustrieren.

(38) R: Wagners *Tristan und Isolde* ist, wie auch die übrigen Opernlibretti des Komponisten, voll von Archaismen. Ein Beispiel dafür stellt ein Ausschnitt aus Isoldes Erzählung im I. Akt dar:

Ich pflag des Wunden,	pflegte den
daß den Heilgesunden	
rächend schlüge der Mann,	erschlüge
der Isolden ihm abgewann.	Isolde

Rechts neben dem Text sind die Normalformen substituiert. Wagner wählt die starke Verbform *(pflag)* statt der schwachen *(pflegte)*, das Simplex *(schlüge)* statt des Kompositums *(erschlüge)*, den deklinierten Eigennamen *(Isolden)* statt des undeklinierten *(Isolde)*, den Genitiv statt des Akkusativs als Kasusattribution *(pflegte des/den Wunden)*, um den Text zu »archaisieren«.

(39) P. B. Shelley beginnt sein Gedicht *To a Skylark* so:

Hail to thee, blithe spirit!	you/ gay
Bird thou never wert –	you/ were
That from heaven or near it	
Pourest thy full heart	pour/ your
In profuse strains of unpremeditated art.	

Wie in (38) sind hier die Normalformen am Rande notiert.

(40) Als ein Prototyp des archaisierenden Dichters in England gilt Edmund Spenser, dessen *The Shepheardes Calender* (1579) eine derartige Fülle archaischer Wörter und Wortformen aufweist, daß ein sonst nicht identifizierter »E. K.« in die Rolle ihres Kommentators schlüpfen konnte. Der Beginn der Februar-Ekloge zum Beispiel lautet so:

Ah for pittie, will rancke Winters rage,

These bitter blasts neuer ginne tasswage?
The kene cold blowes through my beaten hyde,
All as I were through the body gryde.
E. K. kommentiert das letzte Wort des Zitats so: »Gride) perced: an olde
word much vsed of Lidgate, but not found (that I know of) in
Chaucer.« Es handelt sich also um einen Archaismus, den Spenser bewußt
in seinen Text aufgenommen. Eine andere Art von Archaismen entsteht dadurch, daß ein Text durch die diachrone Entwicklung der Sprache für den heutigen Leser zusätzlich veraltete Wortformen aufweist:
im vorliegenden Exzerpt etwa die Aphärese in *ginne,* die Synalöphe
tasswage (< to assuage), die Vokabel *perced* (statt: *pierced*) [Kom-
mentar] und die obsolete Graphie.

Die Unterscheidung zwischen künstlichen, d. h. bewußt eingesetzten,
und natürlichen, d. h. durch die diachrone Textprogression entstandenen, Archaismen fällt nicht immer leicht; sie setzt das Studium der
historischen Grammatik voraus. Das Aufkommen immer neuer »natürlicher« Archaismen bewirkt, daß Texte, je älter sie werden, um so
mehr an Poetizität gewinnen. So betrachtet, sind für uns Heutige die
Werke Shakespeares, Racines und Goethes poetischer, als sie es zu
ihrer Entstehungszeit waren (cf. auch Klinkenberg 1970).

4.1.2.5. Exkurs: Deviation der Wortklasse (Konversion)

Daß Wörter von einer Wortklasse in die andere hinüberwechseln, ist
eine typisch englische Spracherscheinung, die auch unter dem Namen
»Konversion« bekannt geworden ist. Sie wird durch den seit dem
Frühneuenglischen eingetretenen Endungsverfall der Flexionsformen
außerordentlich begünstigt. Auf diese Weise ist eine Vielzahl von
denominalen, deverbalen ... Konversionen entstanden, die in einer
Textgrammatik der englischen Gegenwartssprache wegen ihrer Habitualisierung kaum mehr auffallen (cf. Konkol 1960, Zandvoort 1957:
265–276, Leisi 1960: 92–102). Die dadurch bewirkte morphologische
Polyfunktionalität oder, wie manche (nicht sehr glücklich) sagen,
»grammatische Homonymie« wird durch Wörter wie *like* mit 6 Funktionen (Subst., Adj., Adv. [arch.], Präp., Konj. [dial.], Verb) und
round mit 5 Funktionen (Subst., Adj., Adv., Präp., Verb) illustriert
(nach Leisi 1960: 94). Sollen Konversionen poetizitätserzeugend sein,
so dürfen sie nicht »grammatikalisiert«, d. h. noch nicht in den Gebrauch der Alltagssprache übergegangen sein. Bestandteil der grammatikalischen Ordnung ist etwa die deverbale Konversion *swim* in
Let's go for a swim. Anders steht es mit folgenden Beispielen, die
allesamt Shakespeare entnommen sind:

(41) a) I'll devil-porter it no further (*Macbeth* II.iii.19).
   b) Loved me above the measure of a father;
      Nay, godded me, indeed (*Coriolanus* V. iii. 10–11).
   c) Lord Angelo dukes it well (*Measure for Measure* III.ii.100).

In allen diesen Fällen *(devil-porter, god* und *duke)* handelt es sich um
originelle Neologismen, die durch Konversion von der Klasse der
Substantive zur Klasse der Verben erzeugt sind. Dergleichen kennt in
geringerem Umfang auch die deutsche Literatur.

(42) a) Verschiedene Beispiele von Konversion finden sich in August Stramms
      Gedicht *Abendgang*, das wir hier nur auszugsweise wiedergeben:

      Durch *schmiege* Nacht
      Schweigt unser Schritt dahin
      Die Hände bangen blaß um *krampfes* Grauen
      . . .
      Die *schlafe* Erde *armt* den nackten Himmel
      . . .
      Bei den ersten drei hervorgehobenen Wortneuschöpfungen handelt es
      sich um Adjektive, die durch deverbale *(schmiege, schlafe)* bzw. de-
      nominale *(krampfes)* Konversion gebildet sind. Die Verbform *armt*
      entstammt einer denominalen Konversion.
   b) In W. Höllerers *Gaspard* finden sich folgende Zeilen:

      Goliardenbrücke – so sage
      Das Du deiner Stadt
      Es will dir nicht entgehn
      Flügelt laternengefangen
      . . .
      Auch hier begegnet in *flügelt* eine Verbform, deren Ursprung eine
      denominale Konversion ist.

Da, wie zumindest die jüngste Entwicklung im Englischen zeigt (cf.
Barber 1964: 91–94), das Potential der durch Konversion hervorgeru-
fenen Ausdrucksmöglichkeiten ständig wächst, ist nicht zu erwarten,
daß diese Quelle der Poetizität versiegen wird.

4.1.2.6. Textanalyse: E. E. Cummings'»anyone lived in a pretty how town«

Quelle: E. E. Cummings, *selected poems 1923–1958*, London 1970, pp. 44–45.

1 *anyone* lived in a pretty *how* town
   (with up so floating many bells down)
   spring summer autumn winter
   he sang his *didn't* he danced his *did*

5 Women and men (both little *and small*)
  cared for *anyone* not at all
  they sowed their *isn't* they reaped their *same*
  sun moon stars rain

9 children guessed (but only a few
  and *down* they forgot as up they grew
  autumn winter spring summer)
  that *noone* loved him more *by* more

13 *when* by *now* and *tree* by *leaf*
  she laughed *his joy* she cried *his grief*
  bird by *snow* and *stir* by *still*
  anyone's any was all to her

17 *someones* married their *everyones*
  laughed *their cryings* and did their dance
  (sleep wake hope and then) they
  said their *nevers* and slept *their dream*

21 stars rain sun moon
  (and only the *snow* can begin to explain
  how children are apt to forget *to remember*
  with up so floating many bells down)

25 one day *anyone* died i guess
  (and *noone* stooped to kiss his face)
  busy folk buried them side by side
  little by little and *was by was*

29 *all by all* and *deep by deep*
  and more *by* more they dream their sleep
  noone and *anyone earth by april*
  wish by spirit and *if by yes*

33 Women and men (both *dong* and *ding*)
  summer autumn winter spring
  reaped *their sowing* and went *their came*
  sun moon stars rain

Das hier zitierte Gedicht zählt zu den beliebtesten Demonstrations-
objekten der linguistisch orientierten Literaturtheorie. Dies liegt daran, daß es eine auffallend große und mannigfaltige Anzahl von
sprachlichen Deviationen enthält. Diese sind von uns durch die typographische Hervorhebung markiert. Es handelt sich nicht nur um
morphologische, sondern auch um syntaktische Abweichungen. Sie
alle sollen hier nicht zu Wort kommen. Vielmehr sei auf die folgenden
Arbeiten verwiesen, die entweder einzelne Stellen oder umfangreichere Passus des Gedichtes analysieren: Levin (1964), Thorne (1965,
1969), Fowler (1969, 1971 [1967]: 219–237), Butters (1970), Aarts

(1971), Koch (1972), Delas/Filliolet (1973: 80). Am ausführlichsten ist unter diesen Publikationen diejenige von W. A. Koch (1972), die in minutiöser Weise Zeile für Zeile des Gedichtes behandelt.

Angesichts dieser Tatsache erscheint es sinnvoll, nur einige ergänzende Bemerkungen zu machen. Vorher aber verschaffen wir uns einen kurzen Überblick über die Vielfalt der Deviationen, die dieses Gedicht beherbergt. Hilfreich ist dabei die Darstellung von Fowler (1971: 230–231):

The presence in the poem of so many lexical items which can be, according to the circumstances, either noun or verb, tends to make more acceptable extravagant shifts of word-class of the type represented by *didn't*. But the verb-noun shift is not the only one found among the complements, nor do shifts occur among the complements only. *Their same* is an unusual version of *the same; his joy, his grief* and *their dream* are made complements of verbs which do not normally have complements; *their everyones* is unusual in its plural inflexion and in the qualification by *their; cryings* is an unaccustomed plural; *nevers* involves a shift from adverb to noun; *their sleep* is provided as a new complement to a verb which has a very limited range of complements *(dream a dream, dream that . . .)*. These unorthodox complements are just one prominent part of a more widespread indeterminacy of word-class encountered throughout the poem. More examples are to be found high-lighted in the adverbial phrases ›x by y‹ noted earlier. In some cases ›x‹ and ›y‹ are filled from an unconventional sub-class of nouns: *tree by leaf, bird by snow, earth by april, wish by spirit;* in the rest there is a more radical unorthodoxy with the selection of the ›wrong‹ word-class altogether: *more by more, stir by still, was by was, all by all, deep by deep, if by yes.* There are one or two other peculiarities of word-class: e.g. use of *anyone* and *noone* as proper names (in part; there is the possibility of ambivalence every time they occur), *how* as an adjective.

Diese Beschreibung der Agrammatizitäten ist keineswegs vollständig; dennoch vermittelt sie eine Reihe wichtiger Gesichtspunkte.

Der erste ist die Erkenntnis, daß ein nicht unbedeutender Teil der poetischen Deviationen auf den Wechsel der Wortklasse zurückzuführen ist. Besonders augenfällig ist die Zahl der deverbalen Konversionen:

V. 4 he sang his *didn't*
       he danced his *did*
V. 7 they sowed their *isn't*
V. 28 *was* by *was*
V. 35 (–) went their *came*

Andere Konversionen, zum Beispiel *Adverb → Adjektiv* (V. 1: »in a pretty *how* town«) oder *Adverb → Substantiv* (V. 20: »they said their *nevers*«), kommen hinzu. Ein Teil dieser Belege weist eine weitere Abweichung auf: intransitive oder semitransitive Verben *(sing, dance, go ...)* werden wie transitive verwendet, zum Beispiel: *(–) went their came* (V. 35). Daß außer morphologischen und syntaktischen Regeln auch semantische verletzt werden können, zeigt sich an Beispielen wie *bird by snow* (V. 15) und *the snow can begin to explain* (V. 22).

Eine Besonderheit des Gedichtes stellt schließlich die Tatsache dar, daß *anyone* und *noone* einmal wie indefinite Pronomina, zum anderen aber – angezeigt u. a. durch die kontextuellen Anaphorica *he* und *she* – wie ein männlicher bzw. ein weiblicher Eigenname verwendet werden. Diese Verschmelzung von Generellem und Partikularem verleiht dem Text, analog zur *Everyman*-Dramatik, einen allegorischen Status. Zugleich ist sie die Quelle einer subtilen Ironie (VV. 25–26). Darüber hinaus ist die Verwendung von indefiniten Pronomina symptomatisch für Cummings' poetische Technik, die von ihm behandelten Gegenständlichkeiten semantisch unterdeterminiert zu lassen. Dies zeigt sich etwa auch in der mangelnden inhaltlichen Bestimmtheit der »konvertierten« Spracheinheiten: *didn't, did, isn't, was, how, nevers, if, yes* ... (Im Vergleich dazu sind die Fälle semantischer Überdeterminiertheit – Metapher – verhältnismäßig selten.) Die Intention, die damit verfolgt wird, besteht darin, daß dem Rezipienten bei der Sinnfindung, was zugleich heißt: Auflösung der sprachlichen Deviationen, ein möglichst großer Spielraum zur Verfügung steht.

Verschiedene Auflösungen der Abweichungsstruktur des Textes sind vorgeschlagen worden. Sie bedienen sich sämtlich der vier Grundoperationen, die wir bisher kennengelernt haben: Addition, Subtraktion, Permutation und Substitution. Durch »Rücktransformationen« dieser Art entsteht dann ein Normaltext, der morphologisch, syntaktisch und semantisch stimmig ist. Einen solchen Normaltext oder – nach seinen eigenen Worten – »rearrangierten« Text legt W. A. Koch (1972) vor. Die erste Strophe davon lautet (1972: 444):

Any Anyone lived in a pretty *nondescript* town
(With many bells going up and down)
spring summer autumn winter
he did his song he did his dance

Die hervorgehobenen Textteile sind jeweils rearrangiert, z. B. durch Addition *(anyone → any anyone)* und Substitution *(any anyone → Any Anyone)* in Vers 1 und durch Permutation *(sang didn't → didn't sang)*, Subtraktion *(didn't → did)* und Substitution *(sang → song)* in Vers 4. Andere Möglichkeiten des Rearrangements sind hier denkbar, doch, wie Kochs Versuche zeigen, in beschränkter Anzahl. Ein gekürzter Normaltext könnte dann etwa folgendermaßen lauten (nach Fowler 1971: 222–223):

Once upon a time there was a man living in a certain place where people went about their ordinary duties in an ordinary way; one woman grew to love him, although few noticed this; she shared his passions; they married; time passed; he died, she died subsequently or consequently, and they were buried together; they were dead, but life went on..

Dieser Prosatext verzichtet nicht nur auf die Verstöße gegen die Grammatiknorm, sondern auch auf eine zweite Quelle der Poetizität: die sprachliche Rekurrenz, wie sie sich in Metrik, Strophik, Reimkunst und refrainähnlichen Wortwiederholungen manifestiert. Er ist ein eindrucksvolles Zeugnis für den ästhetischen Verlust, den ein dichterischer Text auf dem Wege zum Normaltext erleidet.

4.2. Figuren der morphologischen Äquivalenz

Morphologische Äquivalenz bedeutet Gleichheit oder Ähnlichkeit zweier oder mehr Morpheme in einem Text. Anders gesprochen: Es handelt es sich um repetitive Wortfiguren, die – wie die entsprechenden Klangfiguren – nach den Kriterien Position, Umfang, Frequenz, Distribution und Ähnlichkeit klassifizierbar sind. Hinzu kommt ein Faktor, der bei der phonologischen Äquivalenz eine eher periphere Rolle spielte: die Semantik. Allen diesen Gesichtspunkten soll im folgenden weiter nachgegangen werden.

4.2.1. Position

In einem Textkontinuum können sich Wörter an unterschiedlichen Stellen wiederholen. Fehlt der Wiederholung eine Differenzierung des textologischen Bezugshintergrunds, so ist die morphologische Äquivalenzrelation nur ungenügend strukturiert. Eine solche Differenzierung ist etwa dann gegeben, wenn Wortwiederholungen an bestimmten Positionen einer Satzsequenz, eines Satzes oder eines Satzteils auftreten. Eine stärkere Strukturierung und folglich ein höherer Poetizitätsgrad liegt dann vor, wenn prosodische und morphologische Äquivalenz konvergieren, das heißt: wenn Wortwiederholungen an näher bezeichneten Verspositionen lokalisiert sind. Die in diesem Fall vorhandenen Möglichkeiten werden im folgenden für eine zweistellige morphologische Äquivalenzrelation beschrieben. Die zugrundegelegte prosodische Maßeinheit soll zunächst ein Vers, dann zwei Verse sein.

1) Wortwiederholung in einem Vers (Monostichon)

Wenn die Einheit eines einzigen Verses als Rahmenbedingung einer Wortwiederholung angesetzt wird, so zeichnen sich zwei fundamentale Möglichkeiten ab: Wiederholung im Kontakt und Wiederholung auf Distanz (cf. Lausberg 1960: I 311 ff.). Im ersten Fall folgen die Wiederholungsglieder unmittelbar aufeinander: M_1M_2, im zweiten Fall ist zwischen M_1 und M_2 eine variable Textstrecke T interpoliert, welche das Nacheinander der morphologischen Äquivalenzen unterbricht: M_1TM_2 oder M_1–M_2. Der unmittelbare Kontakt oder die Kontiguität der Wiederholungsglieder wird in der traditionellen Rhetorik als *Geminatio (Epizeuxis)* bezeichnet. Eine Schematisierung der *Kontiguitätstypen* sieht folgendermaßen aus:

(43) a) M M ———————— Geminatio in Anfangsstellung

      Beispiel: W. Blake, *The Tiger*

      Tiger, tiger, burning bright
      In the forests of the night.

    b) —— M M —— Geminatio in Mittelstellung

      Beispiel: F. Nietzsche, *Um Mitternacht*

      »Doch alle Lust will Ewigkeit –,
      »– will *tiefe, tiefe* Ewigkeit!«

    c) ———————— M M Geminatio in Endstellung

      Beispiel: Shakespeare, *Cymbeline,* II.ii.51

      (Clock strikes). One, two, three. *Time, time!*

Auf der anderen Seite ergibt sich diese Systematik der *Distanztypen*:

(44) a) M —— M ——

      Beispiel: W. S. Blunt, *The Desolate City*

      Dark to me is the earth. *Dark* to me are the heavens.

    b) —— M —— M

      Beispiel: R. Herrick, *To Anthea*

      Bid me to *live,* and I will *live*
      Thy Protestant to be ...

    c) M ———————— M

      Beispiel: Sir Ph. Sidney, *Astrophel and Stella, 63*

      Sing then, my Muse, now Io Paean *sing.*

    d) —— M —— M ——

      Beispiel: W. B. Yeats, *The Lake Isle of Innisfree*

      I will arise and *go* now, and *go* to Innisfree.

Nur zum Teil gibt es für diese Wiederholungsstrukturen klassische Termini. So ist etwa das Muster c) als *Kyklos* bekannt.

Für die anderen Erscheinungen müssen neue Bezeichnungen erfunden werden.

2) *Wortwiederholung in zwei Versen (Distichon)*
Folgende Wiederholungsmuster (mit Illustrationen) können in einem
Zweizeiler entstehen:
(45) a) M ————
    M ————
   Beispiel: S. T. Coleridge, *Love*
   She wept with pity and delight,
   She blush'd with love and virgin shame ...

   b) ———— M
      ———— M
   Beispiel: F. Nietzsche, *Um Mitternacht*
   »Doch alle Lust will *Ewigkeit* –,
   »– will tiefe, tiefe *Ewigkeit*!«

   c) M ————
        ———— M
   Beispiel: J. Donne, *The Ecstasy*
   All day, the same our postures were,
   And we said nothing, *all the day*.

   d) ———— M
      M ————
   Beispiel: Sir Ph. Sidney, *Astrophel and Stella, 104*
   Ah, is it not enough that I am *thence*,
   Thence, so far thence, that scantly any spark
   Of comfort dare come to this dungeon dark ...

   e) —— M ——
      —— M ——
   Beispiel: W. Blake, *Songs of Innocence, Introduction*
   »Drop thy pipe, thy *happy* pipe;
   Sing thy songs of *happy* cheer:«

   f) M ————
        —— M ——
   Beispiel: Anonymous, *Love will find out the Way*
   Over the mountains
       And *over* the waves,

> *Under* the fountains
> And *under* the graves;

g) —————— M
   —— M ——

   Beispiel: E. A. Poe, *The City in the Sea*

   There shrines and palaces and *towers*
   (Time-eaten *towers* that tremble not!)
   Resemble nothing that is ours.

h) —— M ——
   —————— M

   Beispiel: W. B. Yeats, *Aedh wishes for the Cloths of Heaven*

   I have spread *my dreams* under your feet;
   Tread softly because you tread on *my dreams*.

i) —— M ——
   M ——————

   Beispiel: A. Bradstreet, *Upon the Burning of our House,
   July 10th, 1666*

   And, when *I* could no longer look,
   I blest his Name that gave and took …

Auch für diese Typen der Wortäquivalenz existieren in der klassischen Rhetorik nicht immer adäquate Bezeichnungen. Eindeutig ist, daß Typ a) der *Anaphora,* Typ b) der *Epiphora* und Typ d) der *Anadiplosis* entspricht. Andererseits muß man sich fragen, ob etwa die Typen c), f) und i) noch unter die Kategorie der *Anaphora* fallen können oder ob man der Genauigkeit wegen nicht zu neuen Nomenklaturen greifen muß.

Eine größere Genauigkeit als in der vorangehenden Darstellung erzielt man, wenn man z. B. die Relation der jeweiligen Wortwiederholung zur jeweiligen Akzent- und Pausenfigur und ferner zur syntaktischen Einbettungsstruktur mitberücksichtigt. Doch das erfordert eine zu komplexe Taxonomie, um hier durchgeführt werden zu können.

4.2.2. Umfang

Die Größe der wiederholten morphologischen Einheit ist unterschiedlich. Sie reicht vom Einsilbler zum mehrsilbigen Kompositum. Umfangreichere Morpheme bringen das Moment der sprachlichen Repetition stärker zur Geltung als solche geringeren Umfangs. Aber auch die letzteren können hohe Aufmerksamkeitswerte auf sich vereinigen, vor allem, wenn sie in größerer Anzahl erscheinen oder einen syntaktisch exponierten Platz (z. B. Anfang oder Ende eines Syntagmas) einnehmen oder sich – im Vers – mit einer Akzentfigur verbinden. Die Äquivalenz größerer Einheiten wie etwa von präpositionalen Ausdrücken tangiert bereits das Gebiet der Syntax.

4.2.3. Frequenz

Eine Wortwiederholung muß, um das Prinzip der Äquivalenz zu erfüllen, mindestens einmal stattfinden. Den Höchstfall bildet die unendliche Wiederholung. Mit jeder zusätzlichen Rekurrenz kompliziert sich die Lage für die textologische Distribution des einzelnen Wortes. Zugleich wird der Informationsfluß des Textes retardiert. Das zeigt sich etwa bei den folgenden Beispielen:

(46) a) Singt *leise, leise, leise.*

(C. Brentano, Wiegenlied)

  b) And when I have stol'n upon these sons-in-law,
      Then, *kill, kill, kill, kill, kill, kill.*

(W. Shakespeare, King Lear IV.vi.190–191)

(47) *Weg* Welt! *Weg* Erden! Nichtige Phantasie!
      Weg Stand! *Weg* Ehre, flüchtiger itzt als ie!
      Weg, was mein Geist zuvor geliebet!
      Weg, was mein schlechtes Herz betrübet!

(A. Gryphius, Manet unica virtus, Str. 7)

In (46) a) und b) liegen Kontiguitätstypen vor; in (47) handelt es sich um eine »Wiederholung auf Distanz«. Jedesmal ist die pragmatische Funktion der Wortrepetition ein Insistieren auf der semantischen Grundinformation. Innerhalb des Wirkungsspektrums sind mannigfaltige Schattierungen möglich. Sie reichen von agitatorischer Schärfe bis hin zu einschläfernder Monotonie.

4.2.4. Distribution

In die Frage nach der Distribution der morphologischen Äquivalenz sind die Gesichtspunkte der Position, des Umfangs, der Frequenz und schließlich auch der Ähnlichkeit der Wortwiederholungen einbezogen. Die Synopsis dieser Gesichtspunkte gibt Auskunft darüber, welche Gestalt das morphologische Repetitionsmuster eines bestimmten Textes besitzt. Alle erdenklichen Muster können hier selbstverständlich nicht aufgeführt werden. Wir beschränken uns auf drei Distributionstypen, denen schon die klassische Rhetorik besondere Aufmerksamkeit geschenkt hat. Sie tragen die Namen *Gradatio (Climax)*, *Symploke (Complexio)* und *Antimetabole*. Die *Gradatio* resultiert aus einer mehrfachen Setzung des Positionstyps / —— M / M —— /; als ein Illustrationsbeispiel dafür sei ein Satz des englischen Rhetorikers Thomas Wilson (16. Jh.) zitiert:

(48) Labour getteth *learning, learning* getteth *fame, fame* getteth *honour, honour* getteth bliss forever.

Hingegen stellt die *Symploke* eine Kombination von Anaphora und Epiphora (45 a+b) dar:

(49) *Ich* schenke *Blumen.*
    Ich streue *Blumen*samen aus.
    Ich pflanze *Blumen.*
    Ich sammle *Blumen.*
    Ich pflücke *Blumen.*
    Ich pflücke verschiedene *Blumen.*
    ...

Dieser Text, der ein Exzerpt aus H. M. Enzensbergers *Das Blumenfest* ist, fällt nicht nur durch die spezifische Lokalisierung und die hohe Frequenzzahl seiner Wiederholungsglieder auf, sondern auch durch deren variierenden Abstand (vgl. die zusätzliche Insertion von *verschiedene* in V. 6) und unterschiedliche Ähnlichkeit (total: *Blumen*, partiell: *Blumensamen*). Die *Antimetabole* endlich besagt die Wiederholung von zwei Wörtern in umgekehrter (chiastischer) Reihenfolge. B. Vickers (1970: 131) führt dazu folgenden Vers aus Chaucers *Troilus and Criseyde* (I.420) an:

(50) For *hete* of *cold*, for *cold* of *hete*, I dye.

In diesem Muster spielt außer der morphologischen auch die syntaktische Äquivalenz eine entscheidende Rolle.

4.2.5. Ähnlichkeit

Während die bisherigen Demonstrationsbeispiele fast alle stillschweigend die totale morphologische Äquivalenz (= morphologische Identität) verwirklichten, ist andererseits auch der Fall denkbar, daß die Gleichheit der Wiederholungsglieder nur partiell realisiert ist. Diese Möglichkeit ist bei den verschiedenen Arten des Wortspiels offenkundig gegeben. Die wichtigsten von ihnen werden im folgenden erörtert.

4.2.5.1. Polyptoton

Das Polyptoton *(traductio)* stellt eine flexivische Wiederholungsänderung dar. Das nominale Polyptoton umfaßt vorwiegend Kasus-Veränderungen, »dann aber auch die Genus- und Numerus-Veränderungen sowie die Adverbialbildung von Adjektiven und von Pronominalstämmen« (Lausberg 1960: I 325). Das verbale Polyptoton betrifft die Konjugationsformen des Aktivs und Passivs, der einzelnen Tempora, von Singular und Plural und die Partizipialbildung. Grundsätzlich gilt für das Polyptoton die Regel, daß es alle bisher für Wortfiguren aufgewiesenen Kriterien erfüllt. Zwei Beispiele sollen dies erläutern.

(51) Ein *nominales Polyptoton* liegt in Nietzsches *Um Mitternacht* vor:

> »Die Welt ist *tief*,
> »Und *tiefer*, als der Tag gedacht.«

(Äquivalenz: partiell[adjektivische Komparation]; Abstand: Distanz; Position: / — M / – M – /; Frequenz: 2).

(52) Zwei *verbale Polyptota* erscheinen in Shelleys *To a Skylark:*

And *singing* still dost *soar*, and *soaring* ever *singest*.

(Äquivalenz: partiell – 1) Partizip Präsens/ 2. Pers. Sing. Präs., 2) Infinitiv/ Partizip Präsens; Abstand: Distanz; Position: / – M_1 – M_2 / – M_2 – M_1 /; Distribution: Antimetabole; Frequenz: 2 × 2).

4.2.5.2. Paronymie

Die Paronymie stellt eine derivative Wiederholungsänderung dar. Bei ihr bestimmen Derivationsaffixe die Änderung des wiederholten Wortkörpers, der somit aus einer anderen Wortklasse stammt (cf. Standop 1971: 72). Am bekanntesten ist hier die sog. *figura etymologica,* d. h. die Koppelung von (meist intransitivem) Verb und stammgleichem Nomen *(ein Leben leben, to sing a song)*. Eine andere Möglichkeit derivativer Äquivalenzverbindung ist auch die Kombination von stammgleichem Adjektiv plus Nomen *(schönste Schönheit)*. Auch Konversionen vom Typ *But me no buts!* (de-adverbiale Konversion) und *Father me no fathers!* (denominale Konversion) gehören hierher.

Polyptoton und Paronymie sind vereint im folgenden Sonett (Nr. 129) Shakespeares, der im übrigen beide Wortfiguren der partiellen Äquivalenz sehr bevorzugt:

(53) Th' expense of Spirit in a waste of shame
    Is lust in action; ...
    .....
    Had, having, and in quest to *have,* extreme;
    A bliss in *proof,* and *proved,* a very woe.

Das zitierte Textstück weist folgende morphologische Äquivalenzfiguren auf:

a) verbales Polyptoton: *had, having, have;* Äquivalenz: partiell; Abstand: Kontiguität, Distanz; Position: /MM–M–/; Frequenz: 3; Umfang: 2 Monosyllaba, 1 Polysyllabon;

b) Paronymie: *proof, proved;* Äquivalenz: partiell; Abstand: Distanz; Position: /–M–M–/; Frequenz: 2; Umfang: Monosyllaba.

Die außergewöhnliche Häufigkeit der polyptotischen/paronymischen Wiederholungsfiguren (fünf in zwei Versen) ist ein Zeugnis von hoher Artifizialität der sprachlichen Gestaltung. Sie besteht in einer ständigen Metamorphose des Wortes, die sich im Spiel mit Flexionsformen und Etymologien äußert. Ihre funktionale Intention lautet: *variatio delectat.*

4.2.5.3. Die Ambiguität des Wortspiels

Die Identität der Wortwiederholung kann nicht nur durch morphologische Abweichungen gestört werden. Das liegt daran, daß ein Wort auch einen phonologischen, graphemischen und semantischen Aspekt besitzt. Ändert sich einer oder mehrere dieser Aspekte bei gleichzeitiger Konstanz der anderen, so enthält die morphologische Äquivalenz ein Wortspiel. Bezeichnen wir die gleichbleibenden Wortaspekte mit dem Präfix *Homo-,* die differierenden hingegen mit dem Präfix *Hetero-,* so ergeben sich die folgenden Möglichkeiten:

(54) a)

Homo-phon
Hetero-graph
Hetero-sem

Leere/Lehre
sole/soul

b)

Homo-graph
Hetero-phon
Hetero-sem

kosten/kosten
[kɔstən : kɔɪstən]
wind/wind
[wind : waind]

c)

Homo-sem
Hetero-phon
Hetero-graph

alt/betagt
great/big

d)

Homo-phon
Homo-graph
Hetero-sem

Schein (des Mondes)/*Schein* (der Wahrheit)
lie (»liegen«)/
lie (»lügen«)

e)

Homo-phon
Homo-sem
Hetero-graph

Telephon/Telefon
light/lite

f)

Homo-sem
Homo-graph
Hetero-phon

Die Strukturmuster c) und d) sind auch unter den Bezeichnungen *Synonym* und *Homonym* bzw. *Polysem* bekannt (cf. Ullmann 1968). Während f) irrelevant ist, gehören c) und e) in den Bereich der semantischen bzw. graphemischen Figuren. In den Fällen a), b) und d) reden wir von homophonen, homographen und homonymen bzw. polysemen Wortspielen; es handelt sich um Wiederholungsformen, deren Semantik jeweils differiert. Das Resultat davon ist die Ambiguität dieser Wortspiele. Der Kontext, in den die äquivalenten Wortformen eingebettet sind, besitzt dabei Signalfunktion. Die folgende Darstellung widmet sich der Explikation dieser und anderer bedeutender Typen des Wortspiels.

Zuvor muß noch folgende Unterscheidung getroffen werden. Wenn bisher von Wortspiel und Ambiguität die Rede war, so bezogen wir uns auf die Wiederholung äquivalenter Wörter. Das heißt: Das Wortspiel realisiert sich im Nacheinander der textuellen Sukzession. Ein Beispiel dafür ist Antonys Klage über Caesar in Shakespeares *Julius Caesar* (III.i.207–8):

(55) O World! thou wast the Forrest to this *Hart*,
     And this indeed, O World, the *Hart* of thee,

wo das erste *Hart* mit »Hirsch«, das zweite hingegen mit »Herz« zu übersetzen ist – in der hier zitierten Folio ein homonymes Wortspiel, in modernen Ausgaben – mit der Graphie *hart/heart* – indes ein homophones Wortspiel. Neben diese sukzessive Äquivalenz tritt die simultane des folgenden Beispiels, eines Ausspruchs des tödlich getroffenen Mercutio in Shakespeares *Romeo and Juliet* (III.i.101–2):

(56) Ask for me to-morrow, and you shall find me a grave man,

wo *grave* zwei Bedeutungen hat: 1. *solemn*, 2. *in, or ready for, a grave*, die aus dem textuellen und situativen Kontext erschließbar sind. Während im ersten Fall zwei verschiedene Kontexte zwei differierende Bedeutungen von *Hart* aktivieren, so bewirkt hier die Multivalenz eines einzigen Kontexts das Gleiche. Das eine Wortspiel ist ein *syntagmatisches*, das andere ein *paradigmatisches*. Letzteres kann auch den Namen *tropisches* Wortspiel tragen, da es eine semantische Substitution impliziert.

4.2.5.3.1. Das homophone Wortspiel

Homophone Wortspiele gibt es in der englischen Literatur in großer Anzahl. Das liegt daran, daß das Englische auf Grund seiner historischen Entwicklung viele gleichlautende Wörter aufweist. Walter Fischers Buch *Englische Homophone* (München 1961) zählt deren allein über tausend, ohne daß zum Beispiel Wortgruppen wie *taught us/tortoise* ['tɔɪtəs] oder *they're sent/they assent* [ðei ə'sent] mitberücksichtigt würden. Einige Belege sind ['əɪnist] *earnest/Ernest*; [dai] *die/dye*; [ɔɪ] *awe, oar, or, ore, o'er*; [tiːz] *teas, tease, tees, Tees, t's*. Diese letzten Beispiele lehren, daß hochfrequent homophone Wörter eine breite Skala von Wortspielen der genannten Art erlauben.

(57) In Shakespeares *Julius Caesar* (I.i.13 ff.) antwortet ein Schuster dem Volkstribunen Marullus auf dessen Frage nach seinem Beruf:

A trade, sir, that I hope, I may use with a safe conscience; which is, indeed, sir, a mender of bad *soles*.

[soulz] bedeutet »Sohlen«, aber auch »Seelen«; der zweite Sinn wird durch den ersten Teil des Satzes *(safe conscience)* nahegelegt. Die Periphrase *mender of bad soles* für »Schuster« hat allein die Funktion, ein Wortspiel hervorzurufen. Das beweist auch der Folgetext, der weitere Wortspiele aufweist. *soles* gehört zur Gruppe der paradigmatischen Wortspiele.

4.2.5.3.2. Polysemes und homonymes Wortspiel

Ein homonymes Wortspiel liegt dann vor, wenn die Bedeutungen zweier Wörter bei gleichbleibender Lautung und Schrift divergieren. Davon abzuheben ist das polyseme Wortspiel. Unter Polysemie versteht man – im Unterschied zur Homonymie – den Tatbestand, daß ein einziges Wort zwei und mehr Bedeutungen aufweist. Doch ist der Unterschied hauptsächlich ein solcher der Perspektive: »Die Termini unterscheiden, synchron gesehen, zwischen dem Fall [Polysemie], daß ein Wort eine weitere Bedeutungsstreuung aufweist, wobei aber alle vorkommenden Bedeutungen wenigstens *ein* Bedeutungsmerkmal gemeinsam haben, durch das sie zusammengehalten werden und was es rechtfertigt, die Bedeutungen unter einem einzigen lexikalischen Eintrag zu registrieren, und dem anderen Fall [Homonymie], daß ein solches Merkmal nicht mehr vorhanden ist, d. h. vom Benutzer der Sprache keine Gemeinsamkeit mehr empfunden wird« (Standop 1971: 68–69). Hinzuzufügen ist, daß die Homonymie auch durch eine »konvergierende Lautentwicklung« (Ullmann 1968: 235) zustandekommen kann. Von beiden Arten des Wortspiels dürfte das homonyme wegen der größeren semantischen Abweichung die interessanteren ästhetischen Aspekte anbieten.

Ein *polysemes Wortspiel* ist die Antwort des Schusters in Shakespeares *Julius Caesar* (I.i.18), als er von dem Volkstribun nach seinem Beruf gefragt wird:

(58) I can *mend* you,

wobei *mend* die Bedeutungen 1. »ausbessern«, »reparieren« und 2. (moralisch) »bessern« aufweist. Da Marullus nur die zweite Bedeutung realisiert, faßt er die Replik als Beleidigung auf: »What meanest thou by that? mend me, thou saucy fellow!« (I.i.19–21). Das gemeinsame semantische Merkmalpotential heißt in diesem Fall: *Schaden ausbessern*. Distinktoren sind jeweils die Eigenschaften *(+physisch)* und *(+psychisch)*. – Ein *homonymes Wortspiel* zwischen *lie* = »liegen« und *lie* = »lügen« enthält das Schlußcouplet von Shakespeares Sonett 138:

(59) Therefore I *lie* with her, and she with me,
    And in our faults by *lies* we flattered be.

Dies sind lexikalische Repräsentanten des polysemen und homonymen Wortspiels. Leech (1969: 206–7) unterscheidet darüber hinaus eine grammatikalische Variante beider Wortspielarten. Als Muster einer *grammatikalischen Homonymie* führt er etwa an:

(60) *moving gates* = 1. attributives Partizip + Nominalkonstruktion
                (= *gates which move*),
            = 2. Partizip + Objektkonstruktion
                (= *causing gates to move*).

Es ist anzunehmen, daß die grammatikalische Variante weniger häufig als die lexikalische ist.

4.2.5.3.3. Das homöophone Wortspiel (Paronomasie)

Das homophone und das homonyme Wortspiel setzen lautliche (z. T. graphische) Identität von Wörtern bei gleichzeitiger semantischer Differenz voraus. Bei dem unter dem Namen »Paronomasie« *(annominatio)* bekannten Wortspiel ist die phonologische Gleichheit nur partiell vorhanden, so daß auch der Terminus »homöophones Wortspiel« angebracht erscheint. Die Lockerung der phonologischen Identität erfolgt nach den Änderungskategorien Addition, Deletion, Permutation und Substitution. Die Lautähnlichkeit der Wiederholungsglieder schafft eine pseudo-etymologische Relation, welche durch die semantische Diskrepanz widerlegt wird. Auf Grund dieser Eigenschaften eignen sich Paronomasien besonders gut zu Endreimen. Zwei Beispiele seien angeführt.

(61) Das erste Beispiel stammt aus Kleists *Der zerbrochene Krug*, wo der Dorfrichter Adam sagt (I.i.):

    Ja, seht. Zum *Straucheln* braucht's doch nichts als Füße;
    Auf diesem glatten Boden, ist ein *Strauch* hier?

> *Gestrauchelt* bin ich hier; denn jeder trägt
> Den leid'gen Stein zum Anstoß in sich selbst.

Hier findet sich außer der Paronomasie *(straucheln/Strauch)* auch ein Polyptoton *(straucheln/gestrauchelt)*.

(62) Das zweite Beispiel stammt aus dem ersten Teil von Shakespeares *Henry IV* (I.i.62):

> ... were it not *here* apparent that thou art *heir* apparent ...,

wo *here* und *heir* als Wortspiel *(pun)* den Typ der Paronomasie darstellen.

Auf Grund ihrer mannigfaltigen Kombinatorik zählt die Paronomasie zu den beliebtesten Wortspielarten.

4.2.5.3.4. Das homöographe Wortspiel (Augenreim)

Der Augenreim impliziert graphemische Ähnlichkeit bei gleichzeitiger lautlicher und semantischer Divergenz: z. B. *done/gone, watch/catch, misery/eye*. Als poetisches Beispiel seien drei Verse aus John Masefields *The Passing Strange* angeführt:

(63) Fashion an altar for a *rood*,   [ruːd]
    Defile a continent with *blood*,   [blʌd]
    And watch a brother starve for *food*.   [fuːd]

In der zweiten Zeile liegt zwar eine homöographe Äquivalenz von ⟨blood⟩ mit ⟨rood⟩ und ⟨food⟩ vor, gleichzeitig aber eine Heterophonie von [blʌd] mit [ruːd] und [fuːd], zu der eine Heterosemie hinzutritt. Mag hier die sekundäre Deviation durch ein funktionales Moment begründet sein, so fehlt diese Motivation in dem Schlußcouplet von Shakespeares bekanntem Sonett 116:

(64) If this be error and upon me *proved*,
    I never writ, nor no man ever *loved*.

Hier gibt es die begründete Annahme, daß der optische Reim ursprünglich auch lautlich realisiert wurde. Schuld an der heutigen Lautdifferenz ist die geschichtliche Entwicklung der englischen Sprache, so daß man nicht zu Unrecht von einem »historischen Reim« spricht. Wie auch sonst bietet hier die Diachronie der Sprache die Möglichkeit zusätzlicher ästhetischer Textstrukturierung.

    Damit sei die Betrachtung des Wortspiels abgeschlossen. Seine Analyse erfolgte nicht nach dem Gesichtspunkt der Vollständigkeit, sondern der textuellen Relevanz. Für weitere Ausführungen zu diesem Thema können die Arbeiten von J. Brown (1956), W. Empson (1961 [1930]) und E. Standop (1971: 68–77) herangezogen werden. Letzterer unternimmt den systematischen Versuch zu einer Taxonomie des Wortspiels.

4.2.6. Textanalyse: G. Herberts »A Wreath«

Quelle: G. Herbert, *The Works*, ed. F. E. Hutchinson, London 1964, p. 185.

Zu den Texten der Weltliteratur, welche am kunstvollsten von der Technik der morphologischen Äquivalenz Gebrauch machen, gehört gewiß George Herberts Gedicht *A Wreath*. In seiner folgenden Wiedergabe haben wir die relevanten Stellen bereits im Druckbild hervorgehoben.

A Wreath

1 A *Wreathed* garland *of deserved praise*
2 *Of praise deserved, unto thee I give,*
3 *I give to thee*, who knowest all *my wayes,*
4 *My* crooked winding *wayes, wherein I live,*
5 *Wherein I* die, not *live*: for life is *straight,*
6 *Straight* as a line, and ever tends *to thee,*
7 *To thee*, who art more farre above *deceit,*
8 Then *deceit* seems above *simplicitie.*
9 Give me *simplicitie*, that I may *live,*
10 So *live* and like, that I may *know*, thy wayes,
11 *Know* them and practise them: then shall I *give*
12 For this poor wreath, *give* thee a crown of praise.

Ein erster Überblick über das Gedicht lehrt, daß jeweils das Ende einer Verszeile mit dem Beginn der nächsten in einer Äquivalenzrelation steht. Auf die distichische Distribution bezogen, trägt sie den Namen *Anadiplosis*. Als rekurrentes Strukturmittel eines Textes heißt sie in der klassischen Terminologie *Klimax* oder *Gradatio*. Die Funktion dieser rhetorischen Figur in dem vorliegenden Gedicht scheint eindeutig: die Verschlingungen der Girlande verbal wiederzugeben. Semiotisch gesprochen, handelt es sich um eine semantische (abbildende) Funktion dieser Wiederholungsfigur.

Die Struktur der morphologischen Äquivalenz bedarf der weiteren Präzisierung. Zu diesem Zweck gehen wir am besten Zeile für Zeile vor.

Vers 1b/2a enthält eine komplexe Wiederholung:

(A)	of	(B)	deserved	(C)	praise
(A′)	of	(C′)	praise	(B′)	deserved.

Der Umfang der Wiederholung ist relativ groß; sie umfaßt drei
Wörter: A, B, C. Von ihnen sind *deserved* und *praise* chiastisch angeordnet: B – C / C' – B'. Bemerkenswert ist dabei, daß in 2a eine
syntaktische Permutation *(praise deserved)* eintritt: Postposition des
Attributs. Die Kreuzstellung hat insgesamt die semantische Funktion,
die Girlandenverflechtung zu spiegeln.

Vers 2b/3a enthält eine noch umfangreichere (vierteilige) Wiederholung:

(A)	unto	(B)	thee	(C)	I	(D)	give
(C')	I	(D')	give	(A')	to	(B')	thee

Hier ist die Distribution ebenfalls so beschaffen, daß ein Chiasmus
vorliegt: (AB) – (CD) / (C'D') – (A'B'). Auch hier gibt es eine syntaktische Permutation, die aber im Gegensatz zu Vers 1b/2a im ersten
Wiederholungssegment (2b: *unto thee I give*) vorkommt, so daß
Vers 2 insgesamt zwei syntaktische Permutationen enthält. Angemerkt werden muß noch, daß in 2b *unto*, in 3a aber *to* als Präposition
verzeichnet ist. Die Äquivalenz ist hier also nicht total, sondern
partiell; es liegt eine (sekundäre) Subtraktion vor: *unto → to*.

Vers 3b/4a enthält eine Wiederholung von zwei Wörtern:

(A)	my		(B)	wayes
(A')	my	/ crooked winding /	(B')	wayes,

wobei das zweite Wiederholungssegment durch eine Insertion der
Wörter /*crooked winding*/ auseinandergerissen ist. Zeichensemantisch
kann diese mangelnde Äquivalenz mit dem Inhalt des unrecht-
mäßigen (»krummen«) Handelns motiviert werden.

Vers 4b/5a enthält eine dreistellige Wiederholung:

(A)	wherein	(B)	I		(C)	live
(A')	wherein	(B')	I	/ die, not /	(C')	live.

Wiederum liegt im zweiten Teil der Wiederholung eine Insertion von
Spracheinheiten vor, welche die exakte Symmetrie der Syntax zerstört. Diese Insertion besteht in einer *Correctio*, d. h. einer inhaltlichen Selbstverbesserung, die die Gestalt einer Antonymie *(die/live)*
besitzt.

Vers 5b/6a enthält die folgende Äquivalenz:

(A)	straight
(A')	straight.

Diese Anadiplosis markiert einen Einschnitt in der Wiederholungs-
folge.

Während die Verse 1b bis 5a durch komplexe Äquivalenzmuster gekennzeichnet waren, sind die weiteren relativ einfacher:

Vers 6 b / 7 a:	to thee / to thee	(Typ: 45 d),
Vers 7 b / 8 a:	deceit / deceit	(Typ: 45 g),
Vers 8 b / 9 a:	simplicitie / simplicitie	(Typ: 45 g),
Vers 9 b / 10 a:	live / live	(Typ: 45 g),
Vers 10 b / 11 a:	know / know	(Typ: 45 i),
Vers 11 b / 12 a:	give / give	(Typ: 45 g).

Die Einfachheit der Wortfiguren besteht hier darin, daß sie fast alle ein einziges Wort umfassen, daß sie total äquivalent (= identisch) sind und daß sie fast immer an den gleichen Verspositionen (Typ: 45 g) auftreten. Die semantische Begründung für diesen auffälligen Wechsel findet sich in dem Ausdruck *straight*, der die Anadiplose 5b/6a bildet. Vorher ist von dem verworrenen Leben des Sprechers die Rede; seit dieser Wendemarke – etwa in der Mitte des Gedichtes – aber wird vom geraden Weg und vom einfachen Leben gesprochen: positive Ziele, auf die er zustreben will. Es ist daher kein Zufall, wenn im ersten Teil des *Wreath* syntaktische Permutationen und partielle Äquivalenzen, das heißt: primäre und sekundäre Deviationen, vorkommen. Die sprachliche Deviation spiegelt die psychische. Unterstrichen wird diese Feststellung noch dadurch, daß die ersten drei Gedichtzeilen eine große syntaktische Inversion aufweisen. Die Normalform würde lauten:

I give a wreathed garland of deserved praise unto thee, who knowest all my wayes . . .

Dergleichen kommt im Folgetext nicht mehr vor.

Mit diesen Ausführungen haben wir dargelegt, daß die Gradatio nicht nur Imitation eines Kranzgeflechts ist. Vielmehr ist sie zugleich Sinnbild (Emblem) für den Weg einer ringenden Seele zu Gott. Beides – *poor wreath* und *crown of praise* – ist in dem Gedicht untrennbar miteinander verbunden. Darauf verweist der Autor selbst, indem er *wreath* und *praise* sowohl in der ersten als auch in der letzten Zeile nennt. Der Kreis schließt sich.

5. Syntaktische Figuren

Syntaktischen Figuren (Metataxen) liegt als textologische Deviations-
einheit der Satz zugrunde. Dieser stellt als grammatische Norm eine
Kombination morphologischer Konstituenten (Nomen, Verb etc.) dar,
die funktional (z. B. als Subjekt, Prädikat, Objekt) nach bestimmten
Distributionsregeln miteinander verknüpft werden. Eine Ästhetik der
Syntax besitzt daher auch morphologische und außerdem semantische
Aspekte, die indes stets im Hinblick auf ihre syntaktische Funktionalität zu betrachten sind. Häufig genug resultiert die Literarität von
Texten aus dem kunstvollen Mit- oder Gegeneinander von Syntax
und Morphologie/Semantik. Welche Möglichkeiten sich hier ergeben
können, hat teilweise erst die Experimentierfreudigkeit von Autoren
dieses Jahrhunderts aufgedeckt. Dies geht überein mit der Verfeine-
rung grammatikalischen Denkens im syntaktischen Sektor, die schon
mit dem Strukturalismus einsetzte (z. B. C. C. Fries), aber erst mit
N. Chomsky und seiner Schule ihren Höhepunkt erreicht. Wenn erforderlich, soll daher die Fachterminologie der Transformationsgrammatik herangezogen werden.

5.1. Figuren der syntaktischen Deviation

Satzfiguren dieser Klasse verdanken ihr Vorhandensein den transfor-
mationellen Operationen der Hinzufügung, Tilgung, Umstellung und
Ersetzung von syntaktischen Bestandteilen. So betonen es in ähnlicher
Weise schon Kuznec/Skrebnev (1968: 76), die u. a. das Fehlen, den
Überfluß, die ungewöhnliche Anordnung und die Wechselwirkung
von syntaktischen Komponenten unterscheiden. Als Grundnorm für
eine mögliche ästhetische Abweichung sei nun eine Folge von *Subjekt*
(S) – Prädikat (P) – Objekt (O) postuliert. Sie läßt sich auch darstellen in den kategorialen Symbolen NP_1 (= Nominalphrase) + VP
(= Verbalphrase) + NP_2 (= Nominalphrase). Handelt es sich bei
N_2 um ein direktes Objekt, so bedarf es der weiteren Kennzeichnung
des Verbs als eines transitiven: V_{tr} (Beispiel: »Der Jäger jagt den
Hirsch.«). Besitzt das Verbum die Eigenschaft *(+belebt)*, so muß die
gleiche Eigenschaft auch dem Subjektsnomen zugeschrieben werden.
In den beiden letzten Beispielen wurden Regeln der strikten und
selektionalen Subkategorisierung veranschaulicht (cf. Bechert *et al.*
1970: 74–80). Sie gewährleisten ebenso wie die Kategorienregeln die
Einhaltung der syntaktischen Norm. Dazu muß man auch Regeln
bezüglich der Anordnung der Satzglieder zählen, die etwa für den
Aussagesatz die Sequenz $NP_1 + VP + NP_2$ vorsehen, für den Frage-

satz hingegen die von $VP + NP_1 + NP_2$ (Beispiel: »Jagt der Jäger das Wild?«). Dies sind einige der Aspekte, die bei einer Diskussion der syntaktischen Abweichungen berücksichtigt werden müssen.

5.1.1. Addition

Ein Satz wird dadurch erweitert, daß ein anderer Satz oder Teilsatz in ihn eingefügt wird. Die syntaktische Insertion kann dabei an verschiedenen Stellen erfolgen. Ihre klassische Bezeichnung ist *Parenthese*. Nennen wir die Parenthese X und besteht die Insertionsgrundlage S aus der Folge $NP_1 + VP + NP_2$, so ergeben sich die Möglichkeiten $NP_1 + X + VP + NP_2$ und $NP_1 + VP + X + NP_2$. Eine stärkere syntaktische Abweichung liegt vor, wenn das aus Artikel und Nomen bestehende Subjekt (NP_1) getrennt wird: $Art + X + N_1$, eine schwächere hingegen dann, wenn das satzinitiale Adverb vom übrigen Satz durch den gleichen Einschub X losgelöst wird: $Adv + X + NP_1 + VP + NP_2$. Desgleichen gibt es verschiedene Grade der Agrammatizität, wenn die Insertion zwischen Adjektiv und Nomen, Partizip und Hauptsatz, Haupt- und Nebensatz erfolgt. Das hängt damit zusammen, daß die syntaktischen Funktionen unterschiedlich hierarchisiert sind. Auf der anderen Seite bildet den Gradmesser der Abweichung nicht nur die Art der Suspendierung der grammatischen Funktionalität, sondern auch Beschaffenheit und Länge des Einschubs. Dieser kann sehr kurz oder auch so weit ausgedehnt sein, daß er die erste Satzkonstruktion verdrängt, die dann eine elliptische Gestalt besitzt. Umgekehrt kann aber auch der Einschub selbst elliptisch sein, so daß sich ein breites Spektrum syntaktischer Insertionsvarianten ergibt.

Aus semantischer Sicht kann der Insertionssatz keine, wenige oder zahlreiche gemeinsame Berührungspunkte mit dem einbettenden Satz aufweisen. Je geringer die Anzahl der gemeinsamen semantischen Merkmale, desto größer die inhaltliche Abweichung, desto schwächer die Kohärenz der beiden Sätze. Die Textpragmatik wiederum legt eine andere Perspektive frei. Sie erblickt in der Parenthese eine Möglichkeit zur Etablierung einer zweiten Kommunikationsebene, die der Sprecher in expressiver, reflektierender, persuasiver und kommentierender Absicht ausnutzen kann (cf. Kuznec/Skrebnev 1968: 91–92). Auf diese Weise entsteht aus dem Kommunikationsgefälle zwischen erster und zweiter Mitteilungsebene das, was man gewöhnlich Spannung nennt. Zu einem nicht geringen Teil trägt dazu auch der durch die Parenthese hervorgerufene »Informationsstau« im Einbettungssatz bei.

Zwei Textbeispiele seien zur Illustration analysiert.

(65) Als Gregor schon zur Hälfte aus dem Bette ragte – die neue Methode
war mehr ein Spiel als eine Anstrengung, er brauchte immer nur ruck-
weise zu schaukeln –, fiel ihm ein, wie einfach alles wäre, wenn man
ihm zu Hilfe käme. Zwei starke Leute – er dachte an seinen Vater und
das Dienstmädchen – hätten vollständig genügt...

(F. Kafka, Die Verwandlung)

Das Textexzerpt weist zwei Parenthesen auf, deren erste *(P₁)* einen
temporalen Nebensatz vom Hauptsatz und deren zweite *(P₂)* eine
als Subjekt fungierende Nominalphrase vom dazugehörenden Prädikat trennt. P_1 ist umfangreicher als P_2, denn P_2 besteht aus einem
Satz, P_1 aber aus zwei Sätzen. Sowohl P_1 als auch P_2 ist mit dem
jeweiligen Vor-Text semantisch verklammert: in P_1 ist *er* pronomina-
les Substituens von *Gregor*, während *die neue Methode* sich auf den
Makrokontext bezieht; in P_2 ersetzt *er* den Eigennamen *Gregor* und
Vater und das Dienstmädchen die Nominalphrase *zwei starke Leute*.
Beide Parenthesen bilden einen Einbruch in die Kontinuität des
Haupttextes. Als »Nebentexte« erzeugen sie im Rezipienten jeweils
eine Spannung, die sich erst bei der syntakto-semantischen Vervoll-
ständigung des Einbettungssatzes löst. Aus der Sicht des Erzählers
bilden P_1 und P_2 auktoriale Kommentare, die den Haupttext kon-
kretisierend erweitern.

(66) He never knew what people thought. It became more and more dif-
ficult for him to concentrate. He became absorbed; he became busied
with his own concerns; now surly, now gay; dependent on women,
absent-minded, moody, less and less able (so he thought as he shaved)
to understand why Clarissa couldn't simply find them a lodging and be
nice to Daisy; introduce her. And then he could just – just do what?
just haunt and hover (he was at the moment actually engaged in
sorting out various keys, papers), swoop and taste, be alone, in short,
sufficient to himself; and yet nobody of course was more dependent
upon others (he buttoned his waistcoat); it had been his undoing.

(V. Woolf, Mrs. Dalloway)

In dem vorliegenden Romanauszug befinden sich drei Parenthesen;
sie sind durch die graphischen Zeichen der runden Klammern signalisiert. Wir nennen sie in der Reihenfolge P_1, P_2, P_3. Ihnen allen gemeinsam ist die Tatsache, daß sie aus einem einzigen Satz bestehen.
Ihre Insertion erfolgt jedesmal an syntaktischen Einschnitten: bei P_1
als Trennung der Bestandteile einer »Adjektiv + Infinitiv«-Kon-
struktion, bei P_2 als Trennung äquivalenter Syntagmen und bei P_3
an der Grenze zwischen zwei Sätzen. Von P_1 bis P_3 wird die syn-

taktische Deviation also zunehmend geringer. Durch das pronominale Subjekt als Substituens für den Eigennamen *Peter Walsh* sind die Parenthesen jedesmal mit dem einbettenden Kontext verbunden. Anders stellt sich das Problem der Parenthese aus pragmasemantischer Perspektive dar. Diese Sichtweise erklärt den Ausdruck *so he thought* (P_1) als metakommunikativen Indikator dafür, daß die Parenthesen eine – auktorial vermittelte – Realhandlung (morgendliche Toilette) schildern, während der umgebende Text den »stream of consciousness« des Peter Walsh wiedergibt. In der kommunikativen Doppelperspektive der personalen und auktorialen Erzählsituation erfüllt sich die eigentliche Funktion dieser dreifach rekurrenten syntaktischen Deviation der Parenthese.

5.1.2. Subtraktion

Ein Satz wird dadurch wider die grammatische Norm gekürzt, daß ein oder mehrere syntaktisch notwendige Bestandteile eliminiert werden. Die Subtraktion besitzt zwei Varianten. Die erste tangiert die Kombinatorik des Satzes, die zweite hingegen nicht. Im einen Fall redet man von Zeugma, im anderen indes von Ellipse.

5.1.2.1. Ellipse

Wenn in dem Satz *Der Mann schlägt den Hund* bei Subjekt und Objekt der bestimmte Artikel elidiert wird, so spricht man von Ellipse. Die Tilgungstransformation ist folgendermaßen darstellbar:

(67) S (Art + N) + P (V_{tr}) + O (Art + N) → S (N) + P (V_{tr}) + O (N)
    Der Mann   schlägt   den Hund   Mann   schlägt Hund

Eine solche Ellipse ist *kontextfrei*, d. h. sie kann satzimmanent (hier: aufgrund der Wortstellung) ergänzt werden. Ähnlich verhält es sich bei Goethes *An den Mond:*

(68) Füllest wieder Busch und Tal
    Still mit Nebelglanz,
    Lösest endlich auch einmal
    Meine Seele ganz,

wo das als Subjekt fungierende Personalpronomen *du* aus den Flexionsformen der Verben erschlossen wird. Schwierigkeiten entstehen indes in einer flexionsarmen Sprache wie dem Englischen, wo die Gefahr der Fehlergänzung und damit des Mißverständnisses gegeben ist. Dies zeigt etwa das bekannte Beispiel von C. C. Fries (1957: 62):

(69) Ship sails today,

das drei Ergänzungstransformationen ermöglicht:

(70) a) *The* ship sails today.
  b) Ship *the* sails today.
  c) Ship sails *are on sale* today.

Dies sind zwei Aussagesätze und ein Befehlssatz. Um eine solche Ambiguität zu beseitigen, bedarf es der Zuhilfenahme eines textlichen (z. B. Zeitungsartikel) oder situativen (z. B. Verkaufssituation) Kontextes. Folglich sind die Übergänge von der kontextfreien zur kontextsensitiven Ellipse oft recht fließend.

Die *ko-textuelle* Ellipse liegt dann vor, wenn aus einer syntaktischen Konstruktion ein zum Verständnis notwendiges Element getilgt ist, das aus dem umgebenden Sprachkontext ergänzt werden muß. Sie ist daher nur innerhalb einer *context grammar* (Gunter 1963: 140) bzw. »Kontexttheorie« (Isačenko (1965: 163) lokalisierbar (cf. I.3. 1.3.). Legen wir die Folge *SPO* in dem Satzbeispiel *Der Mann schlägt den Hund* zugrunde, so ergeben sich folgende textabhängige Ellipsen:

(71) a) bei Tilgung eines notwendigen Satzelements:

1. $SPO \rightarrow SP$ Der Mann schlägt (den Hund)
2. $SPO \rightarrow SO$ Der Mann (schlägt) den Hund
3. $SPO \rightarrow PO$ (Der Mann) schlägt den Hund

b) bei Tilgung zweier notwendiger Satzelemente:

1. $SPO \rightarrow S$ Der Mann (schlägt den Hund)
2. $SPO \rightarrow P$ (Der Mann) schlägt (den Hund)
3. $SPO \rightarrow O$ (Der Mann schlägt) den Hund.

Kontextlos sind diese Satzfragmente ungrammatisch, weil ihnen eine bzw. zwei notwendige grammatische Funktionen abgehen. Diese sind restituierbar, wenn der Vorgänger-Text dafür die Ergänzungsmöglichkeiten bereitstellt. Besonders beliebt ist in der einschlägigen Literatur die Frage, der die Ellipse als Antwort folgt. Angewandt auf das vorliegende Beispiel könnte sie etwa lauten:

(72) a) Was tut der Mann? – *Antwort:* Schlägt den Hund.
  b) Wer schlägt wen? – *Antwort:* Der Mann den Hund.
  c) Was tut der Mann mit dem Hund? – *Antwort:* Schlägt.

Auch andere Vorgänger-Sätze können die Aufgabe der Explizitierung der Ellipse übernehmen.

Eine dritte Form der syntaktischen Deletion stellt die *situative* Ellipse dar. Sie besteht aus einem fragmentarischen Satz, welcher der Ergänzung durch den Situationskontext bedarf. Gunter (1963: 141), der u. a. auf die Texte von Hinweisschildern verweist, zitiert folgende Beispiele und gibt dazu jeweils verbale Explizierungen der zugeordneten Situationen:

(73) a) No outlet *(ein Straßenschild)*. → There is no outlet from this street.
   b) No credit *(ein Ladenschild)*. → We don't give credit.
   c) No waiting *(ein Schild an einem Friseurladen)*. → You don't have to wait here.

Ein-Satz-Texte dieser Art unterliegen der pragmatischen Textdefinition (cf. I.3.2.). Sie rekurrieren auf eine habitualisierte Sender-Empfänger-Beziehung in der jeweiligen kommunikativen Situation. Daneben gibt es elliptische Texte mit einer nicht-habitualisierten Situationsbeziehung.

Über die ästhetische Qualität der Ellipse entscheidet die Textpragmatik. Wie immer das Urteil im einzelnen aussehen mag, generell ist festzuhalten, daß die Ellipse in jeder ihrer drei Formen zu einem Abbau der textuellen Redundanz, positiv gewendet: zur sprachlichen Ökonomie führt. Die sprachliche Botschaft wird auf ihren wesentlichen Informationsgehalt reduziert. Die stilistische Ellipse taucht überall da auf, wo *brevitas* der oberste ästhetische Leitsatz ist. Auf das Ganze eines Textes gesehen, kann sie die Ursache eines Fragmentarismus sein, der auch unter dem Namen »Telegrammstil« bekannt ist. Kuznec/Skrebnevs (1968: 80–81) Kategorie der »Nominativsätze« gehört etwa dazu; ihr Beispiel, das von Ch. Dickens stammt:

(74) London. Michaelmas Term lately over, and the Lord Chancellor sitting in Lincoln's Inn Hall. Implacable November weather.,

demonstriert die extreme Reduktion des Verbs in Prädikatsfunktion. Wir können hier von einem elliptischen Nominalstil sprechen. Umgekehrt gibt es auch einen elliptischen Verbalstil, der auf die Subjektsfunktion (z. T. Objektsfunktion) verzichtet. Beide Stile provozieren den Rezipienten zur Auffüllung dieser Lücken und damit zur Grammatikalisierung dieser syntaktischen Deviationsform. Ein Beispiel dafür ist H. M. Enzensbergers Gedichttitel

(75) Ein letzter Beitrag zur Frage ob Literatur?,

wo der nachfolgende Text mehrere Ergänzungen des elliptischen indirekten Fragesatzes erlaubt, etwa

(76) a) ob Literatur (den Konformisten verlangt)
   b) ob Literatur (die Mühe eines kritischen Autors wert ist)
   c) ob Literatur (der Spiegel des gegenwärtigen Zeitalters sein soll)
   usw.

Die Kreativität des Aufnehmenden schlägt sich hier in wechselnden Sinnsubstitutionen nieder. Anders gesehen: Die Ellipse ist bei Enzensberger polyfunktional vertextet. In dieser Polyfunktionalität liegt ihre Literarität begründet.

(77) Aus der Nestor-Episode von James Joyces *Ulysses* stammt das folgende Textstück:

> – I don't mince words, do I? Mr. Deasy asked as Stephen read on.
>
> Foot and mouth disease. Known as Koch's preparation. Serum and virus. Percentage of salted horses. Rinderpest. Emperor's horses at Mürzsteg, lower Austria. Veterinary surgeons. Mr Henry Blackwood Price. Courteous offer a fair trial. Dictates of common sense. All-important question. In every sense of the word take the bull by the horns. Thanking you for the hospitality of your columns.
>
> – I want that to be printed and read, Mr. Deasy said. ...

Der Textauszug schildert den Leseakt eines Briefes *(Letter to the Editor)*. Der Vorgang fragmentarischer Inhaltswahrnehmung wird in einer elliptischen Reduktion des Textes veranschaulicht. Dieser enthält fast nur Nomina, die durch die Einheitlichkeit des Themas zusammengehalten werden. Die einzelnen Satzbruchstücke lassen sich kaum auf Grund der ko-textuellen Elemente exakt ergänzen. Dies dürfte vom Autor auch nicht unbedingt intendiert sein. Wesentlicher ist die pragmasemantische Funktion des auf solchem Wege erzielten Nominalstils. Sie besteht nicht nur in der Nachzeichnung des Wahrnehmungsprozesses bei der Aufnahme von Sprachzeichen, sondern auch in der Imitation und Parodie von Gepflogenheiten des Zeitungsslogans. Verschiedene Untersuchungen – z. B. von H. Straumann (1935), B. Sandig (1971), Maurer (1972) und J. Dubois *et al.* (1974: 144–151) – geben dieser Vermutung recht.

5.1.2.2. Zeugma

Ein Zeugma liegt dann vor, wenn infolge der Tilgung relevanter syntaktischer Einheiten die übrigen Satzeinheiten in einer grammatisch abweichenden Weise kombiniert (»kurzgeschlossen«) werden. Dabei tangiert die so entstandene Deviation nicht nur die Satzkonstruktion im engeren Sinne, sondern auch ihren morphologischen und semantischen Aspekt. Es gibt also die Spielarten des nur-syntaktischen, des morpho-syntaktischen und des semanto-syntaktischen Zeugmas. Darüber hinaus unterscheidet man, je nachdem ob das Zeugma am Anfang, in der Mitte oder am Ende eines Satzes eintritt, zwischen *Prozeugma, Mesozeugma* und *Hypozeugma.*

Das *syntaktische* Zeugma (im engeren Sinne) wird etwa vertreten durch die sog. *Apo-koinu*-Konstruktion, das heißt: Ausfall des

Relativpronomens bei gleichzeitiger Mittelstellung eines beiden Satzeinheiten angehörenden Ausdrucks, der demzufolge eine syntaktische
Doppelfunktion erfüllen kann (beim Nomen etwa: Subjekt und Objekt). Das lehren zwei Beispiele:

(78) a) Gedicht für die [, welche] Gedichte nicht lesen

(H. M. Enzensberger, Titel eines Gedichtes)

b) A daring fellow is the jewel of the world, and a man [who] did
split his father's middle with a single clout should have the bravery
of ten.

(J. M. Synge, *The Playboy of the Western World*)

Die in eckige Klammern gesetzten Relativpronomina markieren jeweils die Konstruktionsgrenzen zwischen Haupt- und Nebensatz.
Ihre Tilgung bedeutet, daß beide syntaktische Einheiten übergangslos
ineinander verschränkt (»teleskopiert«) sind. Ein weiterer Fall des
syntaktischen Zeugmas ist das von Standop (1971: 42) angeführte
»anakoluthische Subjekt« *(nominativus pendens),* für das er folgende
Stelle aus Shakespeares *Richard III* anführt:

(79) That they which brought me in my master's hate,
I live to look upon their tragedy (III.ii.58–59).

Hier bleibt das Subjekt *they* ohne Prädikat; die Konstruktion ist
elliptisch, doch so, daß eine andere (vollständige) syntaktische Folge
den semantischen Gehalt unverändert zu Ende bringt. Die grammatikalisierte Version lautet in diesem Falle:

(80) I live to look upon the tragedy of them (those) which brought me in my
master's hate.

Die Restitution syntaktischer Grammatikalität fördert zugleich die
pragmatische Funktion dieses Regelverstoßes zutage: die emphatische
Betonung der Verleumder. Weitere Formen des syntaktischen Zeugmas finden sich bei Standop (1971: 39 ff.).

Das *morpho-syntaktische* Zeugma entsteht durch die syntaktische
Koordinierung eines übergeordneten und mehrerer untergeordneter
Satzteile, von denen jedoch nur einer mit dem übergeordneten Satzteil
eine morphologische Kongruenzbeziehung unterhält. So ist in dem
Shakespeare-Satz

(81) Nor God, nor I, delights in perjured men (*Love's Labour's Lost* V.ii.
346).

die Relation *God – delights* korrekt, nicht hingegen die Relation
*I – delights. Die grammatisch richtige Form von (81) lautet:

(82) Nor God delights nor I delight in perjured men.

Es liegt also eine Ellipse von *delight* vor; sie ist die Ursache der morpho-syntaktischen Deviation. Weitere Möglichkeiten des morpho-syntaktischen Zeugmas sind Abweichungen in Genus, Person und Numerus bei den Nomina.

Das *semanto-syntaktische* Zeugma, auch einfach *semantisches Zeugma* genannt, ist eine »Figur der Worteinsparung« (G. v. Wilpert), die ein polysemes Wortspiel entstehen läßt. Ihre Ursache ist die unterschiedliche semantische Abhängigkeit zweier oder mehr Satzteile von einem dominierenden Satzteil, etwa zweier ungleichartiger Objekte von einem einzigen transitiven Verb. Ein Meister im ironischen Gebrauch dieses Zeugmas ist Alexander Pope (*The Rape of the Lock* II.105–109):

(83) Whether the nymph shall break Diana's law,
    Or some frail china-jar receive a flaw;
    Or stain her honour or a new brocade,
    Forget her prayers, or miss a masquerade;
    Or lose her heart, or necklace, at a ball;
    . . . . .

In den Versen 107 und 109 besitzen die Verben je eine literale und eine figürliche Bedeutung: »die Ehre beschmutzen« (= »jdn. beleidigen«) und »das Herz verlieren« (= »sich in jdn. verlieben«) liegen auf einer anderen – spirituellen – Sinnebene als »das Brokatkleid beschmutzen« und »das Halstuch verlieren«. Die syntaktische Gleichschaltung von Materiell-Trivialem und Spirituell-Wesenhaftem verursacht einen ironischen Kontrast. Er ist auch in den Versen 105–6 und 108 vorhanden, obgleich dort Synonyma (*break/receive a flaw, forget/miss*) an die Stelle des Zeugmas treten und folglich nicht die Schärfe einer semanto-syntaktischen Deviation besitzen. Die deutsche Literatur kennt eine solche etwa in Jean Pauls Satz (zit. G. v. Wilpert):

(84) Als Viktor zu Joachime kam, hatte sie Kopfschmerzen und Putzjungfern
    bei sich,

wo *bei sich haben* eine positive und eine negative Bedeutung (– *als Hilfe, als Plage*) besitzen kann und dadurch eine inhaltliche Divergenz bei gleichzeitiger formaler Gemeinsamkeit aufweist.

Die Schulrhetorik nennt außer den hier behandelten Arten zeugmatischer Deviation auch das *kongruente Zeugma,* das heißt: die Kombination mehrerer gleichartiger morpho- und semanto-syntaktischer Einheiten mit einer übergeordneten Satzeinheit, deren Wiederholung sich auf diese Weise erübrigt. Ein Beispiel für ein solches Hypozeugma ist Spensers (*F. Q.* I.x.60.9) Verszeile:

(85) *For bloud can nought but sin, and wars but sorrowes yield,*

wo *(can) yield* gleichzeitig als Prädikat für die Subjekt-Objekt-Relationen *bloud – sin* und *wars – sorrowes* fungiert.

5.1.3. Permutation

Ein wichtiges ästhetisches Stilmittel sind die Veränderungen der durch die grammatische Norm festgelegten Wortstellung im Satz. Sie tragen den Namen *Anastrophe* oder auch *grammatische Inversion*. Nehmen wir als eine solche Norm die Folge

(86) SPO »Der Jäger jagt den Hirsch.«

an, so ergeben sich die Abweichungen:

(87) a) SOP »Der Jäger den Hirsch jagt.«
    b) OSP »Den Hirsch der Jäger jagt.«
    c) PSO »Jagt der Jäger den Hirsch.«
    d) OPS »Den Hirsch jagt der Jäger.«
    e) POS »Jagt den Hirsch der Jäger.«

Einige dieser syntaktischen Permutationen seien durch Beispiele aus der deutschen und englischen Literatur illustriert:

(88) a) Sah ein Knab' ein Röslein stehn (Goethe)
      (= 87c)
    b) The soote season, that bud and bloom forth brings (H. Howard)
      (= 87a)
    c) Der Bergen Rücken Eis, die Täler Schnee bedeckt (A. v. Haller)
      (= 87b)

Andere Permutationen stellen sich ein, wenn weitere Aspekte der syntaktischen Strukturnorm auf Deviationsmöglichkeiten hin betrachtet werden. Aus der großen Fülle der Anastrophen sollen nur einige besonders charakteristische herausgegriffen werden

a) Präposition des Genitiv-Attributs $(N + N_{gen} \rightarrow N_{gen} + N)$

(89) a) *Treu beratner*
      Verträge Runen
      schnitt Wotan
      in des Speeres Schaft.

                 (R. Wagner, *Götterdämmerung*, »*Vorspiel*«)

    Restituierte grammatische Form:

    »Wotan schnitt die Runen treu beratner Verträge in den Schaft des Speeres.«

b) But *of this frame the bearings and the ties,*
    The strong connections, nice dependencies,
    Gradations just, has thy pervading soul
    Look'd through?

>   (A. Pope, *Essay on Man* I.29–32)

Restituierte grammatische Form:

»But has thy pervading soul look'd through the bearings and the ties, the ... of this frame?«

b) Postposition des attributiven Adjektivs (Adj + N → N + Adj)

(90) Sweet rose, whose *hue angry and brave*
     Bids the rash gazer wipe his eye.

>   (G. Herbert, *Virtue*)

Restituierte grammatische Form:

»Sweet rose, whose angry and brave hue bids the rash gazer wipe his eye.«

c) Postposition des Hilfsverbs (Auxiliar) hinter das Vollverb
   (Aux + V → V + Aux)

(91) The longest fire ever known ...
     Discovered is without surprise.

>   (E. Dickinson)

Restituierte grammatische Form:

»The longest fire ever known ... is discovered without surprise.«

d) Postposition von »sein«/»be« hinter das Prädikatsnomen
   (be + NP → NP + be)

(92) Jove's lightnings, the precursors
     O' th' dreadful thunderclaps, more momentary
     And sight-outrunning *were not.*

>   (W. Shakespeare, *Tempest* I.ii.201–3)

Restituierte grammatische Form:

»Jove's lightnings ... were not more momentary and sight-out-running.«

e) Trennung zweier syntaktisch eng zusammengehörender Einheiten
   durch Insertion einer konstruktionsfremden Einheit (A + B + C
   → A + X + B + C)

(92) Zwei starke Leute – er dachte an seinen Vater und das Dienstmädchen – hätten vollständig genügt. (= 65)

>   (F. Kafka, *Die Verwandlung*)

Hier sind Subjekt und Prädikat durch einen Einschaltsatz voneinander getrennt. Die rhetorische Figur trägt den Namen *Hyperbaton*. Geht man aber davon aus, daß in diesem Fall eine syntaktische Einheit hinzugefügt wird, so kann man auch von einer Parenthese sprechen (cf. II.5.1.1.; Lausberg 1967: 108–9; Dubois *et al.* 1974: 139).

f) *»Falsche« syntakto-semantische Attribution eines Adjektivs*
   (hypallage adiectivi) $([Adj + N_1] + N_2 \rightarrow N_1 + [Adj + N_2])$
In diesem Fall der syntaktischen Permutation wird ein Adjektiv dem semantisch unrichtigen Nomen in einem Satz zugeordnet, so daß eine syntakto-semantische Deviation entsteht. Eine Regel der selektionalen Subkategorisierung wird verletzt. Ein Beispiel dafür ist:

(93) And the *green freedom* of a cockatoo
                              (Wallace Stevens, *Sunday Morning*)

   Restituierte grammatische Form:
   »And the freedom of a green cockatoo«.

Die abweichende Wortstellung kann zur Tropisierung der Kombination $Adj + N$ führen:

(94) ... my only son
     Knows not my *feeble key* of *untuned cares?*
                          (W. Shakespeare, *The Comedy of Errors* V.i.309–310)

   Restituierte grammatische Form:
   » ... my only son knows not my untuned key of enfeebling cares?«

Zahlreiche weitere Beispiele finden sich in den Werken Shakespeares: cf. A. Schmidt, *Shakespeare-Lexicon*, 3. Aufl., 2 Bde. (Berlin 1902), II, Appendix I.
   Eine syntaktische Umstellung spielt auch bei den rhetorischen Figuren der *Prolepsis* und des *Hysteron proteron* eine Rolle, obgleich die semantische Abweichung hier stärker ins Gewicht fällt. Im *Hysteron proteron* wird die ursächliche bzw. chronologische Folge eines Sinn- oder Ereigniszusammenhanges umgekehrt:

(95) Ihr Mann ist tot und läßt Sie grüßen.

                                                    (Goethe, *Faust*).

In der *Prolepsis* wird ein Folgeverhältnis durch ein attributives Adjektiv antizipiert, wobei das Adjektiv als Stellvertreter eines Konsekutivsatzes fungiert:

(96) To break within the bloody house of life.
                              (W. Shakespeare, *King John* IV.ii.210)

236

Restituierte grammatische Form:

»To break within the house of life, viz. the body, and make it bloody, shed its blood«

(A. Schmidt, *Sh.-Lex.*, II, 1420).

Dies sind nur einige Permutationsfiguren, die eine Grenzstellung zwischen Syntax und Semantik einnehmen.

5.1.4. Substitution

Die Frage syntaktischer Substitution ist eng verknüpft mit der Frage der Grammatikalitätsgrade. Auf die letzteren wurde bereits eingangs des ganzen Kapitels (II.5.1.) hingewiesen. Ihre ganze Vielfalt kann hier nicht berücksichtigt werden (cf. dazu etwa Steube 1968). Vielmehr soll für die folgende Darstellung eine dreistufige Grammatikalitätsskala ausreichen. Wir schließen uns dabei H. Burgers Arbeit über *Stil und Grammatikalität* (1973) an. Hier werden drei gestufte Regeltypen und – analog dazu – Abweichungen unterschieden.

a) »*Stufe 1:* Regeln, die *syntaktische Kategorien* (Nomen, Adjektiv, Verbum, Determinativa usw.) betreffen.«
Regelbeispiel I: Die Objektposition eines englischen (deutschen) Satzes kann nicht durch finite Verbformen besetzt sein.
Abweichung:
(97) he sang *his didn't* he danced *his did*

(E. E. Cummings)

(Das Gedicht von E. E. Cummings ist in Kap. II.4.1.2.6. analysiert.)

Regelbeispiel II: Die Prädikatstelle eines deutschen (englischen) Satzes kann nicht durch konjugierte Nominalformen besetzt sein.
Abweichungen:
(98) a) Und nächtens *nackte* ich im Glück.

(G. Benn, *Synthese*)

b) Es *musikt* durch die Wand.

(E. Jandl, *im*)

Da die auf dieser syntaktischen Stufe auftretenden Deviationen auch die Morphologie der Wörter betreffen, können diese auch unter der Rubrik der Metamorphe geführt werden. Es handelt sich dort um den Typus »Deviation der Wortklasse (Konversion)« (cf. II.4.1.2.5.).

b) »*Stufe 2:* Regeln, die *Subklassen von syntaktischen Kategorien* betreffen.«

Regelbeispiel I: Zwischen Subjekt und Prädikat herrscht im Deutschen (Englischen) nach Person und Numerus ein Kongruenzverhältnis.
Abweichung:
(99) *Du steht! Du steht!*

(A. Stramm, Das Wunder)

Man vergleiche Burgers (1973: 248–249) Ausführungen zu diesem von ihm zitierten Gedicht.

Regelbeispiel II: Intransitive Verben lassen im Deutschen kein Akkusativobjekt zu.
Abweichung:

(100) Du *stehst Mut!* ...
  Du *lachst Recht!* ...
  Du *siegst Gott!* ...

(A. Stramm, Allmacht!, zit. von Burger 1973: 246)

c) »*Stufe 3:* Regeln, die *tiefere Subklassen von syntaktischen Kategorien* betreffen« (»Selektionsregeln« oder »semantische Kongruenz«).

Regelbeispiel I: Ein deutsches (englisches) Verb mit dem semantischen Merkmal *(+belebt)* erfordert als Subjekt ein Nomen mit dem gleichen Merkmal.

Regelbeispiel II: Deutsche (englische) Nomina, Verben und andere Kategorien in gleicher syntaktischer Funktion schließen einander aus, wenn zwei oder mehr von ihnen gleichzeitig durch oppositionelle Merkmale [z. B. *(+lebendig)* : *(–lebendig)*] gekennzeichnet sind.

(101) Noam Chomskys berühmter Beispielsatz *colourless green ideas sleep furiously* enthält Verstöße gegen beide Regeln: die Konstruktion *ideas sleep* gegen I, die Fügungen *colourless green* und *sleep furiously* gegen II, da sie die semantischen Merkmaloppositionen *(+farblos)* : *(–farblos)* bzw. *(+ruhig)* : *(–ruhig)* aufweisen. Beide Muster semantischer Inkongruenz tragen in der Schulrhetorik einen festen Namen. Sie gehören in die Klasse der Metasememe und heißen *Metapher* bzw. *Oxymoron.* Ihre detaillierte Behandlung ist dem folgenden Kapitel (6.) vorbehalten. Die hohe Frequenzzahl der Tropisierung in einem Satz deutet auf einen hohen Poetizitätsgrad hin. Wie sehr man aber das Urteil darüber dem pragmatischen Kontext überlassen muß, geht daraus hervor, daß Chomsky diesen Satz als »nicht wohlgeformt« deklariert, während der Linguist Dell Hymes ihn demonstrativ zum Ausgangspunkt eines von ihm verfaßten Gedichtes wählt.

Während in den vorangehenden Kapiteln II.5.1.1.–4. die Diskussion auf die satzinterne Deviation beschränkt blieb, betrifft ein anderer Fragenkomplex die syntaktische Abweichung von einer Textnorm. Eine solche Abweichung ist in quantitativer Hinsicht etwa dann gegeben, wenn in einem Gedicht, das aus einer Reihe von Aussagesätzen besteht, ein einzelner Imperativ- oder Fragesatz erscheint, oder wenn ein derartiger Tempuswechsel eintritt, daß in ein fortlaufendes Präteritum die singuläre Okkurenz eines *praesens historicum* einbricht. Wichtig sind in diesen Fällen Anzahl und Distribution derjenigen Sätze, welche die textinterne Syntaxnorm konstituieren. Pragmatisch gesehen, stellen sie für den Empfänger ein »Erwartungsmuster« her, das beim Erscheinen des Gegenteils abbricht. Besonderer Aufmerksamkeit hat sich bereits in der klassischen Rhetorik der Tempusumsprung *(translatio temporis)* erfreut (cf. Lausberg 1960: I 404–406).

5.1.5. Textanalyse: C. Sternheim, »Das Fossil« I. iv (Auszug)

Quelle: C. Sternheim, *Dramen,* hg. W. Emrich, 3 Bde., Neuwied 1963, I, 313.

Das folgende Dramenexzerpt ist ein Muster für den von Carl Sternheim so sehr gepflegten »Telegrammstil«:

URSULA: Du warst krank? AGO: Dreimal schwer. URSULA: Hergestellt? AGO: Auf meine Weise. URSULA: Sehr als Mann! AGO: Sehr als Mensch. SOFIE zeigt auf Ursula: Und sie? AGO: Sehr als Weib. SOFIE: Schöner doch? AGO: Reifer – weiß nicht. URSULA: Hoffentlich. OTTO: Meine Assistentin. Zur Chemie berufen. AGO: Neigung zur Analyse? URSULA: Synthese.

Eine Reihe von Ergänzungstransformationen macht aus dem grammatisch devianten Textstück ein solches mit korrekter Syntax:

(1) URSULA: Du warst krank? (2) AGO: (Ich war) dreimal schwer (krank). (3) URSULA: (Bist du) wiederhergestellt? (4) AGO: Auf meine Weise (bin ich wiederhergestellt). (5) URSULA: (Du bist) sehr als Mann (wiederhergestellt)! (6) AGO: (Nein, ich bin) sehr als Mensch (wiederhergestellt). (7) SOFIE zeigt auf Ursula: Und (ist) sie (auch wiederhergestellt)? (8) AGO: (Sie ist) sehr als Weib (wiederhergestellt). (9) SOFIE: (Ist sie) schöner doch (geworden)? (10) AGO: (Ich meine, daß sie) reifer (geworden ist, doch) weiß (ich es) nicht (genau). (11) URSULA: Hoffentlich (bin ich reifer geworden). (12) OTTO: (Sie ist) meine Assistentin. (Sie ist) zur Chemie berufen. (13) AGO: (Hast du eine) Neigung zur Analyse? (14) URSULA: (Nein, ich habe eine Neigung zur) Synthese.

Die Ergänzungen enthüllen, daß der voll grammatikalisierte Text die elliptische Basis um das Doppelte an Länge übertrifft. Die vielen Wiederholungen offenbaren seine Redundanz. Diese ist in Sternheims Drama durch syntaktische Deletionen entscheidend abgebaut. Was übrig bleibt, sind nominale, verbale und adverbiale Satzfragmente. Ihre Auffüllung muß aus dem ko-textuellen und dem situativen Kontext erfolgen. Die ko-textuelle Ellipse findet sich etwa in (2), wo die Restitution von Subjekt und Prädikat die Kenntnis des Vorgänger-Satzes voraussetzt. (1) dient auch als Substituendum für (3) – bei geändertem Tempus – und für (4) ff. – bei jeweils abgewandelter Pronominal- und Verbform. Hingegen zeigt das im Nebentext (Regieanweisung) von (7) enthaltene Deiktikum an, daß sich hier die situative mit der ko-textuellen Ergänzung vereint. In (12) tritt möglicherweise der gleiche Fall ein. Manchmal ist die Substitution der Satzauslassungen nur intuitiv vollziehbar, da die Situation nicht eindeutig (polysem) ist und der letzte vollständige Bezugssatz zu weit zurückliegt. Eine gänzlich kontextfreie Ellipse gibt es in dem zitierten Textstück kaum. Vielmehr ist jedes Vorkommen dieser syntaktischen Deviationsform nur in der ganzen Kette der Deviationen interpretierbar. Als durchgehender Stilzug ahmt die Ellipse bei Sternheim die Sprache der Telegramme, des Militärs und der naturwissenschaftlichen Abhandlungen nach und schildert damit – eine pragmasemantische Deutung – den seelenlosen Automatismus im Gebaren der Menschen.

5.2. Figuren der syntaktischen Äquivalenz

Die Figuren der syntaktischen Äquivalenz sind unter die Bezeichnung *Parallelismus* subsumiert. Nach G. M. Hopkins bildet der Parallelismus, den er auch eine wiederkehrende »grammatische Figur« nennt, neben den Klangfiguren das grundlegende Prinzip der Dichtkunst. Gleichzeitig stellt der Parallelismus ein außerordentlich komplexes ästhetisches Phänomen dar. Denn er impliziert »das Ineinandergreifen von syntaktischen, morphologischen und lexikalischen Gleichheiten und Verschiedenheiten, die unterschiedlichen Arten von semantischen Kontiguitäten, Ähnlichkeiten, Synonymitäten, Antonymitäten, und schließlich die verschiedenen Typen und Funktionen der ›isolierten‹ Zeilen.« Roman Jakobson, von dem diese Erläuterungen stammen (1969: 24), hat sich in seinen theoretischen und interpretatorischen Arbeiten verschiedentlich mit dieser sprachästhetischen Erscheinungsform auseinandergesetzt, besonders ausführlich in einer Studie über den russischen Parallelismus (1966). Andere folgten ihm (Lotman 1972, Levin 1962; cf. Hammond 1961). Allen Autoren ist gemeinsam, daß sie die totale Äquivalenz (= Identität) im Falle des Parallelismus ablehnen. Schon Austerlitz (1961: 439) schreibt: »Zwei Segmente (Verszeilen) können als parallel bezeichnet werden, wenn sie, mit Ausnahme eines ihrer Teile, welches in beiden Segmenten dieselbe relative Stelle einnehmen muß, identisch sind.« Und J. Lotman, der Austerlitz zitiert, setzt diesen Ausführungen präzisierend hinzu: »Der Parallelismus stellt ein Binom dar, in dem einer seiner Teile mit Hilfe des anderen erkannt wird, der in Beziehung zum anderen als Modell auftritt: Er ist nicht identisch mit ihm, aber auch nicht isoliert von ihm. Er befindet sich in Analogie – besitzt allgemeine Züge, eben jene, die zum Zwecke des Erkennens des ersten Gliedes hervorgehoben werden« (1972a: 97). Demnach eignet dem Parallelismus ein eigentümlicher Schwebezustand zwischen totaler Identität in syntaktischer, phonologischer, morphologischer und semantischer Hinsicht auf der einen Seite und einer vollständigen Getrenntheit dieser Bereiche auf der anderen Seite. Es dürfte auf den ersten Blick klar sein, daß sich hier eine breite Nuancenskala möglicher Similaritäten ergibt. Je mehr sich die Äquivalenzen häufen, desto stärker wird das *coupling* Levins (1962). Im folgenden wird von unterschiedlichen Aspekten und Formen des Parallelismus die Rede sein.

5.2.1. Ähnlichkeit

Syntaktische Einheiten können in ihrer Struktur ganz oder teilweise wiederholt werden. Das wußte schon die Antike; deshalb traf sie die Unterscheidung zwischen Isokolon und Parison. In den ersten vier Zeilen des von R. Jakobson (1965) behandelten Brecht-Gedichtes *Lob der Partei* aus dem Lehrstück *Die Maßnahme* ist die syntaktische Anordnung völlig identisch:

(102) Der Einzelne hat zwei Augen
     Die Partei hat tausend Augen.

     Die Partei sieht sieben Staaten
     Der Einzelne sieht eine Stadt.

Es handelt sich hier um eine Folge von Parataxen. Auf sie trifft nach Mac Hammond die Bezeichnung »poetische Syntax« in besonderer Weise zu: »Syntax is poetic when grammatically equivalent constituents in connected speech are juxtaposed by coordination or parataxis or are otherwise prominently accumulated« (1961: 482). Die syntaktische Strukturformel für alle Sätze in (102) lautet gleichermaßen: $S P O$ oder genauer: $(Art_{det} + N_1) + V_{tr} + (Num + N_2)$. Eine noch präzisere Deskription liefert R. Posner (1971: 244), indem er in einer Liste je zwei Äquivalenzkriterien zusammenstellt, die den ersten Zweizeiler in »koextensionale Textklassen« zerlegen:

a) Klasse von Wörtern oder Wortgruppen, die charakterisiert sind durch die syntaktische

b) Klasse von Wörtern oder Wortgruppen, die charakterisiert sind durch die Eigenschaft:

241

Funktion:

[Subjektausdruck]	[Ausdruck, der eine Anzahl von Menschen umschreibt]
[Objektausdruck]	[Ausdruck, der eine Anzahl von menschlichen Attributen bezeichnet]
[Prädikatskern]	[Ausdruck, der die Besitzrelation bezeichnet]

Die Äquivalenz zeigt sich nach Posner darin, daß die Segmente *Der Einzelne / Die Partei* und *zwei Augen / tausend Augen* sowohl in bezug auf die syntaktischen Funktionen als auch die genannten semantischen Eigenschaften einen Parallelismus bilden, wozu noch die phonologische Äquivalenz von *hat / hat* hinzukommt. Dennoch ist die Äquivalenz nicht total. Sowohl im Subjekt- als auch im Objektausdruck herrscht in Vers 1/2 (und 4/3) eine semantische Opposition der Art *(kleine Zahl) : (große Zahl)*. Es besteht demnach ein reizvolles Wechselspiel zwischen vollkommener syntaktischer Gleichförmigkeit und semantischen Kontrasten. Diese Feststellung gilt für die ersten vier Verse des Gedichtes.

Ein wenig anders sehen die nächsten vier Verse des gleichen Gedichtes aus:

(103) Der Einzelne hat seine Stunde
Aber die Partei hat viele Stunden.

Der Einzelne kann vernichtet werden
Aber die Partei kann nicht vernichtet werden.

Hier ist die syntaktische Äquivalenz nicht mehr total, sondern partiell. Die sekundäre Deviation wird jeweils in der zweiten Strophenzeile durch Addition von Textelementen – der adversativen Konjunktion *aber* und (in Vers 8) der Negation *nicht* – verursacht. Weitere Möglichkeiten, eine vollständige syntaktische Symmetrie auszuschalten, ergeben sich durch die Subtraktion und Permutation von Spracheinheiten. Für das erstere seien die beiden Anfangszeilen von Brechts Gedicht *Wir sind sie* angeführt:

(104) Wer aber ist die Partei?
Wer ist sie?

Die zweite Erscheinungsform kann E. Kästners Vers illustrieren:

(105) Die Stadt ist groß, und klein ist das Gehalt.

Hier sind die Glieder des syntaktischen Parallelismus dergestalt permutiert, daß eine Überkreuzstellung eintritt. Der klassische Name für dieses Phänomen ist *Chiasmus*.

5.2.2. Frequenz

Die Analyse von Brechts *Lob der Partei* hat einen weiteren Punkt klargestellt: Der syntaktische Parallelismus muß im Hinblick auf die Häufigkeit seines Vorkommens betrachtet werden. Tritt er in einem Text vereinzelt auf, so besitzt er lediglich eine begrenzte Strukturierungskapazität. Was hingegen die Äquivalenztheoretiker als ihr bevorzugtes Arbeitsgebiet ansehen, sind stilbeherrschende Erscheinungsformen des Parallelismus. Davon zeugen Jakobsons Analysen von Gedichten Shakespeares, Sidneys, Blakes, Baudelaires und Brechts. Nicht zu Unrecht verweist er im Kontext der zitierten Brecht-Zeilen auf den biblischen (hebräischen) Parallelismus, der schon immer als Musterbeispiel einer ästhetischen Verssyntax gegolten hat. Als Beleg sei hier der 114. Psalm in der englischen Übersetzung der *Authorized Version* vorgestellt:

(106) 1. When Israel went out of Egypt,
         the house of Jacob from a people of strange language;
       2. Judah was his sanctuary,
         and Israel his dominion.
       3. The sea saw it, and fled;
         Jordan was driven back.
       4. The mountains skipped like rams,
         and the little hills like lambs.
       5. What ailed thee, O thou sea, that thou fleddest?
         thou, Jordan, that thou wast driven back?
       6. Ye mountains, that ye skipped like rams;
         and ye little hills, like lambs?
       7. Tremble, thou earth, at the presence of the Lord,
         at the presence of the God of Jacob;
       8. Which turned the rock into a standing water,
         the flint into a fountain of waters.

In diesem Beispiel ist der Parallelismus in fast jedem Vers vertreten; man kann sogar sagen, daß er der strukturbestimmende Faktor des ganzen Textes ist. Eine ähnliche Bedeutung besitzt er in der Kunstprosa des griechischen Sophisten Gorgias von Leontinoi und nach ihm im europäischen Manierismus (cf. Norden 1958). Ausführlich hat sich Wolfgang Steinitz mit dem Parallelismus in der finnisch-karelischen Volksdichtung auseinandergesetzt (1934).

5.2.3. Umfang und Position

Das Brecht- und das Psalmenbeispiel lehren, daß sowohl parataktische als auch hypotaktische Satzkonstruktionen sowie Teile davon

243

wiederholbar sind. Die gleichen Beispiele zeigen auch, daß die Äquivalenzglieder umfangreich und weniger umfangreich sein können. Solche größerer Länge enthalten die Möglichkeit einer höheren Komplexität. Dabei spielt auch eine Rolle, ob die syntaktischen Parallelen unmittelbar aufeinander folgen (Kontiguitätsstellung) oder aber durch Texteinheiten voneinander getrennt sind (Distanzstellung). Die unmittelbare Sukzession der parallelen Satzglieder kann noch durch asyndetische und polysyndetische Reihung herausgehoben werden. Unter einem *Asyndeton* ist die konjunktionslose Kombination gleichwertiger Satzeinheiten zu verstehen:

(107) Veni, vidi, vici,

unter einem *Polysyndeton* hingegen eine Konstruktion, deren Teile sämtlich durch Konjunktionen verbunden sind:

(108) Tomorrow and tomorrow and tomorrow ... (Shakespeare).

Ein Parallelismus in Distanzstellung ist der Refrain. Er erscheint in der Regel am Ende einer Strophe, z. B. in E. Dowsons *Non sum qualis eram bonae / sub regno Cynarae:*

(109) I have been faithful to thee, Cynara! In my fashion.

Während er in diesem Falle identisch bleibt, kann er in anderen Texten von Strophe zu Strophe leicht abgewandelt sein (partielle Äquivalenz).

5.2.4. Distribution

Damit ist die textuelle Verteilung des Parallelismus angesprochen. Der Refrain (109) bot bereits ein Beispiel dafür. Sein Antipode ist der »Gegenrefrain«, d. h. die syntaktische Rekurrenz am Strophenbeginn (zum Beispiel: »Dein Lied erklang« in Brentanos *Als mir dein Lied erklang*). Eine andere Form der verssyntaktischen Wiederholung liegt dann vor, wenn – wie in John Donnes Sonettzyklus *Corona* – jeweils die letzte Zeile eines Gedichts als die erste Zeile des folgenden Gedichtes fungiert. Einen Sonderfall der kunstvollen Distribution des Parallelismus stellen die *versus rapportati* dar, die vor allem in der Literatur des 16. und 17. Jahrhunderts beheimatet sind (cf. Curtius 1961: 290 f., Hocke 1959: 25). Ein bekanntes Beispiel findet sich bei Opitz (*Epigramma*):

(110) Die Sonn', der Pfeil, der Wind, verbrennt, verwundt, weht hin,
    Mit Feuer, Schärfe, Sturm, mein Augen, Herze, Sinn.

Es handelt sich hier um eine Reihe von hyperbatischen Parallelismen – oder: eine Kombination von syntaktischer Äquivalenz und syntak-

tischer Permutation. Den Parallelismus bringt bei Opitz die Auflösung (Rücktransformation) der Sperrung zum Vorschein:

(111) Die Sonn'verbrennt mit Feuer meine Augen,
      Der Pfeil verwundt mit Schärfe mein Herze,
      Der Wind weht mit Sturm meinen Sinn hin.

Zahlreiche weitere Distributionsarten der syntaktischen Wiederholung
sind vorstellbar, doch scheint es wenig sinnvoll, an dieser Stelle mehr
als eine skizzenhafte Andeutung dieser Fülle zu vermitteln. Die aufgeführten Kriterien und Muster erlauben es, die gewonnenen Erkenntnisse analog auf andere Textverhältnisse auszudehnen.

5.2.5. Phonologische, morphologische und semantische Aspekte

Die genannten Aspekte sind im Hinblick auf die syntaktische Äquivalenz von sekundärer Natur; das heißt: sie können eintreten oder
auch unterbleiben. Zwei extreme Pole der sekundären Äquivalenzbil-
dung im Parallelismus sind daher denkbar: 1. die Stufe der totalen
(»gesättigten«) Rekurrenz, die alle Sprachebenen umfaßt (Beispiel:
identischer Refrain); 2. die Stufe der auf die syntaktische Struktur
begrenzten Äquivalenz, ohne daß die übrigen Sprachebenen irgendwelche Äquivalenzformen beisteuern. Im ersten Fall ist die sprachästhetische Rekursivität zur höchsten Potenz gesteigert; der zweite
Fall bildet im Vergleich dazu eine stilistische Ausgangsbasis, die
durch »Ästhetisierung« der anderen Sprachebenen ausgeweitet werden
kann. So kommt es zur Verbindung des Parallelismus mit phonologischen, morphologischen und semantischen Figuren. Es gibt z. B. Parallelismen mit Reim:

(112) The mountains skipped like *rams*,
      and the little hills like *lambs*;

mit Polyptoton:

(113) Which turned the rock into a standing *water*,
      the flint into a fountain of *waters*;

und mit periphrastischen Synonyma:

(114) When *Israel* went *out of Egypt*,
      the house of Jacob from a people of strange language.

Alle diese Beispiele sind dem unter (106) angeführten 114. Psalm entnommen.

Zum Schluß seien zwei rhetorische Figuren erwähnt, welche auf der
Grundlage paralleler syntaktischer Verknüpfung aufbauen: Anti-

metabole und Antithese. Die *Antimetabole* (cf. II.4.2.4.) besteht im Regelfall aus einem syntaktischen Parallelismus *(xy/xy)* und einem lexikalischen Chiasmus *(ab/ba)*; ihre Formel lautet (Kopperschmidt 1972: 66):

(115) $(a^x\ b^y) \longleftrightarrow (b^x\ a^y)$.

Ein Illustrationsbeispiel liefert Shakespeares *Winter's Tale* (I.ii.315):

(116) Plainly as *heaven* sees *earth* and *earth* sees *heaven*,

wo die syntaktische Koordination *(S–P–O / S–P–O)* die Reversion (Spiegelsymmetrie) der Wortfolge deutlicher hervortreten läßt. Seltener anzutreffen ist die Variante der Antimetabole, die einen syntaktischen Chiasmus *(xy/yx)* und einen lexikalischen Parallelismus *(ab/ab)* vorsieht.

Die Konstruktion eines *antithetischen* Parallelismus dokumentiert die Zeile aus Schillers *Freund und Feind* (zit. von Škreb 1968: 53):

(117) Zeigt mir der *Freund*, was ich *kann*, lehrt mich der *Feind*, was ich *soll*,

wo die syntaktische Äquivalenz mit zwei semantischen Gegensatzpaaren *(Freund : Feind, kann : soll)* kontrastiert. Die Gegensatzpaare heißen auch *Antonyme*. Ihre Herkunft versuchen Škreb (1968) und Kopperschmidt (1972) logisch und gesellschaftstheoretisch (ideologiekritisch) zu bestimmen. Wir werden anläßlich der Behandlung der semantischen Stilfiguren noch näher darauf eingehen. Für den Augenblick genügt es festzuhalten, was J. Kopperschmidt (1972: 63) als notwendige Bestandteile einer Antithese postuliert hat. Demnach läßt sie sich definieren »als die
– auf einer hohen sprachlichen Formstufe erfolgende
– syntaktische Koordination
– semantischer Antonyme, die als
– konstitutive Elemente eines sie selbst übergreifenden Sinngefüges fungieren.« In dem letzten Punkt ist die »Sinn stiftende Funktionalisierung der korrelierten Antonyme« angesprochen (58). Diese wird auch in der folgenden Textanalyse zu ihrem Recht kommen.

5.2.6. Textanalyse: W. Shakespeare, »Julius Caesar« III.ii.13–41 (Brutus-Rede)

In ihrem Aufsatz »Antikes Gedankengut in Shakespeares Julius Caesar«, *Shakespeare-Jahrbuch* 82/83 (1948), 11–33 legte Maria Wickert die erste überzeugende historische Analyse der Brutus-Rede vor. Die graphische Vorstrukturierung, die sie dabei (S. 17) vornahm, soll im folgenden nahezu ganz übernommen werden:

I.   Romans, countrymen, and lovers!

    A. Hear me for my cause, and be silent, that you may hear:

    B. Believe me for mine honour, and have respect to mine honour, that you may believe:

    C. Censure me in your wisdom, and awake your senses, that you may the better judge.

II. A. 1. If there be any in this assembly, any dear friend of Caesar's, to him I say that Brutus' love to Caesar was no less than his.

        2. If then that friend demand why Brutus rose against Caesar, this is my answer: Not that I loved Caesar less, but that I loved Rome more.

        3. Had you rather Caesar were living and die all slaves, than that Caesar were dead, to live all free men?

    B. 1. a) As Caesar loved me, I weep for him;

          b) as he was fortunate, I rejoice at it;

          c) as he was valiant, I honour him;

          d) but as he was ambitious, I slew him;

        2. a) There is tears for his love:

          b)   joy for his fortune,

          c)   honour for his valour,

          d)   and death for his ambition.

    C. 1. a) Who is here so base, that would be a bondman?

        1. b) if any, speak, for him have I offended.

        2. a) Who is here so rude, that would not be a Roman?

        2. b) if any, speak, for him have I offended.

        3. a) Who is here so vile, that will not love his country?

        3. b) if any, speak, for him have I offended.

III.   I pause for a reply. ... Then none have I offended.

I have done no more to Caesar than you should do to Brutus.

The question of his death is enrolled in the Capitol;

       his glory not extenuated, wherein he was worthy,

       nor his offences enforced, for which he suffered death.

    . . . .

With this I depart, – that, as I slew my best lover for the good of Rome, I have the same dagger for myself, when it will please my country to need my death.

Nach Wickert spiegelt die Anlage der Brutus-Rede den Aufbau der klassischen *oratio*: I = *Prooemium* (Einleitung), II = *Argumentatio* (Hauptteil), III = *Peroratio* (Schluß). Am Anfang besteht die Notwendigkeit, »Aufmerksamkeit, Vertrauen und geistige Aufnahmebereitschaft der Hörer zu erregen«. Dann folgt im Hauptteil (II) die Rechtfertigung der Ermordung Caesars, indem die Standpunkte des Für und Wider einander gegenübergestellt werden. Den Beschluß (III) bilden eine kurze Zusammenfassung des Sachverhalts und der Rückzug auf das »Ethos« des Sprechers. Der Gesamteindruck ist der einer Gerichtsrede. Brutus versucht, sein Publikum, die römische Plebs, von der Gerechtigkeit seiner Sache zu überzeugen. Das Volk ist Richter und imaginärer Ankläger in einer Person. Gegenstand der Verhandlung ist Caesar, genauer: seine *ambition*, mit der die Idee der republikanischen Freiheit kontrastiert. Auf der einen Seite stehen Caesars Erfolge im Leben, auf der anderen Seite sein angeblicher Verrat, den er mit dem Tode büßte. All dies sind Gegensätze, welche geradezu die darstellerische Kunst eines pointierten Antithesenstils provozieren.

Auffällig sind zunächst die syntaktischen Parallelismen und ihre triadische bzw. tetradische Gliederung. Eine syntaktische Trias findet sich in der Einleitung (Anrede und I.A,B,C) und im Hauptteil II.C der Rede, während II.A.3 die in 1–2 vorgegebene Erwartungsnorm einer syntaktischen Gleichläufigkeit nicht erfüllt. Im Zentrum des Hauptteils stehen mit II.B.1 und 2 zwei vierstellige Satzparallelismen. Auf ihre Besonderheit werden wir noch zurückkommen. Auffällig ist, daß manche der angeführten Parallelkonstruktionen noch einmal interne Symmetrien aufweisen, so mit zunehmender Deutlichkeit die Folge II.A.1–3. Insgesamt ergibt sich demnach ein Bild hochfrequenter syntaktischer Äquivalenz unterschiedlichen Umfangs (von der mehrgliedrigen Satzkonstruktion bis zum Syntagma), die über den ganzen Text, bis hinein in den Schlußpassus der Rede, verteilt ist. Diese syntaktische Äquivalenz wird noch zusätzlich durch phonologische, morphologische und semantische Äquivalenz gestützt: durch einen Reim in II.C.1.a)/2.a) *(bondman : Roman)*, durch einen zweifachen Kyklos in I.A+B *(hear : hear, believe : believe)*, durch satzinitiale Anaphern in II.A.1 + 2 *(if : if)* und II.C.1.a) + 2.a) + 3.a) *(who is here so)*, durch Paronymien in II.B.1.a)/2.a), 1.b)/2.b) ff. *(loved/love, fortunate/fortune* etc.), durch morphologische und textologische Synonyma in II.C.1.a)+2.a)+3.a) *(base-rude-vile)* und II.B. 1+2 und schließlich durch einen Refrain in II.C.1.b)+2.b)+3.b) *(if any, speak, for ...).*

Diese Häufung von Wiederholungsmustern bildet nun ihrerseits die Basis für sekundäre Deviationen. Eigentümlicherweise treten diese mit Vorliebe am Ende einer triadischen bzw. tetradischen Gruppe von syntaktischen Äquivalenzstrukturen auf, wo sie durch formale und inhaltliche Kontraste Variation und Spannung herstellen. Fangen wir mit der Einleitung an, so existiert in I.A–C zwar durchgehend ein syntaktischer Parallelismus, aber der gleichzeitig in A und B vorhandene Kyklos wird in C nicht fortgesetzt, sondern durch ein Synonymenpaar *(censure : judge)* substituiert. Ähnlich ergeht es dem ersten Abschnitt des Hauptteils (II.A), wo der Parallelismus von

A.1–2 in 3 nicht fortgeführt wird; an seine Stelle tritt ein satzimmanenter Parallelismus, dessen beide Glieder wiederum eine chiastische Antithese enthalten. Spielt in I.C die Thematik von Richtertum und Weisheit der Zuhörer die zentrale Rolle, in II.A.3 aber die Dialektik von »Leben des Einzelnen«/»Sklaverei aller« und »Tod des Einzelnen«/Freiheit aller«, so im Mittelteil der Argumentatio (II.B) die doppelte Spannung zwischen Caesars Erfolg und Ruhm einerseits und Caesars »ambition« und Tod andererseits. Dieser Sachverhalt scheint dem Sprecher eine derart zentrale Bedeutung zu besitzen, daß er ihn in einer höchst komplizierten Stilsituation zur Sprache bringt. Nicht nur bilden die Sätze B.1 und B.2 jeweils viergliedrige Parallelismen; nicht nur ist B.2 eine synonyme Formulierung von B.1; nicht nur sind 1.a) – 2.a), 1.b) – 2.b), 1.c) – 2.c) und 1.d) – 2.d) durch Paronymie und Chiasmus aneinander gebunden; nicht nur ist B.1.a)–d) in der Satzlänge fast identisch (a : c = b : d), B.2.a)–d) hingegen verschieden strukturiert, und zwar einmal nach dem Gesichtspunkt der sekundären Deletion [Tilgung von *there is* in 2.b)–d)] und zum anderen der sekundären Addition (je eine Silbe Zuwachs pro Syntagma) – sondern jede der beiden Satzkonstruktionen gipfelt in einer Antithese, die einen scharfen inhaltlichen Bruch zwischen den ersten drei Satzgliedern und dem vierten Satzglied markiert. Die abrupte semantische Wende hat die Funktion, die emotionalen Kräfte der Zuhörer spontan auf den entscheidenden Punkt der Argumentation hinzulenken: »Tod dem Tyrannen!« Der folgende Text kann auf diesem Punkt nur insistieren. Daher die vielen parallelen Fügungen im C-Teil, die, gekleidet in die Form einer rhetorischen Frage, die Antwort bereits voraussetzen. Eine syntaktische Inversion in C.1.b)+ 2.b)+3.b) *(for him have I offended)* verleiht der Person des Zuhörers eine nachdrückliche Emphase, gibt ihm die ganze Entscheidungsgewalt in die Hand. Es folgt eine Abstimmung, die für den Redner Brutus positiv ausfällt. Nach dem Votum des Publikums formuliert er den Schluß seiner Rede. Hier finden sich wieder die Stilmittel des Parallelismus und der Antithese. Die Peroratio (III) identifiziert einmal die Zuhörer (als mögliche Caesarmörder) mit Brutus, zum anderen Brutus (als möglichen Vertreter der Tyrannei) mit Caesar: damit erfolgt eine Zusammenfassung der Argumentation in II.A und II.C. Die Peroratio summiert ferner die Themen »Verdienst«/»Ruhm« und »Vergehen«/»Vernichtung«: damit geschieht eine Rekapitulation der Argumentation in II.B. Folglich ist der Schluß selbst chiastisch in bezug auf das Vorhergehende konzipiert. Den letzten Satz kann man als Zusammenfassung aller dieser Themen ansehen.

Zum Schluß sei die Frage gestellt, welche die pragmatischen Funktionen von Parallelismus und Antithese in der Rede des Brutus sein können. Was den Parallelismus betrifft, so ist er ein geeignetes Stilmittel, um inhaltliche Identifikationsverhältnisse zu suggerieren. Dies tut er desto mehr, je stärker er durch phonologische, morphologische und vor allem semantische Äquivalenzen unterstützt wird. Zwei Textstellen mögen das verdeutlichen. In II.C entsteht auf diese Weise das Identifikationsverhältnis von *bondman* (1.a), *not a Roman* (2.a) und *(someone) that will not love his country* (3.a). Hier werden Sklaventum und mangelndes Nationalbewußtsein ineins gesetzt: *tertium non datur.* Ähnlich verfährt das Schlußwort *(I have done no more to Caesar...),* wo der Parallelismus die bereits erwähnte Rollenidentifikation (Publikum = Brutus, Brutus = Caesar) bewerkstelligt, so daß dem Publikum schließlich keine andere Wahl bleibt, als die ihm vom Redner angetragene Mörderrolle zu akzeptieren. In Fällen wie diesen besitzt der Parallelismus nicht nur ästhetische Qualitäten, sondern auch Züge einer »Denkfigur«. Als solche hat sie hier die Aufgabe, durch Konstruktion von Gleichungen alternative Wahlmöglichkeiten (z. B. Dissens von Plebs und Brutus) erst gar nicht ins Blickfeld treten zu lassen. Ihre Funktion ist die Verschleierung.

Nicht viel anders ist unter diesem Aspekt die Antithese (= antonymer Parallelismus) einzuschätzen. Ihre Intention ist die Polarisierung, welche jede andere Möglichkeit ausschließt. Solches geschieht etwa in II.A.3, wo die potentielle Vielfalt der Aspekte auf die Alternativen *Caesar = lebend / alle = tote Sklaven* und *Caesar = tot / alle = freie Menschen* reduziert wird. Dabei ist klar, welcher Möglichkeit der Vorzug zu geben ist, da eine von ihnen eine negative Charakteristik (z. B. »Sklave« in II.A.3 und II.C.1.a) vorzeigt. Noch deutlicher wird dieser antonymische Reduktionismus in II.B.1.d)+2.d), wo nach der Dreiheit positiver Eigenschaften (Caesars) und positiver Reaktionsmöglichkeiten (des Brutus) als antithetischer Gegenpol *die* negative Eigenschaft schlechthin *(ambition)* und *die* negative Reaktion schlechthin *(death)* genannt werden. Der Zuhörer erhält hier nicht mitgeteilt, ob *ambition* wirklich ein todeswürdiges Verbrechen ist oder ob der Tod wirklich die einzig mögliche Bestrafung der *ambition* darstellt. Für ihn ist die Perspektive von Anfang an auf diese einzige Alternative eingerichtet. Daraus ist die Conclusio erlaubt, daß hier die Antithese die Komplexität des Sachverhalts verschleiert. Diese Figur besitzt demnach nicht nur eine ästhetische Dimension: Vergnügen an der Sinnverkehrung; sie besitzt auch nicht nur eine affektische Dimension: Aufpeitschen der Publikumsemotion. Ebenso wichtig ist ihre kognitive Komponente. Hier ist ihre Funktion die Propagierung einer Ideologie – der »republikanischen« Ideologie.

6. Semantische Figuren

Sinnfiguren sind solche, deren Ästhetizität durch eine semantische Abweichung begründet ist. Nennen wir die normalgrammatische Bedeutungseinheit ein Semem, so heißt die poetologische Deviation – analog zu den anderen sprachästhetischen Abweichungen – ein Metasemem. Jedes Semem besteht aus einem Komplex semantischer Merkmale oder Seme, zum Beispiel *(+ belebt)*, *(+ abstrakt)*, *(+ flüssig)* etc. Eine Semästhetik setzt voraus, daß semantische Merkmale bzw. Merkmalkomplexe nach den bekannten Änderungskategorien transformiert werden. Dies kann auf den linguistischen Ebenen der Morphologie, der Syntax und des Textes erfolgen. Hier unterscheidet sich der vorliegende Entwurf deutlich von dem Ansatz der Lütticher Gruppe (Dubois *et al.* 1974), welche die Metasememe auf die semantischen Wortsubstitutionen (= Tropen) begrenzt, für die wortübergreifenden Bedeutungsänderungen aber die Kategorie der Metalogismen (»Gedankenfiguren«) einführt. Gegen eine solche Auffassung spricht das Argument, daß die Autoren damit – wie im übrigen schon historische Vorgänger – das linguistische Arbeitsgebiet verlassen, das heißt: innerhalb des von ihnen gewählten Systems inkonsequent werden. Einen zweiten möglichen Fehlansatz könnte die Hypothese bilden, daß die Sinnfiguren identisch mit den Tropen oder der Metapher im weitesten Wortverstande sind. Dieser – ebenfalls von der Lütticher Gruppe vertretenen – Meinung kann schon jetzt mit dem Hinweis begegnet werden, daß zum Beispiel die Figuren der semantischen Äquivalenz von der theoretischen Basis her viele andere, a-tropische Möglichkeiten eröffnen. Eine letzte Bemerkung gilt dem semiotischen Status der Sinnfiguren, wie sie hier behandelt werden. Schon früher war darauf hingewiesen worden, daß zwei Arten von Semantik existieren: Referenzsemantik und relationale Semantik, von denen erstere das Verhältnis von Sprachzeichen zum Denotatum (bzw. Designatum), letztere aber die Beziehungen der Designata untereinander behandelt. Die Referenzsemantik analysiert den Zeichenbezug zur Welt der Gegenstände bzw. einem Wirklichkeitsmodell. Davon soll hier abgesehen werden. Was vielmehr interessiert, ist die Interaktion der Bedeutungselemente auf der Ebene der Zeichenkombination, das heißt: innerhalb der Wort-, Satz- und Textsemantik, und zwar im Hinblick auf ihre möglichen Normabweichungen. Der zeichensyntaktische Aspekt der Sinnfigur steht im Vordergrund; die Aspekte ihrer »Realität« und ihrer Kommunikation bleiben ausgespart bzw. nachgeordnet.

6.1. Figuren der semantischen Deviation

Sinnfiguren dieser Kategorie kommen dadurch zustande, daß einzelne semantische Merkmale oder Merkmalbündel entgegen den semantischen Kookkurrenzbeschränkungen (Bickerton 1969) hinzugefügt, getilgt, umgestellt oder substituiert werden. Am bedeutendsten sind die Figuren der semantischen Substitution, die Tropen, zu denen u. a. Metapher, Metonymie, Synekdoche und Allegorie gehören. Aber auch einige der übrigen der hier behandelten Sinnfiguren sind keineswegs unbekannt; nur erlangen sie im Rahmen der hier vorgenommenen Kategorisierung vielleicht eine neue Perspektive.

6.1.1. Addition

Die einfache additive Reihung von semantischen Einheiten genügt noch nicht, um eine semantische Deviation zu erzeugen. Zu dem quantitativen muß notwendigerweise ein qualitativer Gesichtspunkt hinzutreten. Ein Verstoß gegen eine semantische Regel stellt etwa eine Kombination von Zeichen dar, deren eines alle Seme des anderen enthält, z. B. $[(+x)] + [(+x)+(+y)+(+z)]$. Als Exempel sei etwa die Kombination *weibliche Frau* genannt, deren Bestandteil *Frau* das Merkmal *weiblich* impliziert. Ähnlich steht es mit den Ausdrücken *kleiner Zwerg, großer Riese, human boy* usw. Die klassische Rhetorik redet in diesem Fall von *Pleonasmus*; der andere Ausdruck, der hier angebracht ist, heißt »fehlerhafte Redundanz« (cf. Leech 1969: 137–138). Als eine syntaktische Variante des Pleonasmus gilt die *Tautologie:*

(118) a) Die Frau ist weiblich.
  b) This boy is human.

Eine Tautologie stellt etwa Hamlets Aussage dar, als er nach seiner Begegnung mit dem Geist auf Horatios Frage: »What news?« antwortet:

(119) There's ne'er a villain dwelling in all Denmark
  But he's an arrant knave.

Hier ist die Gleichsetzung *villain = arrant knave* tautologisch, d. h. es erfolgt kein Informationsfortschritt, so daß Horatio mit Recht kommentiert (*Hamlet* I.v.124–125):

(120) There needs no ghost, my lord, come from the grave
  To tell us this.

Hat in diesem Fall die Tautologie die Funktion der Verschleierung, so dient sie an einer anderen Stelle im *Hamlet* einem anderen Zweck. Gemeint sind Hamlets Worte über seinen Vater (I.ii.187–188):

252

(121) He was a man, take him for all in all,
    I shall not look upon his like again.

Hier sind die semantischen Merkmale von *man: (+menschlich),
(+männlich)* und *(+erwachsen)* bereits in *father* enthalten, so daß
eine fehlerhaft-redundante Addition eines Semems vorzuliegen
scheint. Faßt man hingegen *man* als Substitut für *ideal man* auf, so
tritt eine Vermehrung der semantischen Merkmale des Insertions-
semems ein. Der semantische Fehler der Tautologie wandelt sich dann
zum tropischen Stilistikum der Emphase. Gleiches geschieht, wenn in
dem Pleonasmus *weibliche Frau* der Bestandteil *weiblich* zusätzlich
das Sem *(+attraktiv)* oder *(+mit ausgeprägt weiblichen Körperfor-
men)* aufweist (cf. auch den Buchtitel von A. Stassinopoulos: *Die
weibliche Frau*). Über die literarische Funktionalisierung von Pleonas-
men und Tautologien entscheidet jedesmal der pragmatische Kontext.

6.1.2. Subtraktion

Die vollständige Tilgung semantischer Merkmale führt zur Asemie
oder Bedeutungslosigkeit. Eine partielle Deletion von Bedeutungs-
elementen begleitet die Satzfiguren der Ellipse und des Zeugmas. Wie
Dubois *et al.* (1974: 221–222) zeigen, können auch der Redeabbruch
(Aposiopese) und sogar das Schweigen als Sinnfiguren behandelt werden. Sie stellen semantische Nullstellen dar, die der Rezipient selbst
durch Insertion von Sememen ergänzt. Eine andere Art von semantischer Tilgung findet dort statt, wo die Seme von Ausdrücken sich
gegenseitig ausschließen. Beispiele für diese Erscheinung sind:

(122) a) a living death
      b) felix culpa
      c) ein großer Zwerg
      d) ein beredtes Schweigen.

Hier liegt jedesmal eine attributive Koordination semantischer Antonyme vor. Ihre logische Form ist die des Widerspruchs (cf. Kopperschmidt 1972: 45–50). Die Schulrhetorik spricht von *Oxymoron*. Ein
typisches Beispiel ist Sidneys (*Astrophil & Stella*, 106.1)

(123) O absent presence!

Bekannter ist in der Weltliteratur die Reihung von Oxymora in den
Worten von Shakespeares Romeo (*Romeo and Juliet*, I.i.182–187):

(124) Why, then, O brawling love! O loving hate!
    O any thing, of nothing first create!

> O heavy lightness! serious vanity!
> Mis-shapen chaos of well-seeming forms!
> Feather of lead, bright smoke, cold fire, sick health!
> Still-waking sleep, that is not what it is!

Allen Oxymora ist gemeinsam, daß sie sich auf einen gemeinsamen semantischen Nenner zurückführen lassen. Diesen wollen wir Hypersemem nennen. Das Hypersemem besitzt einen größeren Allgemeinheitsgrad als die antonymen Sememe, die das Oxymoron bilden. So ist das Hypersemem von *heavy lightness* etwa *weight:*

(125)

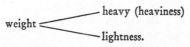

Die gleiche Operation läßt sich auch bei den übrigen Oxymora durchführen. Es ist anzunehmen, daß die Wechselbeziehung zwischen Oxymoron und ihm jeweils übergeordnetem (in der Regel ungenanntem) Hypersemem einen Teil des ästhetischen Reizes dieses Metasemems ausmacht. Dieser Reiz wird in (124) durch Chiasmen, Metaphern (V.183 ff.) und andere Figuren noch erhöht.

Oxymora haben die Aufgabe, die Widersprüchlichkeiten im menschlichen Dasein aufzudecken. Vor allem verdeutlichen sie die Diskrepanz von Sein und Schein. In (122) a) liegt zum Beispiel die Annahme zugrunde, daß das irdische Leben letzten Endes das uneigentliche Dasein (= Tod), das jenseitige Leben (= Tod) aber die wahre Existenz (= Leben) darstelle. Der Ausdruck *felix culpa* (122.b) artikuliert die theologische Grundvorstellung, daß die Schuld der Erbsünde nicht nur Unheil über die Menschheit gebracht hat, sondern gerade auch das Glück der Erlösung. Das Beispiel (123) kontrastiert physische Abwesenheit und imaginäre Präsenz der Geliebten. Romeos Oxymora-Reihung (124) schließlich charakterisiert das Doppelantlitz einer Leidenschaft, das schon früher Catulls *odi et amo* in unnachahmlicher Weise zum Ausdruck gebracht hat. In allen genannten Fällen muß in die semantische Tiefenstruktur ein zusätzliches Merkmal *(+scheinhaft)* bzw. *(+wirklich)* eingeführt werden, damit sich die Widersprüche auflösen. Das kann auch gut an einem Paradox demonstriert werden, der bekannten Zeile der Hexen aus Shakespeares *Macbeth* (I.i.11):

(126) Fair is foul, and foul is fair.

Eine normalgrammatische Rücktransformation würde hier so aussehen:

(127) The seemingly fair is the really foul, and the seemingly foul is the really fair.

Vorbedingung für diese Form einer Sinnfindung ist wie bei den additiven Metasememen die genaue Kenntnis des pragmatischen Kontextes.

Das Beispiel (126) wurde als Muster eines Paradoxons genannt. In der Regel herrscht in der Stiltheorie (z. B. bei Leech 1969: 142–143) stillschweigend die Auffassung, daß es sich dabei um eine syntaktisch »gelockerte« Form des Oxymorons handle. Dem Oxymoron schreibt man z. B. die Struktur *A (Adj) + Nicht-A (N)*, dem Paradoxon die Strukturen *A (N) ist Nicht-A (Adj)* oder *A (V) und Nicht-A (V)* zu. Es ist jedoch fraglich, ob man eine derart vage Distinktion aufrechterhalten kann. Wünschenswert wäre eine systematische Erforschung der Syntax des semantischen Widerspruchs. Im übrigen scheint der Terminus »Paradox« wohl eine umfassendere, über das Sprachliche hinausgehende Bedeutung zu besitzen. So sagt etwa DeQuincey in seiner *Autobiography*: »No man needs to *search* for paradox in this world of ours. Let him simply confine himself to the truth, and he will find paradox growing everywhere under his hands as rank of weeds.« Im Gegensatz zu Paradox und Oxymoron zeichnet sich die Antithese dadurch aus, daß sie keinen semantischen Normenverstoß, sondern – als eine Variante der semantischen Äquivalenz – eine sekundäre Deviation darstellt (vgl. II.6.2.).

6.1.3. Permutation

Die semantische Figur der Umstellung besteht in dem Verstoß gegen die chronologisch bzw. logisch korrekte Folge von semantischen Einheiten. Das bekannteste Beispiel aus der deutschen Literatur ist Goethes

(128) Ihr Mann ist tot und läßt Sie grüßen *(Faust)*,

wo die Chronologie von *tot sein* und *grüßen* verkehrt ist. Eine weitere semantische Inversion findet sich in Shakespeares *Antony and Cleopatra* III.x.2–3 (zit. von Joseph 1949):

(129) Th' Antoniad, the Egyptian admiral,
    With all their sixty, fly and turn the rudder.

Hier ist *turn the rudder* die logisch-chronologische Voraussetzung und nicht Folge von *fly*. Die Antike hat für die semantische Inversion den Namen *Hysteron proteron*.

6.1.4. Substitution

Das Kernstück semantischer Deviation bilden die Sinnfiguren, welche durch den Austausch von semantischen Einheiten entstehen. Kuznec/

Skrebnev (1968: 23) nennen sie daher »Figuren des Ersetzens«; ihre traditionelle Bezeichnung »Tropen« (eigtl. »Wendungen«) trägt diesem Faktum in gleicher Weise Rechnung. Ein Tropus besteht folglich aus zwei Elementen: (1) einem ersetzenden Ausdruck, dem Substituens S_1, das die spezifische Ausprägung des Tropus bildet: Metapher, Metonymie, Synekdoche etc.; und (2) einem ersetzten Ausdruck, dem Substitutum S_2. S_1 und S_2 sind in der Schulrhetorik auch als *nomen improprium* / *nomen proprium* oder *uneigentlicher* / *eigentlicher Ausdruck* bekannt. Weniger beachtet wurde bisher der Signalkontext $K_1 - K_2$, der das Vorhandensein eines Tropus anzeigt. Auf ihn macht Harald Weinrich (1963, 1967, 1968) nachdrücklich aufmerksam, indem er die Metapher zum Bestandteil einer Textsemantik erklärt und ihre Ursache als Konterdetermination festlegt – ein Begriff, den er auch pragmatisch als Durchbrechung der Determinationserwartung des Rezipienten expliziert. Uns genügt in diesem Zusammenhang, ein zeichensyntaktisches Verständnis von Konterdetermination herzustellen. Dabei ist uns die dreiteilige Relation S_1, S_2, K behilflich.

Als Demonstrationsbeispiel soll eine bekannte Stelle aus T. S. Eliots *The Love Song of J. Alfred Prufrock* gewählt werden:

(130) hands / That lift and drop a question on your plate.

Auf den ersten Blick ist erkennbar, daß *a question* den Tropus S_1 darstellt, den der umgebende Satzkontext *K* als semantische Abweichung signalisiert. Wie läßt sich diese zunächst intuitive Wahrnehmung objektivieren? *Lift* und *drop* sind transitive Verben, die ein Satzobjekt mit den semantischen Eigenschaften *(+physikalischer Gegenstand)*, *(+konkret)*, *(+ausgedehnt)*, *(+fest)*, *(+Gewicht habend)*, *(+taktil)* erfordern. In allen diesen Punkten verstößt *a question* gegen die Kollokationsbestimmungen, da seine Seme gerade entgegengesetzt sind: *(–physikalischer Gegenstand)*, *(–konkret)*, *(–ausgedehnt)* etc. Das Phänomen als ganzes ist aus den Lehrbüchern der Rhetorik bestens bekannt. Man sagt, hier werde ein Konkretum durch ein Abstraktum ersetzt. Das Konkretum ist in diesem Fall das Substitutum S_2, das es gemäß den aufgezeigten Kookkurrenzbeschränkungen aufzufinden gilt. Zunächst wollen wir jedoch anhand des Eliotschen Kontextmusters einige weitere Ersetzungsproben vornehmen. Zweck dieser Substitutionsübung ist es, auf verschiedene Arten der semantischen Deviation hinzuweisen. Folgende Beispiele seien genannt:

(131) a) hands / That lift and drop   a question on your plate
     b)   a cookie
     c)   a never
     d)   a planet

e)	a wine
f)	an odour
g)	a Ceres

Von diesen Substituten erfüllt nur b) alle grammatischen Kontextbedingungen. c) verletzt durch de-adverbiale Konversion die substantivische Kategorienregel und ist ein Fall der morphosyntaktischen Deviation. d)–g) stehen aus unterschiedlichen Gründen in semantischer Inkongruenz zum Vor- und Nachtext: d) wegen des Merkmals der Übergröße (die Größe eines Planeten überschreitet erheblich die Größe eines Tellers), e) wegen der Merkmale *(−fest)* und *(+flüssig)*, f) wegen der Merkmale *(−fest)*, *(−taktil)* und *(+olfaktorisch)*, g) schließlich durch die Merkmale *(+personhaft)* und *(+göttlich)*. All dies sind Möglichkeiten semästhetischer Abweichung. Die Frage, ob es größere und geringere Abweichungen und folglich höhere und niedrigere Grade der Poetizität gibt, ist für den Fall beantwortbar, daß es gelingt, die auf Grund der Kontextbeschränkungen eruierbaren semantischen Objektmerkmale zu hierarchisieren. Dann hieße die Regel: Je höher in der Merkmalhierarchie der Regelverstoß eintritt, desto größer ist die Deviation und also die Literarität. Leider hat die Linguistik bisher in der Frage der Merkmalhierarchie keine endgültige Antwort zu geben vermocht; Befürwortern (Fodor/Katz, Dubois) stehen scharfe Kritiker (Weinreich, Bickerton) gegenüber. Selbst wenn sich für alle möglichen Bedeutungen einer Sprache eine generelle Sempyramide konstruieren ließe, so bleibt aus pragmatischer Sicht das Problem ungelöst, ob nicht der Rezipient eine ganz andere Poetizitätsskala aufstellen würde.

H. Weinrich (1958, 1963, 1968) wagt etwa die (noch zu verifizierende) Behauptung, daß bei einer geringeren »Bildspanne« (d. h. der Relation S_1–K) die semantische Deviation gravierender empfunden werde als bei einer größeren, und expliziert diese Auffassung u. a. anhand der »Fernmetapher« *Dreieck der Liebe* und der »Nahmetapher« *Dreieck des Vierecks*. Während diese Erörterung unter den Termini »Widerspruch« bzw. »widersprüchliche Prädikation« die Synchronie der textsemantischen Kombination zum Ausgangspunkt nimmt, verfährt eine historische Pragmatik nach dem Maßstab der Habitualisierung eines Tropus. Selbst die größte Abweichung kann durch stetigen Gebrauch zur Unkenntlichkeit verblassen, so daß sie vom Rezipienten nicht mehr bemerkt wird. Auf diese Weise entsteht aus einer kühnen eine tote Metapher.

So weit haben wir bisher das Verhältnis von tropischem Substituens S_1 und seinem Signalkontext K analysiert. Als Ergebnis können wir festhalten, daß bei der Konstitution von Tropen Art, Anzahl und möglicherweise Allgemeinheitsgrad der abweichenden Seme eine Rolle spielen. Der ganze Umfang der Problematik ist bisher noch unzureichend erforscht. Die Meinungen gehen in den Einzelheiten teilweise weit auseinander. Einigkeit besteht generell nur darin, daß es sich bei den Tropen um eine semantische Ersetzungsrelation handle. Manche Autoren (z. B. Ingendahl 1971) bestreiten selbst das. Sie sind der Ansicht, S_2 existiere nicht und sei auch gar nicht auffindbar; denn Tropen und besonders Metaphern seien etwas »Ursprüngliches«, was nicht auf ein Substitutum (bzw. Substituendum) reduzierbar sei. Dem ist entgegenzuhalten, daß schon der Signalkontext K der Stelle der Abweichung S_1 eine Selektionsbeschränkung auferlegt, die im Falle unseres Eliot-Zitats (130) das Objekt als Nomen mit den semantischen Eigenschaften *(+physikalischer Gegenstand)*, *(+konkret)* usw. auszeichnet. Je konkreter, d. h. merkmalreicher, der Kontext, desto enger die Selektionsbeschränkung; desto eindeutiger läßt sich das Substitut S_2 ermitteln. Ersetzen wir im Eliot-Zitat *a question* durch S_2:

(132) hands / That lift and drop S_2 on your plate,

so engt der Ausdruck *hands/That lift and drop* die Bedeutung des Objekts S_2 auf einen Gegenstand von einem bestimmten Gewicht ein. Der Ausdruck *on a plate* bringt eine zusätzliche inhaltliche Einengung, die nun die Größe des Gegenstandes betrifft, so daß das Semem S_2 außer den bislang genannten Eigenschaften auch die Merkmale *(+in der Hand tragbar)* und *(+Tellergröße besitzend)* aufweist. Berücksichtigt man außerdem den Makro-Kontext der zitierten Versstelle – die Schilderung einer Abendgesellschaft in Boston –, so tritt noch das Merkmal *(+zu einer Dinnerparty gehörend)* hinzu. Daher dürften semantische Rücktransformationen von (130) wie

(133) hands / That lift and drop a cookie (a cup of tea, a napkin, ...) on your plate

einen relativ hohen Probabilitätsgrad besitzen. In Beispielen mit geringerer Kontextdetermination fällt die Ermittlung von S_2 ungleich schwerer.

Wenn wir eine Klassifikation der Tropen anstreben, so müssen wir das Verhältnis von S_1 zu S_2 zugrunde legen. In (131) ist dieses Verhältnis als semantische Opposition von Abstraktheit und Konkretheit (a), Größe und Kleinheit (d), Inhalt und Behälter (e), Olfaktorischem und Taktilem (f), Personhaftem und Nicht-Personhaftem (g) explizierbar. Solche und weitere Substitutionsbeziehungen können die

258

Ausgangsbasis für eine Klassifikation der Tropen bilden. Sie ist bis heute nicht in der angemessenen Stringenz durchgeführt. Einmal hat man es nämlich unterlassen, sämtliche semantischen Ersetzungsmöglichkeiten in Augenschein zu nehmen. Andererseits bedient man sich noch gern der griechisch-lateinischen Nomenklatur, obgleich dieser Gewohnheit die Einsicht entgegensteht, daß die üblichen Termini meist an einer gewissen Unschärfe kranken – ein Faktum, das vor allem auf die Metapher zutrifft. Die Ursache dafür ist nicht zuletzt darin zu finden, daß unter eine Bezeichnung oft mehrere Substitutionsformen subsumiert werden, z. B. unter die Synekdoche die Ersetzungen Teil – Ganzes, Species – Genus, Einzahl – Mehrzahl, Fertigfabrikat – Rohstoff und umgekehrt (cf. Lausberg 1967: 69–71). Abhilfe kann hier nur dann geschaffen werden, wenn es gelingt, Gesichtspunkte zu gewinnen, welche die Bildung größerer kategorialer Gruppen ermöglichen. Solche gibt es etwa bei Lausberg (1967: 64) in der Unterscheidung von *Sprung-Tropen* (z. B. Metapher, Ironie) und *Grenzverschiebungs-Tropen* (z. B. Metonymie, Synekdoche). Dieser Gruppierung nicht unähnlich ist Jakobsons (1971: 323–333) Differenzierung von fundamentalen semantischen Operationen: der *Similaritätsoperation* und der *Kontiguitätsoperation,* welche auch als metaphorischer und metonymischer Weg zu bezeichnen sind. Im Falle der Similarität wird semantisch Gleichartiges ersetzt, im Falle der Kontiguität besteht eine prädikative Relation zwischen S_1 und S_2. Den ersten Vorschlag zu einer derartigen Einteilung machten bereits Wellek/Warren (1956: 183).

Nicht weiter erörtert werden soll an dieser Stelle Jakobsons kühne These, der metaphorische Darstellungsmodus sei konstitutiv für die literarischen Schulen der Romantik und des Symbolismus, der metonymische hingegen für den Realismus. Auch die für eine allgemeine Semiotik sehr aufschlußreiche Erkenntnis, daß beide Ansätze auf andere Zeichensysteme (z. B. die Malerei) übertragbar seien, kann hier nicht näher erörtert werden. Bedenkenswert aber scheint zweierlei: 1. der Prozeßcharakter, der dem *Verfahren* der Tropisierung zugeschrieben wird, und 2. der Universalitätsanspruch, mit dem die beiden Operationsweisen auf dem Gebiet des Sprachlichen auftreten. Beides veranlaßt uns im folgenden dazu, nur zwei substitutionelle Änderungskategorien für den Bereich der Semantik zu postulieren, eine metaphorische und eine metonymische (cf. auch Henry 1971, Le Guern 1973). Damit ist der Begriffspluralismus auf dem Gebiet der Tropen zugunsten zweier Grundkategorien aufgehoben, die zugleich präziser und flexibler, weil systematisch erweiterungsfähig, sind. Wir sprechen von Similaritäts-Tropen oder Arten der Metapher und Kontiguitäts-tropen oder Arten der Metonymie. Beispiele für die ersteren sind die von uns erwähnten Relationen »Größe – Kleinheit« und »olfaktorisch – taktil«; Kontiguitätstropen stellen die Substitutionsbeziehungen »Inhalt – Behälter« und »Ursache – Wirkung« dar.

Die hier vertretene Auffassung zeichnet sich dadurch aus, daß sie die semantischen Substitutionsfiguren oder Tropen als eine dreistellige Relation interpretiert: $S_1 - S_2 - K$. Damit steht sie im Gegensatz zu einer gängigen Ansicht, wonach die Tropen als paradigmatische, die übrigen Figuren aber als syntagmatische Beziehungen zu beschreiben sind. Indes müssen bei jeder rhetorischen Figur stets beide Aspekte berücksichtigt werden. Das stellt im Hinblick auf die Metapher auch Randolph Quirk deutlich heraus:

»A metaphor involves simultaneously a *paradigmatic* relation between the literal element it replaces and the figurative one it introduces, and a *syntagmatic* relationship between the literal and metaphorical elements in the linguistic environment« (zit. v. Chapman 1973: 84).

Schon früher hat Jerzy Pelc (1961) in einer vorzüglichen linguistischen Studie ein »metaphorisches Dreieck« konstruiert, dessen Komponenten den von uns gewählten Gesichtspunkten sehr ähneln.

6.1.4.1. Similaritäts-Tropen (Metaphern)

Über die Metapher und ihre Formen ist bisher so viel geschrieben worden, daß zur Information über den Forschungsstand nur auf einige relevante Literatur verwiesen werden kann. Ein unentbehrliches Arbeitsinstrument stellt die kürzlich von Shibles (1971) vorgelegte kommentierte Bibliographie zur Metaphorik dar. Der Forschungsbericht von H. A. Pausch (1974) vermittelt einen gedrängten Überblick über die gegenwärtige Diskussionslage. Als eine umfassendere linguistische Darstellung sei die Abhandlung von Hugo Meier (1963) genannt. Neuere Aspekte bieten aber erst die verschiedenen Artikel von H. Weinrich, die wir bereits erwähnt haben. Was die folgende Erörterung besonders charakterisiert, ist die Tatsache, daß sie den Metaphernbegriff auf alle Similaritätstropen ausweitet und auch Hyperbel, Ironie und Allegorie als spezifische metaphorische Aspekte interpretiert. Gemeinsam ist diesen Metasememen, daß S_1 und das zu ermittelnde S_2 zwar unterschiedlichen Wortfeldern angehören, aber dennoch – durch ein gemeinsames semantisches Merkmal – in einer Ähnlichkeitsrelation zueinander stehen. Die Arten der semantischen Differenz ergeben ein breites Spektrum von Substitutionsmöglichkeiten. Einige davon seien nachfolgend aufgeführt.

a) Substitution von (± abstrakt) / (∓ abstrakt)
Bei der Ersetzung eines Ausdrucks mit der Eigenschaft *(+abstrakt)* durch einen solchen mit der Eigenschaft *(+konkret)* entsteht eine

konkretisierende (reifizierende) Metapher, im umgekehrten Fall hingegen eine abstrahierende Metapher. Letztere liegt vor in dem vorhin behandelten Eliot-Beispiel (130), während die (weitaus häufigere) konkretisierende Metapher etwa in John Bunyans *The Pilgrim's Progress* vertreten ist:

(134) And he said unto me: »This miry slough is such a place as cannot be mended. It is the descent whither the scum and filth that attends conviction for sin doth continually run; and therefore it is called the *Slough of Despond.«*,

wo das Abstraktum *Despond* (»Verzweiflung«) durch das Konkretum *Slough* (»Sumpf«) verdinglicht wird. Häufig besteht eine gewisse Nähe der konkretisierenden zur beseelenden Metapher, besonders wenn – wie im mittelalterlichen Moralitätenspiel – abstrakte Tugenden und Laster mit menschlichen Eigenschaften ausgestattet werden.

b) Substitution von (± belebt) / (∓ belebt)
Wird das Merkmal *(+belebt)* gegen das Merkmal *(−belebt)* ausgetauscht, so erhält man eine entseelende oder verdinglichende Metapher, zum Beispiel:

(135) a) at thy soul's unsetting (A. Ch. Swinburne, *Ave atque Vale*)
     b) die Asche meiner Freuden (F. Hölderlin, *Palinodie*).

Tritt die gegenteilige Substitution ein, so heißt die Metapher »beseelend«, »belebend«, »animistisch«, kinetisch« oder, wenn noch das Sem *(+menschlich)* hinzukommt, »anthropomorphisierend«, zum Beispiel:

(136) a) Die Bächlein von den Bergen springen
                     (J. v. Eichendorff, *Der frohe Wandersmann)*
     b) Earth fills her lap with pleasures of her own
                     (W. Wordsworth, *Intimations of Immortality)*.

Beide Metapherntypen blicken auf eine sehr lange Tradition zurück, die vom Substitutionsparadigma *belebt/unbelebt* der antiken Rhetorik bis zu seiner Restauration in H. Pongs' *Beseeltypus* und *Erfühltypus* reicht.

c) Substitution von (± visuell) / (∓ visuell)
Ausdrücke mit dem Merkmal *(+visuell)* werden durch solche mit dem Merkmal *(−visuell)* ersetzt, wenn sie etwa das Merkmal *(+akustisch)*, *(+taktil)*, *(+gustatorisch)* oder *(+olfaktorisch)* bei sich führen. Dies ist der Fall bei den folgenden Beispielen:

(137) a) *(+visuell)* → *(+akustisch)*

        I see a voice   (W. Shakespeare, *A Midsummer Night's Dream*)

b) *(+visuell)* → *(+taktil)*

    Von kühnen Felsen rinnen Lichter nieder
    die Täler zu ergründen

                      (Cl. Brentano, *Der Abend*)

c) *(+visuell)* → *(+gustatorisch)*

    Some books are to be tasted, others to be swallowed and some
    few to be chewed and digested.

                  (F. Bacon, Essay 50: *Of Studies*)

d) *(+visuell)* → *(+olfaktorisch)*

    Mit silbergrauem Dufte war das Tal
    Der Dämmerung erfüllt

               (H. v. Hofmannsthal, *Erlebnis*)

Was hier stattfindet, ist die semantische Vertauschung von Sinnes-wahrnehmungen in Gestalt von *synästhetischen* (intersensorischen) Metaphern. Ebenso wie das Sem *(+visuell)* können auch die Seme *(+akustisch)*, *(+taktil)*, *(+gustatorisch)* und *(+olfaktorisch)* durch die Seme der jeweils kontrastierenden Sinneswahrnehmungen ersetzt werden, so daß ein geschlossenes Paradigma synästhetischer Metaphorik entsteht (cf. Ullmann 1967: 245–267, Stanford 1942). Ein Beispiel aus dem Bereich dieser Substitutionsmöglichkeiten:

(138) Thy voice was a censer that scattered strange perfumes

                           (O. Wilde, *Salome*)

zeigt, daß das semantische Merkmal *(+akustisch)* durch das Merkmal *(+olfaktorisch)* ersetzt wird. Ein weiteres demonstriert sogar eine doppelte Substitution:

(139) Stimmen, ins Grün der Wasserfläche geritzt

                          (P. Celan, *Stimmen*).

An die Stelle des Merkmals *(+akustisch)* treten im Partizipialsatz die Merkmale *(+visuell)* und *(+taktil)*. Leech (1969: 159–160) nennt dieses Phänomen, das in allen semantischen Substitutionsformen vor-kommen kann, eine »zusammengesetzte Metapher« *(compound metaphor)*. Diese Möglichkeit läßt eine Paradigmatik der synästheti-schen Metapher außerordentlich komplex erscheinen.

d) Substitution von (± positiv) / (∓ positiv)
Wenn ein Semem mit dem Merkmal *(+positiv)* ein anderes mit dem Merkmal *(−positiv)* ersetzt, so liegt eine ironische Metapher vor oder

– in pragmatischer Präzisierung – eine *simulations-ironische Metapher*. Denn hier täuscht die Oberflächenstruktur eine affirmative Werthaltung vor, während der Signal-Kontext diese als negativ entlarvt. Das wohl bekannteste Beispiel für eine solche semantische Verkehrung stammt aus der Antonius-Rede in Shakespeares *Julius Caesar* (III.ii.90–92):

(140) He [sc. Caesar] was my friend, faithful and just to me:
    But Brutus says he was ambitious;
    And Brutus is an honourable man.

Das – oberflächenstrukturell gesehen – positive Adjektiv *honourable* wird durch einen kontrastierenden Signal-Kontext, der in den folgenden Zeilen noch verstärkt wird, ins Gegenteil *(dishonourable)* verkehrt.

Der umgekehrte Fall der metasememischen Transformation, welche das Merkmal *(+positiv)* gegen das Merkmal *(–positiv)* austauscht, erzeugt eine *dissimulations-ironische Metapher*. Die Bezeichnung bezieht sich auf das Verbergen einer affirmativen Werthaltung hinter einer negativen. Dazu zählt nicht nur die sog. Sokratische Ironie (»Ich weiß, daß ich nichts weiß«), sondern auch der Topos der Selbstverkleinerung *(mea parvitas)*, der seit der Antike in den Einleitungen literarischer Werke aufzufinden ist (cf. Curtius 1961: 413–414, Arbusow 1963: 104–6). Dissimulatorische Metaphorik findet sich etwa im Eröffnungsgedicht zum Zyklus des römischen Dichters Catull:

(141) a) *Carmen 1*
    Cui dono lepidum novum libellum
    arida modo pumice expolitum?
    Corneli, tibi: namque tu solebas
    meas esse aliquid putare nugas,
  5 iam tum, cum ausus es unus Italorum
    omne aevum tribus explicare cartis,
    doctis, Iuppiter, et laboriosis.
    quare habe tibi, quidquid hoc libelli,
    qualecumque; quod, o patrona virgo,
  10 plus uno maneat perenne saeclo!

  b) *Übersetzung von O. Weinreich*
    Wem nur wid'm ich das nette neue Büchlein,
    das der trockene Bimsstein just geglättet?
    Dir, Cornelius! Denn du pflegtest was von
    meinen Sächelchen damals schon zu halten,
    als du's wagtest – als erster Römer wagtest –
    Weltgeschichte zu lehr'n in dreien Bänden,
    hochgelehrten, bei Gott, und mühevollen!

> Drum sei dein, was in diesem Büchlein drinsteht
> und was dran ist. O, gib, Schutzherrin Muse,
> daß es länger als *ein* Jahrhundert daure!

Die Ausdrücke »Büchlein« *(libellus)* und »Sächelchen« *(nugae)* enthalten in diesem Fall eine abwertende Einstellung, die aber durch den Signal-Kontext der übrigen Gedichte widerlegt wird: Es handelt sich durchaus nicht um literarische Nichtigkeiten, sondern um eine kunstvoll angelegte Sammlung höchst artifizieller poetischer Texte. *Libellus* und *nugae* sind ironische Metaphern, die einer spezifischen Exordialsituation der literarischen Kommunikation angehören; der Signal-Kontext ist nicht nur textueller, sondern auch pragmatischer Art.

Das letzte Beispiel hat verdeutlicht, wie wichtig die Pragmatik der Zeichenkommunikation für die Sichtung von Ironie-Phänomenen ist. Gänzlich darauf bezogen sind etwa Klassifikationen wie *Asteïsmus* (urbane Ironie), *Charientismus* (charmante Ironie), *Diasyrmus* (höhnische Ironie), *Mykterismus* (verächtliche Ironie) und *Sarkasmus* (bittere Ironie) – Kategorien, die jedesmal eine bestimmte Sprecherhaltung implizieren. Auch die dramatische (tragische) Ironie tangiert die pragmatische Dimension, indem zwischen unwissendem Akteur und wissendem Zuschauer eine Diskrepanz besteht, die dem Unterschied zwischen negativer und positiver Werthaltung entspricht. Wer von beiden im Recht ist, entscheidet das (regelmäßig negative) Schicksal selbst. Schließlich dürfte auch die Romantische Ironie zutiefst in einer pragmatischen bzw. pragmasemantischen Fragestellung wurzeln: der Problematik des Ich im Verhältnis zu sich selbst und zur Welt. In diesem Sinne sind die Ergebnisse von Muecke (1969) und anderen Forschern semiotisch umzudeuten. Ein solches Unterfangen reicht allerdings über die Grenzen der Linguistik hinaus.

e) Substitution von ($\mp$ groß) / ($\pm$ groß)
Wird eine sprachliche Einheit mit dem Merkmal *(–groß)* durch eine solche mit dem Merkmal *(+groß)* ersetzt, so liegt eine *hyperbolische* (übertreibende) *Metapher* vor. Tritt das Umgekehrte ein, so spricht man von einer *meiotischen* (untertreibenden) *Metapher*. Zwei hyperbolische Metaphern enthält die zweite Strophe von R. Crashaws *The Weeper:*

(142) Heavens thy fair eyes be;
     Heavens of ever-falling stars;
       'Tis seed-time still with thee,
  And stars thou sow'st whose harvest dares
      Promise the earth to countershine
     Whatever makes Heaven's forehead fine.

Eyes/heavens und *tears/ever-falling stars* sind semantische Substitutionen, die sich in der Merkmalopposition *(–groß) : (+groß)* gleichen.

264

Es handelt sich um hyperbolische Metaphorik, die durch eine zweite semantische Substitution *(stars/seed)* noch kompliziert wird (»zusammengesetzte Metapher«). Eine meiotische Metapher liegt hingegen an folgender Stelle in Eliots *The Love Song of J. Alfred Prufrock* vor:

(143) To have squeezed the universe into a ball,

wo der Kosmos auf die Größe eines Balles reduziert wird. Auch Hamlet, der »zwischen Himmel und Erde *kriecht*« (III.i.131), bedient sich in dem Ausdruck »kriecht« *(crawls)* der verkleinernden Ausdrucksweise. Hier zeigt sich die nahe Verwandtschaft der meiotischen mit der dissimulatorischen Metapher; nur daß erstere stärker den Akzent auf den quantitativen Aspekt der semantischen Substitution legt, während im zweiten Fall das evaluative Moment dominiert.

Die Metapherntypen a)–e) sind nur einige der bekanntesten. Sicherlich wären noch viele andere Similaritätsarten der Substitution vorstellbar. Für alle gilt die Regel, daß sie auf verschiedenen linguistischen Ebenen lokalisierbar sind: der morphologischen, der syntaktischen und der textologischen. Auf der morphologischen Ebene unterscheidet man u. a. zwischen substantivischer, verbaler, adjektivischer und adverbialer Metapher. Zur Syntax der Metapher (cf. Brooke-Rose 1958) gehören etwa die Genitiv-Verbindung *(Meer des Lebens)*, die Ist-Prädikation *(Er ist ein Löwe in der Schlacht)* und die kausative Konnexion mit »machen« *(Sein Mut macht ihn zu einem Löwen in der Schlacht)*. Erhöhte Poetizität besitzen Metaphern dann, wenn sie mit morphologischen oder syntaktischen Deviationsformen koinzidieren, z. B. Wortspiel oder Parallelismus. Als textologische Metapher bezeichnen wir die *Allegorie,* die schon von der klassischen Rhetorik her als »fortgesetzte Metapher« *(continuata translatio)* bekannt ist. Ihr wesentliches Kennzeichen besteht darin, daß sie satzübergreifend ist. Sie kann nach dieser Auffassung in den Spielformen der anthropomorphisierenden, ironischen und hyperbolischen Allegorie auftreten. Daher nimmt nicht wunder, daß sie u. a. schon früh in eine terminologische Nachbarschaft zur Ironie (cf. Lausberg 1960: I 44, MacQueen 1970:49–50) und Personifikation geraten ist. Besonders anthropomorphisierende Allegorien kennt das Mittelalter in großer Zahl – angefangen mit Prudentius' *Psychomachia* bis hin zum Rosenroman und *Everyman* (cf. Lewis 1958). Ist der Signal-Kontext in geringem Umfang konkretisiert, dann existiert eine große Fülle von Substituten S_2. Das Ergebnis ist eine »dunkle Allegorie«. Besitzt der Signal-Kontext indes eine große semantische Dichte, so werden die

Ersetzungsmöglichkeiten S_2 zunehmend eingeengt: Die Allegorie ist dann transparent oder flach – zum Beispiel bei Tierfabeln, wo der am Ende erfolgende »Aufschluß« die Bedeutung S_2 klar heraushebt. Schließlich sei die Möglichkeit erwähnt, daß der Signal-Kontext eine höchst komplexe semantische Gestalt besitzt. Dieser Fall liegt dann vor, wenn ein Text eine mehrfache allegorische Transformation aufweist – etwa nach dem Prinzip des vierfachen Schriftsinnes (cf. Harris 1966). Eine linguistische Beschreibung dieses Phänomens müßte wohl davon ausgehen, daß wir es hier mit einer spezifisch textologischen Variante der früher gestreiften »zusammengesetzten Metapher« zu tun haben.

Einige kurze Ausführungen sollen der sprachästhetischen Pragmatik der Similaritäts-Tropen gewidmet sein. Mehr als einmal hat ihre Geschichte in Theorie und Praxis gelehrt, daß drei von ihnen nicht als poetizitätserzeugend angesehen werden: die notwendige, die gemischte und die tote Metapher. Die *notwendige Metapher* oder Katachrese nimmt in der Alltagssprache den Platz eines semantischen Fehlbestandes ein und wird nicht als Metasemem empfunden. Beispiele sind:

(144) a) the foot of a hill
b) der Bart eines Schlüssels
c) das Tischbein.

Die *gemischte Metapher* (Kakózelon) wirkt als Verstoß gegen das *decorum* lächerlich, weil sie mehrere semantisch inkompatible Bereiche vermengt. Ein Beispiel (zit. von Chapman 1973: 77):

(145) I smell a rat, I see it floating in the air, but I hope to nip it in the bud.

Die *tote Metapher* oder »Metaphernleiche« bzw. »Ex-Metapher« hat ihre stilistische Potenz eingebüßt, weil die Diskrepanz zwischen S_1 und S_2 infolge der altersbedingten Habitualisierung von S_1 nicht mehr wahrgenommen wird. Der Zustand der Monosemie ist eingetreten; die Relation $S_1 - S_2$ ist einsinnig geworden. Die Beispiele

(146) a) Hüter des Gesetzes = Polizei
b) killing time (»die Zeit totschlagen«) = wasting time

sind Muster für die Lexikalisierung solcher Metaphern. Deutlich zeigt sich hier, daß die sprachhistorische Entwicklung nicht nur – wie im Falle des Archaismus – poetische Deviationen erzeugen, sondern auch abbauen kann. Während der Blick in die metaphorologische Pragmatik eine relativ gleichmäßige Beurteilung der drei behandelten Metapherntypen vorfindet, ist die Einschätzung der Metaphernformen a)–e) zu verschiedenen Zeiten recht unterschiedlich gewesen. Dies zeigt sich etwa in der Diskussion der ironischen Metapher und ihrer Spielarten (cf. Muecke 1969). Vor allem macht sich die Uneinheitlichkeit der Auffassung hinsichtlich der *kühnen Metapher* bemerkbar. Sie trägt auch den Namen *concetto* (engl. *conceit*). Ihre Besonderheit gründet sich auf die Tatsache, daß sie eine für den Rezipienten höchst inkompatible Semverbindung vornimmt (cf. Ruthven 1969). Die Auseinandersetzungen über dieses Thema sind so mannigfaltig und außerdem ertragreich für die Bestimmung der Literarität gewesen, daß ihre geschichtliche Darstellung geradezu das ideale Übungsfeld für eine stilrhetorische Pragmatik bildet.

6.1.4.2. Kontiguitäts-Tropen (Metonymien)

Tropen dieser Art stützen sich auf die semantische Nachbarschaft (Kontiguität) der Substitutionselemente. Sie ist dann gegeben, wenn S_1 und S_2 in prädikativer Relation zueinander stehen. Jakobson (1971: 328) führt dazu als Beispiel engl. *hut* (»Hütte«) und als metonymische Reaktionen auf dieses Reizwort die Ausdrücke *thatch* (»Strohdach«), *litter* (»Streu«) und *poverty* (»Armut«) an. Darin sind die Kontiguitäten Ganzes – Teil, Raum – Rauminhalt und Wirkung – Ursache enthalten. *Thatch, litter* und *poverty* sind in diesen Bezugsformen als prädikative Aussagen über *hut* möglich:

(147) a) A hut has a thatch.
    b) The floor of this hut is strewn with litter.
    c) Poverty compels people to live in huts.

In der normativen Stilistik ist eine Reihe von Kontiguitäts-Substitutionen unter Termini wie Synekdoche (Teil – Ganzes, Species – Genus, Einzahl – Mehrzahl), Antonomasie (Eigenname – Appellativ) und Metonymie (Ursache – Wirkung, Raum – Rauminhalt, Zeit – Zeitinhalt) zusammengefaßt. Wir vereinfachen diese z. T. recht inkonsequente Aufteilung, indem wir alle Kontiguitäts-Substitutionen als Arten der Metonymie ausgeben. Einige von ihnen soll die nachfolgende Darstellung illustrieren. Wie bei der Metapher kommt auch hier dem Kontext Signalfunktion zu.

a) Substitution von ($+$ generell) $\times$ ($+$ partikulär)
Wenn eine semantische Einheit mit dem Merkmal *($+$ generell)* durch eine solche mit dem Merkmal *($+$ partikulär)* ersetzt wird, so ergibt das eine *partikularisierende* Metonymie. Die umgekehrte Substitution resultiert in einer *generalisierenden* Metonymie. Die erste Metonymie

entsteht durch Hinzufügung von Semen, die zweite hingegen durch deren Tilgung. Beide semästhetischen Transformationen, die bisher terminologisch der *Synekdoche* zugeordnet wurden (cf. Dubois *et al.* 1974: 170–173), erlauben weitere Subklassifikationen: *(+total)* × *(+partiell)*, *(+gattungshaft)* × *(+arthaft)*, *(+Mehrzahl)* × *(+Einzahl)*, *(+nomen proprium)* × *(+nomen appellativum)*. Beispiel für eine partikularisierende Metonymie, wo das Merkmal *(+total)* gegen das Merkmal *(+partiell)* ausgetauscht wird, ist ein Passus aus M. Draytons *Agincourt*-Gedicht:

(148) Fair stood the wind for France,
      When we our sails advance.

Hier ersetzt der Teil *(sails)* das Ganze *(ships)*. Ebenfalls partikularisierend ist G. Trakls Phrase *(Stundenlied)*:

(149) ... reif ist die Traube
      Und festlich die Luft in geräumigen Höfen,

wo in *die Traube* die Einzahl die Mehrzahl vertritt. Umgekehrt findet sich eine generalisierende Metonymie in Shakespeares *King John* (IV.ii.109):

(150) Pour down thy weather.

In diesem Satz substituiert das Genus *weather* die Spezies *rain*. Schließlich besitzt auch die (häufig mißverstandene) Metonymie *Denmark* im *Hamlet* (I.iv.90) eine verallgemeinernde Funktion:

(151) Something is rotten in the state of Denmark.

Mit *Denmark* ist nämlich König Claudius gemeint. Der allgemeinere Eigenname nimmt die Stelle des spezielleren ein.

Im letzten Beispiel liegt eine semantische Figur vor, die in der Schulrhetorik den Namen *Antonomasie* trägt. Sie besteht darin, daß ein bekannter Eigenname durch ein herausragendes Charakteristikum seines Trägers oder ein Appellativ durch den Eigennamen eines distinguierten Repräsentanten vertreten ist.
Der erste Typus der Antonomasie sieht u. a. die folgenden Substitutionen vor: Substitution des Eigennamens durch
a) *das Patronymicum:* »faire Venus sonne« (Spenser) = Cupid,
b) *das Ethnicum:* »der Nazaräner« (Klopstock) = Jesus,
c) *die Etymologie:* »stony name« (Southwell) = Peter,
d) *das Aussehen:* »der Ritter mit der eisernen Faust« (Goethe) = Götz von Berlichingen,
e) *die Tätigkeit:* »the great Proclaimer« (Milton) = John the Baptist.
Der zweite Typus der Antonomasie, die sog. *Vossianische Antonomasie,* ist in den Beispielen: »ein *Lohengrin*« (Brecht) = »ein edler Ritter«, »some

mute, inglorious *Milton«* (Gray) = »some ... poet« und »you dread *Hectors«* (Cleveland) = »you dread warriors« repräsentiert. Le Guern (1973: 35) bezweifelt, ob man in diesem Falle noch von einer Kontiguitätsbeziehung $S_1 - S_2$ reden kann, und erwägt die Möglichkeit einer Klassifizierung als Similaritäts-Tropus (Metapher).

b) Substitution von (+ ursächlich) × (+ bewirkt)
Ersetzen wir in einer semantischen Einheit das Merkmal der Ursache durch das der Wirkung und umgekehrt, so erhalten wir eine semantische Verschiebung, die durch das Kausalitätsprinzip bestimmt ist. Wie im Falle der Kontiguitätsrelation a) sind auch hier Subklassifizierungen möglich, z. B. die von Erfinder – Erfindung, Autor – Werk, Gottheit – Funktionsbereich und Rohstoff – Fertigprodukt. Sie werden illustriert durch Ausdrücke wie

(152) a) einen Grundig (statt: einen Fernsehapparat **der** Firma Grundig) kaufen
     b) seinen Racine (statt: das Werk Racines) auswendig kennen
     c) den Bacchus (statt: Wein) trinken (cf. 131.g)
     d) das Gold (statt: Geld, das aus Goldmünzen besteht) in hohen Ehren halten.

Übt in diesen Beispielen jeweils ein Substantiv die Funktion der kausativen Metonymie aus, so in dem Beispiel
(153) der bleiche Tod

ein Adjektiv: »Bleich« heißt der Tod nicht wegen seiner eigenen Farbe, sondern deswegen, weil er andere erbleichen läßt. Die Umkehrung der Ursache-Wirkung-Relation demonstriert ein Satz aus Shakespeares *Romeo and Juliet* (V.iii.179):
(154) We see the ground whereon these woes do lie.

Hier ist anstelle von *woes* etwa *these dead causing our woes* zu substituieren, damit eine semantisch korrekte Konstruktion entsteht.

c) Substitution von (+ substantiell) × (+ akzidentell)
Wird das Merkmal (+ *substantiell*) durch das Merkmal (+ *akzidentell*) und umgekehrt substituiert, so entsteht eine semantische Verschiebung, die auf dem Prinzip der Zuordnung (Attribution) beruht. Dieses manifestiert sich u. a. in den untergeordneten Kontiguitätsrelationen Person (Gegenstand) / Attribut und Eigenschaftsträger/Eigenschaft. Ein treffendes Beispiel für die Verselbständigung des Attributs bieten Kuznec/Skrebnev (1968: 27):

(155) »Good morning, sir.« Authority has suddenly changed into subservience. »I hear you had some trouble with the turnstiles this
morning,« said Evelyn benevolently. — »Trouble, sir? Turnstiles?«
replied *subservience,* as if quite at a loss to understand the sinister
allusion. »They've told you wrong ...« *Subservience* sprang round
the counter.

In diesem Bennett-Zitat nimmt der Ausdruck *subservience* jeweils
den Platz des semantisch richtigen *subservient man* ein. Analoges trifft
auf *authority* zu. Der Wechsel zwischen (angemaßter) Autorität
und Unterwürfigkeit wird damit als gänzlich dominanter Zug im
Wesen dieses Mannes herausgestellt, der somit gleichsam in diesen
Eigenschaften aufgeht. Die gleiche Abstraktion wird vollzogen, wenn
in Shakespeares *Twelfth Night* (I.v.307) sich Viola von Olivia mit
den Worten verabschiedet:

(156) Farewell, fair cruelty!

Die normalgrammatische Korrektheit erfordert hier den Satz: *Farewell, fair and cruel lady!*

d) Substitution von (+inhaltlich) × (+inhaltsumschließend)
Die beiden Aspekte dieser Metonymie, die man als internalisierend
bzw. externalisierend bezeichnen kann, kommen u. a. in der Kontiguitätssubstitution von Raum – Rauminhalt und Zeit – Zeitinhalt
zum Ausdruck. Für die externalisierende Variante lassen sich die
Beispiele anführen:

(157) a) ein Glas (statt: die im Glas enthaltene Flüssigkeit) trinken,
　　　 b) das Mittelalter (statt: die Geschichte des Mittelalters) studieren.

Die internalisierende Metonymie ist durch Muster vertreten wie

(158) a) den Cognac (statt: das mit Cognac gefüllte Glas) in der Hand
　　　　 halten (cf. 131.e),
　　　 b) auf eine Zigarettenlänge (statt: während der Zeit, die das Rauchen
　　　　 einer Zigarette in Anspruch nimmt) verschwinden.

Solche Belege dokumentieren, daß sich dieser Typ der Metonymie
auch in der Alltagssprache eingebürgert hat. Ästhetische Signifikanz
erlangt er indes in der Eliot-Zeile *(The Love Song of J. Alfred Prufrock):*

(159) I have measured out my life with coffee-spoons,

wo der Kontiguitäts-Tropus *coffee-spoons* den Zeitraum substituiert,
während dessen man sich dieses Küchenutensils normalerweise bedient

270

(»Kaffeezeit«). Besonders zu erwähnen bleibt noch der Fall, wo ein Körperteil eine in ihm lokalisierte (oder lokalisiert gedachte) Eigenschaft ersetzt und umgekehrt. Die Illustration dazu bildet die dritte Strophe von Hofmann von Fallerslebens Deutschlandlied:

(160) Danach laßt uns alle streben
brüderlich mit Herz und Hand.

Herz und *Hand* sind hier Metasememe für *(vaterländische) Gesinnung* und *Tatkraft*. In diesen Beispielen hat die Kontiguitätsbeziehung symbolische Gültigkeit.

e) EXKURS: Pragmasemantische oder symbolische Metonymie
Unter dieser Metonymie verstehen wir eine partikularisierende Kontiguitätssubstitution, die einer habituellen Verfestigung durch den Kommunikationsprozeß unterliegt. Wir nennen das Ergebnis auch »Symbol«. Seine Entschlüsselung ist nicht immer leicht, weil es dazu der Kenntnis der pragmatischen Gegebenheiten bedarf. Grundsätzlich kann die symbolische Metonymie sich in allen bisher vorgestellten Formen realisieren. Besonders ausgeprägt ist in ihr aber die Ersetzungsrelation *(+substantiell) / (+akzidentell)*. Das zeigt sich etwa in einem Beispiel von James Shirley (zit. v. Chapman 1973: 78):

(161) Sceptre and Crown
Must tumble down,
And in the dust be equal made
With the poor crooked scythe and spade.

Sceptre und *Crown* stehen hier für *kings* (»Könige«) ein, während *the poor crooked scythe and spade* anstelle von *the poor farmers* (»die armen Bauern«) substituiert ist. Das Verstehen dieser Symbole setzt das Wissen darum voraus, daß Szepter und Krone traditionelle Insignien des Königs sind und Sense und Spaten zur Zeit der Textabfassung als die typischen Arbeitswerkzeuge des Bauern galten. Andere metonymische Symbole sind: Waffen (statt: Krieg), Feder (statt: Gelehrsamkeit), Toga (statt: Frieden [bei Cicero]), Stundenglas (statt: Zeit), Auge (statt: Gott), der Buchstabe A (statt: *adultery* [bei Hawthorne]), Hammer und Sichel (statt: Arbeiter und Bauer [auf der Sowjetfahne]) usw. Die Reihe läßt sich fortsetzen. Wie viele der aufgeführten Beispiele lehren, wurzelt das Symbol nicht primär in sprachlichen Gegebenheiten. Vielmehr ist die Sprache hier nur – in den Worten von Le Guern (1973: 40) – »la traduction dans le langage d'un rapport extralinguistique qui pourra être exprimé dans une autre langue naturelle sans subir de modification perceptible«.

Die behandelten Kontiguitäts-Tropen a)–e) sind nur einige von vielen möglichen. Wie die Metapher können sie auf unterschiedlichen linguistischen Ebenen verwirklicht werden, so daß es zum Beispiel eine nominale Metonymie und eine Objektsmetonymie gibt. Die textologische Metonymie soll *Periphrase* heißen. Diese Begriffsbestimmung bedeutet eine Präzisierung des sonst sehr weitläufig für viele stilistische Unbestimmtheitsstellen verwandten Terminus (cf. Lausberg 1967: 67–69) – eine Präzisierung, die gleichwohl in seinem Ursprung angelegt ist (cf. Quintilian, *Inst. Or.* VIII.vi.59 ff.). Sie besagt in Kürze, daß ein textologisches Semem an die Stelle eines kleineren tritt, wobei in der Regel das größere Semem Merkmale wie *(+partikular)*, *(+akzidentell)*, *(+bewirkt)* und das kleinere Merkmale wie *(+generell)*, *(+substantiell)*, *(+ursächlich)* trägt. Die Folge eines solchen Vorgehens ist die Zersplitterung eines semantischen Textkerns in eine Vielzahl von Details. R. Jakobson (1971) mutmaßt, daß die realistische Prosabeschreibung der Nährboden für das gehäufte Vorkommen von Metonymien sei.

Semantische Anomalien, wie sie die Tropen darstellen, können in ihrem Deviationscharakter beschnitten werden. Dies geschieht durch Mittel der »Modalisierung« (Todorov 1971: 368). Solche können syntaktische »Vorsichtsformeln« (Lausberg) wie *ut ita dicam*, *as it were*, *sozusagen*, *dirait-on* oder aber auch graphemische Signale wie Kursivschrift, Anführungszeichen und Großbuchstaben darstellen. Ihre funktionale Stellung ist metapragmatischer Art. Sie zeigen den Tropus als eine Anomalie an und berauben ihn auf diese Weise seiner unmittelbaren Wirkung. Was sie hervorrufen, ist »ästhetische Distanz«.

6.1.5. Textanalysen

Im folgenden stehen zwei lyrische Texte zur Diskussion. Sie illustrieren in dem einen Fall das Strukturmuster der Allegorie, in dem anderen das der Periphrase.

6.1.5.1. Analyse von Goethes »Kennst du das Land ...?«

Quelle: J. W. Goethe, *Wilhelm Meisters theatralische Sendung*, Frankfurt 1960, p. 155.

In Goethes *Wilhelm Meisters theatralische Sendung* findet sich zu Beginn des vierten Buches das Gedicht, auf dessen erste Strophe wir uns hier beschränken wollen:

1 Kennst du das Land, wo die Zitronen blühn,
2 Im grünen Laub die Goldorangen glühn,

3 Ein sanfter Wind vom blauen Himmel weht,
4 Die Myrte still und froh der Lorbeer steht,
5 Kennst du es wohl?
6   Dahin! Dahin
7 Möcht' ich mit dir, o mein Gebieter, ziehn!

Die Gedichtstrophe besteht aus zwei Sätzen, deren erster eine Periphrase enthält, die in der zweiten und dritten Strophe ihre Fortsetzung findet. Das Land, auf das hier Bezug genommen wird, ist, wie wir später erfahren, Italien. An die Stelle seines Namens sind in dem Lied seine Eigenschaften getreten. Es handelt sich also um eine antonomastische Periphrase. Das Ganze *(Italien)* wird in seine Bestandteile *(Zitronen, grünes Laub, Goldorangen ...)* zergliedert und dadurch konkretisiert, gleichzeitig aber auch verrätselt – das unterstreicht nachdrücklich die Frageform. Die Detaillierung ist besonders augenfällig, wenn man den umfangreichen ersten Satz auf eine Reihe einfacher Aussagesätze zurückführt:

Es gibt ein Land.

    Das Land hat Zitronen.
        Die Zitronen blühen.

    Das Land hat Goldorangen.
        Die Goldorangen glühen.
        Die Goldorangen glühen im Laub.
            Das Laub ist grün.

    Das Land hat Wind.
        Der Wind ist sanft.
        Der Wind weht.
        Der Wind weht vom Himmel.
            Der Himmel ist blau.

    Das Land hat Myrten.
        Die Myrten stehen still.

    Das Land hat Lorbeer.
        Der Lorbeer steht froh.

Die Analyse stellt heraus, daß die Periphrase aus fünf einzelnen Metonymien besteht. Diese sind teilweise ihrerseits wiederum Metonymien. In *die Zitronen blühn* substituiert die Wirkung *(Zitronen)* die Ursache *(Zitronenbaum)*. Im 4. Vers tritt der Singular zweimal an die Stelle des Plurals (Synekdoche). Darüber hinaus gibt es Metaphern, und zwar meist solche anthropomorphisierender Art (V. 3: *sanft*, V. 4: *still, froh*). In den Versen 1–4 sind demnach zwei tropische Größenordnungen zu verzeichnen: Ein textologischer »Rah-

mentropus«, die Periphrase des Namens *Italien*, und mehrere morphologische »Binnentropen«, die teils metonymisch, teils metaphorisch
sind. Die potenzierte Tropisierung ist begleitet von einer Reihe anderer Figuren: prosodischen (Vers), klanglichen (Paarreim) und syntaktischen (Parallelismus, Chiasmus), welche die Ästhetizität der
Textaussage steigern. Hinzu kommt, daß der Text der Strophe in eine
lyrische Kommunikationssituation eingebettet ist, die sich in dem
Wechselspiel zweier pragmatischer Figuren vollzieht: der Frage und
des Ausrufs. Der Ausruf *(exclamatio)* bleibt in Strophe 1 und 2
identisch; in Strophe 3 ist er leicht variiert. Er bildet den Refrain
des Gedichtes – eine Form der textologischen Wiederholung. Die
Frage ist in allen Strophen durchaus »rhetorisch« aufzufassen *(inter-
rogatio)*; die Antwort auf sie erübrigt sich, da die Bestandteile der
Periphrase konkret genug sind, um Italien mit großer Sicherheit zu
identifizieren. Ebenfalls sind in Strophe 2 und 3 die Substitute S_2
verhältnismäßig leicht zu erschließen; sie lauten: *klassizistische (italienische) Villa* und *Alpenpaß*.

6.1.5.2. Analyse von E. Dickinsons »I like to see it lap the Miles«

Quelle: *The Poems of Emily Dickinson,* ed. Th. H. Johnson, 3 vols., Cambridge, Mass., 1955, II, 447–448 (No. 585).

1   I like to see it lap the Miles –
       And lick the Valleys up –
       And stop to feed itself at Tanks –
       And then – prodigious step

5   Around a Pile of Mountains –
       And supercilious peer
       In Shanties – by the sides of Roads –
       And then a Quarry pare

       To fit it's sides
10   And crawl between
       Complaining all the while
       In horrid – hooting stanza –
       Then chase itself down Hill –

       And neigh like Boanerges –
15   Then – prompter than a Star
       Stop – docile and omnipotent
       At it's own stable door –

Das Gedicht, das zu den bekanntesten E. Dickinsons zählt, hat bisher
in H. Galinskys Deutung (*Wegbereiter moderner amerikanischer Lyrik*, Heidelberg 1968, pp. 61–67) eine vorzügliche Interpretation

erfahren. Wenn hier dennoch einige ergänzende Bemerkungen gemacht werden, so geschieht das unter dem spezifischen Aspekt der in diesem Kapitel behandelten Metasememe.

Das Gedicht besteht aus einem einzigen Satz. Subjekt und Objekt sind Personalpronomina: *I* und *it*. Letzteres stellt das »logische Subjekt« des Textes, d. h. sein Thema, dar. Es bedarf – wie alle Pronomina – der semantischen Konkretisierung. Diese erfolgt hier aber nicht, wie zu erwarten, durch das Einsetzen eines Lexems als Substituendum, sondern dadurch, daß dem *it* eine ganze Reihe von Tätigkeiten zugeschrieben wird: *lap the Miles, lick the Valleys up* etc. Die Semantisierung von *it* geschieht also »indirekt« – durch Kontiguitätssubstitution: eine Substanz wird durch ihre Akzidentien ersetzt. Demnach liegt eine Periphrase vor, welche den Rahmentropus dieses Textes darstellt. Einzelne Bestandteile dieser Periphrase *(tank, hooting)* deuten darauf hin, daß das Personalpronomen *it* mit dem Lexem *locomotive* zu identifizieren ist. Da die konkreten Anhaltspunkte im Text verhältnismäßig spärlich sind, ist eine solche Gleichsetzung letzten Endes nur textextern verifizierbar, das heißt: durch unsere Kenntnis vom technologischen Entwicklungsstand in den USA zur Zeit der Gedichtabfassung (ca. 1862).

Bisher hat sich gezeigt, daß das Gedicht als ein semantisches Rätsel konzipiert ist. Zu diesem Charakter trägt auch der Umstand bei, daß sich innerhalb der Periphrase die Tropisierung fortsetzt. Ihre Grundlage sind Metaphern. Diese stammen aus zwei Bereichen, dem tierischen und dem menschlichen. Ihre Funktion ist es, den Darstellungsgegenstand »Lokomotive« weiter zu verfremden. Wie dies geschieht, lehrt eine nähere Betrachtung der Metapherntypen und ihrer Distribution im Text.

1. Animistische Metaphorik: Wir verstehen darunter die Ersetzung von semantischen Einheiten mit dem Merkmal *(–belebt)* durch solche mit dem Merkmal *(+belebt)*. Solche findet sich in den folgenden Ausdrücken: *lap the Miles* (1), *lick the Valleys up* (2), *feed itself at tanks* (3) und *crawl between* (10). Diese Metaphern verlebendigen die Maschine, machen sie zu einem Lebewesen. Unausgemacht bleibt dabei, ob es sich hier um Mensch oder Tier handelt, da die Tätigkeiten des Aufleckens, Sich-Ernährens und Kriechens beiden zugeschrieben werden können.

2. Tiermetaphorik: Wir verstehen darunter die Ersetzung von semantischen Einheiten mit dem Merkmal *(–belebt)* durch solche mit den Merkmalen *(+belebt)* + *(+tierisch)*. Eine Metapher dieser Art liegt in *neigh* (14) vor. Hier wird die Aktion der Maschine mit der Aktion des Pferdes gleichgesetzt (vgl. dazu Prägungen wie *Dampfroß* oder *iron horse*). Auch der Ausdruck *stable door* (17) repräsentiert die Sphäre des Tieres. Interpretiert man animistische Metaphern wie *lick up* (2) oder *crawl* (10) als Tiermetaphern, so ist weiter zu differenzieren. Die Lokomotive erscheint dann nicht nur als Pferd, sondern auch als Katze oder Schlange, Tiere, denen u. a. die Eigenschaften des *lick up* (2) bzw. *crawl* (10) als artspezifisch zugeschrieben werden. Die semantische Deskription dieser Verhältnisse sieht so aus, daß zu dem Sem *(+tierisch)* weitere hinzugefügt werden: *(+zum Pferd gehörig)* etc.

3. Anthropomorphisierende Metaphorik: Wir verstehen darunter die Ersetzung von semantischen Einheiten mit dem Merkmal *(−belebt)* durch solche mit den Merkmalen *(+belebt)* + *(+menschlich)*. In diese Kategorie fallen Ausdrücke wie *step* (4), *supercilious* (6), *peer* (6), *pare* (8), *to fit it's sides* (9), *complaining* (11). Sie statten die Maschine mit menschlichen Eigenschaften und Tätigkeiten aus. Sie ist hochmütig, klagt, späht neugierig aus, schreitet herum, beschneidet, paßt an.

Das Auffällige an der Distribution dieser Metapherntypen ist, daß sie sich im Text mischen. Dabei herrscht am Textanfang die animistische Bildlichkeit vor, während die Textmitte durch Dominanz der anthropomorphisierenden Metaphorik gekennzeichnet ist. Den Textschluß bilden Tiermetaphern. Das Resultat solcher Mischung ist eine semantische Instabilität. Die Lokomotive erscheint als Lebewesen, Tier, Mensch. Die Reaktion des Rezipienten auf eine solche Schilderung ist Unsicherheit, Befremden. Im ungewissen befindet er sich vor allem zu Beginn des Gedichtes, wo er vergeblich nach Ersatz-Lexemen für *it* Ausschau hält. Die nachfolgenden »Metaphern-Sprünge« lassen ihn im unklaren darüber, welche tropische Identifikation eigentlich gültig ist. Weitere Metasememe verstärken noch diesen Eindruck des Oszillierens. H. Galinsky weist darauf hin, daß in den Schlußzeilen (15–17)

> Then — prompter than a Star
> Stop — docile and omnipotent
> At it's own stable door –

zwei Paradoxe enthalten sind: Einmal gibt es keine Sterne, die ihren Lauf anhalten. Zum anderen werden der Maschine zwei Eigenschaften zugeschrieben, die einander ausschließen: Gelehrigkeit (Gehorsam) auf der einen und Allmacht auf der anderen Seite. Beide semantische Deviationsformen haben die Funktion, das Wesen der Maschine in ein schillerndes Licht zu tauchen. Dazu gehört nicht zuletzt der Doppelaspekt der Technik: die Möglichkeit, vom Menschen beherrscht zu werden, und – umgekehrt – ihn zu beherrschen.

Ein weiterer semantischer Aspekt kommt hinzu. Die Metaphorik dieses Gedichtes ist nicht nur durch den Austausch von Unbelebtem und Belebtem gekennzeichnet, sondern häufig auch durch die Substitution von Klein und Groß. So erscheint die Lokomotive als ein überdimensionales Lebewesen, das Meilen verschlingt, Täler aufleckt, gewaltig daherschreitet, hochmütig ausspäht und Steinbrüche zerschneidet. Diesen Zug an der Metapher nennen wir hyperbolisch. Zwei Vergleiche setzen später diese Übertreibung fort:

> And neigh like Boanerges
> Then – prompter than a Star.

Boanerges ist biblischen Ursprungs und heißt *Donnersöhne* (Mark. 3, 17). Das Beispiel ist symptomatisch für die »semantische Aufwertung«, welche die Lokomotive durch die hyperbolische Sprache erfährt. Die Maschine wird in die mythische und kosmische Sphäre emporgehoben. Als solche flößt sie dem Betrachter Bewunderung, ja Liebe ein: *I like to see it* .... Die Verszeile

> in horrid-hooting stanza

paßt sich diesem Bild an, bereichert es vielleicht noch um die Nuance des Schrecklich-Komischen, die dann wiederum im Einklang stünde mit der früher beschriebenen semantischen Ambiguität.

Das Resultat dieser Analyse läßt sich auf folgende Weise zusammenfassen: Wir wissen, daß Metasememe durch eine ästhetische Transformation normalgrammatischer Phänomene entstehen. Eine solche Transformation findet hier zunächst in Gestalt einer Periphrase statt, die den ganzen Text einnimmt. Dies ist die erste Stufe der semantischen Verrätselung. Die zweite Stufe betrifft die Metaphorisierung der periphrastischen Details. Auf beiden Stufen wird der Textgegenstand, eine Lokomotive, zu einem teils tierischen, teils menschlichen Lebewesen von mythischen Ausmaßen emporgesteigert. Er behält dabei stets jenes Doppelantlitz des potentiell Gefährlichen und zugleich Liebenswürdig-Vertrauten. Ursprung dieser metasememischen Verwandlung ist das im ersten Satz angeführte Ich: *I like to see it* ... Das Ich vollzieht die Transformation der sinnlichen Welt in eine imaginative. Von daher gesehen gewinnt das *see* in Vers 1 selbst metaphorische Qualitäten: es verwandelt sich von einem Verb der optischen Wahrnehmung zu einem Verb des geistigen Schauens.

6.2. Figuren der semantischen Äquivalenz

Sinnfiguren, die das Prinzip der Äquivalenz der Wiederholungsglieder beachten, sind isosem oder nahezu isosem (Pelc 1961: 307).

»Isosemie« heißt: Art und Anzahl der semantischen Merkmale einer linguistischen Einheit sind gleich. Vollständige Identität der Seme dürfte dann vorliegen, wenn das Mitglied einer Wortklasse in gleicher Lautung, Form, syntaktischer und semantischer Umgebung wiederholt wird, es sei denn, eine Emphase veränderte den Sembestand einer Wortwiederholung. Weniger eindeutig liegt der Fall der *Synonymie*, die bei Differenz der Wortkörper eine inhaltliche Gleichheit aufweist (cf. II.4.2.5.3.). Ob diese Gleichheit jedoch nur als eine Ähnlichkeit aufgefaßt werden darf, darüber ist man sich in der Linguistik nicht einig. Synonymie ist von großer Bedeutung bei der Aufzählung von Spracheinheiten, deren Semstrukturen miteinander verwandt sind, z. B. in Gryphius'

(162) Der Fürst der Finsternis mit Weh, Ach, Angst und Leid,

wo die Merkmale *(+zum Lebewesen gehörig), (+emotional), (–positiv), (+schmerzlich)* etc. den gemeinsamen Nenner der synonymen Ausdrücke *Weh, Ach, Angst, Leid* bilden. Eine Sonderrolle spielt in diesem Kontext das *Hendiadyoin* (»eins durch zwei«), z. B. in G. Herberts

(163) judge and sentence *(The Rose),*

das zwei semantisch äquivalente Ausdrücke mit Hilfe der Konjunktion *and* zusammenführt, um dem gemeinsamen Sempotential desto größeren Nachdruck zu verleihen.

Neben diese Formen synonymer Äquivalenz tritt der poetische Vergleich *(similitudo).* Seine syntaktische Struktur ist die des *so — wie*; seine semantische Struktur besteht darin, daß zwei (oder mehr) semantische Einheiten (Sememe) durch eine gemeinsame Menge von semantischen Merkmalen (Seme), dem sog. *tertium comparationis*, miteinander verbunden werden. So sind in dem Beispiel

(164) Peter ist so groß wie sein Bruder

die semantischen Einheiten *Peter* und *sein Bruder* durch das gemeinsame Merkmal der Größe koordiniert. Ferner bildet in dem Satz

(165) Peter kämpft wie ein Soldat

das Kämpfen den gemeinsamen semantischen Nenner von *Peter* und *Soldat*. Im ersten Fall ist der Träger des gemeinsamen Sempotentials ein Adjektiv, hier hingegen ein Verb. Nun kann niemand ernsthaft behaupten, die beiden Sätze seien poetisch; denn sie kommen so oder ähnlich recht häufig in der Alltagsrede vor. Um stilistische Qualität zu erlangen, müssen Vergleiche zusätzlichen Anforderungen genügen.

Dies geschieht etwa dann, wenn die beiden Vergleichsglieder eine semantische Divergenz aufweisen. Wir nennen diese Erscheinung »sekundäre Deviation«. Zu ihrer Erläuterung sei daran erinnert, daß seit der klassischen Antike die Definition der Metapher als verkürzter Vergleich geradezu ein topischer Bestandteil der Rhetorik geworden ist. Kehren wir diese Gleichung einmal um und bezeichnen den Vergleich als expandierte Metapher, so erscheint das zweite Vergleichsglied (die *wie*-Komponente) als das Resultat einer Similaritätssubstitution. Die Merkmaloppositionen sind die gleichen wie bei der Metapher, so daß analoge Vergleichstypen existieren. So liegt etwa in den Beispielen

(166) a) Peter kämpft wie ein Titan.
  b) Peter läuft wie eine Schnecke.
  c) Der Wolkenkratzer ragt wie eine drohende Faust in den Himmel.

jeweils ein hyperbolischer, ein ironischer und ein kinetischer Vergleich vor. Auch hier gibt es – analog zur Metapher – *tote Vergleiche*, etwa

(167) Peter kämpft wie ein Löwe.

Dieser Vergleich ist durch den ständigen Gebrauch so abgenutzt, daß er seine poetische Energie eingebüßt hat.

Die textologische Ausdehnung des Vergleichs soll *Gleichnis* heißen. Im Gleichnis kann es vorkommen, daß die *So*-Komponente nur eine kurze Textstrecke, die *Wie*-Komponente hingegen eine längere in Anspruch nimmt. Bezeichnen wir die erstgenannte Komponente mit S_2, die zweite mit S_1, so existieren demnach für S_1 in S_2 zu wenig Semem-Korrelate. Anders ausgedrückt: S_1 besitzt einen semantischen Überschuß (Redundanz). Der Rezipient ist daher genötigt, selbst die korrespondierenden Sememe von S_2 zu ergänzen. Bei manchen Gleichnissen (etwa Homers) ist selbst dies kaum mehr möglich, da sich dort S_1 so sehr von S_2 gelöst hat, daß eine semantische Äquivalenz nur im Thema, nicht aber im Detail feststellbar ist. Bei manchen Gleichnissen fehlt – häufig verursacht durch Überlänge von S_1 – S_2 ganz; es ist dann der Fall eines Textabbruchs (Ellipse) gegeben. Gleichnisse sind in epischer Dichtung, in Fabeln und in der Bibel anzutreffen.

Eine sekundäre semantische Deviation besonderer Art stellt die *Antithese* dar. Sie bringt nicht Synonyme, sondern Antonyme in eine syntagmatische Relation; diese hat gewöhnlich die Gestalt eines Satzparallelismus. Škreb (1968: 51) erwähnt (im Anschluß an E. Elster) korrelative, kontradiktorische und konträre Begriffe, welche zur Bildung von Antithesen beitragen. Doch scheint es gemäß der von uns bisher bevorzugten Terminologie besser, hier von der

Konstitution einer Minus-Opposition im Sembestand zu sprechen, z. B. *(+groß) : (–groß)*. Je größer die Ballung solcher Oppositionen in syntaktisch äquivalenten Einheiten ist, desto stärker die Antithese. Eine zweigliedrige Wortantithese bietet Büchners

(168) Friede den Hütten!
Krieg den Palästen!

In diesem Zitat, das eine strikte syntaktische Äquivalenz aufweist – die Strukturformel lautet: $S\ (N_{sing}) + O\ (Art_{plur,\ dat} + N_{plur,\ dat}) -$, bilden *Friede : Krieg* und *Hütten : Paläste* Antonymen-Paare, die durch vielfältige Sem-Oppositionen miteinander kontrastieren. Das sei an einem Beispiel demonstriert:

(169) *Hütten*   *Paläste*
(+ärmlich)   (–ärmlich)   Wertqualität
(+hölzern)   (–hölzern)   Baumaterial
(+niedrig)   (–niedrig)   Höhe
(+unstabil)   (–unstabil)   Festigkeit
(+eng)   (–eng)   Ausdehnung
etc.

Die einzelnen Sem-Oppositionen sind aneinander gebunden durch gemeinsame Hyperseme: *Wertqualität, Baumaterial* etc. In ihrer Gesamtheit stellen sie den von den Theoretikern oft genannten »Oberbegriff« dar, welcher – meist ungenannt – als *tertium comparationis* die Einheit der Antithese stiftet. Dieser Oberbegriff (»Hypersemem«) ist in (169) etwa als *Wohnstätte*, in dem Antonymen-Paar *Friede : Krieg* etwa als *Verhaltensform* zu spezifizieren. Eine Schematisierung dieses Tatbestandes, die etwa folgendermaßen aussieht:

(170)

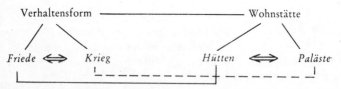

macht deutlich, daß die Antithese zu den Figuren der semantischen Äquivalenz und hier wiederum zur extremen Form der »sekundären Deviation« zu rechnen ist. Was für das Verhältnis von Vergleich und Metapher gilt, hat für das Verhältnis von Antithese und Oxymoron in gleicher Weise Gültigkeit. Besteht im Falle von Metapher und Oxymoron ein primärer semantischer Normenverstoß, so sind die beiden anderen Figuren von solcher Beschaffenheit, daß sie den text-semantischen Standard auf eine besondere Weise profilieren.

Daher begeht W. Shibles einen doppelten Fehler, wenn er in einem Aufsatz über die Metapher einen Abschnitt der Diskussion von »Oxymoron oder Antithese« *(sic)* widmet (1974: 7). Denn einmal ist keine der beiden Figuren unter die Kategorie »Metapher« subsumierbar; zum anderen ist das Oxymoron nicht namens- und wesensidentisch mit der Antithese. Eine differenzierte Stellungnahme zur Antithese findet sich bei Kopperschmidt (1972), der auch andere figurale Aspekte des Büchner-Zitats (168) erhellt (1972: 60–62).

Škreb (1968) gebührt das Verdienst, darauf aufmerksam gemacht zu haben, daß die Antithese nicht nur ein synchrones, sondern auch ein diachrones Phänomen darstellt. Er führt zur Illustration die folgenden Schiller-Verse an:

(171) Zwischen Sinnenglück und Seelenfrieden
      Bleibt dem Menschen nur die bange Wahl.

Der Mensch der heutigen Zeit erblickt in dem Lexempaar *Sinnenglück : Seelenfrieden* nicht unbedingt einen Gegensatz. »Für Schiller aber, den geschichtlichen Schiller, waren Ideal und Leben, Sinnenglück und Seelenfrieden wirkliche Antithesen« (1968: 52). Eine solche Feststellung mag zugleich die Frage aufwerfen, ob nicht alle semantischen Einheiten durch ihr Eingebundensein in die Historizität ständigen Mutationen ausgesetzt sind – Mutationen, die sowohl zum Gewinn als auch zum Verlust an Poetizität führen können. Im Hinblick auf den Poetizitätsverlust ist das Problem der *toten Metapher* auf alle anderen Metasememe übertragbar.

6.2.1. Textanalyse: E. Spenser, »The Faerie Queene« III.i.46

Quelle: E. Spenser, *The Poetical Works,* edd. J. C. Smith / E. de Selincourt, London 1960, p. 145.

In Spensers *The Faerie Queene* (III.i.46) wird Britomart auf folgende Weise beschrieben:

A_1	1	For she was full of amiable grace,
	2	And manly terrour mixed therewithall,
	3	That as the one stird vp affections bace,
	4	So th'other did mens rash desires apall,
	5	And hold them backe, that would in errour fall;
A_2	6	As he, that hath espide a vermeill Rose,
	7	To which sharpe thornes and breres the way forstall,
	8	Dare not for dread his hardy hand expose,
	9	But wishing it far off, his idle wish doth lose.

281

Die Gedichtstrophe besteht aus einem einzigen Satz, der sich in zwei semantisch äquivalente Teilsätze gliedert. Von diesen enthält der erste (1–5) die *So*-Komponente A_1, der zweite (6–9) die *Wie*-Komponente A_2 eines Vergleichs. A_1 enthält das Subjekt *she*, dem zwei antithetische Eigenschaften zugeordnet werden: *amiable grace* (1) und *manly terrour* (2), die jeweils Leidenschaften aufrühren (3) bzw. zügeln (4, 5). A_2 kehrt die syntaktische Anordnung von A_1 diametral um (Chiasmus). Das *she,* das in A_1 Subjekt ist, nimmt hier als *vermeill Rose* (6) die Objektsposition ein, während die Träger der Leidenschaften in A_1, *men* (4) bzw. *them* (5), von der Objektsposition in die Stellung des Subjekts *he* in A_2 hinüberwechseln. Britomart und ihre Eigenschaften werden mit einer Rose verglichen, die zwar schön ist, aber gleichzeitig durch ihre Dornen das Begehren eines Unberufenen zurückweist. Diesen Vergleich bestimmen semantische Äquivalenzbeziehungen zwischen A_1 und A_2: a) *amiable grace* (1) und *vermeill (Rose)* (6); b) *manly terrour* (2) und *sharpe thornes and breres* (7); c) *affections bace* (3), *rash desires* (4), *errour* (5) und *hardy hand* (8), *idle wish* (9); d) *apall* (4), *hold backe* (5) und *forstall* (7). Zwischen den Vergleichsgliedern in a) und b) herrscht ebenso eine Kontiguitätsbeziehung wie zwischen *rash desires* (4) und *hardy hand* (8) in c). Die übrigen Relationen sind synonymer Art. Auf diese Weise entsteht ein dichtes sem-äquivalentes Beziehungsgeflecht. Damit aber nicht genug. Neben phonästhetischen Figuren wie Akzent (Jambus) und Reim *(rhyme royal)* sind auch Wortfiguren in Gestalt des Polyptotons *wishing/wish* (9) und Satzfiguren in Gestalt von Parallelismen (1–2, 3–4) vertreten, so daß die Strophe ein vielfaches *coupling* von Äquivalenzfiguren aufweist. Sie haben die Aufgabe, Britomarts Aussehen, besonders den Doppelaspekt des Schön-Schrecklichen, herauszuheben. Die ganze Darstellung geht auf in einer schmuckrhetorischen Ausweitung *(amplificatio)* dieses Themas.

7. Graphemische Figuren

Das Gebiet der Graphemik, der Linguistik der Schriftzeichen, ist von der Sprachwissenschaft lange Zeit aus verschiedenen Gründen (cf. dazu Plett 1972a) vernachlässigt worden. Daher konnten auch graphemische Deviationen nicht als ästhetizitätserzeugende Faktoren in das Blickfeld des Textwissenschaftlers treten, obgleich ihn die Kenntnis von Figurengedichten und anderen Manierismen der Schriftbildung (cf. Hocke 1959) eines Besseren belehrt haben müßte. Daß die Schriftzeichen einer Sprache einer grammatischen Norm unterliegen, die in Regeln umsetzbar ist, bedarf nach den Forschungen der letzten beiden Jahrzehnte keiner Frage mehr (Hall 1952, Mountford 1969, Venezky 1970). Diese Regeln sind so formulierbar, daß in ihnen der Bezug des Mediums Schrift zu den einzelnen linguistischen Ebenen deutlich wird. Mithin kann man zwischen graphophonologischen, graphomorphologischen, graphosyntaktischen und graphotextologischen Einheiten unterscheiden. Die Kriterien, nach denen auf der Grundlage dieser Klassifikation Schriftfiguren oder Metagraphe erzeugt werden können, sind die gleichen, welche bisher Gültigkeit besaßen: Addition, Subtraktion, Permutation, Substitution und Äquivalenz. Sie bilden das Fundament einer Graphästhetik, die hier nur in ersten Umrissen skizziert werden kann.

7.1. Figuren der graphemischen Deviation

Die Operationsbasis für graphemische Abweichungen bilden folgende Elemente: 1. segmentale Grapheme (»Buchstaben«) und 2. inter- bzw. suprasegmentale Grapheme (diakritische Zeichen wie Punkt, Komma, Akzent, Trema) in ihren unterschiedlichen Kombinationen. Segmentale Grapheme werden im graphophonologischen Bereich etwa als Monograph (⟨a⟩, ⟨b⟩, ⟨c⟩) und Digraph (⟨th⟩ und ⟨a-e⟩ im Englischen) realisiert, wobei im Falle des Digraphs eine kontinuierliche (⟨th⟩ in ⟨thing⟩) und eine diskontinuierliche (⟨a-e⟩ in ⟨hate⟩) Variante auseinanderzuhalten sind. Inter- und suprasegmentale Grapheme haben die Funktion, als Gliederungssignale im Bereich der Graphophonologie (Akzent, Trema), Graphomorphologie (Bindestrich), Graphosyntax (Komma, Semikolon, Punkt) und Graphotextologie (Absatzmarkierung, Paragraph) zu wirken. Auch das freie Spatium, das die Leertaste auf der Schreib- und Setzmaschine erzeugt, gehört zu dieser Klasse. Als freie Varianten (Allographe) beider Graphemtypen sind z. B. Art, Größe und Farbe der Schrifttypen zu nennen. Diese (nur andeutungsweise ausgeführten) Bemerkungen vorausgeschickt, ergibt sich eine große Bandbreite möglicher Graphem-abweichungen. Nachdrücklich hat auf sie vor einiger Zeit R. Gläser (1972), gestützt auf Vorarbeiten Jean Praninskas, aufmerksam gemacht, wobei ihr als Textcorpus Zeugnisse der amerikanischen Werbesprache zugrundelagen. Ihre Kategorien »Graphemtilgungen« und »Graphemsubstitutionen« befinden sich im Einklang mit der in diesem Buch gewählten Terminologie; die Kategorien der Addition und Permutation fügen wir hinzu.

7.1.1. Addition

Die Addition von Schriftzeichen kann in graphophonologischer Initialposition erfolgen:

(172) a) The Ffinest Ffamily in the Land (Henry Livings)
     b) la ffine efflorescence de la cuisine ffransouèze (Raymond Queneau, zit. von Dubois *et al.* 1970: 65).

Sie ist jedoch nicht auf die Hinzufügung segmentaler Grapheme beschränkt, sondern kann auch durch intersegmentale Zusätze verwirklicht werden. Als besonders auffälligen Zug der amerikanischen Wirtschaftswerbung notiert R. Gläser (1972: 193) »Warenzeichen, deren Lexeme durch Bindestrich in Silben zerlegt werden, die ihrerseits in einer völlig willkürlichen Schreibung erscheinen«. Als Beispiele werden u. a.

(173) a) Flu-Id-Deth   (Insektenvernichtungsmittel)
     b) De-solv-al   (Metallreinigungsmittel)
     c) Rub-Er-Red   (»red iron oxide; rubber compounding«)

genannt, die außer der Addition von Graphemen (Bindestrich) auch Änderungen durch Substitution (kleine/große Buchstaben), Subtraktion (z. B. ⟨death⟩ → ⟨deth⟩) und Äquivalenz (z. B. Spiegelsymmetrie in ⟨De-solv-al⟩) aufweisen. Außer dem Insertionsgraphem des Bindestrichs können auch andere diakritische Zeichen zur Schaffung von Kunstwörtern führen. Eines von den vielen Beispielen, die E. E. Cummings für diese Technik anbieten könnte, ist die folgende Zeile:

(174) again slo-wly; bare, ly nudg. ing (my ,

die in einer graphematischen Normalgrammatik folgende Gestalt besitzt:

(175) again slowly, barely nudging my (sc. lever).

Hier dient also nicht nur der Bindestrich, sondern auch das Semikolon, der Punkt, die Auftakt-Rundklammer und nicht zuletzt das

Kontingent freier Spatien dazu, durch Insertion an der grammatisch »falschen« Stelle die morphosyntaktische Kombinationsfolge zu zerreißen (cf. auch 7.1.3.: Permutation). Durch diese Abweichungstechnik versucht der Autor, die verzweifelten Fahrversuche mit einem neuen Automobil wiederzugeben.

Damit sind wir bei der Frage der pragmatischen bzw. semantischen Funktion solcher Deviationen angelangt. In (172) haben die Insertionsgrapheme die Aufgabe, die manierierte (überprononcierte) Artikulation vornehmtuender Engländer (Franzosen) zu imitieren. In (173) geht es darum, ein verfremdendes »Schriftspiel« zwischen Eigennamen (Produktbezeichnung) und *nomen appellativum* zu erzeugen. Dubois *et al.* (1970: 65) und Leech (1969: 52) berichten von literarischen Erscheinungsformen dieser Metagraphe (z. B. in Balzacs *Contes drolatiques* und in T. S. Eliots *East Coker*), welche den Eindruck des Archaischen suggerieren sollen (z. B. ⟨concorde⟩ statt ⟨concord⟩). Ein weiteres Illustrationsbeispiel sei E. Jandls *Laut und Luise* entnommen:

(176) pssnt
    es pssniest
    ein psnychologe.

Hier ahmt in Vers 2 und 3 die Addition von graphophonologischen Einheiten (⟨pss(n)⟩, ⟨(ps)n⟩: graphophonologische Haplologie) den Vorgang des Niesens nach, der bereits in der graphematischen Onomatopoiie des ersten Verses angedeutet ist.

7.1.2. Subtraktion

Beispiele von Graphemtilgungen in der englischen Werbesprache sind:

(177) a) Day-Glo (statt: Day-Glow)
    b) KANTWET FLORA-LAM (statt: FLORA-LAMB)
    c) Blu-Check (statt: Blue-Check)
    d) TYMETER (statt: time-meter)
    e) Weedone (statt: weed + done).

Weitere Belege finden sich bei Gläser (1972: 189–191). Besondere Aufmerksamkeit schenkt man diesem Metagraph, seitdem Leo Spitzer in seinem Aufsatz »Amerikanische Werbung – verstanden als populäre Kunst« die Warenbezeichnung *Sunkist* und den Slogan *From the sunkist groves of California* im Hinblick auf die Pragmatik ihrer Wirkung analysierte: »... *Sunkist* ist nur in einem Niemandsland möglich, wo das Prosaische gemieden, das Poetische aber nicht ganz ernstgenommen wird« (1966: 88). Eben diese Bemerkung läßt sich wohl auch auf die erste Strophe eines Gedichtes von G. Rühm anwenden:

(178) berühren
    erühren
    rühren
    ühren
    hren
    ren
    en
    n

Hier wird durch schrittweise Tilgung eines Graphems ein Graphomorphem auf die Stufe eines Monographs bzw. eines Null-Graphems reduziert. Möglich ist, daß dieses Stilmittel den realen oder imaginären Versuch einer taktilen Annäherung schildern soll; aber mit einer solchen Vermutung bewegen wir uns wahrscheinlich im Reich der Spekulationen. Am Rande sei noch die Möglichkeit intersegmentaler Graphemtilgung erwähnt. Sie findet sich etwa in vielen Gedichten Emily Dickinsons, wo sie Ursache textueller Vieldeutigkeit ist. Bekannt ist das durchgängige Fehlen der Satzzeichen in Molly Blooms innerem Monolog am Ende von J. Joyces *Ulysses*; seine Funktion besteht darin, das Fließen des Bewußtseinsstroms zu verdeutlichen.

7.1.3. Permutation

Graphemumstellungen finden auf allen sprachlichen Ebenen statt: graphophonologisch etwa in Jandls *ode auf N:* ⟨lepn⟩, ⟨nepl⟩; graphomorphologisch in G. Rühms *vielleicht,* dessen Bestandteile ⟨viel⟩ und ⟨leicht⟩ in Wiederholung auf die Schenkel einer V-Form verteilt sind; graphosyntaktisch in E. Jandls ⟨BESSEMERBIRNEN / als mehr Kanonen⟩ (statt: *besse(r) me(h)r Birnen*) und graphotextologisch in L. Sternes Transposition von Vorwort und Dedikation in die Mitte bzw. an das Ende des *Tristram Shandy.* Zwei Sonderformen bleiben weiterhin zu erwähnen. Die eine ist das sog. *Anagramm* (cf. II.3.1.1.3.), das durch die Vertauschung der Buchstaben eines Wortes ein neues Wort mit anderem Sinngehalt erzeugt: z. B. S. Butlers ⟨Erewhon⟩ statt: ⟨Nowhere⟩ (rückwärts gelesen) und G. Herberts ⟨Mary⟩ – ⟨Army⟩, zwischen denen der Autor eine (pseudo-) semantische (emblematische) Relation herstellt:

(179)

$$\text{Ana-}\left\{\begin{array}{c} \text{M A R Y} \\ \text{A R M Y} \end{array}\right\}\text{gram.}$$

How well her name an *Army* doth present,
In whom the *Lord of Hosts* did pitch his tent!

Handelt es sich hier um eine graphophonologische Sonderart der Permutation, so geht es in den folgenden Fällen um Transpositionen von Wortteilen:

(180) a) air-/built thoroughfare *(That Nature is a Heraclitean Fire)*
      b) when we delve or hew-/Hack *(Binsey Poplars)*
      c) king-/dom of daylight's dauphin *(The Windhover)*
      d) hardy-/handsome *(Felix Randal)*

– alles Beispiele des englischen Dichters G. M. Hopkins. Das Herausragende dieser graphomorphologischen Umstellung besteht darin, daß sie durch prosodische Gründe bedingt ist. Sie kann daher als eine morpho-prosodische Graphemabweichung klassifiziert werden (cf. II. 3.2.2.2.). Nicht selten findet sie sich – ohne zwingende prosodische Ursache – bei Jandl, Rühm und E. E. Cummings, wo dann der Bindestrich als Permutationssignal meist entfällt und nur noch die Zeilenverschiebung (nach unten, oben, rechts, links) übrig bleibt. Die zitierten Illustrationsmuster lehren, daß die Permutation unterschiedlich herbeigeführt sein kann: durch Umstellung von Buchstaben, aber auch durch Insertion oder Deletion von intersegmentalen Graphemen. Durch die Deletion des freien Spatiums (bei gleichzeitiger Deletion von ⟨r⟩ und ⟨h⟩ und Substitution von Klein- durch Großbuchstaben) entsteht aus ⟨besse(r) me(h)r Birnen⟩ die Kombination ⟨BESSEMERBIRNEN⟩, durch Insertion von Kommata aus ⟨taps⟩ die Fügung ⟨t,a,p,s⟩ (Cummings). Dabei können graphosemantische Ambiguitäten (Schriftspiele), wie im ersten Fall, oder graphematische Onomatopoiien, wie im zweiten Fall (Charakterisierung des mehrfachen Anschlagens eines *magical stick*), zustandekommen. Dies sind nur einige von vielen Möglichkeiten, welche die behandelte Deviationsform einschließt.

7.1.4. Substitution

Die graphematische Substitutionsdeviation ist eine sehr komplexe Erscheinung. Sie soll daher anhand mehrerer leitender Gesichtspunkte erläutert werden.

7.1.4.1. Substitution innerhalb desselben Graphemsystems

Das deutsche und das englische Schriftsystem sind alphabetischer Art, d. h. sie gründen in der Kombination von Buchstaben, die wiederum bestimmte Lautwerte repräsentieren. Beide Schriftsysteme sind in ihrem Grapheminventar weitgehend identisch, obgleich z. B. die graphomorphologischen Strukturen typische Unterschiede aufweisen: Im Deutschen werden alle Substantive und Wörter mit Substantivfunktion groß geschrieben, im Englischen hingegen nur die Eigennamen. Solche Divergenzen werden zu berücksichtigen sein, wenn im folgenden Abweichungsmuster durch Beispiele illustriert werden. Es handelt sich im einzelnen um folgende deviante Substitutionsformen:

a) Substitution von Groß- bzw. Kleinbuchstaben
E. E. Cummings verstößt in seinen Gedichten fast regelmäßig gegen die Großschreibung von ⟨I⟩ (»ich«), an dessen Stelle er den Kleinbuchstaben ⟨i⟩ schreibt. Umgekehrt setzt er sich über die Regeln der englischen Schriftgrammatik hinweg, indem er Kleinbuchstaben durch Großbuchstaben substituiert: ⟨allof her tremB/-ling⟩, ⟨(gonE)⟩, ⟨what was Disappeared⟩, ⟨(SlO/wLy)⟩ etc. Die Deviation erfolgt in diesen Beispielfällen am Beginn, in der Mitte und am Ende von Wörtern. Analoges trifft man in den Gedichten E. Jandls an, besonders auffällig in *dER RITTER:*

(181)

EIn woRT adElT sEInE buchsTabEn

sIE dEn RITTER mIT IhR fahREn bITTE sIE
ER jETzT schlafEn odER RodEln gEhE ER ...

In den aufgeführten Mustern werden jeweils vereinzelt oder in größerer Anzahl Regeln der deutschen oder englischen Orthographie durchbrochen, in ⟨(gonE)⟩ etwa die Regel, daß Großschreibungen nur am Wortanfang vorkommen (Positionsregel), in ⟨buchsTabEn⟩ die Grundsätze, daß die deutsche Orthographie für Substantive die Großschreibung des ersten Buchstabens vorsieht und innerhalb des gleichen Graphomorphems nicht den mehrfachen Wechsel von Groß- und Kleinbuchstaben gestattet. Etwas anders gelagert ist der Fall, wenn Autoren (z. B. Stefan George und zum Teil E. E. Cummings) es generell vorziehen, alle Großbuchstaben (z. B. bei Satzanfängen, Eigennamen etc.) abzuschaffen. Hier wird eine fundamentale graphematische Opposition außer kraft gesetzt, die in der deutschen (und englischen) Sprache einen grammatischen Signalwert besitzt. In der totalen Äquivalenz der Kleinschreibung gehen einer Sprache wichtige graphästhetische Gestaltungsmöglichkeiten verloren.

b) Substitution von Vokal- und Konsonantengraphemen
Besonders kreativ ist in dieser Sparte der Graphemvertauschung die amerikanische Werbesprache. R. Gläser (1972: 191–192) zitiert folgende Exempel:

(182) a) BABI-DRI (Ersatz von ⟨y⟩ durch ⟨i⟩)

    b) More-Kleen (Ersatz von ⟨ea⟩ durch ⟨ee⟩)

    c) Silver-Kote (Ersatz des kontinuierlichen Digraphs ⟨oa⟩ durch das diskontinuierliche Digraph ⟨o-e⟩)

    d) AVON KLEAN-AIR (Ersatz von ⟨C⟩ durch ⟨K⟩)

    e) KWICK KRISP (Ersatz von ⟨QU⟩ durch ⟨KW⟩)

    usw.

Auf diese Weise entsteht häufig eine graphosemantische Ambiguität, da der schriftsprachliche Neologismus einmal eine Warenmarke denotiert, zum anderen aber – aufgrund der graphischen Ähnlichkeit – den ursprünglich gemeinten Sachverhalt bezeichnet.

c) Substitution von segmentalen durch intersegmentale Grapheme

Diese Erscheinung bildet ein wesentliches Strukturmerkmal in L. Sternes Roman *Tristram Shandy*, wo das diakritische Zeichen des Sternchens *(asterisk)* oder Bindestrichs häufig an die Stelle von segmentalen Graphemkombinationen tritt. Ein Beispiel:

(183) 'Tis enough, Tristram, and I am satisfied, saidst thou, whispering these words in my ear, *; – * * * * * * * * – any other man would have sunk down to the centre – ...

Der mimetische Standpunkt, daß dasjenige, was kein Zuhörer des Zwiegesprächs wissen konnte, auch der Leser nicht wissen soll, führt hier zur Deletion der Mitteilungsnachricht. Gleichwohl wird sein graphischer Umfang beibehalten; nur treten an die Stelle segmentaler Grapheme als »Platzhalter« diakritische Zeichen. Kann man in diesem Fall von einer graphosyntaktischen Substitution reden, so in anderen Teilen des Romans von textuellen Graphemsubstitutionen. Es kommt beispielsweise vor, daß Sterne im 22. Kapitel des IX. Buches einen Paragraphen ausläßt *(And accordingly* * * *...) und daß die Kapitel 18 und 19 des gleichen Buches nur aus der Überschrift (z. B. *Chapter Nineteen*) und sonst leerem weißem Papier bestehen. Eine funktionale Erklärung solcher Darstellungsweisen legt nahe, daß Sterne hier zeitgenössische graphematische Normen ironisiert.

d) Substitution von historischen Graphomorphemen

Die historische Deviation im Morphembereich wurde schon früher behandelt (cf. II.4.1.2.4.). Ging es damals um die Frage archaischer Wörter oder Wortformen, so betrifft die nun anvisierte Abweichung allein die obsolete Schreibung von Wörtern, mag diese nun in Zitaten aus historischen Texten übernommen oder künstlich herbeigeführt sein. Ersteres liegt in einem archaisierenden Passus von T. S. Eliots *East Coker* vor, wo es heißt (zit. von Leech 1969: 52):

(184) The association of man and woman
   In *daunsinge*, signifying *matrimonie* –
   A dignified and commodious sacrament,   dancing, matrimony
   Two and two, *necessarye coniunction*,
   Holding *eche* other by the hand or the arm   necessary, conjunction
   Which *betokeneth concorde*.   each
                  (betokens), concord

Die Archaismen in diesem Passus (größtenteils Zitatfragmente aus Sir Thomas Elyots *The Governor*) sind – mit der Ausnahme von *betokeneth* – primär graphemischer Art. Als solche weichen sie nicht nur von der Schriftnorm des zeitgenössischen Englisch, sondern auch von dem weiteren Schriftkontext dieses Gedichtes ab. Nach Leech kommt ihnen die Funktion zu, die zyklische Struktur der Zeit und die letztliche Koinzidenz von Vergangenheit und Gegenwart zu verdeutlichen.

Demgegenüber spielt die substitutionelle Graphemabweichung bei dialektalen und fremdsprachlichen Texteinheiten eine geringere Rolle. Am häufigsten machen hier die Autoren von der Möglichkeit zusätzlicher intersegmentaler Grapheme (z. B. Anführungszeichen) oder einer anderen Typographie Gebrauch. Auffällig ist zum Beispiel im ersten Teil von Eliots *The Waste Land*, daß alle fremdsprachlichen Abweichungen bis auf zwei in das typographische Muster des englischen Textes integriert sind. Bei den Ausnahmen handelt es sich um kursiv gesetzte Zitate aus Wagners *Tristan und Isolde;* ihnen dürfte daher ein besonderer ästhetischer Strukturwert beizumessen sein. Etwas ganz anderes ist es, wenn in einem Gedicht E. Jandls die Aussprache verschiedener englischer Wörter in die deutsche Schriftsprache transkribiert wird:

(185) ich was not yet   wer de mimen   ich was not yet
   in brasilien   arr so ander   in brasilien
   nach brasilien   so quait ander   . . . . .
   wulld ich laik du go   denn anderswo

Dieses Gedicht mit dem Titel *calypso* gehört zur Tradition der makkaronischen Poesie. Seine graphemische Verballhornung des amerikanischen Englisch verfolgt das Ziel, den Hang zur verbalen Amerikanisierung zu ironisieren.

7.1.4.2. Substitution außerhalb desselben Graphemsystems

Die historisch bekannten Schriftsysteme orientieren sich an den Spracheinheiten Wort, Silbe oder Laut und tragen infolgedessen die Namen »logographisch« (Einheit: Logogramm oder Wortzeichen), »syllabisch« (Einheit: Syllabogramm oder Silbenzeichen) oder »alphabetisch« (Einheit: Buchstabe oder Lautzeichen). Diese als »phonographisch« bezeichneten Systeme gliedern sich wieder in Subsysteme, so etwa das alphabetische in die Varianten des griechischen, lateinischen, runischen und kyrillischen Alphabets (cf. Gelb 1963). Wenn daher in das römische Schriftsystem, dem – mit den erwähnten Modifikationen – die deutsche und die englische Orthographie angehören, Teile anderer Schriftsysteme eingesetzt (substituiert) werden, so resultieren daraus systemexterne Deviationen. Besonders deutlich ist dies erkennbar in den *Cantos* Ezra Pounds, wo der Autor nicht nur griechische Schriftzeichen, sondern auch chinesische »Ideogramme« zitiert, weil sie in seine bildsemantische Konzeption des *image* hineinpassen.

Anstelle der komplexen Beispiele dieses Dichters soll hier ein einfaches aus dem Bereich der englischen Nonsense-Literatur den Sachverhalt erhellen:

(186) a)		b)		c)	
	Y Y U R		2 Y's U R		Too wise you are
	Y Y U B		2 Y's U B		Too wise you be
	I C U R		I C U R		I see you are
	Y Y for me		2 Y's 4 me		Too wise for me

a) und b) zeigen zwei Möglichkeiten von textologischen Metagraphemen auf, die c) in das alphabetische Schriftsystem des Englischen transliteriert. Rätselcharakter und Komik von a) beruhen auf der Tatsache, daß hier Großbuchstaben des englischen Alphabets logographisch verwendet werden. Die Möglichkeit dazu gibt die phonologische Identität der Namen der Buchstaben mit anderen morphologischen Einheiten des Englischen an die Hand. Dabei liegt in der Kombination ⟨Y Y⟩ durchaus eine morphosemantische Unklarheit vor, insofern auch die Lesart *why why* denkbar wäre. Beseitigt ist diese Ambiguität in der Version b), die außer Buchstaben- auch Zahlen-Logogramme bietet: ⟨2⟩ = »two« fällt infolge gleicher phonologischer Repräsentation mit »too«, ⟨4⟩ = »four« infolge phonologischer Identität mit »for« zusammen. In a) und b) erfolgt der Hinweis auf die alphabetische Transliterierbarkeit der logographisch benutzten Buchstaben bzw. Zahlen durch die Graphomorpheme ⟨for me⟩ bzw. ⟨me⟩. Sie bilden jeweils die Schlüsselsignale zu Gedichten, die als morphosemantische Schriftspiele zu bezeichnen sind.

Die Sprache der amerikanischen Wirtschaftswerbung bedient sich zuweilen vergleichbarer Graphemsubstitutionen, wie etwa die Beispiele

(187) a) Soap-S-Ences (statt: soap-essences)
   b) Spray-S-Ences (statt: spray-essences)

lehren. Während hier der Buchstabe ⟨S⟩ als Logogramm für ⟨ess⟩ aufgefaßt wird, tritt in dem bekannten

(188) Xmas (statt: Christmas)

gleich eine mehrfache Substitution ein: der römische Buchstabe ⟨X⟩ ersetzt den griechischen Buchstaben ⟨Χ⟩ (»chi«), der seinerseits wiederum als – durch die symbolische (= pragmasemantische) Tradition des Christentums bedingtes – Logogramm für »Christus« (griech. ⟨Χριστός⟩, engl. ⟨Christ⟩) fungiert.

Bisher standen Substitutionen von Einheiten des eigenen Schriftsystems durch solche von fremden Schriftsystemen zur Diskussion. Indes ist auch das Umgekehrte denkbar: Schriftzeichen fremder Graphemsysteme werden in das eigene transliteriert. Die Konsequenz aus dieser rückläufigen Substitution ist die Einebnung (Neutralisierung) der Schriftabweichung und folglich ihr Wegfall als sprachästhetisches Mittel. Einen solchen Fall stellt etwa E. E. Cummings' Zeile

(189) its hoi and its polloi

dar, wo die griechischen Zitate (⟨οἱ⟩, ⟨πολλοί⟩) in die römische Graphie umformuliert wurden. Andererseits versucht man der Neutralisierung aber auch entgegenzuwirken, indem man die Deviationsmöglichkeiten des eigenen Schriftsystems aktiviert. Ezra Pounds

(190) All passes, ANANGKE prevails *(Mauberley, II)*

mag hier durch seine Verwendung von römischen Großbuchstaben statt griechischer Schriftzeichen (⟨Ἀνάγκη⟩) stellvertretend für viele Varianten (z. B. Anführungszeichen, Sperrung, andere Drucktype) stehen.

7.1.5. Textanalysen

Zwei Analysen von Texten konkreter Poesie demonstrieren im folgenden zwei graphästhetische Verfahren, Subtraktion und Permutation, und suchen darüber hinaus pragmatische und semantische Implikationen der Gedichte aufzudecken.

7.1.5.1. Analyse von E. Jandls »onkel toms hütte«

Quelle: E. Jandl, *Laut und Luise*, Neuwied/Berlin 1971, p. 47.

```
1            onkel toms hütte
2             nkel toms hütt
3              kel toms hüt
4               el toms hü
5                l toms h
6                  toms
7                ssssssssss
8       aaaaaaaaaaaaaaaaaaaaaaa
9                 t
10                    o
11                 t
12                    o
13                       m
14                 t
```

Das Gedicht besteht aus drei Teilen: Vers 1–6, Vers 7–8 und Vers 9–14. Es bildet also ein Triptychon mit identischer Zeilenzahl (6 Verse) in Teil I und III, während der Mittelteil einen geringeren Umfang (2 Verse) aufweist. Der erste Teil, welcher sich aus einem dreigliedrigen Syntagma zusammensetzt, bleibt im mittleren Graphomorphem (⟨toms⟩) identisch, während die beiden flankierenden Graphomorpheme graduell um ein Graphem abnehmen (das erste in der Vorder-, das zweite in der Endposition), bis ⟨onkel⟩ und ⟨hütte⟩ auf je ein einziges Graphem zusammengeschrumpft sind und selbst dieses noch verlorengeht (Null-Graphem). Diese graphemische Reduktion läßt sich semantisch als Toms allmählicher Verlust der Onkel-Rolle und seiner Behausung deuten. Nachdem beide auf den semiotischen Status eines Null-Zeichens verringert sind, wird im dritten Teil das Graphomorphem ⟨tom⟩ (und die durch dieses bezeichnete Person) selbst zerstört. Seine Fragmente sind dabei so angeordnet, daß es, im Zickzack *(Bustrophedon)* gelesen, auch die Graphemkombination ⟨tot⟩ (als »Schriftspiel« mit ⟨tom⟩) ergibt. Andererseits können das mehrfache Ansetzen zur Erhaltung des Eigennamens und dessen schließliches Abbrechen (in ⟨to⟩, ⟨tom⟩, ⟨t⟩) den Kampf um die Bewahrung der personalen Identität denotieren. Schwieriger gestaltet sich die Analyse der hochfrequenten Wiederholungen von ⟨s⟩ und ⟨a⟩ im Mittelteil des Gedichts. Wahrscheinlich bezeichnen sie die Wende von der äußeren zur inneren Destruktion. Das repetierte ⟨s⟩ kann das Einschneidende des Abfalls des ⟨s⟩ von ⟨toms⟩, semantisch gesehen: sein endgültiges Aufgebenmüssen der Besitzerrolle (⟨toms⟩ = *genitivus possessivus)*, visuell verdeutlichen, vielleicht aber auch (lautsymbolisch) für das Eingreifen einer zerstörerischen Macht einstehen. Die strukturelle Signifikanz dieses Graphems ist dadurch ausgewiesen, daß es genau in der Mitte des 14 Zeilen umfassenden Gedichts steht – in Vers 7 (die »7« ist im Volksglauben eine Unglückszahl). Es folgt in Vers 8 das Graphem ⟨a⟩, welches mehr als doppelt so viel (22 ×) wie ⟨s⟩ (10 ×) wiederholt wird. Seine Bedeutung ist ebenfalls nicht ganz klar. Vielleicht bildet es die Interjektion »a!« ab, die ihrerseits auf den Todesschrei Toms hindeutet. Beide Verse (7 + 8) stellen aufgrund ihrer hohen Frequenzzahl die horizontale Achse zwischen zwei sich nach innen verjüngenden vertikalen Achsenteilen dar (Kreuzform?). Zusammenfassend läßt sich konstatieren, daß die stufenweise sich vollziehende graphemische Dekomposition (Subtraktion) auf der vertikalen Achse ihr wahrscheinliches semantisches Korrelat in einem menschlichen Desintegrationsprozeß besitzt: Toms Verlust seiner Onkel-Rolle, seines Besitztums, seiner Persönlichkeit. Falls diese Interpretation nicht fehlgeht, ist E. Jandls Gedicht als eine meisterhafte

grapho-semantische Kurzfassung der Problematik von Harriet
Beecher Stowes Roman *Uncle Tom's Cabin* anzusehen.

7.1.5.2. Analyse von G. Rühms »schweigen«

Quelle: G. Rühm, *Gesammelte Gedichte und visuelle Texte*, Reinbek/Hamburg 1970, p. 219.

I		II
1		schweigen 1
2	sch	wiegen 2
3	schw	eigen 3
4	sch	wiegen 4
5		schweigen 5
6	sch	wiegen 6
7	schw	eigen 7
8	sch	wiegen 8
9		schweigen 9

(Die römische und arabische Bezifferung ist von uns aus Gründen der
Überschaubarkeit eingeführt).

Die Anordnung zeigt zwei graphische Blöcke I und II, von denen I
wieder unterteilt ist (I 2–4, I 6–8). I und II bestehen aus 6 bzw. 9
Zeilen graphemischer Kombinationen, deren horizontale Addition
fünfmal die Infinitivform ⟨schweigen⟩ (Vers 1, 3, 5, 7, 9) und viermal die Präteritalform ⟨schwiegen⟩ (Vers 2, 4, 6, 8) ergibt. Die durch
Insertion freier Spatien verursachte Permutation erzeugt neue morphologische Muster *(wiegen, eigen)*, die einmal – bei Einnahme des
Standpunktes der Koordination – in den vorgenannten enthalten
sind, zum anderen aber – bei Einnahme des Standpunktes der Permutation – zu diesen in Opposition stehen. Dieser simultane Ein- und
Ausschlußcharakter von ⟨(sch)wiegen⟩ und ⟨(schw)eigen⟩, welcher
durch den beschriebenen Perspektivenwechsel erzeugt wird, ist typisch
für das Schriftspiel und seine semantischen Implikationen. Die letzteren können hier allerdings im Gegensatz zu Jandls *onkel toms hütte*
nur vage vermutet werden. Semantische Bedeutung haben die Graphomorpheme in II, nicht aber die abgetrennten Graphemkombinationen
in I – es sei denn, man faßt sie als graphische Veranschaulichung des
Schweigegebots auf. Vielleicht stellt dann die Folge I + II samt dem
die Permutation bewirkenden Leerraum Anfang, »Wesen« und Aufhören des Schweigens in graphästhetischer Buchstabenkombination
dar. Der Permutation könnte dabei die Funktion zufallen, einen
Kommunikationsabbruch sinnenfällig zu repräsentieren. Dies und
weiteres sind jedoch vorläufig Vermutungen, die sich erst im konkre-

ten Vollzug der visuellen Textaufnahme bestätigen können. Nur nebenbei vermerken wollen wir in diesem Zusammenhang die spiegelsymmetrische Äquivalenz einzelner Zeilengruppen (z. B. I 2–4 = I 6–8, II 1–5 = II 5–9), da diese Thematik im folgenden Kapitel vorgestellt wird.

7.2. Figuren der graphemischen Äquivalenz

Schriftfiguren, denen das Prinzip der Äquivalenz zugrunde liegt, gibt es in großer Anzahl, je nachdem welches Kriterium man in den Blick nimmt: Art, Umfang, Position, Häufigkeit oder Abstand, um nur einige wesentliche Gesichtspunkte zu nennen. Aufschlußreich ist zudem das Verhältnis zu den übrigen Sprachebenen, da sich auf diesem Wege diverse Möglichkeiten der Verdichtung oder Abweichung eröffnen. Schließlich stellt sich generell die Frage, inwieweit es gerade die Schriftfiguren sind, welche die Ästhetizität von Texten in maßgeblicher, wenn auch regelmäßig unterschätzter Weise bestimmen. Alle diese Aspekte sollen hier nur insoweit erörtert werden, als sich nicht Wiederholungen der in II.3.–6. vorgeführten Argumentation ergeben.

Als Modellfall möglicher Schriftfiguren sei die *prosodographische Äquivalenz* ausgewählt, d. h. alle jene graphematischen Ähnlichkeiten und Gleichheiten, die wir beobachten können, wenn uns ein Gedicht vorliegt. Als Charakteristika prosodographischer Äquivalenz unmittelbar evident sind: die Zeilengleichheit von Strophen, die durch ein oberhalb und unterhalb angebrachtes Leerzeilenkontingent markiert ist; weiterhin die ähnliche Zeilenlänge, Vers genannt, welche durch eine gleiche oder fast gleiche Menge freier Spatien bis zum Blattrand unterstrichen wird; ferner die Großbuchstaben zu Beginn jeder Verszeile; schließlich die graphomorphologische Ähnlichkeit der Endreime. Anhand solcher Äquivalenzen erkennt man ein Gedicht. Zweifellos kann dieser oder jener gemeinsame graphematische Zug fehlen (z. B. der Reim), doch bleiben in der Regel die prosodographischen Äquivalenzen zahlreich genug, um den poetischen Charakter des Textes zu signalisieren. Ein extremes Beispiel graphästhetischer Äquivalenz steht im Mittelpunkt der nachfolgenden Textanalysen (7.2.1.2.).

7.2.1. Textanalysen

7.2.1.1. Analyse von G. Rühms »die ersten menschen sind auf dem mond«

Quelle: G. Rühm, *Gesammelte Gedichte und visuelle Texte*, Reinbek/Hamburg 1970, p. 299 (aus: *dokumentarische sonette* [1969]).

montag, 21. 7. 1969
die ersten menschen sind auf dem mond

1   am sónntag, dém dem zwánzigsténsten júli
neunnéunzehnhúndertnéunundséchzig, úm
um éinundzwánzig úhr uhr áchtzehn úm
sind sínd die béidendén améri- júli

5   kánischen ástronáuten néil neil júli
neil ármstrong únd und édwin áldrin úm
an bórd bord íhres ráumraumschíffes úm
um »ádler« áuf dem mónd gelándet júli.

in dér gebórgenhéitheit íhrer lánde-
10 dekápsel lágen étwa nóch fuenf stúnden
vor íhnen bís bis síe als érste lánde

bewóhner dés planéten érde stúnden-
den íhren fúss auf éinen frémden lánde-
de hímmelskóerper sétzen sóllten stúnden.

Das vierzehnzeilige Gedicht verdankt sein Zustandekommen der prosodographischen Umverteilung des Textes einer Zeitungsnachricht, die der *Nacht-Depesche* (Berlin) entnommen ist. Diese Umverteilung beachtet streng den Standpunkt der Äquivalenz: je zwei Strophen von 2 × 4 bzw. 2 × 3 Zeilen; Zeilen von gleicher Länge (je 10 Silben); durchgängige Kleinschreibung der Wörter; identische Reime in der Folge *abba abba cdc dcd*. Besondere Aufmerksamkeit verdient die Transposition der jambischen Akzentfiguren in das graphische Medium. Ihre Visualisierung wie auch die der übrigen prosodischen Äquivalenzen dokumentiert ein graphästhetisches Literaturkonzept, das der Ausdruck »Visuelle Poesie« zwar treffend, aber undetailliert umschreibt. Diesem Konzept ordnen sich andere Äquivalenzen unter und verstärken es. Dazu gehören die morphologischen Äquivalenzen, die fast in jeder Verszeile zu finden sind: (1) *dém dem*, (2) *neun-néunzehnhúndertnéunundséchzig*, (2/3) *úm/um*, (3) *úhr uhr*, (4) *sind sínd*, (1/4) *júli/júli* etc. Das Besondere an ihnen ist, daß sie gleichzeitig grammatische Regelverstöße darstellen: Deviation und Äquivalenz fallen zusammen. Aufs Ganze gesehen besitzt damit das Gedicht ein erstaunliches Maß an Poetizität, wozu nicht zuletzt auch Metaphone (Alliteration) und Metataxen (prosodo-syntaktische Deviationen: Enjambements) beitragen. Was völlig fehlt, sind Meta-sememe (z. B. Tropen). Ein Kritiker, der daran Anstoß nimmt, hat einen semantisch geprägten Poetizitätsbegriff. Zumindest sollte er die hohe Erfüllung nicht-semantischer Stilkriterien anerkennen.

Zum Abschluß sollen noch einige allgemeine Bemerkungen zur graphemischen Äquivalenz folgen. An früherer Stelle wurde bereits auf die komplexen Beziehungen zwischen Schrift, Laut und Bedeutung hingewiesen (cf. II.4.2.5.3.). Dort stellten wir auch eine Morphologie der vielfältigen Äquivalenzen und Abweichungen vor, die im Falle der Wiederholung eines Wortes seine Eigenschaften als Laut-, Schrift- und Sinnzeichen bestimmen können. Besondere Aufmerksamkeit schenkten wir in diesem Kontext dem homöographen Wortspiel oder Augenreim (II.4.2.5.3.4.). Das früher angeschnittene Thema soll an dieser Stelle nicht weiter verfolgt werden, weil die Annahme besteht, daß sich verwandte graphästhetische Formen leicht in die vorgezeichnete Systematik einfügen.

Das vorhin behandelte Gedicht von G. Rühm hat deutlich gemacht, daß graphästhetische Mittel hinreichend sind, um die Poetizität von Texten sicherzustellen. Noch evidenter ist die literaturbildende Funktion der Schrift dort, wo sie zeichensemantisch signifikant wird. Angesprochen sind damit die sog. Figurengedichte, deren Tradition vom Zeitalter des Hellenismus bis zur Gegenwart reicht. Ihr referentieller Existenzmodus besteht darin, daß sie Gegenstände der Sinneswelt (z. B. Pyramide, Altar, Säule, Flügel, Herz) durch eine bestimmte Buchstabenanordnung imitieren. Auch hier gibt es graphästhetische Äquivalenzen (z. B. Parallelen, spiegelsymmetrische Anordnung), welche die Distributionsmuster dieser Gebilde bestimmen. Ferner treten hier primäre und sekundäre Deviationen auf, deren Beschreibung mit Hilfe der Abweichungskategorien Addition, Subtraktion, Permutation und Substitution möglich sein sollte. Für eine eingehende Behandlung der Figurengedichte dürfte schließlich der Bezugsrahmen einer Bildsemiotik allgemeine theoretische Voraussetzung sein.

7.2.1.2. Analyse eines Gedichtes von E. E. Cummings

Quelle: E. E. Cummings, *95 Poems*, New York 1958, n. p.

Ein Textbeispiel, das graphästhetische Deviationen und Äquivalenzen in höchst komplexer Weise als Gestaltungsmittel einsetzt, ist das erste Gedicht aus E. E. Cummings' Lyrikanthologie *95 Poems* (1958). Bei seiner Analyse bedienen wir uns einzelner Ergebnisse aus der Interpretation in Barry A. Marks' Buch *E. E. Cummings* (New York 1964, pp. 21–26), die in dem von G. Hoffmann herausgegebenen Band *Amerikanische Literatur des 20. Jahrhunderts: Lyrik und Drama* (Frankfurt 1972, pp. 46–63) auch in deutscher Übersetzung vorliegt. Der Text des Gedichtes und seine (wohl immer unzulängliche) deutsche Übersetzung besitzen folgende Gestalt:

1	l (a	l (ein
2	le	bl
3	af	att
4	fa	fä
5	ll	ll
6	s)	t)
7	one	l
8	l	s
9	iness	samkeit

Das Gedicht stellt ein kompliziertes Gebilde sprachästhetischer Erscheinungsformen vor Augen, die im folgenden systematisch erfaßt werden.

I. Am auffälligsten ist der Deviationstyp der *Permutation*, der in diesen Varianten auftritt:

1. *morphologische Permutation:* die Sperrung (Hyperbaton) von *loneliness* nach dem ersten Segment ⟨l⟩, welche die Insertion des Satzes *a leaf falls* ermöglicht – gleichzeitig eine graphomorphologische Permutation, die durch das intersegmentale Signal der beiden Rundklammern angezeigt wird;

2. *graphomorphologische Permutation:* die Worttrennungen *(le/af, fa/ll/s; l/one/l/iness)*, welche durch die Insertion intersegmentaler Null-Grapheme (Zeilenverschiebung, Leerzeile, Rechts-Links-Versetzung) verursacht werden;

3. *graphosyntaktische Permutation:* die Satztrennung im Fall von *a / leaf / falls*, wo die Umstellung der Satzteile ein syntakto-prosodisches Korrelat im Enjambement besitzt.

II. Zum Teil durch die einzelnen Permutationen bedingt, stellen sich folgende *prosodographische Äquivalenzen* ein:

1. *Identität der Zeilenlänge:*

Z. 2 – 6   Kombination von je zwei Graphemen,
Z. 1 + 7   Kombination von je drei Graphemen.

Es besteht also eine Spiegelsymmetrie prosodographisch äquivalenter Zeilen. Einzig Z. 8 (ein Graphem) und Z. 9 (fünf Grapheme) sind abweichend.

2. *Identität der Zeilenkombination:*

Die betreffenden prosodographischen Identitäten können als strophisch und a-strophisch bezeichnet werden –

a) *strophisch:* Zwischen einzelne Zeilen sind Leerzeilen eingeschaltet, die zur Bildung von Zeilenblöcken (Strophen) führen. Die so entstandenen Zeilenkombinationen weisen in ihrem Verhältnis zueinander eine spiegelsymmetrische Äquivalenz von 1 : 3 : 1 : 3 : 1 auf.

b) *a-strophisch:* Diese prosodographische Form der Äquivalenz zeigt sich, wenn man die durch die Klammer intra- und extrapolierten Graphemfolgen betrachtet. Dann ergibt sich, daß die Zeilen 1 und 6 die identische Graphemzahl aufweisen. Und außerdem tritt als zusätzliche Äquivalenz die Kombination der extrapolierten Zeilen (bzw. Zeilenelemente) von 1 und 7–9 in Erscheinung:

l

one

l

iness,

wo die beiden Elemente ⟨l⟩ mit je einer nicht-äquivalenten Zeile abwechseln.

III. Das ohnehin schon komplexe Muster von Abweichungen erscheint noch differenzierter, wenn die *Distribution der Graphemarten* untersucht wird. Dann zeigt sich in Z. 5 (der Mittelstrophe – also dem Dreh- und Angelpunkt der Strophenanordnung) eine identische Wiederholung des Graphems ⟨l⟩. In den Zeilen 2–4 ist das Phänomen der wiederholten Permutation der Folge von Konsonanten- und Vokalgraphemen zu beobachten, die in Z. 3/4 sogar identische Schriftwerte besitzt: ⟨KV⟩, ⟨VK⟩, ⟨KV⟩. In den umgreifenden Zeilen 1 und 6 liegt in der Permutation der Rundklammer eine Erscheinung vor, die wie die anderen als »sekundäre Abweichung« klassifizierbar ist. Auch im zweiten Teil des Gedichtes gibt es strukturelle Graphemdistributionen. Das ⟨ss⟩ der letzten Zeile greift nicht nur – in Verdoppelung – das ⟨s⟩ von Z. 6 auf, sondern korrespondiert auch mit dem Digraph ⟨ll⟩, das an ähnlich exponierter Position steht: dort Mitte, hier der Abschluß des Gedichtes, der zudem durch eine überlange Zeile herausgehoben ist. Vorgeordnet sind dem Schlußvers zwei Zeilen (7/8), deren mögliche graphomorphologische Äquivalenz noch behandelt wird. Das Fazit aus diesen Beobachtungen lautet: Die Distribution der Graphemarten bildet Strukturmuster, die durch die Merkmale Identität, Verdoppelung, Umkehrung gekennzeichnet sind. Der Schlüssel zu dieser Erkenntnis mag heißen: Einheit-im-Wechsel bzw. Wechsel-in-der-Einheit, wobei einmal dieser, ein andermal jener Aspekt stärker akzentuiert wird.

IV. Die These von der devianten Äquivalenz oder äquivalenten Deviation als Gestaltungsprinzip des Gedichtes wird auch durch ein

graphomorphologisches Wortspiel erhärtet. Marks hat darauf hingewiesen, daß in der schon einmal aufgeführten Anordnung

1
one
1
iness

das alphabetische Graphem ⟨1⟩, soweit es die Schreib- oder Setzmaschine erlaubt, mit dem numerischen Graphem für die Eins identisch oder ihm wenigstens ähnlich ist. Was vorliegt, ist also eine
graphosemantische Ambiguität, die durch die wechselnde Substituier-
barkeit zweier Graphemsysteme ermöglicht wird. Bei der numerischen Interpretation von ⟨1⟩ ergibt sich eine morphologische Identität mit ⟨one⟩. Die dadurch entstehende Folge *one-one-one-iness*
(»Eins-eins-eins-heit«) ist ein Neologismus, der die Semantik von
loneliness (»Einsamkeit«) verdeutlicht. Wenn man das ⟨i⟩ in *iness*
zusätzlich als Äquivalent des römischen Numerale »eins« interpretiert, kommt gar noch ein weiteres Schriftspiel zustande: *one-one-one-
one-ness.*

V. Eine *pragmasemantische Auslegung* dieser sprachkombinatorischen
Verhältnisse müßte etwa zu folgenden Ergebnissen kommen: Kaum
eine Gedichtzeile ergibt, für sich genommen, einen Sinn. Dieser enthüllt sich vielmehr als Ganzes im vertikalen Leseprozeß. Der Leser
übernimmt dabei die Rolle des Integrators der disparaten Wort- und
Satzelemente; das heißt: er konstituiert erst Sinn. Er entdeckt beispielsweise die morphosyntaktische Verschränkung von *a leaf falls*
und *loneliness* und gelangt zu dem Schluß, daß damit möglicherweise
eine metaphorische Verklammerung zwischen der sinnlichen Wahrnehmung vom Fall eines Blattes und der abstrakten Idee »Einsamkeit« ausgesprochen ist. Jedes weitere Lesen enthüllt neue, detaillier-
tere Aspekte der Bedeutungskonstitution. So etwa bezüglich der
senkrechten Buchstabenanordnung, die als referentielles Korrelat für
die steile Fallbewegung des Blattes gedeutet werden kann. Die
klammerinternen und -externen Äquivalenzen und die gleichzeitigen
Deviationen implizieren die Strukturähnlichkeit von fallendem Blatt
und Einsamkeit. Sie besteht in der Identität des Varianten oder in
der Variation des Identischen – ein Wesenszug, der in dem Schriftspiel *loneliness : one-one-one-one-ness* höchst treffend zum Ausdruck
gelangt. Wenn ein Blatt fällt, so eröffnet es zwar dem Auge des Be-
trachters unterschiedliche Aspekte seines Aussehens, bleibt aber ein
und dasselbe. Genau so steht es mit der Einsamkeit: Sie ist bei aller

Verschiedenheit ihrer Realisationsmöglichkeiten mit sich selbst identisch. Aus diesem Blickwinkel erklärt sich auch die Bedeutungslosigkeit
der Einzelteile des Gedichts. Keine Phase der Fallbewegung des Blattes ist isolierbar; vielmehr muß diese als Ganzes einschließlich ihrem
Ziel, dem Aufschlagen auf dem Erdboden, gesehen werden. Ebenso
steht es mit den »Partikeln« der Einsamkeit; sie ergeben Sinn nur im
Hinblick auf ihr Ende: die *one-one-one-one-ness* des Todes. Mit
einer solchen Feststellung ist der Leser an einem Punkt der Untersuchung angelangt, wo ihm ein »objektives Korrelat« für seine Deutung fehlt, ja fehlen muß. Denn der vorliegende Text ermöglicht
durch seine spezifische Zeichenstruktur eine Kommunikationssituation,
die hochgradig polyvalent ist. Ist die Verifizierbarkeit von Postulaten
auf diesem Sektor sehr erschwert, so hält auf der anderen Seite die
Beschreibung einer syntaktischen Zeichenstruktur einer rationalen
Überprüfung eher stand. Sie hat in diesem Fall ergeben, daß ein an-
fänglich sehr unscheinbar aussehendes Gedicht ein höchst feingespon-
nenes Filigranwerk von ästhetischen Strukturbezügen aufweist. Fast
alle Möglichkeiten sprachästhetischer Abweichung sind in ihnen vertreten, so daß E. E. Cummings' kleines Opus gleichzeitig eine konkrete Summe der Erkenntnisse der Kapitel II.1–7 dieser Abhandlung
darstellt.

8. Möglichkeiten einer »integrativen« Literaturwissenschaft

In den vorangehenden Kapiteln 3 bis 7 wurde ein textästhetisches
Modell auf zeichensyntaktischer Grundlage expliziert. Die zugrundegelegte Methode war die linguistische. Das Ergebnis ist ein stilrhetorisches System; seine kleinste Einheit bildet die rhetorische Figur. Diese
verdankt ihre jeweilige Gestalt gewissen Operationsweisen, die auf
bestimmte linguistische Segmente einwirken. Die Operationsmodi
stellen die eine und die linguistischen Einheiten die andere Achse der
rhetorischen Textsyntaktik dar. Die Frage erhebt sich, ob ein analoges
Vorgehen zur Konstruktion von Modellen einer rhetorischen Textpragmatik und einer rhetorischen Textsemantik führen kann. Das
Resultat würde die Konstitution zweier weiterer semiotischer Figurenklassen sein: der pragmatischen Figuren und der semantischen Figuren,
wobei letztere sich von dem in diesem Buch behandelten Figurentyp
gleichen Namens (cf. II.6.) dadurch abheben, daß hier der referentielle
(denotative), nicht aber der relationale (syntagmatische) Aspekt des
Zeichens im Mittelpunkt steht. Schwierigkeiten bereitet sowohl bei
den pragmatischen als auch den semantischen Figuren die Frage, wor-

in ihre besondere ästhetische Qualität begründet ist. Ihre Beantwortung muß davon ausgehen, daß auch hier jedesmal eine Deviation vorliegt, welche die Grenzmarke zwischen literarischer und nichtliterarischer Pragmatik bzw. Semantik festlegt. Als solche können die Kriterien der Fiktionalität – für die Semantik – und der fingierten Sprechhandlung (Schein-Kommunikation) – für die Pragmatik – bislang nur vermutet werden. Alle drei Figurenklassen – die syntaktische, die pragmatische und die semantische – bilden in ihrer Gesamtheit die vollständige rhetorische Textsemiose.

Verschiedene Versuche hat es bisher gegeben, die pragmatischen Figuren zu klassifizieren. Bei Lausberg heißen sie »Figuren der Publikumszugewandtheit« (1960: I 376 ff.), bei Dubois *et al.* (1974: 262 ff.) »Figuren der Kommunikationspartner«, bei Plett (1973: 63 ff.) »Appellfiguren«, während Kopperschmidt (1973: 170–171) den Namen »pragmatische Figuren« verwendet. Die meisten Autoren sind sich einig darüber, daß es sich dabei um Figuren handelt, welche die Relation von Sender und Empfänger thematisieren: also um Frage und Antwort, Anrede und Ausruf, Einzelrede und Wechselrede usw. Das Charakteristische dieser Kommunikationsbeziehungen ist die Tatsache, daß sie fingiert sind: Die Frage ist keine echte Frage, sondern eine Schein-Frage; der Dialog ist kein echter Austausch von Informationen, sondern eine gespielte Wechselrede usw. Daher ist es erlaubt, auch von Schauspielerfiguren (Plett 1973: 63) zu reden. Eine wertvolle Hilfe könnte bei der weiteren Diskussion dieser Problematik ein Artikel von R. Ohmann (1971) geben. Der Autor, welcher der Sprechakttheorie J. L. Austins verpflichtet ist, definiert Literatur als das Ergebnis von Quasi-Sprechakten. Der Leser wird mit beeinträchtigten und unvollständigen Sprechakten konfrontiert, die er durch die Zufuhr angemessener »Umstände« *(circumstances)* ergänzt. »In inviting the reader to constitute speech acts to go with its sentences, the literary work is asking him to participate in the imaginative construction of a world – or at least as is necessary to give the speech acts an adequate setting« (1971: 17). Es scheint möglich, daß die Sprechakttheorie den Ausgangspunkt für die Klassifikation der pragmatischen Figuren darstellt.

Bisher war von der unter I.3.4. besprochenen ersten Syntheseebene die Rede. Die zweite Syntheseebene betrifft die Koordination unterschiedlicher Methoden, etwa der linguistischen mit der ideologiekritischen (kulturkritischen, soziologischen, psychologischen) Methode. Wie sich der stilrhetorische Ansatz mit dem psychologischen verbindet, zeigt sich am besten in den Arbeiten K. Dockhorns (1968, 1971, 1973), die historische Aspekte einer rhetorischen Wirkungsästhetik erörtern. Auf der anderen Seite mangelt es nicht an ideologiekritischen Interpretationen des Figur-Begriffs. Der berühmteste Vertreter dieser Richtung, der französische Semiologe R. Barthes, versucht in einer

Reihe von Publikationen (1964, 1967, 1970), die sprachästhetischen Strukturmuster als Repräsentanten bestimmter Ausdrucks- und Argumentationsformen auszuweisen. Die rhetorischen Figuren sind demnach zugleich Denkfiguren, die, wenn topisch verfestigt, die Gestalt gesellschaftlicher »Mythen« annehmen. In dieser Sicht erscheint zum Beispiel die Tautologie als typische Denkfigur des Kleinbürgertums: »Die Trägheit wird in den Rang der Strenge erhoben« (1970: 29). In Deutschland hat bisher H. M. Enzensberger in *Sieben Hauptfiguren der konservativen Rhetorik* (1973) etwas Ähnliches versucht. Nicht zu vergessen sind schließlich die Veröffentlichungen von U. Eco (1972: 179–194) und K. Burke (1962). Der letztere zieht kulturanthropologische und psychoanalytische Verfahrensweisen heran, um den Gebrauch rhetorischer Strategien zu motivieren.

Ein weiterer Punkt, der bereits früher (II.1.1.) angeschnitten wurde, muß hier kurz wiederaufgegriffen werden. Damals war die Vermutung geäußert worden, daß jede semiotische Dimension und jede Methode einen eigenen Begriff von Literarität prägen könne. Diese Hypothese bedarf jetzt der Erweiterung. Den Anstoß dazu gibt die Annahme, daß es nicht nur wenig wahrscheinlich, sondern noch weniger wünschenswert ist, daß semiotische Dimensionen und Analysemethoden in Isolation vorkommen. Denn erst ihre Kombinatorik vermittelt einen Eindruck von der ganzen Komplexität theoretischen Denkens und gegenstandsbezogener Erfahrung. Die Trennung der verschiedenen Perspektiven entspringt dem Bestreben nach analytischer Klarheit; es bleibt aber das Bewußtsein, daß damit ein Abstraktionsverfahren eingeleitet ist, das der Vielgestaltigkeit des Objekts nicht gerecht wird. Aus diesem Grunde sei die Behauptung aufgestellt, daß erst die Integration aller semiotischen und methodischen Sichtweisen die theoretische Komponente einer Literaturwissenschaft bildet, die den Namen »integrativ« zu Recht trägt.

Ein letztes Wort sei zum Verhältnis von Theorie und Praxis oder – anders ausgedrückt – von Kompetenz und Performanz gesagt. Es bedarf keiner erneuten Betonung, daß das in den Kapiteln II.3.–7. vorgeführte textästhetische Modell »tentativen« Charakter besitzt (cf. Hartmann 1965). »Tentativ« heißt hier: Es handelt sich um eine sprachästhetische Hypothese, die den Test der literarischen Wirklichkeit bestehen muß. Insofern eignet ihr ein spekulativer Charakter. Das bedeutet aber nicht, daß solche Hypothesen unnütz oder gar überflüssig sind. Vielmehr sind sie notwendig, damit der Blick überhaupt für gewisse Phänomene geschult wird. Darin liegt ihr heuristischer Wert. Erst die Performanz der konkreten Textanalyse erbringt auf der anderen Seite den Nachweis, daß die gedankliche Konstruktion ein empirisches Korrelat besitzt. Stellt sich hier ein theoretisches Defizit heraus, so bedarf es der Verbesserung des Modells bzw. der Konstruktion neuer Modelle. Beide Komponenten sind interdependent: Die Textanalyse setzt die Texttheorie voraus; sonst ist sie der subjektiven Intuition überantwortet. Umgekehrt bedarf aber auch die Texttheorie der Textanalyse; sonst geht sie nicht über das Stadium der Hypothese hinaus.

8.1. Textanalyse: T. S. Eliot, The Family Reunion

Quelle: T. S. Eliot, *The Family Reunion*, London 1956, p. 25.

In der folgenden Textanalyse werden zwei linguistisch deviante Textphänomene, das beziehungslose Pronomen und die Metapher, aus allen drei semiotischen Dimensionen betrachtet. Damit knüpfen wir an Überlegungen an, die wir in einem früheren Kapitel dieser Arbeit (I.3.4.1.) und außerdem an anderer Stelle (1974) bereits angestellt haben.

Ausgangspunkt der Diskussion ist der folgende Textabschnitt aus Eliots *The Family Reunion*. Er schildert die Worte des Protagonisten Harry, als er zum erstenmal auf der Szene auftaucht:

> No, no, not there. Look there!
> Can't you see them? *You* don't see them, but I see them,
> And they see me. This is the first time that I have seen them.
> In the Java Straits, in the Sunda Sea,
> In the sweet sickly tropical night, I knew they were coming.
> In Italy, from behind the nightingale's thicket,
> The eyes stared at me, and corrupted that song.
> Behind the palm trees in the Grand Hotel
> They were always there. But I did not *see* them.
> Why should they wait until I came back to Wishwood?
> There were a thousand places where I might have met them!
> Why here? why here?

Diese Worte sind an Zuhörer gerichtet, die Harry vertraut sind: seine Mutter und seine Verwandten. Er redet sie mit dem identifizierenden Personalpronomen *you* an. Das Objekt seiner Worte sind irgendwelche *they*. Ihre Identifizierung macht einen großen Teil der Thematik des Stückes aus. Diese Identifizierung fällt, linguistisch gesehen, in den Bereich der Semantik. Die Textsemantik des Personalpronomens *they* in Eliots Drama soll uns nachfolgend beschäftigen.

a) Semantische Unterdeterminiertheit (Hyposemie)

Ein Personalpronomen ist textsemantisch dadurch gekennzeichnet, daß es Substituens eines vorangehenden Substituendum ist, welches es als »Stellvertreter« wiederaufnimmt. In der Regel besitzt das Substituendum die größere Konkretheit; das heißt: sein Sempotential ist größer als das des Substituens (cf. I.3.1.3.). Das zitierte Textstück besitzt die Eigenschaft, daß es – mit Ausnahme des Satzes *The eyes stared at me* – kein konkretes Lexem als Bezugswort für das Personalpronomen enthält. Die Folge davon ist, daß ein textsemantischer Regelverstoß vorliegt. Er besteht darin, daß das Nomen, dessen das stellvertretende Pro-Nomen zu seiner Konkretisierung bedarf, im Vor-Text nicht erscheint. Dadurch ist die angeführte Textstelle semantisch unterdeterminiert. Es liegt eine Hyposemie vor. Diese Hyposemie ist nicht nur hier, sondern auch im weiteren Text augenfällig. Ihre Auflösung bildet in der Tat eines der Themen, vielleicht das Hauptthema von Eliots Drama.

Alles, was wir über die *they* in Erfahrung bringen können, müssen wir aus dem Kontext erschließen. Wir erfahren etwa aus dem zitierten Textexzerpt, daß die *they* Harry anstarren, daß sie ihn schon lange verfolgen, daß er sie jetzt zum erstenmal sieht usw. Diese Kontext-Information provoziert den Rezipienten zur semantischen Hypothesenbildung. Er selbst stellt Mußmaßungen darüber an, wer die *they* sein können. Indem er Bedeutungen substituiert, löst er nicht nur die semantische Unterdeterminiertheit auf, sondern ist zugleich kreativ tätig. Er schafft selbst Realitäten.

b) Semantische Überdeterminiertheit (Hypersemie)

In gleicher Weise wie der Rezipient verfahren alle Figuren der *Family Reunion:* sie substituieren Bedeutungen. Harrys Verwandte erklären die *they,* von denen er spricht, als *dangerous fancies* (p. 31), *delusions* (p. 31), *the wish to get rid of her* [sc. *his wife*] (p. 33) und *kind of repression* (p. 41). Harry selbst gibt folgende semantische Versionen: *ghosts* (p. 109; cf. p. 130), *spectres* (p. 113), *shadows* (p. 52), *the sleepless hunters* (p. 61), *pursuers* (pp. 109, 113), *phantoms* (p. 113) und *bright angels* (p. 115). Auf der Liste der *Dramatis Personae* findet sich schließlich ein weiterer Identifikationsvorschlag: *the Eumenides.* Ein Überblick über diese Substitutionsalternativen zeigt ein semantisch uneinheitliches Bild. Die *they* werden einmal mit psychologischen, dann mit sinnlichen, dann mit übersinnlichen und zuletzt mit mythologischen Erscheinungen gleichgesetzt. Das bedeutet für den Rezipienten: Nachdem er sich zunächst einer semantischen Unterdeterminiertheit gegenüber sah, ist er jetzt mit einem

Zuviel an Bedeutungen konfrontiert. War er durch die Hyposemie dazu aufgerufen, Signifikate zu erfinden, so nötigt ihn die Überdeterminiertheit oder Hypersemie dazu, verschiedene Bedeutungsmöglichkeiten zurückzustellen bzw. zu streichen. Dieser Abbau des semantischen Überschusses fällt nicht leicht, da die Substitute nicht alle synonym, sondern zum Teil widersprüchlich sind. Indem der Rezipient sich für eine bestimmte Lösung entscheidet, identifiziert er sich gleichzeitig mit einer bestimmten dramatischen Perspektive (z. B. Harrys, des Chors).

Als weiterer Faktor der Hypersemie kommt hinzu, daß verschiedene der vorgeschlagenen Lösungen einen tropischen Charakter besitzen. Sie stellen Similaritäts-Substitutionen dar. Bekanntlich kommen diese dadurch zustande, daß ein Semem nach dem Kriterium der Ähnlichkeit durch ein anderes ersetzt wird (cf. II.6.1.4.1.). Ein solcher Tropus liegt etwa in der Bezeichnung *Eumeniden* vor. Die Eumeniden sind in der Antike göttliche Wesen, die als »wohltätige Hüterinnen der Rechtsordnung« (O. Hiltbrunner) gelten. Ihr ursprünglicher Name ist *Erinyes*, d. h. Rachegöttinnen, die jeden Mord, vor allem Verwandtenmord, bestrafen. Indem nun für die Eumeniden, wie die Eliot-Kritik es getan hat, Substitute wie *Rache, göttliche Vorsehung* und *Transzendenz* eingesetzt werden, findet eine semantische Reduktion statt. Diese besteht hier darin, daß nur Teilaspekte des Sem-Bestandes von *Eumeniden* realisiert werden; andere Aspekte werden ausgelassen. Diese Auslassung aber ist das Charakteristikum jeder Auflösung von Metaphern. Durch sie wird ihre *plurisignation* (Wheelwright 1962) auf eine einsinnige (monoseme) Bedeutungsrelation verkürzt. Auffällig ist in *The Family Reunion*, daß Harrys Substitute für *they* und *Eumenides* durchwegs Metaphern sind, während die seiner Verwandten alle monoseme Erklärungen darstellen. Bei Eliot ist der Chor (der Verwandten) »Realist«, Harry hingegen Poet.

c) Semantische Unbestimmtheit: ein Vergleich

Die in *The Family Reunion* eruierte Problematik ist allgemeinerer Natur. Die Hermeneutik spricht bezüglich des geschilderten Sachverhalts von *Unbestimmtheitsstellen* (cf. Ingarden 1965: 261–270, Iser 1970). Zwei sprachliche Ursachen für das Entstehen dieser Erscheinungen haben wir besonders hervorgehoben: das beziehungslose Pronomen und die Metapher. Beide stellen einen textsemantischen Regelverstoß dar. Er wird in dem einen Fall durch Unterdeterminiertheit (Hyposemie), in dem anderen Fall durch Überdeterminiertheit (Hypersemie) des Textes verursacht. Die Folge davon ist die Polyfunktionalität der betreffenden Textstellen. Ihr Abbau erfolgt dadurch, daß der Rezipient einsinnige Bedeutungssubstitute findet. Diese Monosemierung vollzieht sich auf zweierlei Weise: bei dem beziehungslosen Pronomen durch Addition, bei der Metapher durch Subtraktion von Semen. Die Beinahe-Asemie des Pronomens wird ergänzt, die Vieldeutigkeit der Metapher reduziert. Beide Prozeduren erfordern die Aktivität des Aufnehmenden: die Sem-Komplettierung seine schöpferische Phantasie, die Sem-Reduktion seine kritische Ratio. Auf diese Weise wird der Rezipient selbst in den Rang eines Textproduzenten erhoben. Er ist nicht nur Leser/Zuhörer, sondern gleichsam Mitverfasser von Literaturwerken.

d) Poetische und unpoetische Unbestimmtheit

Anhand der Diskussion des Eliot-Textes kann nachgewiesen werden, wie alle drei semiotischen Dimensionen bei der Textanalyse zusammenwirken. Ausgangspunkt unserer Betrachtung waren zeichensyntaktische Phänomene: beziehungsloses Pronomen, Polysemie, Metapher. Diese wurden im Hinblick auf textpragmatische Gesichtspunkte untersucht: die Reaktion des Empfängers, der semantische Aktivitäten entfaltet. Schließlich trat das Ergebnis dieser Empfänger-Tätigkeit selbst zutage: Fiktionalisierung. Ein Text, der solche Eigenschaften aufweist, daß er Kreativität des Rezipienten und Fiktionalisierung des Textgegenstandes impliziert, besitzt das Attribut des Literarischen. S. J. Schmidt faßt in einem aufschlußreichen Beitrag (1972) diese Eigenschaften unter der Bezeichnung »polyfunktionale Vertextung« zusammen und versteht darunter vor allem Textkonstituenten, die *»semantisch unterdeterminiert, funktional überspezifiziert* sowie *pseudo-referentiell«* sind (1972: 70).

Um diese literarischen Qualitäten noch deutlicher herauszustellen, ziehen wir den im Schlußabschnitt des ersten Hauptkapitels behandelten Bernstein-Text T 2 (I.3.4.1.) hinzu und vergleichen ihn mit Eliots *The Family Reunion.* In der Tat haben beide Texte zunächst etwas Gemeinsames: die zahlreichen unspezifizierten Pronomina, welche das Anzeichen einer Hyposemie sind. Jedesmal ist der Leser dazu aufgerufen, die Unterdeterminiertheit der Texte zu ergänzen. Dabei besteht jedoch ein gravierender Unterschied. Während die Pronomina von T 2 auf bestimmte Gegenstände der Wirklichkeit (hier: bildliche Darstellungen) Bezug nehmen, anhand dieser also verifiziert werden können, existiert für Eliots Drama eine solche Bezugsrealität nicht. Es ist das, was S. J. Schmidt »pseudo-referentiell« nennt; d. h. es fingiert eine Relation zu einer Wirklichkeit oder besser ausgedrückt: es schafft seine eigene Wirklichkeit. Diese Wirklichkeit ist nicht eingestaltig, sondern wechselt ihr Gesicht. Urheber dieser Polysemie sind einmal die Unbestimmtheiten des Textes, zum anderen die Rezipienten, die in wechselnden Kommunikationssituationen diese Unbestimmtheiten immer wieder neu konkretisieren. Unbestimmtheit bedeutet hier nicht, wie in Bernsteins T 2, eine denotative Fehlleistung, sondern erst die Voraussetzung für den schöpferischen Aufbau einer fiktiven Welt. Wie weit der Rezipient daran beteiligt ist, hängt von Art und Umfang der Unbestimmtheitsstellen in einem Text ab. Um nur zwei Beispiele zu nennen: Ein »realistischer« Text dürfte seinen Aktivitätsradius einengen, ein »surrealistischer« hingegen ausweiten. Eine Grammatik der Unbestimmtheiten könnte in dieser Hinsicht wertvolle Hilfe leisten. Das auszeichnende Charakteristikum dieser Grammatik bestünde darin, daß in ihr alle semiotischen Perspektiven berücksichtigt wären.

Schlußbemerkung

Die hier vorgelegte Studie ist interdisziplinär in dem Sinne, daß sie die Erkenntnisinteressen von Literaturwissenschaft und Lingustik zu koordinieren sucht. Seitdem die moderne Sprachwissenschaft innerhalb weniger Jahre einen beispiellosen Siegeszug angetreten hat, war ein Entwicklungsstadium vorhersehbar, in dem diese neue Disziplin auch das Gebiet der Literatur für sich beanspruchen würde (cf. Uitti 1969). Einen ersten Beweis für diesen Machtanspruch lieferte Jakobson auf dem Kongreß in Indiana (1958) in dem Diktum, daß die Poetik ein Teil der Linguistik sei. Die traditionelle Literaturwissenschaft, welche ihre Domäne in Gefahr sah, beeilte sich alsbald, diesen Angriff abzuwehren. Ihre Verteidigung stützte sich in der Regel auf bekannte Positionen wie den Fiktionalitätsanspruch der Literatur; auf die Argumente und Verfahrensvorschläge der Linguisten ging man häufig zu wenig ein, wohl auch deshalb, weil die theoretischen Voraussetzungen für ein Verständnis fehlten. Umgekehrt fehlte es den Linguisten manchmal an Bereitschaft, sich mit den besten Theoretikern der Literaturwissenschaft auseinanderzusetzen. Die Folge davon war und ist nicht selten eine Serie von Mißverständnissen und Polemiken. Wie nahe in einer solchen Debatte Positiva und Negativa nebeneinander liegen können, bezeugt in augenfälliger Weise der Streit zwischen dem Linguisten Roger Fowler und dem Literaturwissenschaftler F. W. Bateson (in: Fowler 1971: 43–79).

Nachdem nun einmal die Linguistik auf den Plan getreten ist, lassen sich ihre Erkenntnisse nicht mehr einfach beiseite schieben. Die hervorragenden Leistungen, die sie auf dem Gebiet der sprachwissenschaftlichen Theoriebildung vollbracht hat, vermögen auch dem Literaturwissenschaftler manche kritische Einsicht in die sprachlichen Eigenschaften seines angestammten Gegenstandes zu verleihen. Dies bedeutet, daß zwischen den beiden Disziplinen eine engere Kooperationsbereitschaft herrschen muß. In den Worten George Steiners (1972: 150; dte. Übers.):

Sich selbst als qualifizierten Literaturwissenschaftler zu betrachten, während man gleichzeitig vollkommene Unkenntnis der Veränderungen demonstriert, die moderne Linguistik und Logik für unser Verständnis von Sprache gebracht haben, ist ein Zeichen von Arroganz und Absurdität. Noch eine weitere impressionistische oder polemisch motivierte Abhandlung über die Qualitäten von Henry James' Prosa oder den Scharfsinn von Donne zu verfassen, bedeutet größtenteils eine private akademische Spielerei. Dennoch ist dies ein halbes Jahrhundert nach den Moskauer und Prager Forschungen zu Sprache und Poetik in den geisteswissenschaftlichen Fakultäten immer noch die übliche Praxis.

Dabei zeugt die Geschichte der Literaturwissenschaft selbst von zahlreichen linguistischen Aktivitäten. George Steiner erinnert u. a. an die grammatischen Dichter-Exegesen der Alexandriner und ihrer humanistischen Nachfolger. Ein noch wichtigeres Bindeglied zwischen Sprach- und Literaturwissenschaft war seit jeher die Rhetorik. Die Geschichte dieses Wissenschaftszweiges ist zugleich die Geschichte eines interdisziplinären Vorgehens. Ihre Wiederentdeckung und Neubelebung in diesen Tagen ist ein weiterer Meilenstein auf dem Wege dieser sehr alten Zusammenarbeit.

Blicken wir über die Grenzen unseres bisherigen Bezugssystems hinaus, so erscheint die Soziologie als mächtige Rivalin der Linguistik. Auch diese Disziplin erhebt Anspruch auf das gesamte Territorium der nicht-ästhetischen und ästhetischen Texte. Auch hier gibt es Versuche, das Phänomen »Literarität« zu begründen, in diesem Falle aus spezifisch gesellschaftstheoretischen Voraussetzungen. Auch hier ist ein Kampf zwischen »traditioneller« und soziologisch orientierter Literaturwissenschaft im Gange. Nicht zuletzt ist eine Literaturpsychologie im Entstehen begriffen, die neue Fragestellungen an die Analyse des Textes heranträgt. Die moderne Linguistik hat von diesen Neuerungen verhältnismäßig rasch Notiz genommen; die Folge davon ist die Entstehung von Soziolinguistik und Psycholinguistik – Forschungszweige, die sich ihrerseits wiederum dem Gegenstand »Text« zu nähern beginnen. Angesichts dieser Vielzahl textwissenschaftlicher Aktivitäten kann der in dieser Arbeit vorgeführte Ansatz nur einer unter anderen sein. Er bildet nur eine mögliche, wenn auch eine sehr wichtige methodische Variante innerhalb einer integrativen Text- und Literaturwissenschaft.

Bibliographie

Die folgende Literaturliste stellt eine Auswahlbibliographie dar. Sie verzeichnet in der Regel nur solche Arbeiten, die in diesem Buch besprochen bzw. erwähnt werden. Da sie sich in der Anlage an einzelnen Kapiteln orientiert, kann es vorkommen, daß manche Titel mehrfach aufgeführt werden.

In der Bibliographie werden folgende Abkürzungen verwendet:

Archiv	Archiv für das Studium der Neueren Sprachen und Literaturen
CLS	Comparative Literature Studies
DNS	Die Neueren Sprachen
DU	Der Deutschunterricht
DVJS	Deutsche Vierteljahrsschrift für Literaturwissenschaft und Geistesgeschichte
FL	Foundations of Language
FM	Le Français Moderne
FoL	Folia Linguistica
GGA	Göttingische Gelehrte Anzeigen
JIG	Jahrbuch für Internationale Germanistik
JL	Journal of Linguistics
LB	Linguistische Berichte
Lg	Language
LiLi	Zeitschrift für Literaturwissenschaft und Linguistik
LuD	Linguistik und Didaktik
NM	Neusprachliche Mitteilungen
PICL	Proceedings of the International Congress of Linguists
PMLA	Publications of the Modern Language Association of America
PQ	Philological Quarterly
STZ	Sprache im technischen Zeitalter
TLP	Travaux Linguistiques de Prague
WB	Weimarer Beiträge
WW	Wirkendes Wort
ZAA	Zeitschrift für Anglistik und Amerikanistik
ZDL	Zeitschrift für Dialektologie und Linguistik
ZPSK	Zeitschrift für Phonetik, Sprachwissenschaft und Kommunikationsforschung

Zur Einleitung

Arnold, H. L. / Sinemus, V. *(Hg.)*
    1973 *Literaturwissenschaft* (= Grundzüge der Literatur- und Sprachwissenschaft, 1), München.

Belke, H.
    1973 *Literarische Gebrauchsformen*, Düsseldorf.

Bense, M.
1962   *Theorie der Texte,* Köln.
Breuer, D. *et al.*
1973   *Literaturwissenschaft.* Eine Einführung für Germanisten, Frankfurt.
Bürger, Ch.
1973   *Textanalyse als Ideologiekritik,* Frankfurt.
Dijk, T. A. van
1970   »Sémantique générale et théorie des textes«, *Linguistics,* 62, 66–95.
Jakobson, R.
1968   »Closing Statement: Linguistics and Poetics«, in: Sebeok, T. A.
(ed.) 1968: 350–377.
Hartmann, P.
1964   »Text, Texte, Klassen von Texten«, *Bogawus,* 2, 15–25.
1968   »Textlinguistik als neue linguistische Teildisziplin«, *Replik,* 2, 2–7.
Kerkhoff, I.
1973   *Angewandte Textwissenschaft.* Literatur unter sozialwissenschaftli-
chem Aspekt, Düsseldorf.
Kinneavy, J. L.
1971   *A Theory of Discourse,* Englewood Cliffs, N.J.
Kolbe, J. *(Hg.)*
1969   *Ansichten einer künftigen Germanistik,* 2. Aufl., München.
1973   *Neue Ansichten einer künftigen Germanistik,* München.
Kristeva, J.
1971   »Die Semiologie – kritische Wissenschaft und/oder Wissenschafts-
kritik», in: *TEL QUEL* 1971: 21–35.
Plett, H. F.
1971   »Das Studium der Textwissenschaft. Thesen und ein Studien-
modell«, *DNS,* 70, 360–370.
Schmidt, S. J.
1970   »Linguistik und Literaturwissenschaft. Pläne, Prognosen, Probleme
1969–1970«, *LuD,* 2, 92–101.
1971   »Allgemeine Textwissenschaft. Ein Programm zur Erforschung
ästhetischer Texte«, *LB,* 12, 10–21.
1973   *Texttheorie.* Probleme einer Linguistik der sprachlichen Kommunikation, München.
Schwencke, O. *(Hg.)*
1970   *Literatur in Studium und Schule* (= Loccumer Kolloquien, 1),
Loccum.
Sebeok, T. A. *(ed.)*
1968   *Style in Language,* Cambridge, Mass. (1st ed. 1960).
Sengle, F.
1969   *Vorschläge zur Reform der literarischen Formenlehre,* 2. Aufl.,
Stuttgart.
TEL QUEL
1971   *Die Demaskierung der bürgerlichen Kulturideologie.* Marxismus,
Psychoanalyse, Strukturalismus, München.

Wienold, G.
  1972   *Semiotik der Literatur*, Frankfurt.
Wunderlich, D.
  1970   »Die Rolle der Pragmatik in der Linguistik«, *DU*, 22/4, 5–41.
  1971   »Pragmatik, Sprechsituation, Deixis«, *LiLi*, 1/1–2, 153–190.

Zu Kapitel I/0–1

Abrams, M. H.
  1958   *The Mirror and the Lamp*. Romantic Theory and the Critical Tradition, New York.
Allemann, B.
  1957   *Über das Dichterische*, Pfullingen.
Bateson, F. W.
  1972   *The Scholar-Critic*. An Introduction to Literary Research, London.
Behrens, I.
  1940   *Die Lehre von der Einteilung der Dichtkunst* (= Beihefte z. Zs. f. roman. Phil., 92), Halle/S.
Boyd, J. D.
  1968   *The Function of Mimesis and its Decline*, Cambridge, Mass.
Bray, R.
  1963   *La formation de la doctrine classique en France*, Paris.
Bungert, H. *(Hg.)*
  1972   *Die amerikanische Short Story*. Theorie und Entwicklung, Darmstadt.
Carter, J. / Muir, P. H.
  1967   *Printing and the Mind of Man*, London (deutsch: *Bücher die die Welt verändern*, Darmstadt 1969).
Collingwood, R. G.
  1947   *The Principles of Art*, Oxford.
Conrady, K. O.
  1973   »Gegen die Mystifikation von Dichtung und Literatur«, in: Rüdiger, H. *(Hg.)* 1973: 64–78.
Croce, B.
  1936   *La Poesia*, Bari (deutsch: *Die Dichtung*, hg. W. Eitel / J. Hösle, Tübingen 1970).
Daiches, D.
  1956   *Critical Approaches to Literature*, Englewood Cliffs, N.J.
Dilthey, W.
  1906   *Das Erlebnis und die Dichtung*. Lessing, Goethe, Novalis, Hölderlin, Leipzig.
Dockhorn, K.
  1969   *Macht und Wirkung der Rhetorik* (= Respublica Literaria, 2), Bad Homburg v. d. H.
Ehmer, H. K. *(Hg.)*
  1971   *Visuelle Kommunikation*. Beiträge zur Kritik der Bewußtseinsindustrie, Köln.

Escarpit, R.
1973 »Definition des Wortes ›littérature‹«, in: Rüdiger, H. *(Hg.)* 1973: 47–58.

France, P.
1965 *Racine's Rhetoric*, Oxford.

Fraser, W.
1970 *The War Against Poetry*, Princeton.

Górny, W.
1961 »Text Structure against the Background of Language Structure«, in: Davie, D. *et al. (eds.)*, *Poetics. Poetyka. Poetika*, Warszawa 1961, pp. 25–37.

Górski, K.
1971 »Zwei grundlegende Bedeutungen des Terminus ›Text‹«, in: Martens, G. / Zeller, H. *(Hg.)*, *Texte und Varianten*, München 1971, pp. 337–343.

Gottsched, J. Ch.
1751 *Versuch einer Critischen Dichtkunst*, 4. Aufl., Leipzig. Unveränderter photomechanischer Nachdruck: Darmstadt 1962.

Greenlaw, E.
1931 *The Province of Literary History*, Baltimore.

Hagstrum, J. H.
1958 *The Sister Arts*. The Tradition of Literary Pictorialism and English Poetry from Dryden to Gray, Chicago.

Hamburger, K.
1973 »Das Wort ›Dichtung‹«, in: Rüdiger, H. *(Hg.)* 1973: 33–46.

Hartmann, P.
1964 »Text, Texte, Klassen von Texten«, *Bogawus*, 2, 15–25.

Hess, R. *et al.*
1972 *Literaturwissenschaftliches Wörterbuch für Romanisten*, 2. Aufl., Frankfurt.

Ingarden, R.
1965 *Das literarische Kunstwerk*, 3. Aufl., Tübingen.

Jauss, H. R. *(Hg.)*
1968 *Die nicht mehr schönen Künste* (= Poetik und Hermeneutik, 3), München.

Kayser, W.
1959 *Das sprachliche Kunstwerk*, 11. Aufl., Bern.

Koller, H.
1954 *Die Mimesis in der Antike*, Bern.

Krauss, W.
1969 *Grundprobleme der Literaturwissenschaft*, Reinbek.

Lehmann-Haupt, H.
1951 *The Book in America*. A History of the Making and Selling of Books in the United States, New York.

Levin, H.
1973 *Grounds for Comparison* (= Harvard Studies in Comparative Literature, 32), Cambridge, Mass.

Mott, F. L.
 1966 *Golden Multitudes*. The Story of Best Sellers in the United States, New York.
Müller, G.
 1939 »Über die Seinsweise von Dichtung«, *DVJS*, 17, 137–152.
Mukařovský, J.
 1970 *Kapitel aus der Ästhetik*, Frankfurt.
Norden, E.
 1958 *Die antike Kunstprosa*, 5. Aufl., 2 Bde., Darmstadt.
Papajewski, H.
 1966 »An Lucanus sit poeta«, *DVJS*, 40, 485–508.
Peacham, H.
 1577 *The Garden of Eloquence*, London.
Peyre, H.
 1963 *Literature and Sincerity* (= Yale Romanic Studies, Second Series, 9), New Haven/London.
Pollmann, L.
 1971 *Literaturwissenschaft und Methode*, 2 Bde., Frankfurt.
Pollock, T. C.
 1942 *The Nature of Literature*. Its Relation to Science, Language and Human Experience, Princeton.
Ross, W.
 1973 »›Dichtung‹ und ›Literatur‹«, in: Rüdiger, H. *(Hg.)* 1973: 79–92.
Rotermund, E.
 1972 *Affekt und Artistik*, München.
Rüdiger, H. *(Hg.)*
 1971 *Zur Theorie der Vergleichenden Literaturwissenschaft*, Berlin.
 1973 *Literatur und Dichtung*, Stuttgart.
 1973a *Komparatistik*. Aufgaben und Methoden, Stuttgart.
Schadewaldt, W.
 1973 »Der Umfang des Begriffs der Literatur in der Antike«, in: Rüdiger, H. *(Hg.)* 1973: 12–25.
Seidler, H.
 1959 *Die Dichtung*. Wesen – Form – Dasein, Stuttgart.
Sidney, Ph.
 1965 *An Apology for Poetry or The Defence of Poesy*, ed. G. Shepherd, London/Edinburgh.
Smith, G. G. *(ed.)*
 1959 *Elizabethan Critical Essays*, 2 vols., London (1st ed. 1904).
Spitzer, L.
 1962 »American Advertising Explained as Popular Art«, in: *Essays on English and American Literature*, Princeton, N.J., 1962, pp. 248 bis 277.
Stone, P. W. R.
 1967 *The Art of Poetry 1750–1820*. Theories of Poetic Composition and Style in the Late Neo-Classic and Early Romantic Periods, London.

Strich, F.
1957   *Goethe und die Weltliteratur*, 2. Aufl., Bern.
Szondi, P.
1973   *Die Theorie des bürgerlichen Trauerspiels im 18. Jahrhundert* (= Studienausgabe der Vorlesungen, 1), Frankfurt.
Watt, I.
1963   *The Rise of the Novel*, Harmondsworth.
Weisstein, U.
1968   *Einführung in die Vergleichende Literaturwissenschaft*, Stuttgart.
Wellek, R. / Warren, A.
1956   *Theory of Literature*, 2nd ed., New York.
Wienold, G.
1971   »Textverarbeitung. Überlegungen zur Kategorienbildung in einer strukturalen Literaturgeschichte«, *LiLi*, 1/1–2, 59–90.
1972   *Semiotik der Literatur*, Frankfurt.

Zu Kapitel I/2–3

Arndt, H.
1974   »Didaxis- und Kommunikations-Aspekte textgrammatischer Modelle I.II.«, *NM*, 27, 73–82 + 163–171.
Austin, J. L.
1962   *How to Do Things with Words*, Oxford (deutsch: *Zur Theorie der Sprechakte*, Stuttgart 1972).
Baumann, H.-H.
1970   »Der deutsche Artikel in grammatischer und textgrammatischer Sicht. Zu Harald Weinrichs Beitrag«, *JIG*, 2, 145–154.
Beiträge
1971   *Beiträge zu den Fortbildungskursen des Goethe-Instituts für Deutschlehrer und Hochschulgermanisten aus dem Ausland*, hg. Goethe-Institut, München.
Bellert, I.
1970   »On a Condition of the Coherence of Texts«, *Semiotica*, 2, 335–363 (deutsch in: Kallmeyer, W. *et al.* (Hg.) 1974: II 213 bis 245).
Bense, M.
1969   *Einführung in die informationstheoretische Ästhetik*. Grundlegung und Anwendung in der Texttheorie, Reinbek.
Benveniste, E.
1969   »Sémiologie de la langue I. II.«, *Semiotica*, 1, 1–12 + 127–135.
Bernstein, B.
1971   *Class, Codes, and Control*, London (dte. Übersetzung von G. Habelitz: *Studien zur sprachlichen Sozialisation*, Düsseldorf 1971).
Brettschneider, G.
1972   »Zur Explikationsbasis für ›Texte‹ und ›Textsorten‹«, in: Gülich, E. / Raible, W. (Hg.) 1972: 125–134.

Breuer, D.
 1972 »Vorüberlegungen zu einer pragmatischen Texttheorie«, *WW*, 22,
      1–23.
 1973 »Literaturwissenschaft in semiotischer Sicht«, in: Breuer, D. *et al.*
      1973: 169–179.
 1973a »Pragmatische Textanalyse«, in: Breuer, D. *et al.* 1973: 213–340.
 1974 *Einführung in die pragmatische Texttheorie*, München.

Breuer, D. *et al.*
 1973 *Literaturwissenschaft. Eine Einführung für Germanisten*, Frank-
      furt.

Brinker, K.
 1971 »Aufgaben und Methoden der Textlinguistik«, *WW*, 21, 217–237.
 1973 »Zum Textbegriff der heutigen Linguistik«, in: Sitta, H. / Brinker,
      K. *(Hg.)* 1973: 9–41.

Bühler, K.
 1965 *Sprachtheorie*, 2. Aufl., Stuttgart (1. Aufl. 1934).

Chatman, S. *(ed.)*
 1971 *Literary Style: a Symposium*, London.

Chomsky, N.
 1969 *Aspekte der Syntax-Theorie*, übers. v. E. Lang *et al.*, Frankfurt
      (engl. Original: *Aspects of the Theory of Syntax*, Cambridge,
      Mass., 1965).

Coseriu, E.
 1967 »Lexikalische Solidaritäten«, *Poetica*, 1, 293–303 (auch in: Kall-
      meyer, W. *et al. (Hg.)* 1974: II 74–86).

Daneš, F.
 1970 »Zur linguistischen Analyse der Textstruktur«, *FoL*, 4/1–2, 72–78.
 1970a »FSP and the Organization of the Text (A Preliminary Version)«,
      The First Symposium on FSP, Mariánské Lázně, 12.–14. Oktober
      1970.

Dieckmann, W.
 1969 *Sprache in der Politik*, Heidelberg.

Dijk, T. A. van
 1971 »Some Problems of Generative Poetics«, *Poetics*, 2, 5–35.
 1972 *Some Aspects of Text Grammars*, The Hague/Paris.

Dockhorn, K.
 1969 *Macht und Wirkung der Rhetorik* (= Respublica Literaria, 2),
      Bad Homburg v. d. H.

Dressler, W.
 1970 »Modelle und Methoden der Textsyntax«, *FoL*, 4, 41–48.
 1972 *Einführung in die Textilinguistik* (= Konzepte, 13), Tübingen.

Dressler, W. U. / Schmidt, S. J.
 1973 *Textlinguistik. Kommentierte Bibliographie* (= Kritische Informa-
      tion, 4), München.

Eco, U.
 1972 *Einführung in die Semiotik*, München.

317

Figge, U. L.
1971 »Syntagmatik, Distribution und Text«, in: Stempel, W.-D. *(Hg.)* 1971: 161–181.

Firbas, J.
1966 »Non-Thematic Subjects in Contemporary English«, *TLP*, 2, 239–256 (auch in: Koch, W. A. *[Hg.]* 1972: 23–40).
1968 »On the Prosodic Features of the Modern English Finite Verb as Means of Functional Sentence Perspective«, *Brno Studies in English*, 7, 11–48.

Franz, M. F.
1968 »Literarische Zeichensituation und poetologischer Bildbegriff«, *WB*, 14, 715–753.

Fries, C. C.
1967 *The Structure of English*, 7th impr., London.

Fries, U.
1971 »Textlinguistik«, *LuD*, 2, 219–234.

Gerber, U. / Güttgemanns, E. *(Hg.)*
1972 *»Linguistische« Theologie.* Biblische Texte, christliche Verkündigung und theologische Sprachtheorie, Bonn.

Glinz, H.
1969 »Methoden zur Objektivierung des Verstehens von Texten, gezeigt an Kafka, ›Kinder auf der Landstraße‹«, *JIG*, 1, 75–106.
1970 *Sprachwissenschaft heute.* Aufgaben und Möglichkeiten, 2. Aufl., Stuttgart.
1973 *Textanalyse und Verstehenstheorie I*, Frankfurt.

Große, E. U.
1974 *Texttypen.* Linguistik gegenwärtiger Kommunikationsakte, Stuttgart (Preprint).

Gülich, E.
1970 *Makrosyntax der Gliederungssignale im gesprochenen Französisch*, München.

Gülich, E. / Raible, W. *(Hg.)*
1972 *Textsorten*, Frankfurt.

Günther, H.
1973 *Struktur als Prozeß.* Studien zur Ästhetik und Literaturtheorie des tschechischen Strukturalismus, München.

Güttgemanns, E.
1972 »›Text‹ und ›Geschichte‹ als Grundkategorien der Generativen Poetik«, in: Gerber, U. / Güttgemanns, E. *(Hg.)* 1972: 38–55.

Gunter, R.
1963 »Elliptical Sentences in American English«, *Lingua*, 12, 137–150.

Habermas, J.
1971 »Vorbereitende Bemerkungen zu einer Theorie der kommunikativen Kompetenz«, in: Habermas, J. / Luhmann, N., *Theorie der Gesellschaft oder Sozialtechnologie – Was leistet die Systemforschung?*, Frankfurt 1971, pp. 101–141.

Halliday, M. A. K.
1964 »The Linguistic Study of a Literary Text«, *PICL*, 9, 302–307.
Harris, Z. S.
1952 »Discourse Analysis«, *Lg*, 28, 1–30 (auch in: Fodor, J. A. / Katz, J. J. *(eds.)*, *The Structure of Language*. Readings in the Philosophy of Language, Englewood Cliffs, N.J., 1964, pp. 355–383).
Hartmann, P.
1964 »Text, Texte, Klassen von Texten«, *Bogawus*, 2, 15–25.
1968 »Textlinguistik als neue linguistische Teildisziplin«, *Replik*, 2, 2–7.
1968a »Zum Begriff des sprachlichen Zeichens«, *ZPSK*, 21, 205–222.
1971 »Text als linguistisches Objekt«, in: Stempel, W.-D. *(Hg.)* 1971: 9–29.
Harweg, R.
1967 »Zur Wortstellung des artikellosen genitivischen Eigennamenattributs des Nhd. in Manifestationen von Nominalphrasen mit dem bestimmten Artikel«, *Orbis*, 1967, 478–516.
1968 *Pronomina und Textkonstitution*, München.
1968a »Textanfänge in geschriebener und gesprochener Sprache«, *Orbis*, 17, 343–388.
1971 »Die textologische Rolle der Betonung«, in: Stempel, W.-D. *(Hg.)* 1971: 123–159.
Heidolph, K. E.
1966 »Kontextbeziehungen zwischen Sätzen in einer generativen Grammatik«, *Kybernetika*, 2, 274–281 (auch in: Steger, H. *(Hg.)*, *Vorschläge für eine strukturale Grammatik des Deutschen* (= Wege der Forschung, 146), Darmstadt 1970, pp. 78–87).
Hein, J.
1972 »Literaturdidaktik als Rezeptionsforschung?«, in: Hömig, H. / Thymister, J. *(Hg.)*, *Wissenschaft in Hochschule und Schule*, Köln 1972, pp. 61–74.
Helbig, G.
1971 *Geschichte der neueren Sprachwissenschaft*, München.
Hempfer, K. W.
1973 *Gattungstheorie*, München.
Hendricks, W. O.
1967 »On the Notion ›Beyond the Sentence‹«, *Linguistics*, 37, 12–51. (deutsch in: Ihwe, J. *(Hg.)* 1971: II/1, 92–141).
1972 »Current Trends in Discourse Analysis«, in: Kachru, B. B. / Stahlke, H. F. W. *(eds.)* 1972: 83–95.
Hermand, J.
1969 *Synthetisches Interpretieren*. Zur Methodik der Literaturwissenschaft, 2. Aufl., München.
Herrnstein Smith, B.
1970 *Poetic Closure*. A Study of How Poems End, Chicago/London.
Hymes, D.
1968 »The Ethnography of Speaking«, in: Fishman, J. A. *(ed.)*, *Readings in the Sociology of Language*, The Hague/Paris 1968, pp. 99–138.

319

Ihwe, J. *(Hg.)*
1971/ *Linguistik und Literaturwissenschaft.* Ergebnisse und Perspektiven,
1972 3 Bde. in 4 Tln., Frankfurt.

Ingarden, R.
1965 *Das literarische Kunstwerk,* 3. Aufl., Tübingen.

Isačenko, A. V.
1965 »Kontextbedingte Ellipse und Pronominalisierung im Deutschen«,
      in: *Beiträge zur Sprachwissenschaft, Volkskunde und Literaturfor-
      schung* (= FS Steinitz), Berlin 1965, pp. 163–174.

Isenberg, H.
1968 *Überlegungen zur Texttheorie* (= ASG-Berichte, 2), Berlin (Teil-
      abdruck in: *Replik,* 2 [1968], 13–17; Wiederabdruck in: Ihwe, J.
      [Hg.] 1971: I 155–172 und Kallmeyer, W. *et al. [Hg.]* 1974: II
      193–212).
1970 *Der Begriff »Text« in der Sprachtheorie* (= ASG-Berichte, 8), Ber-
      lin.

Iser, W.
1970 *Die Appellstruktur der Texte.* Unbestimmtheit als Wirkungsbedin-
      gung literarischer Prosa, Konstanz.

Jakobson, R.
1968 »Closing Statement: Linguistics and Poetics«, in: Sebeok, T. A.
      (ed.), Style in Language, Cambridge, Mass., 1968 (1st ed. 1960),
      pp. 350–377 (deutsch in: Ihwe, J. *[Hg.]* 1971: II/1, 142–178).
1971 »Visual and Auditory Signs« und »On the Relation Between Visual
      and Auditory Signs«, in: *Selected Writings,* 2 vols., The Hague/
      Paris 1971, II, 334–337, 338–344.

Jelitte, H.
1973 »Kommentierte Bibliographie zur Sovetrussischen Textlinguistik«,
      LB, 28, 83–100.

Kachru, B. B. / Stahlke, H. F. W. *(eds.)*
1972 *Current Trends in Stylistics,* Edmonton/Champaign.

Kallmeyer, W.
1972 »Verweisung im Text«, *DU,* 24/4, 29–42.

Kallmeyer, W. *et al.*
1972 *Einführung in die Textlinguistik,* 2 Bde., Bielefeld/Köln.
1974 *Lektürekolleg zur Textlinguistik,* 2 Bde., Frankfurt.

Karttunen, L.
1968 *What Makes Definite Noun-Phrases Definite?,* The Rand Corpora-
      tion P-3871, Santa Monica.
1969 *Problems of Reference in Syntax,* Diss. Indiana Univ. (mimeo).

Kinneavy, J. L.
1971 *A Theory of Discourse,* Englewood Cliffs, N.J.

Klaus, G.
1969 *Semiotik und Erkenntnistheorie,* 2., neubearbeitete Auflage, Ber-
      lin (1. Aufl. 1963).

Koch, W. A.
1971 *Varia Semiotica,* Hildesheim.

Koch, W. A. *(Hg.)*
   1972   *Strukturelle Textanalyse*, Hildesheim/New York.
Kristeva, J.
   1971   »Probleme der Text-Strukturierung«, in: *TEL QUEL* 1971:135
          bis 154 (auch in: Ihwe, J. *[Hg.]* 1971: II/2, 484–507).
Lachmann, R.
   1973   »Zum Umgang mit Texten – Linguistischer Reduktionismus und
          modellierende Praxis«, in: Kolbe, J. *(Hg.), Neue Ansichten einer
          künftigen Germanistik*, München 1973, pp. 219–225.
Lang, E.
   1973   »Über einige Schwierigkeiten beim Postulieren einer ›Textgrammatik‹«, in: Ihwe, J. *(Hg.), Literaturwissenschaft und Linguistik*,
          2 Bde., Frankfurt 1973, II, 17–50.
Lausberg, H.
   1960   *Handbuch der literarischen Rhetorik*, 2 Bde., München.
Leibfried, E.
   1970   *Kritische Wissenschaft vom Text*, Manipulation, Reflexion, transparente Poetologie, Stuttgart.
Lotman, J. M. / Pjatigorskij, A. M.
   1969   »Le texte et la fonction«, *Semiotica*, 1, 205–217.
Maas, U. / Wunderlich, D.
   1972   *Pragmatik und sprachliches Handeln*, Frankfurt.
Martens, G.
   1971   »Textdynamik und Edition. Überlegungen zur Bedeutung und
          Darstellung variierender Textstufen«, in: Martens, G. / Zeller, H.
          (Hg.) 1971: 165–201.
Martens, G. / Zeller, H. *(Hg.)*
   1971   *Texte und Varianten*. Probleme ihrer Edition und Interpretation,
          München.
Meier, G. F.
   1969   »Die Wirksamkeit der Sprache (Einige theoretische und methodischpraktische Grundfragen zur Wirksamkeit der Sprache im Kommunikationsprozeß)«, *ZPSK*, 22, 474–492.
Morris, Ch. W.
   1946   *Signs, Language and Behavior*, New York.
   1972   *Grundlagen der Zeichentheorie. Ästhetik und Zeichentheorie*, übers.
          v. R. Posner / J. Rehbein, München.
Nickel, G.
   1968   »Kontextuelle Beziehungen zwischen Sätzen im Englischen«, *Praxis*, 15, 15–25.
Niepold, W.
   1970   *Sprache und soziale Schicht*, Berlin.
Oevermann, U.
   1972   *Sprache und soziale Herkunft*, Frankfurt.
Ogden, C. K. / Richards, I. A.
   1966   *The Meaning of Meaning*, London.

Ohmann, R.
1971 »Speech, Action and Style«, in: Chatman, S. *(ed.)* 1971: 241–259.
1972 »Instrumental Style: Notes on the Theory of Speech as Action«, in: Kachru, B. B. / Stahlke, H. F. W. *(eds.)* 1972:115–141.
Oomen, U.
1972 »Systemtheorie der Texte«, *FoL*, 5/1–2, 12–34 (auch in: Kallmeyer, W. *et al. (Hg.)* 1974: II 47–70).
Petöfi, J. S.
1971 *Transformationsgrammatiken und eine ko-textuelle Texttheorie.* Grundfragen und Konzeptionen, Frankfurt.
Petöfi, J. / Franck, D. *(Hg.)*
1973 *Präsupposition in Philosophie und Linguistik* (= Linguistische Forschungen, 7), Frankfurt.
Plett, H. F.
1973 *Einführung in die rhetorische Textanalyse*, 2. Aufl., Hamburg.
1974 »Text und kommunikative Differenz«, *DNS*, 73, 31–47.
Prakke, H.
1965 »Die Lasswell-Formel und ihre rhetorischen Ahnen«, *Publizistik*, 10, 385–391.
Puttenham, G.
1589 *The Arte of English Poesie*, London.
Raible, W.
1972 *Satz und Text.* Untersuchungen zu vier romanischen Sprachen, Tübingen.
Ricœur, P.
1970 »Qu'est-ce qu'un texte?«, in: Bubner, R. *et al. (Hg.)*, *Hermeneutik und Dialektik*, 2 Bde., Tübingen 1970, II, 181–200.
Römer, R.
1968 *Die Sprache der Anzeigenwerbung*, Düsseldorf.
Rohrer, Ch.
1971 *Funktionelle Sprachwissenschaft und transformationelle Grammatik*, München.
Schaff, A.
1973 *Einführung in die Semantik*, Reinbek.
1974 »Über die Eigenart des sprachlichen Zeichens«, in: *Sprache und Erkenntnis*, Reinbek 1974, pp. 190–204.
Schmidt, P.
1971 »Textbegriff und Interpretation«, in: *Beiträge* 1971: 104–111.
1973 »Statischer Textbegriff und Textprozeß«, in: Breuer, D. *et al.* 1973: 95–125.
Schmidt, S. J.
1969 »Sprachliches und soziales Handeln. Überlegungen zu einer Handlungstheorie der Sprache«, *LB*, 2, 64–69.
1971 »Das kommunikative Handlungsspiel als Kategorie der Wirklichkeitskonstitution«, in: Schweisthal, K. G. *(Hg.)*, *Grammatik, Kybernetik, Kommunikation* (= FS Hoppe), Bonn 1971, pp. 215–227.
1971a »›Text‹ und ›Geschichte‹ als Fundierungskategorien. Sprachphiloso-

322

phische Grundlagen einer transphrastischen Analyse«, in: Stempel, W.-D. *(Hg.)* 1971: 31–52.

1972 »Text als Forschungsobjekt der Texttheorie«, *DU*, 24/4, 7–28.

1973 *Texttheorie.* Probleme einer Linguistik der sprachlichen Kommunikation, München.

Searle, J. R.

1969 *Speech Acts,* Cambridge (deutsch: *Sprechakte,* Frankfurt 1971).

Silman, T.

1974 *Probleme der Textlinguistik.* Einführung und exemplarische Analyse. Aus dem Russischen übersetzt von Th. Lewandowski, Heidelberg.

Sitta, H.

1973 »Kritische Überlegungen zur Textsortenlehre«, in: Sitta, H. / Brinker, K. *(Hg.)* 1973: 63–72.

Sitta, H. / Brinker, K. *(Hg.)*

1973 *Studien zur Texttheorie und zur deutschen Grammatik* (= FS Glinz), Düsseldorf.

Slama-Cazacu, T.

1961 *Langage et Contexte,* 's-Gravenhage.

Snell, B.

1952 *Der Aufbau der Sprache,* 2. Aufl., Hamburg.

Steinitz, R.

1968 *Nominale Pro-Formen* (= ASG-Berichte, 2), Berlin (auch in: Kallmeyer, W. *et al. [Hg.]* 1974: II 246–265).

1969 *Adverbial-Syntax* (= Studia Grammatica, 10), Berlin.

Stempel, W.-D. *(Hg.)*

1971 *Beiträge zur Textlinguistik,* München.

Stroszeck, H.

1971 »Literaturwissenschaft und Kommunikationswissenschaft«, in: *Beiträge* 1971: 89–103.

1973 »Zur kunstwissenschaftlichen und kommunikationswissenschaftlichen Grundlegung der Literaturwissenschaft«, in: Breuer, D. *et al.* 1973: 127–168.

Studnicki, F.

1970 »Traffic Signs«, *Semiotica,* 2, 151–172.

TEL QUEL

1971 *Die Demaskierung der bürgerlichen Kulturideologie.* Marxismus, Psychoanalyse, Strukturalismus, München.

Ungeheuer, G.

1972 *Sprache und Kommunikation* (= IPK-Forschungsberichte, 13), Hamburg.

Vater, H.

1968 »Zu den Pro-Formen im Deutschen«, *Sprachwissenschaftliche Mitteilungen,* 1/1, 21–29.

Vendler, Z.

1970 »Les performatifs en perspective«, *Langages,* 5, 73–90.

1970 »Say what you think«, in: *Studies in Thought and Language*, ed. J. L. Cowen, Tuscon 1970, pp. 79–97.

Weinrich H.
1969 »Textlinguistik. Zur Syntax des Artikels in der deutschen Sprache«, *JIG*, 1, 61–74.
1970 »Zur Textlinguistik der Tempusübergänge«, *LuD*, 1, 222–227.
1971 »The Textual Function of the French Article«, in: Chatman, S. *(ed.)* 1971: 221–240 (dt. in: Kallmeyer, W. *et al. [Hg.]* 1974: I 266–293).
1971a *Tempus*. Besprochene und erzählte Welt (= Sprache und Literatur, 16), 2. Aufl., Stuttgart (1. Aufl. 1964).

Wienold, G.
1971 »Textverarbeitung. Überlegungen zur Kategorienbildung in einer strukturalen Literaturgeschichte«, *LiLi*, 1/1–2, 59–90.
1972 *Semiotik der Literatur*, Frankfurt.

Wellek, R. / Warren, A.
1956 *Theory of Literature*, 2nd ed., New York.

Wunderlich, D.
1970 »Die Rolle der Pragmatik in der Linguistik«, *DU*, 22/4, 5–41.
1971 »Pragmatik, Sprechsituation, Deixis«, *LiLi*, 1/1–2, 153–190.
1972 »Sprechakte«, in: Maas, U. / Wunderlich, D. 1972: 71–188.
1973 »Referenzsemantik«, in: *Funk-Kolleg Sprache*. Eine Einführung in die moderne Linguistik, hg. v. K. Baumgärtner *et al.*, 2 Bde., Frankfurt 1973, II, 102–112.

Wunderlich, D. *(Hg.)*
1972 *Linguistische Pragmatik*, Frankfurt.

Zu Kapitel II und zur Schlußbemerkung

Aarts, J.
1971 »A Note on the Interpretation of ›he danced his did‹«, *JL*, 7, 71–73.

Abraham, W. / Braunmüller, K.
1971 »Stil, Metapher und Pragmatik«, *Lingua*, 28, 1–47 (modifizierte englische Version: »Towards a Theory of Style and Metaphor«, *Poetics*, 7 (1973), 105–147).

Anderson, G. L.
1970 *Phonetic Symbolism:* A Study of the Affective Content of English Phonemes, Unpublished M. A. Thesis, St. Cloud, Minnesota: St. Cloud State College.
1972 »Phonemic Symbolism and Phonological Style: A Model Grammar«, in: Kachru, B. B. / Stahlke, H. F. W. *(eds.)* 1972: 163–181.

Arbusow, L.
1963 *Colores rhetorici*, 2. Aufl., Göttingen.

Arvatov, B. I.
1923 »Poetische und praktische Sprache (zur Methodologie der Kunst-

wissenschaft)«, in: Günther, H. *(Hg.)*, *Marxismus und Formalismus*, München 1973, pp. 99–115.

Asmuth, B. / Berg-Ehlers, L.
1974 *Stilistik*, Düsseldorf.

Austerlitz, R.
1961 »Parallelismus«, in: Davie, D. *et al. (eds.)* 1961: 439–443.

Baldwin, C. S.
1928 *Medieval Rhetoric and Poetic (to 1400)*, Interpreted from Representative Works, New York.

Barber, Ch.
1964 *Linguistic Change in Present-Day English*, Edinburgh/London.

Barthes, R.
1964 »Rhetorik des Bildes«, in: Schiwy, G., *Der französische Strukturalismus*, Reinbek 1969, pp. 158–166 (franz. Original in: *Communications*, 4 (1964), 40–51).
1967 *Système de la mode*, Paris.
1970 *Mythen des Alltags*, 2. Aufl., Frankfurt.
1970a »L'ancienne rhétorique«, *Communications*, 16, 172–223.

Baumgärtner, K.
1969 »Der methodische Stand einer linguistischen Poetik«, in: Ihwe, J. *(Hg.)* 1971: II/2, 371–402 (ursprünglich in: *JIG*, 1/1 [1969], 15 bis 43).

Bechert, J. *et al.*
1970 *Einführung in die generative Transformationsgrammatik*, München.

Bense, M.
1965 *Aesthetica*. Einführung in die neuere Ästhetik, Baden-Baden.

Berger, A.
1972 »Poesie zwischen Linguistik und Literaturwissenschaft«, *LB*, 17, 1–11.

Bettinghaus, E. P.
1967 *Persuasive Communication*, New York.

Bezzel, Ch.
1970 »Grundprobleme einer poetischen Grammatik«, *LB*, 9, 1–17.

Bickerton, D.
1969 »Prolegomena to a Linguistic Theory of Metaphor«, *FL*, 5, 34–52.

Bierwisch, M.
1966 »Strukturalismus. Geschichte, Probleme und Methoden«, *Kursbuch*, 5, 77–152.
1969 »Poetik und Linguistik«, in: Kreuzer, H. / Gunzenhäuser, R. *(Hg.)* 1969: 49–65 (auch in: Ihwe, J. *[Hg.]* 1971: II/2, 568–586).

Bloch, B.
1953 »Linguistic Structure and Linguistic Analysis«, in: Hill, A. A. *(ed.)*, *Report on the Fourth Annual Round Table Meeting on Linguistics and Language Teaching*, Washington 1953, pp. 40–44.

Blumensath, H. *(Hg.)*
1972 *Strukturalismus in der Literaturwissenschaft*, Köln.

Bonheim, H.
1975 »Bringing Classical Rhetoric Up-to-Date«, *Semiotica* 13, 375–388.
Bonsiepe, G.
1968 »Visuell/verbale Rhetorik«, *Format*, IV/5, 11–18.
Bowley, C. C.
1974 »Metrics and the Generative Approach«, *Linguistics*, 121, 5–19.
Brooke-Rose, Ch.
1958 *A Grammar of Metaphor*, London.
Brown, J.
1956 »Eight Types of Puns«, *PMLA*, 71, 14–26.
Burger, H.
1973 »Stil und Grammatikalität«, *Archiv*, 209, 241–258.
Burke, K.
1962 *A Grammar of Motives and a Rhetoric of Motives*, Cleveland/
New York.
Butters, R. R.
1970 »On the Interpretation of Deviant Utterances«, *JL*, 6, 105–110.

Carstensen, B.
1970 »Stil und Norm. Zur Situation der linguistischen Stilistik«, *ZDL*,
37, 257–279.
Červenka, M.
1973 »Die Grundkategorien des Prager literaturwissenschaftlichen Strukturalismus«, in: Žmegac, V. / Škreb, Z. *(Hg.)* 1973: 137–168.
Chapman, R.
1973 *Linguistics and Literature*. An Introduction to Literary Stylistics,
London.
Chatman, S.
1965 *A Theory of Meter*, The Hague.
1967 »The Semantics of Style«, *Social Science Information*, 6, 77–99
(auch in: Koch, W. A. *[Hg.]* 1972: 343–365).
1968 »Comparing Metrical Styles«, in: Sebeok, T. A. *(ed.)* 1968: 149
bis 172.
Chatman, S. *(ed.)*
1971 *Literary Style: a Symposium*, London.
Chatman, S. / Levin, S. R.
1972 Artikel »Linguistics and Poetics«, in: *Princeton Encyclopaedia of
Poetry and Poetics*, ed. Preminger, A. / Warnke, F. J. / Hardison,
O. B., Princeton, N.J., 1972 (1st ed. 1965), pp. 450–457 (dt. in:
Ihwe, J. *[Hg.]* 1971: II/1, 75–91).
Chatman, S. / Levin, S. R. *(eds.)*
1967 *Essays on the Language of Literature*, New York.
Clarke, M. L.
1968 *Die Rhetorik bei den Römern*, übers. v. K. Dockhorn, Göttingen.
Coseriu, E.
1971 »Thesen zum Thema ›Sprache und Dichtung‹«, in: Stempel, W.-D.
(Hg.) 1971: 183–188.

Crane, W. G.
  1937 *Wit and Rhetoric in the Renaissance*, New York.
Crocker, L. / Carmack, P. A. *(eds.)*
  1965 *Readings in Rhetoric*, Springfield, Ill.
Curtius, E. R.
  1961 *Europäische Literatur und lateinisches Mittelalter*, 3. Aufl., Bern/ München.
Darbyshire, A. E.
  1971 *A Grammar of Style*, London.
Davie, D. *et al. (eds.)*
  1961 *Poetics. Poetyka. Poetika*, Warszawa.
Delas, D. / Filliolet, J.
  1973 *Linguistique et poétique*, Paris.
Dockhorn, K.
  1968 *Macht und Wirkung der Rhetorik* (= Respublica Literaria, 2), Bad Homburg v. d. H.
  1971 »Rhetorik und germanistische Literaturwissenschaft in Deutschland«, *JIG*, III/1, 168–185.
  1973 »Affekt, Bild und Vergegenwärtigung in der Poetik des Barock«, *GGA*, 225, 135–156.
Doležel, L. / Kraus, J.
  1972 »Prague School Stylistics«, in: Kachru, B. B. / Stahlke, H. F. W. *(eds.)* 1972: 37–48.
Doležel, L. / Bailey, R. W. *(eds.)*
  1969 *Statistics and Style*, New York.
Dubois, J.
  1969 »Éléments d'une rhétorique généralisée: Les métataxes«, in: *Cahiers du CRAL*, Études du Rhétorique, 2 tom., Nancy 1969, I, 49–61.
Dubois, J. *et al.*
  1970 *Rhétorique générale*, Paris.
  1974 *Allgemeine Rhetorik*, übers. v. A. Schütz, München.
Dyck, J.
  1969 *Ticht-Kunst*. Deutsche Barockpoetik und rhetorische Tradition, 2. Aufl., Bad Homburg v. d. H. (1. Aufl. 1966).
Eco, U.
  1972 *Einführung in die Semiotik*, München.
Eichenbaum, B.
  1925 »Die Theorie der formalen Methode«, in: Eichenbaum, B., *Aufsätze zur Theorie und Geschichte der Literatur*, Frankfurt 1965, pp. 7–52.
Empson, W.
  1961 *Seven Types of Ambiguity*, Harmondsworth (1st ed. 1930).
Enkvist, N. E.
  1964 »On Defining Style: An Essay in Applied Linguistics«, in: Enkvist, N. E. / Spencer, J. / Gregory, M. J., *Linguistics and Style*, London 1964, pp. 1–56.

Enzensberger, H. M.
  1973 *Einzelheiten I: Bewußtseins-Industrie*, 8. Aufl., Frankfurt (1. Aufl. 1962).
Erlich, V.
  1964 *Russischer Formalismus*, München.
Firth, J. R.
  1964 *The Tongues of Men & Speech*, London.
Flaker, A.
  1973 »Der russische Formalismus – Theorie und Wirkung«, in: Žmegač, V. / Škreb, Z. *(Hg.)* 1973: 115–136.
Fónagy, I.
  1961 »Communication in Poetry«, *Word*, 17, 194–218.
Fowler, R.
  1966 »Linguistic Theory and the Study of Literature«, in: Fowler, R. *(ed.)* 1966: 1–28.
  1966a »»Prose Rhythm‹ and Metre«, in: Fowler, R. *(ed.)* 1966: 82–99.
  1969 »On the Interpretation of Nonsense Strings«, *JL*, 5, 75–83 (dt. in: Ihwe, J. *[Hg.]* 1971: II/2, 358–370).
  1970 »Against Idealization: Some Speculations on the Theory of Poetic Performance«, *Linguistics*, 63, 19–50.
  1971 *The Languages of Literature*. Some Linguistic Contributions to *Criticism*, London.
Fowler, R. *(ed.)*
  1966 *Essays on Style and Language*. Linguistic and Critical Approaches to Literary Style, London.
Francis, W. N.
  1962 »Syntax and Literary Interpretation«, in: Chatman, S. / Levin, S. R. *(eds.)* 1967: 209–216.
Frangeš, I.
  1971 »Ist die Stilistik eine Wissenschaft von den Abweichungen?«, in: Flaker, A. / Žmegač, V. *(Hg.)*, *Formalismus, Strukturalismus und Geschichte*, Kronberg/Ts. 1974, pp. 211–220.
Frank-Böhringer, B.
  1963 *Rhetorische Kommunikation*, Quickborn/Hamburg.
Freeman, D. C.
  1972 »Current Trends in Metrics«, in: Kachru, B. B. / Stahlke, H. F. W. *(eds.)* 1972: 67–81.
Freeman, D. C. *(ed.)*
  1970 *Linguistics and Literary Style*, New York.
Friedrich, H.
  1967 »Strukturalismus und Struktur in literaturwissenschaftlicher Sicht«, in: Schiwy, G., *Der französische Strukturalismus*, Reinbek 1969, pp. 219–227.
Fries, C. C.
  1967 *The Structure of English*, 7th impr., London.
Fucks, W.
  1968 *Nach allen Regeln der Kunst*, Stuttgart.

Gaier, U.
1971 *Form und Information – Funktionen sprachlicher Klangmittel*, Konstanz.

Garvin, P. L. *(ed.)*
1964 *A Prague School Reader on Esthetics, Literary Structure, and Style*, Georgetown UP.

Gelb, I. J.
1963 *A Study of Writing*, 2nd ed., Chicago/London.

Genette, G.
1970 »La rhétorique restreinte«, *Communications*, 16, 158–171.

Gläser, R.
1970 »Sprache und Pragmatik der englisch-amerikanischen kommerziellen Werbung«, *ZAA*, 18, 314–323.
1972 »Graphemabweichungen in der amerikanischen Werbesprache«, *ZAA*, 20, 184–196.

Grabes, H.
1973 »Literaturwissenschaft oder Textwissenschaft?«, *Anglia*, 91, 456 bis 474.

Greimas, A. J. *(éd.)*
1972 *Essais de sémiotique poétique*, Paris.

Groot, A. W. de
1968 »Phonetics in its Relation to Aesthetics«, in: Malmberg, B. *(ed.)*, *Manual of Phonetics*, Amsterdam 1968, Chap. 18 (pp. 533–549).

Günther, H.
1973 *Struktur als Prozeß*, München.

Gunter, R.
1963 »Elliptical Sentences in American English«, *Lingua*, 12, 137–150.

Hall, R. A.
1952 »A Theory of Graphemics«, *Acta Linguistica*, 8, 13–20.

Halle, M. / Keyser, S. J.
1970 »Chaucer and the Study of Prosody«, in: Freeman, D. C. *(ed.)* 1970: 366–426 (ursprünglich in: *College English*, 28 [1966], 187–219).

Hammond, Mac
1961 »Poetic Syntax«, in: Davie, D. *et al. (eds.)* 1961: 475–482.

Harris, V.
1966 »Allegory to Analogy in the Interpretation of the Scriptures«, *PQ*, 45, 1–23.

Hartmann, P.
1964 *Syntax und Bedeutung*, Assen.
1965 »Modellbildungen in der Sprachwissenschaft«, *Studium Generale*, 18, 364–379.

Hendricks, W. O.
1969 »Three Models for the Description of Poetry«, *JL*, 5, 1–22 (dt. in: Ihwe, J. *[Hg.]* 1971: II/2, 403–431).
1973 »Linguistic Contributions to Literary Science«, *Poetics*, 7, 86–102.

Henry, A.
1971 *Métonymie et Métaphore,* Paris.
Hill, A. A.
1955 »An Analysis of *The Windhover.* An Experiment in Structural Method«, *PMLA,* 70, 968–78 (auch in: Koch, W. A. *[Hg.]* 1972: 197–207).
Hocke, G. R.
1959 *Manierismus in der Literatur.* Sprach-Alchimie und Esoterische Kombinationskunst, Reinbek.
Howell, W. S.
1956 *Logic and Rhetoric in England, 1500–1700,* Princeton, N.J.
Howes, R. F. *(ed.)*
1961 *Historical Studies of Rhetoric and Rhetoricians,* Ithaca, N.Y.
Hrushovski, B.
1968 »On the Free Rhythms in Modern Poetry«, in: Sebeok, T. A. *(ed.)* 1968: 173–190.
Hymes, D.
1968 »Phonological Aspects of Style: Some English Sonnets«, in: Sebeok, T. A. *(ed.)* 1968: 109–131.
Ihwe, J. *(Hg.)*
1970 »Kompetenz und Performanz in der Literaturtheorie«, in: Schmidt, S. J. *(Hg.)* 1970: 136–152.
1972 *Linguistik in der Literaturwissenschaft.* Zur Entwicklung einer modernen Theorie der Literaturwissenschaft, München.
Ihwe, J. *(Hg.)*
1971/ *Linguistik und Literaturwissenschaft.* Ergebnisse und Perspektiven,
1972   3 Bde. in 4 Tln., Frankfurt.
Imdahl, M.
1970 »Bildsyntax und Bildsemantik«, in: Schmidt, S. J. *(Hg.)* 1970: 176–188.
Ingarden, R.
1961 »Poetik und Sprachwissenschaft«, in: Davie, D. *et al. (eds.)* 1961: 3–9.
1965 *Das literarische Kunstwerk,* 3. Aufl., Tübingen.
Ingendahl, W.
1971 *Der metaphorische Prozeß* (= Sprache der Gegenwart, 14), Düsseldorf.
Isačenko, A. V.
1965 »Kontextbedingte Ellipse und Pronominalisierung im Deutschen«, in: *Beiträge zur Sprachwissenschaft, Volkskunde und Literaturforschung* (= FS Steinitz), Berlin 1965, pp. 163–174.
Iser, W.
1970 *Die Appellstruktur der Texte.* Unbestimmtheit als Wirkungsbedingung literarischer Prosa, Konstanz.
Jakobson, R.
1965 »Der grammatische Bau des Gedichts von Brecht ›Wir sind sie‹«, in: *Beiträge zur Sprachwissenschaft, Volkskunde und Literaturfor-*

schung (= FS Steinitz), Berlin 1965, pp. 175–189 (auch in: Blumensath, H. *(Hg.)* 1972: 169–183).

1966 »Grammatical Parallelism and its Russian Facet«, *Lg*, 42, 399–429.

1966a »The Grammatical Texture of a Sonnet from Sir Philip Sidney's ›Arcadia‹«, in: *Studies in Language and Literature* (= FS Schlauch), Warschau 1966, pp. 165–174.

1968 »Closing Statement: Linguistics and Poetics«, in: Sebeok, T. A. *(ed.)* 1968: 350–377 (dt. in: Ihwe, J. *[Hg.]* 1971: II/1, 142–178 und Blumensath, H. *[Hg.]* 1972: 118–147).

1969 »Poesie der Grammatik und Grammatik der Poesie«, in: Kreuzer, H. / Gunzenhäuser, R. *(Hg.)* 1969: 21–32.

1971 »Der Doppelcharakter der Sprache. Die Polarität zwischen Metaphorik und Metonymik«, in: Ihwe, J. *(Hg.)* 1971: I 323–333.

1972 »Sur l'art verbal de William Blake et d'autres peintres-poètes«; in: Jakobson, R. *et al. (éd.)*, *Hypothèses*. Trois entretiens et trois études sur la linguistique et la poétique, Paris 1972, pp. 75–102.

Jakobson, R. / Lévi-Strauss, C.

1968 »›Les chats‹ von Charles Baudelaire«, *alternative*, 62/63, 156–170 (auch in: Blumensath, H. *[Hg.]* 1972: 184–201 und *STZ*, 29 [1969], 2–19).

Jakobson, R. / Jones, L. G.

1970 *Shakespeare's Verbal Art in »Th'expence of Spirit«*, The Hague/ Paris.

Jauss, H. R.

1967 »Literaturgeschichte als Provokation der Literaturwissenschaft«, in: *Literaturgeschichte als Provokation*, Frankfurt 1970, pp. 144–207.

Jens, W.

1971 Artikel »Rhetorik«, in: *Reallexikon der deutschen Literaturgeschichte*, 2. Aufl., Bd. III, Berlin/New York 1971, pp. 432–456.

Joos, M.

1962 *The Five Clocks*, Bloomington, Ind.

Joseph, M.

1949 *Shakespeare's Use of the Arts of Language*, New York.

Kachru, B. B. / Stahlke, H. F. W. *(eds.)*

1972 *Current Trends in Stylistics*, Edmonton/Champaign.

Kaemmerling, E.

1972 »Die Irregularität der Regularität der Irregularität: Kritik der linguistischen Poetik«, *LB*, 19, 74–77.

Katačić, R.

1973 »Literaturforschung und Linguistik«, in: Žmegač, V. / Škreb, Z. *(Hg.)* 1973: 235–252.

Kinneavy, J. L.

1971 *A Theory of Discourse*, Englewood Cliffs, N.J.

Klinkenberg, J.-M.

1968 »Éléments d'une rhétorique généralisée: les metaplasmes«, in: *Linguistique et littérature*. Colloque de Cluny 16/17 avril 1968

          (= Sondernummer der Zeitschrift *La Nouvelle Critique*),
          pp. 93–100.
 1970 »L'Archaïsme et ses fonctions stylistiques«, *FM*, 38, 10–34.
 1973 »Vers un modèle théorique de langage poétique«, *Degrés*, 1,
          d1–d12.

Kloepfer, R. / Oomen, U.
 1970 *Sprachliche Konstituenten moderner Dichtung.* Entwurf einer de-
          skriptiven Poetik: Rimbaud, Bad Homburg v. d. H.

Knauer, K.
 1969 »Die Analyse von Feinstrukturen im sprachlichen Zeitkunstwerk«,
          in: Kreuzer, H. / Gunzenhäuser, R. *(Hg.)* 1969: 193–210.

Koch, W. A.
 1966 *Recurrence and a Three-Modal Approach to Poetry*, The Hague.
 1972 »He explained his couldn't, he rhymed his could«, in: Koch, W. A.
          (Hg.) 1972: 429–461.

Koch, W. A. *(Hg.)*
 1972 *Strukturelle Textanalyse*, Hildesheim/New York.

Konkol, E.
 1960 *Die Konversion im Frühneuenglischen in der Zeit von etwa 1580
          bis 1600*, Köln (Phil. Diss.).

Kopperschmidt, J.
 1972 *Ein Bilderbuch.* Studie zur visuellen Antithese (= IUP-Diskus-
          sionspapier, 6), Ulm.
 1973 *Allgemeine Rhetorik.* Einführung in die Theorie der Persuasiven
          Kommunikation, Stuttgart.

Kreuzer, H. / Gunzenhäuser, R. *(Hg.)*
 1969 *Mathematik und Dichtung*, 3. Aufl., München (1. Aufl. 1965).

Kroll, W.
 1940 Artikel »Rhetorik«, in: *Realencyclopädie der classischen Altertums-
          wissenschaft*, Suppl.-Bd. VII, col. 1039–1138.

Kuznec, M. D. / Skrebnev, J. M.
 1968 *Stilistik der englischen Sprache*, 2. Aufl., Leipzig.

Lachmann, R.
 1974 »Das Problem der poetischen Sprache bei V. V. Vinogradov«,
          Poetics, 11, 103–125.

Lang, W.
 1966 »Tropen und Figuren«, *DU*, 18/5, 105–152.

Lausberg, H.
 1960 *Handbuch der literarischen Rhetorik*, 2 Bde., München.
 1966 »Rhetorik und Dichtung«, *DU*, 18/6, 77–93.
 1967 *Elemente der literarischen Rhetorik*, 3. Aufl., München.

Leech, G. N.
 1966 »Linguistics and the Figures of Rhetoric«, in: Fowler, R. *(ed.)*
          1966: 135–156.
 1969 *A Linguistic Guide to English Poetry*, London.

Leed, J. *(ed.)*
 1966 *The Computer and Literary Style*, Kent, Ohio.

Le Guern, M.
   1973   *Sémantique de la métaphore et de la métonymie*, Paris.
Leisi, E.
   1960   *Das heutige Englisch*, 2. Aufl., Heidelberg.
Léon, P. R. et al. *(éd.)*
   1971   *Problèmes de l'analyse textuelle*, Montréal/Paris/Bruxelles.
Levin, S. R.
   1962   *Linguistic Structures in Poetry*, The Hague/Paris.
   1964   »Poetry and Grammaticalness«, *PICL*, 9, 308–315 (revidierte Fassung in: Chatman, S. / Levin, S. R. [eds.] 1967: 217–223).
   1965   »Internal and External Deviation in Poetry«, *Word*, 21, 225–237 (dt. in: Ihwe, J. *[Hg.]* 1971: II/2: 343–357).
   1969   »Statistische und determinierte Abweichung in poetischer Sprache«, in: Kreuzer, H. / Gunzenhäuser, R. *(Hg.)* 1969: 33–47.
Levý, J.
   1969   »Die Theorie des Verses – ihre mathematischen Aspekte«, in: Kreuzer, H. / Gunzenhäuser, R. *(Hg.)* 1969: 211–231.
   1969a *Die literarische Übersetzung.* Theorie einer Kunstgattung, Frankfurt.
Lewandowski, Th.
   1973   *Linguistisches Wörterbuch 1*, Heidelberg.
Lewis, C. S.
   1958   *The Allegory of Love*, New York.
Lieb, H.-H.
   1970   »Probleme der sprachlichen Abweichung«, *LB*, 7, 13–23.
Lindner, G.
   1969   *Einführung in die experimentelle Phonetik*, München.
Linn, M.-L.
   1963   *Zur Stellung der Rhetorik und Stilistik in der deutschen Sprachlehre und Sprachwissenschaft des 19. Jahrhunderts*, Marburg (Phil. Diss.).
Lotman, J. M.
   1972   *Die Struktur literarischer Texte*, München.
   1972a *Vorlesungen zu einer strukturalen Poetik*, München.
Lotz, J.
   1968   »Metrical Typology«, in: Sebeok, T. A. *(ed.)* 1968: 135–148.
Lüdtke, H.
   1969   »Der Vergleich metrischer Schemata hinsichtlich ihrer Redundanz«, in: Kreuzer, H. / Gunzenhäuser, R. *(Hg.)* 1969: 233–242.
MacQueen, J. G.
   1970   *Allegory* (= The Critical Idiom, 14), London.
Masson, D. I.
   1953   »Vowel and Consonant Patterns in Poetry«, in: Chatman, S. / Levin, S. R. *(eds.)* 1967: 3–18.
   1960   »Thematic Analysis of Sounds in Poetry«, in: Chatman, S. / Levin, S. R. *(eds.)* 1967: 54–68.

1961   »Sound-Repetition Terms«, in: Davie, D. *et al. (eds.)* 1961:
        189–199.
Matthews, R. J.
1971   »Concerning a ›Linguistic Theory‹ of Metaphor«, *FL*, 7, 413–425.
Maurer, H.
1972   *Die Entwicklung der englischen Zeitungsschlagzeile von der Mitte
        der zwanziger Jahre bis zur Gegenwart* (= Schweizer Anglistische
        Arbeiten, 70), Bern/München.
Meier, H.
1963   *Die Metapher.* Versuch einer zusammenfassenden Betrachtung ihrer
        linguistischen Merkmale, Winterthur.
Morris, Ch. W.
1972   »Ästhetik und Zeichentheorie«, in: *Grundlagen der Zeichentheorie.
        Ästhetik und Zeichentheorie*, München 1972, pp. 91–118 (engl.
        Original: *Esthetics and the Theory of Signs,* Den Haag 1938).
Morris, Ch. W. / Hamilton, D. J.
1965   »Aesthetics, Signs, and Icons«, *Philosophy and Phenomenological
        Research,* 25/3, 356–364.
Mountford, J.
1969   Artikel »Writing«, in: Meetham, A. R. / Hudson, R. A. *(eds.),
        Encyclopaedia of Linguistics, Information and Control,* Oxford
        1969, pp. 627–633.
Muecke, D. C.
1969   *The Compass of Irony,* London.
Mukařovský, J.
1964   »Standard Language and Poetic Language«, in: Garvin, P. L. *(ed.)*
        1964: 17–30.
1967   *Kapitel aus der Poetik,* Frankfurt.
1970   *Kapitel aus der Ästhetik,* Frankfurt.
Norden, E.
1958   *Die antike Kunstprosa,* 5. Aufl., 2 Bde., Darmstadt.
Ohmann, R.
1971   »Speech Acts and the Definition of Literature«, *Philosophy and
        Rhetoric,* 4, 1–19.
Oras, A.
1956   »Spenser and Milton: Some Parallels and Contrasts in the
        Handling of Sound«, in: Chatman, S. / Levin, S. R. *(eds.)* 1967
        19–32.
Pausch, H. A.
1974   »Die Metapher. Forschungsbericht«, *WW,* 24, 56–69.
Pelc, J.
1961   »Semantic Functions as Applied to the Analysis of the Concept
        of Metaphor«, in: Davie, D. *et al. (eds.)* 1961: 305–339.
Peterfalvi, J. M.
1970   *Recherches Expérimentales sur le Symbolisme Phonétique,* Paris.
Piirainen, I. T.
1969   »Zur Linguistisierung der Literaturforschung«, *LB,* 1, 70–73.

Plett, H. F.
1972 »Zur Definition der Objektbereiche von Literatur- und Textwissenschaft«, *Poetics*, 8, 63–76.
1972a »Perspektiven einer angewandten Graphemik«, *NM*, 25, 17–23.
1973 *Einführung in die rhetorische Textanalyse*, 2. Aufl., Hamburg.
1974 »Text und kommunikative Differenz«, *DNS*, 73, 31–47.

Posner, R.
1971 »Strukturalismus in der Gedichtinterpretation. Textdeskription und Rezeptionsanalyse am Beispiel von Baudelaires ›Les Chats‹ (1969 bis 1970)«, in: Ihwe, J. *(Hg.)* 1971: II/1, 224–266 (ursprünglich in: *STZ*, 29 [1969], 27–58).

Riffaterre, M.
1959 »Criteria for Style Analysis«, *Word*, 15, 154–174 (auch in: Chatman, S. / Levin, S. R. *[eds.]* 1967: 412–430).
1960 »Stylistic Context«, *Word*, 16, 207–218 (auch in: Chatman, S. / Levin, S. R. *[eds.]* 1967: 431–441).
1964 »The Stylistic Function«, *PICL*, 9, 316–322.
1966 »Describing poetic structures: Two approaches to Baudelaire's *les Chats*«, *in: Structuralism*, ed. J. Ehrman, Garden City, N.Y., 1970, pp. 188–230.
1973 *Strukturale Stilistik*, München.

Rix, H. D.
1973 *Rhetoric in Spenser's Poetry* (= The Pennsylvania State College Studies, 7), State College, Pennsylvania (1st ed. 1940).

Ruthven, K. K.
1969 *The Conceit* (= The Critical Idiom, 4), London.

Ruwet, N.
1968 »Grenzen der linguistischen Analyse in der Poetik«, in: Ihwe, J. *(Hg.)* 1971: II/1, 267–284.

Sanders, W.
1973 *Linguistische Stiltheorie*, Göttingen.

Sandig, B.
1971 *Syntaktische Typologie der Schlagzeile*, München.

Schanze, H. *(Hg.)*
1974 *Rhetorik*, Frankfurt.

Schmidt, S. J.
1968 »Alltagssprache und Gedichtsprache«, *Poetica*, 2, 285–303.
1971 *Ästhetizität*. Philosophische Beiträge zu einer Theorie des Ästhetischen, München.
1972 »Ist ›Fiktionalität‹ eine linguistische oder eine texttheoretische Kategorie?«, in: Gülich, E. / Raible, W. *(Hg.)*, *Textsorten*, Frankfurt 1972, pp. 59–71.

Schmidt, S. J. *(Hg.)*
1970 *Text, Bedeutung, Ästhetik*, München.
1972 *Zur Grundlegung der Literaturwissenschaft*, München.

Schwartz, J. / Rycenga, J. A. *(eds.)*
1965 *The Province of Rhetoric*, New York.

Sebeok, T. A.
1968 »Decoding a Text: Levels and Aspects in a Cheremis Sonnet«, in: Sebeok, T. A. *(ed.)* 1968: 221–235.
Sebeok, T. A. *(ed.)*
1968 *Style in Language*, Cambridge, Mass. (1st ed. 1960).
Shibles, W. A.
1971 *Metaphor: An Annotated Bibliography and a History*, Whitewater, Wisc.
1974 »Die metaphorische Methode«, *DVJS*, 48, 1–9.
Šklovskij, V.
1916 »Die Kunst als Verfahren«, in: Striedter, J. *(Hg.)* 1971: 3–35.
Škreb, Z.
1968 »Zur Theorie der Antithese als Stilfigur«, *STZ*, 25, 49–59.
Spitzer, L.
1966 »Amerikanische Werbung – verstanden als Kunst«, in: *Eine Methode Literatur zu interpretieren*, München 1966, pp. 79–99.
Standop, E.
1971 »Textverständnis« und »Sprachliche Kunstmittel: Stil und Metrik«, in: Fabian, B. *(Hg.)*, *Ein anglistischer Grundkurs zur Einführung in das Studium der Literaturwissenschaft*, Frankfurt 1971, pp. 32–60, 61–103.
1972 »Die Metrik auf Abwegen: eine Kritik der Halle-Keyser-Theorie«, *LB*, 19, 1–19.
Stanford, W. B.
1942 »Synaesthetic Metaphor«, *CLS*, 6/7, 26–30.
Stankiewicz, E.
1961 »Poetic and Non-Poetic Language in their Interrelation«, in: Davie, D. *et al. (eds.)* 1961: 11–23.
Steiner, G.
1972 »Linguistics and Poetics«, in: *Extraterritorial*. Papers on Literature and the Language Revolution, London 1972, pp. 126–154.
Steinitz, W.
1934 *Der Parallelismus in der finnisch-karelischen Volksdichtung* (= FF Communications, 115), Helsinki.
Stempel, W.-D.
1971 *Beiträge zur Textlinguistik*, München.
Steube, A.
1966 *Gradation der Grammatikalität und stilistische Adäquatheit*, Leipzig (Phil. Diss.).
1968 »Gradation der Grammatikalität«, in: *Probleme der strukturellen Grammatik und Semantik*, hg. R. Růžička, Leipzig 1968, pp. 87 bis 113.
Stötzer, U.
1962 *Deutsche Redekunst im 17. und 18. Jahrhundert*, Halle (Saale).
Stone, P. W. R.
1967 *The Art of Poetry 1750–1820*. Theories of Poetic Composition

and Style in the Late Neo-Classic and Early Romantic Periods, London.

Straumann, H.
1935 *Newspaper Headlines*, London.

Striedter, J.
1971 »Zur formalistischen Theorie der Prosa und der literarischen Evolution«, in: Striedter, J. *(Hg.)* 1971: IX–LXXXIII.

Striedter, J. *(Hg.)*
1971 *Russischer Formalismus.* Texte zur allgemeinen Literaturtheorie und zur Theorie der Prosa, München.

Thompson, J.
1961 *The Founding of English Metre*, New York/London.

Thorne, J. P.
1965 »Stylistics and Generative Grammars«, *JL*, 1, 49–59.
1969 »Poetry, Stylistics and Imaginary Grammars«, *JL*, 5, 147–150 (dt. in: Ihwe, J. *[Hg.]* 1971: II/2, 432–436).

Todorov, T.
1967 *Littérature et signification*, Paris.
1971 »Die semantischen Anomalien«, in: Ihwe, J. *(Hg.)* 1971: I 359–383.

Traband, J.
1970 *Zur Semiologie des literarischen Kunstwerks*, München.
1974 »Poetische Abweichung«, *LB*, 32, 45–59.

Trager, G. L. / Smith, H. L.
1951 *An Outline of English Structure*, Washington.

Tynjanow, J. / Jakobson, R.
1928 »Probleme der Literatur- und Sprachforschung«, *Kursbuch*, 5, 74–76.

Uitti, K. D.
1969 *Linguistics and Literary Theory*, Englewood Cliffs, N. J.

Ullmann, R.
1970 »Theorie einer literarischen Wirkungsanalyse«, *LB*, 10, 43–48.

Ullmann, St.
1967 *Grundzüge der Semantik*, dte. Übers. v. S. Koopmann, Berlin.
1968 »Semantic Universals«, in: Greenberg, J. H. *(ed.)*, *Universals of Language*, 2nd ed., Cambridge, Mass., 1968, pp. 217–262 (1st ed. 1963).

Velde, R. G. van de
1969 »Zur Linguistisierung der Philologie«, *LB*, 4, 60–70.

Venezky, R. L.
1970 *The Structure of English Orthography*, The Hague.

Vickers, B.
1970 *Classical Rhetoric in English Poetry*, London.

Wackernagel, W.
1873 *Poetik, Rhetorik und Stilistik.* Akademische Vorlesungen, hg. L. Sieber, Halle.

Weinrich, H.
1058 »Münze und Wort – Untersuchungen an einem Bildfeld«, in: *Romanica* (= FS Rohlfs), Halle 1958, pp. 508–521.

1963 »Semantik der kühnen Metapher«, *DVJS*, 37, 325–344.
1967 »Semantik der Metapher«, *FoL*, 1, 3–17 (auch in: Koch, W. A. *[Hg.]* 1972: 269–283).
1968 Diskussionsbeitrag in: »Die Metapher. Bochumer Diskussion«, *Poetica*, 2, 100–130.
1971 »Kommunikative Literaturwissenschaft«, in: *Literatur für Leser.* Essays und Aufsätze zur Literaturwissenschaft, Stuttgart 1971, pp. 7–11.
1972 »Die Textpartitur als heuristische Methode«, *DU*, 24/4, 42–60.

Wellek, R. / Warren, A.
1956 *Theory of Literature*, 2nd ed., New York.

Wheelwright, Ph.
1940 »On the Semantics of Poetry«, in: Chatman, S. / Levin, S. R. *(eds.)* 1967: 250–263.
1962 *Metaphor & Reality*, Bloomington/London.

Wilson, Th.
1553 *The Arte of Rhetorique*, Facsimile Reprint (= The English Experience, 206), Amsterdam/New York 1969.

Wimsatt, W. K. / Beardsley, M.
1959 »The Concept of Meter: An Exercise in Abstraction«, in: Chatman, S. / Levin, S. R. *(eds.)* 1967: 91–114 (zuerst in: *PMLA*, 74 [1959], 585–597).

Wunderlich, D.
1971 »Terminologie des Strukturbegriffs«, in: Ihwe, J. *(Hg.)* 1971: I 91 bis 140.

Zandvoort, R. W.
1957 *A Handbook of English Grammar*, London.

Žmegač, V. / Škreb, Z. *(Hg.)*
1973 *Zur Kritik literaturwissenschaftlicher Methodologie*, Frankfurt.

Folgende Arbeiten des Verfassers sind noch nachzutragen:
Plett, H. F.
1975 *Rhetorik der Affekte.* Englische Wirkungsästhetik im Zeitalter der Renaissance (= Studien zur englischen Philologie, NF, 18), Tübingen.
1977 Hg., *Rhetorik.* Kritische Positionen zum Stand der Forschung (= Kritische Information, 50), München.
1977a »Dramaturgie der Unbestimmtheit. Zur Ästhetik der *obscuritas* bei Eliot, Beckett und Pinter«, *Poetica*, 9, 417–445.
1978 »Rhetorik, Stilmodelle und moderne Texttheorie«, *GGA*, 230, 272–302.

Register

Vorbemerkung: Die durch Kursivsatz hervorgehobenen Ausdrücke bezeichnen im Personenregister Autoren von analysierten Werken, im Sachregister fremdsprachliche Fachtermini.

Personenregister

341

Sachregister

349

UTB

Uni-Taschenbücher GmbH
Stuttgart

Band 200/201/300

Linguistisches Wörterbuch 1/2/3
Von Professor Dr. Theodor Lewandowski
3., verbesserte und erweiterte Auflage,
ca. 1100 Seiten, je Band ca. DM 18,80
ISBN 3-494-02020-5/02021-3/02050-7 (Quelle & Meyer)

Band 716

Einführung in die Praktische Semantik
Von Professor Dr. Hans Jürgen Heringer, Dr. Günther Öhlschläger,
Dr. Bruno Strecker und Dr. Rainer Wimmer
328 Seiten, zahlreiche Abbildungen, DM 26,80
ISBN 3-494-02083-3 (Quelle & Meyer)

Band 450

Typologie der Texte
Entwurf eines textlinguistischen Modells zur Grundlegung einer Text-
grammatik
Von Dr. Egon Werlich
140 Seiten, DM 10,80
ISBN 3-494-02052-3 (Quelle & Meyer)

Band 597

A Text Grammar of English
Von Dr. Egon Werlich
315 Seiten, 47 Abbildungen, DM 20,80
ISBN 3-494-02065-5 (Quelle & Meyer)

Band 545

Linguistik im Sprachunterricht
Von David A. Wilkins
Aus dem Englischen von Rurik von Antropoff
317 Seiten, DM 22,80
ISBN 3-494-02059-0 (Quelle & Meyer)

UTB

Uni-Taschenbücher GmbH
Stuttgart

Band 714

Grundprobleme der Literaturdidaktik
Eine Fachdidaktik im Konzept sozialer und individueller Entwicklung
und Geschichte
Von Professor Dr. Jürgen Kreft
407 Seiten, DM 24,80
ISBN 3-494-02074-4 (Quelle & Meyer)

Band 495

Erzählstrategie
Eine Einführung in die Normeinübung des Erzählens
Von Professor Dr. Klaus Kanzog
204 Seiten, DM 13,80
ISBN 3-494-02053-1 (Quelle & Meyer)

Band 384/385

Die Rhetorik der Erzählkunst 1/2
Von Wayne C. Booth. Aus dem Amerikanischen von Alexander Polzin
Band 1: 268 Seiten, DM 18,80; Band 2: 176 Seiten, DM 13,80
ISBN 3-494-02040-X/02041-8 (Quelle & Meyer)

Band 494

Englische Lyrik. Eine Anthologie für das Studium
Hrsg. von Dr. Arno Löffler und Dr. Jobst-Christian Rojahn
255 Seiten, DM 16,80
ISBN 3-494-02054-X (Quelle & Meyer)

Band 821

Moderne englische Lyrik: Interpretation und Dokumentation
Hrsg. von Dr. Elke Platz-Waury
IV/282 Seiten, DM 23,80
ISBN 3-494-02091-4 (Quelle & Meyer)